지역정보화백서

한국지역정보개발원

2024

CONTENTS

2024 Local Informatization White Paper

여는 글

발간사	004
한국지역정보개발원 소개	006
한국지역정보개발원 연혁	007
2024년 한국지역정보개발원 주요 행사	008
한국지역정보개발원 지역 디지털 혁신 지원 사항	012
지역정보화의 꽃: 지역정보화 우수사례 발표대회	016
한국지역정보개발원 신임 원장 "박덕수 원장"에게 묻다	018

제1편 지역정보화 정책 동향

제1장 지역정보화 일반 현황 026
- 제1절 지역정보화 조직·인력 026
- 제2절 지역정보화 사업·예산 045

제2장 지역정보화 정책 현황 052
- 제1절 지역정보화 법·제도 052
- 제2절 지역정보화 정책 074

제2편 중앙부처 지역정보화 추진 현황

제1장 세정·주소정보화 096
- 제1절 세정정보화 096
- 제2절 주소정보화 106

제2장 보건복지정보화 121
제3장 교육정보화 130
제4장 문화정보화 160
제5장 국토교통정보화 176
제6장 환경정보화 188
제7장 기상정보화 210

제3편 국내 지역정보화 추진 현황

제1장	서울특별시	224
제2장	부산광역시	231
제3장	대구광역시	236
제4장	인천광역시	244
제5장	광주광역시	252
제6장	대전광역시	262
제7장	울산광역시	268
제8장	세종특별자치시	282
제9장	경기도	292
제10장	강원특별자치도	300
제11장	충청북도	314
제12장	충청남도	323
제13장	전북특별자치도	330
제14장	전라남도	338
제15장	경상북도	348
제16장	경상남도	356
제17장	제주특별자치도	362

부록

2025년 중앙부처 공모 사업 추진계획 안내	376
2024년 중앙부처 정보화 정책 보도자료 리스트	390
2024 지역정보화백서 표·그림 목차	398
2024 지역정보화백서 참여 집필진	406

「2024 지역정보화백서」는 한국지역정보개발원 홈페이지(www.klid.or.kr) 또는 온라인 서점에서 e-Book과 PDF 파일로도 볼 수 있습니다.

| 여는글 · **발간사** |

"디지털 혁신 환경에 대응하며
새로운 시대로 나아가기 위해 노력하겠습니다."

2024년은 디지털 혁신 사회로 나아가는 중요한 이정표가 된 한 해였습니다.
2022년 오픈 AI 'ChatGPT' 공개 이후, 최근 딥시크를 비롯한 생성형 AI 기술이 빠르게 우리의 일상에 녹아들며 AI 대중화 시대에 진입하였습니다. 이에 각 부처에서 생성형 AI 관련 시범사업들을 적극 추진, 지자체 또한 빅데이터를 활용한 과학 행정과 생성형 AI를 기반한 공공행정 혁신에 지속적인 관심을 보였습니다.

현대 사회는 극한 기후, 복합재난 등의 안전 위협과 초고령화, 지방재정 악화로 인한 행정수요 변화 등 다양한 과제에 직면해 있습니다. 이러한 사회문제를 해결하고 경쟁력을 확보해 나가는 데 있어 AI 등 디지털 기술의 융합이 중요한 역할을 할 것이라고 생각합니다.

디지털 혁신 전환은 새로운 도전과 과제를 동반합니다. AI 부작용으로 보안위협과 편향 등에 대응하기 위한 신뢰성 확보가 중요해지고 있으며, 모든 주민에게 고르게 혜택을 제공하는 디지털 접근성의 균등화 또한 필수적입니다. 이러한 디지털 혁신 환경에 대응하며 새로운 시대로 나아가기 위해 우리 모두 힘을 모아야 할 것이고, 개발원 또한 많은 역할을 해 나가겠습니다.

이번 백서에는 2024년 한 해 동안의 지역정보화의 다양한 우수사례와 정책들이 포함되어 있으며, 이는 우리 지역사회의 정보화 발전을 이끌어갈 중요한 자산이 될 것입니다. 백서를 통해 우리는 지역 정보화의 현재와 미래를 짚어보고, 앞으로의 비전과 전략을 모색하는 기회를 얻기를 기대합니다.

끝으로, 2024년 지역정보화백서의 발간을 위해 힘써주신 각계각층의 전문가분들에게 감사의 말씀을 표합니다. 이번 백서 발간을 계기로 저희 개발원 역시 "대한민국의 디지털 혁신을 선도하는 전문 기관"으로 거듭나기 위해 최선을 다하겠습니다. 앞으로도 지역정보화의 발전을 위해 많은 관심과 아낌없는 지원 부탁드립니다. 감사합니다.

2025년 2월
한국지역정보개발원장 **박덕수**

| 여는 글 • **한국지역정보개발원 소개** |

소개 INTRODUCE

KLID

한국지역정보개발원은 전자정부법 제72조에 따라 전자지방정부 구현 및
지역정보화의 발전에 기여하는 것을 목적으로 설립된 공공기관입니다.

— 주요 업무 —

| 지방자치단체의 디지털 혁신을 위한 정책·사업 발굴 지원 | 지방자치단체의 디지털 행정 서비스를 안정적으로 운영·관리 | 사이버 공격과 장애로부터 정보시스템을 안전하게 보호 | 지방자치단체의 디지털 역량 강화를 위해 정보화 교육 지원 |

— 비전 —

지역디지털플랫폼 중심, KLID

— 미션 —

디지털지방정부 및 자치단체 정보화 사업 지원을 통해
지역 간 균형발전 및 지역정보화 촉진에 기여

— 전략 목표 —

| 지역 디지털 정책 선도 | 고객 니즈의 완벽한 구현 | 신기술 기반 정보보호 실현 | 경영 혁신 및 행복한 직장 조성 |

— 5대 혁신 —

    공간 혁신

역할 혁신 / 조직 혁신 / 재정 혁신 / 소통 혁신 / 공간 혁신

싱크탱크 중심으로 | 보다 스마트한 조직 설계 | 보다 든든한 기반 조성 | 보다 행복한 직장 | 보다 일하고 싶은 공간

| 여는 글 • **한국지역정보개발원 연혁** |

연혁

HISTORY

연도	날짜	내용
1997	12. 17.	지역정보화지원재단 설립
1999	01. 01.	자치정보화지원재단으로 명칭 변경
	05. 11.	지역정보화 세미나 개최(자치정보화지원재단 개소 1주년 및 지방행정 정보은행 인터넷 서비스 개통 기념 세미나)
2001	10. 16.	정보화 세미나(자치정보화지원재단 개소 3주년 기념 세미나)
2003	01. 22.	시·도의회 의결 및 행정자치부 장관 설립 승인
	02. 24.	자치정보화조합 창립 총회 개최
	02. 25.	초대 김병호 조합장 취임
2004	03. 03.	기술지원센터(TAC) 개소
	09. 20.	KAIST 전자정부연구센터 MOU 체결
2005	04. 21.	자치단체 정보화 정책 지원시스템 구축 자치단체 업무 담당자 합동 작업
	12. 14.	일본 지방자치정보센터 MOU 체결
2006	02. 23.	제2대 김병호 조합장 취임
	09. 30.	지역정보센터(구로청사) 개청
2007	02. 06.	일본 행정정보시스템연구소 MOU 체결
	02. 08.	일본 하이퍼네트워크사회연구소 LOI 체결
	04. 03.	통합 운영지원센터 개소
2008	01. 31.	한국지역정보개발원 창립 총회 개최
	02. 21.	한국지역정보개발원 개원 및 초대 김병호 원장 취임
	08. 01.	제2대 정택현 원장 취임
	10. 16.	전자지방정부 사이버침해대응지원센터 구축
2009	03. 05.	주요 정보통신 기반 시설 지정 (사이버침해대응지원시스템 등 3개 시스템)
	06. 15.	국제표준인증 ISO20000 획득 (IT인프라 운영관리 등 13개 분야)
	09. 29.	일본 하이퍼네트워크사회연구소 MOU 체결
2010	11. 26.	한·일·중 지역정보화 세미나 개최
	12. 28.	정보보호관리체계(G-ISMS) 인증 획득 (6개 시스템)
2011	08. 01.	제3대 정창섭 원장 취임
	09. 30.	개인정보보호 분야 전문 기관 지정
	12. 30.	도로명주소 정보화 사업 전문 지원 기관 선정
2012	07. 02.	세종시 행정시스템 개통
2013	02. 08.	지방자치단체 정보공유분석센터(ISAC) 구축
	03. 12.	원격 평생교육시설 등록
2014	02. 17.	한국지역정보개발원 청사 착공
2015	02. 12.	제4대 손연기 원장 취임
	09. 28.	클라우드컴퓨팅 전담 기관 지정
	12. 21.	한국지역정보개발원 청사 이전 완료
2016	03. 21.	한국지역정보개발원 청사 개청식
	12. 01.	여성가족부 가족친화기관 인증
	12. 22.	공공 클라우드 지원센터 현판식 개최
	12. 23.	스마트시티 컨퍼런스 개최
2017	06. 23.	2017 국가 대표 브랜드 수상 (지방재정 365 서비스)
	12. 07.	경영평가 우수 기관 선정
2018	02. 01.	첨단 서비스 지원 사업 전문 기관 지정
	07. 02.	제5대 지대범 원장 취임
	07. 17.	KLID 인권경영 선포
2019	02. 15.	재난안전 R&D 총괄 기관 선정
	07. 03.	NEW 비전 및 핵심가치 선포
2020	10. 29.	한국지역정보개발원-한국의약품안전관리원, 포스트 코로나 정보화 MOU 체결
	11. 12.	2019년도 행정안전부 산하 기관 경영혁신 성과보고회 최우수 기관 표창
2021	03. 12.	행정안전부 데이터 기반 행정 전문 기관 지정
	06. 30.	개인정보위 가명정보 결합 전문 기관 지정
	11. 26.	제6대 이재영 원장 취임
2022	10. 07.	한국지역정보개발원 25주년 기념 '제1회 디지털 지역 혁신 글로벌 포럼' 개최
2023	03. 18.	국가 재난관리자원 통합관리정보센터 운영기관 지정
2024	10. 04.	제7대 박덕수 원장 취임

| 여는 글 • 2024년 한국지역정보개발원 주요 행사 |

주요 행사   MAJOR EVENT

2024. 3. 13.

출근길 청렴씨앗나누기 캠페인

2024. 3. 19.

카메룬 정부 대표단 주민등록시스템 벤치마킹 방문

2024. 5. 24.

주한 외교사절단 방문

2024. 5. 28.

마포노인종합복지관 배식봉사

2024. 4. 12.

한국지역정보개발원-한국지방재정학회
업무협약 체결

2024. 5. 2.

어린이날 기념 마포복지재단
선물세트 기증

2024. 7. 10.

정보보호의 날 캠페인 진행

2024. 8. 30.

KLID 도서관 개관식 개최

| 여는 글 • 2024년 한국지역정보개발원 주요 행사 |

주요 행사　　　　　　　　　　　　　　　MAJOR EVENT

2024. 10. 8.

제7대 박덕수 원장 취임

2024. 10. 10.

인도네시아 내무부 방문단 방문

2024. 11. 20.

데이터 기반 지역활성화 사업 성과공유회

2024. 10. 15.

레드햇 서밋 커넥트 '특별상' 수상

2024. 11. 28.

제3회 디지털 지역혁신
글로벌 포럼 개최

2024. 12. 9.

탄자니아 주민등록청 공무원
벤치마킹 방문

| 여는 글 • 한국지역정보개발원 지역 디지털 혁신 지원 사항 |

한국지역정보개발원
지역 디지털 혁신 지원 사항

 2024년 한국지역정보개발원은 행안부, 시·도, 시·군·구, 파견 공무원, 지방의회 의원 등 내·외부 이해관계자들의 의견 수렴을 통해 수요자 중심의 '지역 디지털 혁신 지원 사업'을 추진했다. 총 1억 원의 예산으로 진행된 본 사업은 자치단체 대상 △디지털 공모 전략 세미나 △디지털 기술 세미나 △찾아가는 지자체 맞춤형 종합진단 서비스 등 크게 세 가지 분야로 나눠 진행됐다.

자치단체 대상 디지털 공모전략 세미나 개최(2024. 2. 1.)

 한국지역정보개발원은 자치단체 공무원 354명, 개발원 17명, 발표자 6명 등 377명이 참가한 가운데 2024년 2월 1일 오후 1시 서울 중구 포스트타워 대회의실 10층에서 '자치단체 대상 디지털 공모 전략 세미나'를 개최했다. 이날 행사에서는 디지털플랫폼정부위원회 박소아 전문위원이 '디지털플랫폼정부 정책방향에 맞는 공모 대응 전략 Tip'이란 주제로 특강을 펼쳤고, 한국지역정보개발원 이순희 부장이 2024년 개발원의 지역 디지털 혁신 지원 사항을 안내했다. 이어 디지털플랫폼정부위원회, 행정

안전부, 과학기술부, 국토교통부 등 중앙부처별 공모 사업 추진 전략을 안내하고, 지역 현안을 논의하는 시간을 가졌다. 디지털플랫폼정부위원회, 한국지역정보개발원(지역서비스개발부/지역데이터본부), 한국지능정보사회진흥원(SOC균형발전팀), 스마트도시협회(사업1팀/솔루션기획팀) 등 각 전담 기관 담당자는 공모 사업 현황, 관련 절차 및 법규, 정보화 사업 전략 수립 전반 등의 주요 내용을 설명했다.

▲2024 디지털 공모전략 세미나

디지털 기술 세미나 및 민간 벤치마킹 프로그램 기획·운영(1~9차)

한국지역정보개발원은 디지털 심화에 따른 빠른 속도 변화에 맞춰 지자체 담당 공무원의 디지털 역량 강화를 위한 기술세미나를 새롭게 기획 운영하였다. 클라우드 네이티브 전략, 빅데이터, 생성형 AI 등 중앙부처 최신 정책 동향 및 기술 트렌드에 맞는 아젠다를 중심으로 심도 있는 학습을 위해 20~30명 규모의 소규모 세미나로 진행되었다. 본 세미나는 삼성SDS, 네이버, NHN, KT 등 민간 IT 전문기관과의 협업을 통해 민간의 클라우드센터 운영 현황 및

▲1차: 민간 우수 클라우드센터 벤치마킹 및 기술 세미나

▲2차: 클라우드 네이티브 전략 모색 기술 세미나

| 여는 글 • 한국지역정보개발원 지역 디지털 혁신 지원 사항 |

▲3차: 사례 중심의 빅데이터 기술 세미나

▲6차: 클라우드센터 벤치마킹 및 공공AI 기술 세미나

▲4차: 클라우드센터 벤치마킹 및 클라우드 기술 세미나

▲7차: 클라우드센터 벤치마킹 및 클라우드 네이티브 기술 세미나

▲5차: 클라우드 네이티브 전략 모색 기술 세미나

▲8차: 사례 중심의 빅데이터 기술 세미나

노하우 전수, 정보기술 트렌드를 공유하는 시간을 가졌다.

지난 한 해 총 9차 걸쳐 지자체 담당 공무원 288명이 참석하였으며, 전체 만족도는 5점 만점에 4.7점으로 높은 호응도를 나타냈다.

한국지역정보개발원은 클라우드 네이티브 전략, 초거대 AI 등 중앙부처 최신 정책 동향 및 기술 트렌드에 맞춰 지자체 디지털 역량 강화를 위한 프로그램을 기획하고, 지난 한 해 총 288명이 참석한 가운데 9차에 걸쳐 관련 세미나를 진행했다. 세미나는 △1차: 개발원 대상 민간 우수 클라우드센터 벤치마킹 및 기술 세미나(3. 27.) △2차: 클라우드 네이티브 전략 모색 세미나(4. 3.) △3차: 사례 중심의 빅데이터 기술 세미나(4. 23.) △4차: 클라우드 벤치마킹 및 클라우드 기술 세미나(4. 24.) △5차: 클라우드 네이티브 전략 모색 세미나(5. 22.) △6차: 클라우드센터 벤치마킹 및 공공 AI 세미나(5. 29.) △7차: 클라우드센터 벤치마킹 및 네이티브 세미나(6. 27.) △8차: 사례 중심의 빅데이터 기술 세미나(7. 2.) △9차: 생성형 AI 기술 세미나(11. 6.) 등의 순으로 열렸다.

찾아가는 지자체 맞춤형 종합진단 서비스 수행(2024. 6. 20.)

한국지역정보개발원은 6월 20일 전남도청을 방문해 지자체 정보화 서비스 개선을 위한 '맞춤형 현장방문 서비스: 지자체 대상 종합진단 서비스'를 진행했다. 전남도청, 개발원, 운영지원단 관계자 등 27명이 참석한 이날 행사에서는 행정정보시스템 전산장비 종합점검을 비롯해 개발원 추진 공모 사업 및 주요 사례를 소개하고 보안관제 추진 현황도 논의하는 시간을 가졌다. 이번 '맞춤형 현장 방문 서비스'는 지역정보화 발전을 위해 보다 체계적이고 전문적인 종합진단 및 컨설팅이 필요하다는 지자체의 요청에 따라 지역정보화 전문 기관인 개발원이 추진하게 됐다. 특히, 참석자들은 실효성 있는 지자체 교류협력 활동 지원을 위한 소통의 시간도 가졌다. 개발원은 앞으로도 희망 지자체를 대상으로 맞춤형 현장 방문 서비스를 지속 운영해 지역정보화 서비스 개선에 힘쓸 계획이다.

▲6월 20일 전남도청에서 진행된 '찾아가는 정보화 종합진단 서비스'

| 여는 글 • 지역정보화의 꽃: 지역정보화 우수사례 발표대회 |

지역정보화의 꽃:
지역정보화 우수사례 발표대회

**강릉서 제41회 대회 열려… 대통령상에
'충청남도' 영예**

행정안전부는 2024년 9월 10일부터 11일까지 이틀간 강릉 세인트존스호텔에서 '지역정보화 우수사례 발표대회'를 개최했다. 41회째를 맞이한 본대회는 지자체 정보화 담당 공무원이 한곳에 모여 지역정보화 우수사례를 발표·공유하는 자리로서, 매년 17개 시·도를 순회하며 개최된다. 행안부, 한국지역정보개발원, 지자체 관계자, 외부 전문가 등 262명이 참석한 가운데 열린 이번 대회에서는 사전심사(8. 14.)를 통해 선정된 상위 10개 우수과제를 발표하고, 전문가 심사(70점)와 참석자 현장 심사(70점)로 우수작을 선정·시상했다.

강원특별자치도가 주관하고 한국지역정보개발원(KLID)이 후원한 이날 대회에서 대통령상(상금 200만 원)은 '디지털트윈 기술을 활용한 문화재 심의 시스템 구축'을 발표한 충청남도에 돌아갔다. 충청남도는 문화재 보존·관리 의사결정을 뒷받침할 객관적·과학적 데이터를 제공하기 위해 '지정 문화재 및 역사문화환경 보존지역 디지털트윈'을 구축해 높은 평가를 받았다.

또한, 국무총리상(상금 150만 원)에는 '한눈에 쏘옥, 두 눈에 가득: 장소와 사람을 잇는 공간이음 북구'를 발표한 울산광역시가 선정됐다. 울산광역시는 기존에 구축한 플랫폼을 활용해 지역정보 등 공간정보에 쉽게 접근할 수 있는 체계를 구축했다. 이 외에도 우수사례로 선정된 8개의 지자체에게 행정안전부 장관상이 수여됐다.

발표 이후에는 초거대 AI, 클라우드 네이티브 등 최신 IT 기술을 지자체 정책에 어떻게 반영할 수 있을지 논의하는 전문가 강연과 디지털플랫폼 정책 추진 현황을 공유하는 자리도 마련됐다. 첫날에는 네이버클라우드 정주환 이사가 '생성형 AI와 공공행정'을 주제로 특강을 펼쳤고, 둘째 날에는 오케스트로 클라우드 네이티브 김홍준 본부장이 '클라우드 네이티브'를 주제로 디지털 특강을 진행했다.

한편, 2023년 전남 여수시에서 열린 제40회 대회에서는 '취약계층 아동 급식 지원 및 비대면 플랫폼 구축'을 발표한 대구광역시가 대통령상을 차지한 바 있다.

여는 글 · 한국지역정보개발원 신임 원장 "박덕수 원장"에게 묻다

한국지역정보개발원 신임 원장
"박덕수 원장"에게 묻다

한국지역정보개발원의 새로운 도약!
박덕수 원장이 전하는 '지역정보화의 미래'

"최우선 과제, 안정적인 시스템 운영…
수요자 중심 디지털 서비스 제공"

2024년 10월 취임한 한국지역정보개발원(이하 '개발원')의 박덕수 신임 원장은 행정안전부 공공정보정책과장, 스마트서비스과장, 전자정부정책과장을 거쳐 행정서비스통합추진단장, 공공서비스정책관, 공공데이터정책관, 인천시 행정부시장 등을 역임한 지방행정 및 정보화 분야 전문가다.

디지털 행정서비스와 지역정보화 분야에서 선도적인 역할을 해 온 박덕수 원장은 "그간의 풍부한 경험과 통찰을 바탕으로 개발원이 더욱더 앞서 나가는 기관이 되도록 최선을 다할 것"이라고 취임 일성을 밝힌 바 있다. 지역정보화의 새로운 비전을 비롯해 국민과 지역사회에 기여할 수 있는 디지털 혁신 방향, 주요 사업과 목표 등을 박덕수 원장에게 들어 봤다.

Q1. 2024년 10월, 한국지역정보개발원장으로 새로 취임하셨습니다. 먼저, 취임 소감 한 말씀 부탁드리겠습니다.

전자정부 구현과 지역정보화 촉진을 지원하기 위해 설립된 한국지역정보개발원이 그동안 걸어온 길과 성과는 단순히 정보화의 수준을 넘어, 대한민국의 디지털 전환과 지역 균형 발전을 선도하는 중요한 역할을 해왔습니다. 주민 삶의 질 향상과 지역균형발전에 크게 이바지해 온 한국지역정보개발원의 원장으로 취임하게 돼 매우 뜻깊고 영광스럽게 생각합니다.

저는 지난 30여 년간 공직 생활을 하면서 디지털 행정 혁신과 지역사회 발전에 대해 깊이 고민했고, 실효성 있는 정책들을 추진했습니다. 그러한 과정에서 정보화 기술 발전이 국민 삶의 질 향상 및 지역사회 성장과 어떻게 연계되는지를 체감했습니다. 앞으로 개발원 수장으로서, 그간의 풍부한 경험과 통찰을 바탕으로 개발원이 더욱더 앞서 나가는 기관이 되도록 최선을 다하고자 합니다.

"개발원 위상에 맞게 내실 다지고, 직원들의 디지털 전문 역량 키울 것"

Q2. 개발원 수장으로서 앞으로 가장 이루고 싶은 목표는 무엇인가요?

1997년, 지역정보화지원재단으로 탄생한 우리 개발원은 지난 27여 년간 중앙정부와 지자체 간 정보화 사업을 통해 빠르게 성장해 왔고, 사업적으로도 다방면으로 외연을 확대해 왔습니다. 그동안 외연 확장에 주력했다면, 이제는

| 여는 글 • 한국지역정보개발원 신임 원장 "박덕수 원장"에게 묻다 |

개발원의 위상에 맞게 내실을 다져야 합니다. 이를 위해서는 내·외부 고객과 더 세밀하고 두터운 네트워크를 형성하고, 직원들이 디지털 전문 역량을 키울 수 있도록 교육 지원도 확대해야 합니다. 우리 직원들이 정보화 분야의 최고 전문가라는 자부심과 책임감을 가지고 자신감 있게 업무를 수행할 수 있는 조직 분위기를 조성하고자 합니다.

무엇보다 대국민 서비스를 전달하는 기본 임무에 충실할 것입니다. 요컨대, 시스템의 품질 제고를 통해 국민과 지자체 공무원이 더욱 만족스러운 행정서비스를 체감할 수 있도록 핵심 역량을 집중해 나갈 예정입니다. 이를 통해 개발원이 대한민국 유일의 '지역정보화 전문 기관'으로서 거듭날 수 있도록 최선의 노력을 다하겠습니다.

"지능형 보안관제 관리체계 강화…
'차세대 시스템' 지원도 집중"

Q3. 2025년 새해를 맞이해, 지역정보화를 선도하는 역할을 다하기 위해 계획 중인 주요 목표와 사업은 무엇인가요?

무슨 일이든 기초가 중요합니다. 개발원은 '안정적인 시스템 운영'을 최우선 과제로 삼고자 합니다. 최근 몇 년간 개발원에 클라우드 형태로 구축된 지자체 표준시스템 '차세대 지방재정', '지방세시스템' 등이 차례로 개통됐습니다. 2025년에는 시스템의 운영 안정화에 더욱 집중하여 국민과 지자체의 눈높이에 맞춰 행정서비스 수준을 한층 업그레이드해 나갈 수 있도록 노력하고자 합니다.

특히, 시스템 안정화를 위해 AI와 빅데이터를 활용한 '차세대 지능형 보안관제'의 관리체계를 보다 강화해 나갈 예정입니다. 이를 통해 이상 징후를 조기 탐지하고, 보안을 강화함으로써 시스템의 잠재적 오류와 사이버 공격의 대응체계를 지속 강화해 나갈 계획입니다.

아울러, 2024년 8월 '차세대 지방행정시스템' 예비타당성 조사를 통과했는데, '차세대 시스템' 지원에도 집중하겠습니다. 6,800억 원 규모의 본 사업은 공공 분야에서 역대 최대 규모의 정보화 프로젝트로, 17개 광역시·도 공무원이 사용하는 '시·도 행정시스템'과 228개 시·군·구 기초단체 공무원이 사용하는 '새올행정시스템'을 통합·개편하는 것입니다. 이 시스템은 주민등록등본 발급, 인감증명서 발급 등 국민 생활과 밀접한 서비스를 제공하기 때문에 안정성

을 기반으로 혁신적으로 개편할 수 있도록 행정안전부 및 지자체를 적극 지원토록 하겠습니다.

"행정문서 작성 및 자료검색·편집 등에 AI 서비스 적용할 계획"

Q 4. 2024년 정부 각 부처에서 초거대 AI 관련 시범 사업들이 추진되고 있습니다. 새해에는 공공부문 AI 도입이 보다 본격화될 것으로 보이고, 지자체에서도 AI 도입에 관한 관심이 높을 것으로 예상됩니다. 이와 관련한 개발원의 지원 계획이 있는지요?

2022년 11월 30일 오픈AI의 'Chat GPT'가 세상에 모습을 드러낸 이후, 생성형 AI 기술의 발전 속도가 너무나 빠르게 변화하면서 일상과 산업 분야 전반에 녹아들고 있습니다. 이러한 흐름에 발맞춰 공공부문에서도 공무원들의 일하는 방식 혁신, 빅데이터를 활용한 과학 행정, 초거대 AI를 기반으로 한 공공행정 업무 적용 등이 강조되고 있어, 지자체 현장에 있는 현업 담당자들의 고민은 깊어질 수밖에 없습니다.

개발원에서는 2024년부터 초거대 AI 기술 동향 세미나, 클라우드 네이티브 전략 세미나, 민간 클라우드센터 벤치마킹 등 한 다양한 디지털 혁신 역량

| 여는 글 • 한국지역정보개발원 신임 원장 "박덕수 원장"에게 묻다 |

강화 프로그램 및 디지털 교육 프로그램 기획·운영으로 지자체 현업 담당자의 디지털 전문성 및 역량 강화를 위해 노력해 오고 있습니다. 또한 행정안전부를 지원해 범정부 공동 활용이 가능한 '범정부 초거대 AI 공통 기반 구현 및 디지털 행정혁신 체계 수립을 위한 BPR/ISP' 사업을 추진했으며, '온나라 시스템'에 시범적으로 적용해 행정문서 작성 및 자료검색·편집 등에 AI 서비스를 적용해 나갈 예정입니다.

이 외에도 공무원의 업무관리(온나라), 일정관리, 채팅, 이메일, 영상회의 등 다양한 협업시스템에도 AI 서비스를 적용하고, 각 시스템 간에 상호 유기적으로 작동할 수 있도록 웹오피스 기반을 마련해 업무처리 시 신속한 의사결정, 행정업무처리가 가능하도록 업그레이드해 나갈 것입니다.

"디지털 격차 해소를 위한 '포용적인 디지털 생태계' 구축해야"

Q 5. 개발원이 디지털 시대에 발맞춰 지속 가능한 발전을 이끌기 위해 향후 나아가야 할 방향은 무엇이라고 생각하시나요?

한국지역정보개발원의 역할과 위상을 표현하는 "대한민국의 디지털 혁신을 선도하는 개발원"이란 문구는 참으로 가슴 설레는 표현입니다. 진정한 혁신은 소통을 통해 모두가 공감하고 함께 이뤄갈 때만이 비로소 실현된 것이라 평가할 수 있습니다.

앞으로 개발원 원장으로서 지속가능한 '디지털 생태계 구축'에 중점을 둘 것입니다. 디지털 기술 발전은 매우 빠르게 이뤄지고 있는 반면에 디지털 역량이 부족한 이들에게는 새로운 장벽으로 작용하고 있는 것도 사실입니다. 정보화 기술의 급속한 발전은 지역 간 격차뿐만 아니라 세대 간, 계층 간 디지털 격차를 심화시킬 위험이 있습니다. 그러한 격차를 해소하고, 디지털 기술의 혜택이 모든 국민에게 갈 수 있도록 '포용적인 디지털 생태계'를 구축해야 합니다.

이를 위해선 민·관이 협력함으로써 시너지 효과가 일어나야 합니다. 민간 사업자와 상생 협력을 강화해 나가고, 공급자 중심이 아닌 수요자 중심으로 디지털 서비스가 제공되도록 고객 목소리에 한층 더 귀를 기울여 나갈 것입니다.

"지자체와 지속적인 소통과 공감대 형성… 개발원 신뢰도 더욱 높일 터"

Q 6. 지자체와의 원활한 소통과 협력은 개발원이 추진하는 사업의 성공에도 중요한 역할을 합니다. 향후 지자체와의 관계를 유지·발전시키기 위해 어떤 노력을 펼치고자 하시는지요?

아시다시피 개발원이 추진하는 지역 간 디지털 격차 해소와 지역균형발전을 위해선 지자체와의 유기적인 협력이 필수입니다. 개발원은 지자체와의 소통·협력을 위해 정보화기획단 내에 시·도 파견 공무원으로 구성된 '지역협력관'을 두고, 현장 방문 등을 통해 지역의 정보화 현황 파악, 의견수렴 등을 추진하고 있습니다. 물론, 이외 각 사업에서도 정기적으로 의견을 수렴하는 체계를 갖추고 있습니다. 소통이라는 것이 일방의 노력만으로 어려운 만큼, 지자체와의 지속적 만남을 통해 소통에 대한 공감대를 형성해 나가고, 궁극적으로는 지자체 요구에 대한 피드백 속도와 품질을 높여 지자체의 개발원에 대한 신뢰도를 높이는 데에 중점을 두고자 합니다.

제1편

지역정보화 정책 동향

지역정보화는 지역주민의 삶의 질을 높이고
지역사회의 발전을 촉진하는 중요한 동력으로 자리 잡아 왔다.
최근에는 정보 격차를 줄이는 역할을 넘어
지역의 디지털 혁신과 경쟁력 강화를 위한 핵심 수단으로 발전하고 있다.
본 편에서는 2024년 지역정보화의 일반 현황과
주요 정책, 사업 규모 등을 종합적으로 살펴본다.

제1장　지역정보화 일반 현황
제2장　지역정보화 정책 현황

제1장

지역정보화 일반 현황

제1절 지역정보화 조직·인력[1]

1 광역자치단체

지역정보화 정책 추진의 중추가 되는 정보화 조직 및 인력에 대해 살펴본다.

[표 1-1-1] 시·도별 정보화 조직 및 인력 현황

(2024. 12. 31. 기준)

	정보화 담당 조직	정보화 인력(명)			전체 공무원(명)*	정보화 인력 비율 (%)
		담당 부서	타 부서	합계		
서울	6과 32팀, 1센터 5팀, 1원 3팀	262	306	568	12,230	4.64
부산	1담당관 4팀, 2과 11팀	87	156	243	5,000	4.86
대구	1담당관 4팀, 5과 12팀, 1정책관 2팀, 1본부 1과	106	105	211	3,523	5.99
인천	1담당관 6팀, 5과 16팀	148	136	284	4,100	6.93
광주	1담당관 5팀	26	142	168	2,316	7.12
대전	2과 7팀	42	113	155	2,590	5.98
울산	1담당관 5팀, 1과 4팀	46	51	97	2,033	4.77
세종	1담당관 6팀, 1과 4팀	44	38	82	1,857	4.42
경기	2과 11팀	61	135	196	4,304	4.55

---

1 이 자료는 지방자치단체 정보화부서에서 제출된 통계자료를 참고해 작성했으며, 정보화부서 인력은 정원이 아닌 현원을 기준으로 기술했음.

시·도	정보화 담당 조직	정보화 인력(명)			전체 공무원(명)*	정보화 인력 비율 (%)
		담당 부서	타 부서	합계		
강원	2과 10팀	63	73	136	2,335	5.82
충북	2과 9팀	28	49	77	1,861	4.14
충남	2담당관 7팀, 3과 7팀	66	55	121	2,197	5.51
전북	2과 7팀	20	47	67	1,968	3.40
전남	1담당관 4팀, 2실 3팀, 1과 1팀	31	39	70	2,460	2.85
경북	3과 12팀	61	48	109	2,236	4.87
경남	1담당관 6팀	36	59	95	2,075	4.58
제주	4과 18팀	16	24	40	3,423	1.17

* 전체 공무원 수는 일반직 공무원 전체 인원임.

[표 1-1-2] 시·도 정보화 전담 조직 현황

(2024. 12. 31. 기준)

시·도	전담 조직	소관 조직
서울	디지털정책과	디지털정책기획/디지털역량/인공지능행정/디지털안전예방/디지털협력/디지털서비스
	데이터전략과	데이터기획/데이터정책지원/데이터분석/데이터플랫폼/데이터개방/통계조사
	정보시스템과	시스템혁신/IT투자심사1/IT투자심사2/시스템운영/정보공개/기록관리
	정보보안과	정보보안정책/정보보안관리/정보보안점검/개인정보보호/사이버안전센터
	공간정보과	공간정보기획/공간영상활용/공간정보운영/지도서비스
	정보통신과	정보통신기획/공공와이파이/통신인프라/스마트CCTV/CCTV안전센터
	데이터센터	기획관리/정보자원운영/인터넷통신/상암정보운영/에스플렉스센터운영
	서울기록원	기록정책/보존서비스/운영지원
부산	정보화정책과	정보화기획/행정정보/정보보호/사이버보안/정보문화
	빅데이터통계담당관	데이터기획/데이터인프라/데이터분석TF/통계
	인공지능소프트웨어과	인공지능정책/SW산업/ICT인프라/스마트시티/ICT인재양성/양자기술TF

시·도	전담 조직	소관 조직
대구	지능정보화담당관	정보기획/정보보호/정보시스템/홈페이지운영
	도시안전과	CCTV관리
	총무과	행정통신/자가통신
	미래혁신정책관	미래산업지원/스마트시티
	ABB산업과	ABB기획/AI블록체인산업/데이터산업/가상융합/ABB서비스
	토지정보과	공간정보
	교통정보운영과	교통정보/교통시설/교통운영
	상수도사업본부 (경영관리부)	정보통신과
인천	정보화담당관	정보화정책팀/정보서비스팀/업무포털팀/데이터센터팀/ 정보보호팀/정보통신팀
	데이터산업과	블록체인정책팀/AI·데이터팀/디지털기술확산팀/빅데이터기반팀
	도시관리과	스마트도시기획팀/스마트도시조성팀
	토지정보과	공간정보정책팀/공간정보활용팀/항공드론팀
	교통정보운영과	교통정보팀/버스정보팀/교통신호팀
	경제자유구역청 스마트시티과	스마트전략팀/스마트인프라팀/스마트정보운영팀/스타트업육성팀
광주	데이터정보화담당관	디지털전환/데이터정책/데이터분석/행정클라우드/사이버보안
대전	정보화정책과	정보정책/정보서비스/정보보호/사이버보안/정보통신/통합센터관리
	자연재난과	영상관제
울산	정보화담당관	정보기획/정보서비스/정보보호/정보통신/방송미디어
	스마트도시과	스마트도시기획/데이터정책/디지털트윈/스마트모빌리티
세종	정보통계담당관	정보화기획/정보보호/디지털행정/행정정보/정보통신/통계
	지능형도시과	지능형도시/국가시범도시/빅데이터/통합정보센터
경기	AI미래행정과	정보화전략팀/디지털혁신팀/디지털서비스팀/데이터플랫폼팀/ 데이터분석팀
	AI데이터인프라과	클라우드팀/행정정보팀/정보보안팀/보안관제팀/정보통신팀/ 통신운영팀
강원	정보화정책과	정보기획/디지털전환/데이터행정/행정시스템/정보보안/정보통신
	디지털산업과	디지털정책/빅데이터산업/디지털특화산업/데이터기반조성
충북	정보통신과	정보기획/행정정보/통신융합/정보보호
	과학기술정책과	신성장정책/스마트혁신/ICT융합/데이터산업/데이터서비스

시·도	전담 조직	소관 조직
충남	정보화담당관	정보기획/행정정보/정보통신/정보보호
	AI데이터정책관	AI데이터기획/데이터분석/통계데이터
	미래산업과	미래산업정책/모빌리티산업/디지털산업/AI양자산업
	건설정책과	건설기술
	토지관리과	공간정보/무인항측
전북	행정정보과	정보화정책/스마트행정/통신관리/사이버보안
	디지털산업과	디지털정책/ICT산업기반/인공지능융합
전남	스마트정보담당관	정보기획팀/ICT보안팀/정보시스템팀/기록관리팀
	정책관실	빅데이터통계팀/챗GPT TF
	대변인실	뉴디미어팀
	신성장산업과	데이터산업팀
경북	정보통신담당관	정보정책팀/스마트인프라팀/행정클라우드팀/디지털보안팀/방송통신팀
	디지털메타버스과	디지털정책팀/디지털산업팀/메타버스팀
	AI데이터과	AI산업팀/데이터블록체인팀/데이터서비스팀/통계데이터팀
경남	정보통신담당관	정보기획담당/행정정보담당/정보통신담당/정보보호담당/빅데이터담당/통계담당
제주	미래성장과	미래과학기술/미래전략/RIS추진/수소경제/바이오산업/빅데이터
	에너지산업과	에너지정책/신산업분산에너지/신재생에너지
	우주모빌리티과	스마트시티/우주산업/미래항공/첨단차산업/전기차지원
	정보정책과	정보전략/정보서비스/정보보안/정보통신

2. 기초자치단체

[표 1-1-3] 각 시·도별 소속 시·군·구 정보화 조직 현황

(2024. 12. 31. 기준)

구분	시·군·구 수	부서 수	연도	정보화 전담 부서	정보화 부분 담당	**일반부서 편제
			2023	110(34.4%)	30(9.38%)	180(56.25%)
			2024	109(31.9%)	29(8.5%)	204(59.6%)
서울	25	47	2023	21	3	23
		49	2024	19	3	27
부산	16	16	2023	0	2	14
		16	2024	0	0	16
대구	9	14	2023	3	4	7
		18	2024	4	3	11
인천	10	10	2023	3	2	5
		11	2024	2	3	6
광주	5	5	2023	2	1	2
		5	2024	2	2	1
대전	5	5	2023	0	2	3
		8	2024	0	3	5
울산	5	8	2023	2	1	5
		8	2024	2	1	5
경기	31	53	2023	41	3	9
		55	2024	40	2	13
강원	18	27	2023	3	2	22
		31	2024	5	2	24
충북	11	16	2023	3	1	12
		17	2024	3	1	13
충남	15	20	2023	4	4	12
		23	2024	4	4	15
전북	14	16	2023	5	1	10
		17	2024	5	1	11
전남	22	26	2023	4	0	22
		26	2024	4	0	22

구분	시·군·구 수	부서 수	연도	정보화 전담 부서	정보화 부분 담당	**일반부서 편제
경북	22	30	2023	7	4	19
		31	2024	7	4	20
경남	18	25	2023	10	0	15
		25	2024	10	0	15
제주	2	2	2023	2	0	0
		2	2024	2	0	0
명칭 사례				정보화담당관 스마트도시과	민원정보과 홍보전산과	홍보미디어실 재난안전과

* 자세한 정보화 부서 현황은 한국지역정보개발원 누리집에서 로우데이터로 제공되는 통계자료 참고.

** 일반부서 편제: 정보화 담당 부서가 아닌 일반 부서에서 정보화 업무를 담당하고 있음을 의미함.

3 | 빅데이터 담당 부서 현황

[표 1-1-4] 지방자치단체별 빅데이터 담당 부서

(2024. 12. 기준)

구분	지방자치단체명	빅데이터 담당 조직
시·도	서울	데이터전략과
	부산	빅데이터통계과
	대구	ABB산업과(데이터산업팀)
	인천	데이터산업과(AI·데이터팀/빅데이터기반팀)
	광주	데이터정보화담당관(데이터정책팀)
	대전	법무통계담당관(데이터통계팀)
	울산	데이터정책팀
	세종	지능형도시과(빅데이터팀)
	경기	AI미래행정과
	강원	디지털산업과
	충북	과학기술정책과(데이터산업팀/데이터서비스팀)
	충남	AI데이터정책관

구분	지방자치단체명		빅데이터 담당 조직
시·도	전북		디지털산업과(ICT산업기반)
	전남		정책기획관(빅데이터통계팀)
	경북		AI데이터과
	경남		정보통신담당관/소방행정과/농업기술원작물연구과/ 농업자원관리원스마트팜진흥과
	제주		미래성장과(빅데이터팀)
시·군·구	서울	종로구	스마트행정과
		중구	디지털정책과(전산운영팀)
		용산구	스마트정보과
		성동구	정보통신과 빅데이터센터
		광진구	스마트정보담당관(스마트데이터팀)
		동대문구	스마트도시과(빅데이터팀)
		중랑구	행정지원과(정보화운영팀)
		강북구	디지털정보과(디지털정책팀)
		도봉구	스마트혁신과(데이터사업팀)
		은평구	스마트정보과(전산운영팀)
		서대문구	스마트정보과
		마포구	디지털재정과
		양천구	스마트정보과
		강서구	정보통신과
		구로구	스마트도시과
		금천구	소통담당관(정보화운영팀)
		동작구	기획예산과(디지털정보팀)
		관악구	스마트정보과(스마트데이터팀)
		서초구	스마트도시과(AI빅데이터팀)
		강남구	디지털도시과 공공데이터팀
		송파구	첨단도시과
		강동구	스마트도시과(빅데이터팀)
	부산	동구	기획감사실(기획팀)
		영도구	신성장전략과(데이터전산)
		사하구	문화예술과(전산정보팀)

구분	지방자치단체명		빅데이터 담당 조직
시·군·구	대구	중구	혁신사업홍보과
		동구	홍보전산과
		서구	문화홍보과
		남구	홍보미디어과
		북구	정책소통과
		수성구	정보통신과(전산관리팀)
		달서구	디지털정보과(정보빅데이터팀)
		달성군	정보통신과
	인천	미추홀구	스마트정책실(빅데이터팀)
		연수구	토지정보과
		남동구	정보통신과(스마트데이터팀)
		부평구	홍보담당관(스마트데이터팀)
		서구	정보통신과(빅데이터팀)
	광주	동구	홍보미디어실
		서구	회계정보과(데이터통신팀)
		남구	홍보실(정보팀)
		북구	데이터정보과
		광산구	데이터정보과(데이터분석팀)
	대전	중구	정책개발실(빅데이터팀)
		서구	홍보담당관(빅데이터팀)
		유성구	홍보과(전산팀)
		대덕구	민원정보과(정보화팀)
	경기	수원시	스마트도시과(빅데이터팀)
		고양시	스마트시티과
		용인시	정책기획과(빅데이터팀)
		성남시	정책기획과(빅데이터팀)
		부천시	스마트도시과
		안산시	정보통신과(공공빅데이터팀)
		화성시	스마트도시과
		남양주시	정보통신과(데이터행정팀)

구분	지방자치단체명		빅데이터 담당 조직
시·군·구	경기	안양시	스마트도시정보과
		평택시	스마트도시과
		의정부시	스마트도시과(빅데이터팀)
		파주시	정보통신과
		시흥시	미래전략담당관
		김포시	미래전략과
		광명시	스마트도시과(AI데이터팀)
		광주시	디지털정보담당관
		군포시	스마트정보과
		이천시	정보통신담당관
		오산시	정보통신과
		하남시	도시정책과(스마트시티팀)
		양주시	정보통신과(빅데이터팀)
		구리시	정보통신과(정보기획팀)
		안성시	정보통신과(정보기획팀)
		포천시	정보통신과
		의왕시	정보통신과
		여주시	정보통신과
		양평군	데이터정보과
		동두천시	정보통신과
		과천시	정보통신과
		가평군	자치행정과
		연천군	미디어콘텐츠과
	강원	춘천시	디지털산업과(데이터산업팀)
		원주시	정보통신과(행정정보팀)
		강릉시	정보통신과
		동해시	홍보감사담당관(IT기획팀)
		태백시	공간정보과(전산팀)
		속초시	기획예산과(데이터운영)
		홍천군	행정과(데이터통계팀)

구분	지방자치단체명		빅데이터 담당 조직
시·군·구	강원	횡성군	자치행정과(전산팀)
		영월군	행정과(전산정보팀)
	충북	청주시	정보통신과(데이터팀)
	충남	천안시	스마트정보과
		공주시	미래전략실
		보령시	홍보미디어실
		아산시	미래전략과
		서산시	스마트정보과
		논산시	디지털정보과
		계룡시	자치행정과
		당진시	기획예산담당관
		금산군	세계화담당관
		부여군	자치행정과
		서천군	시설정보과
		청양군	행정지원과
		홍성군	홍보전산담당관
	전북	전주시	정보화정책과(빅데이터)
		군산시	정보통신과(정보기획계)
		익산시	스마트정보과(행정정보팀)
		정읍시	시민소통실(뉴미디어팀)
		남원시	홍보전산과(스마트시티팀)
		김제시	정보통신과(정보기획팀)
		완주군	행정지원과(디지털정보팀)
		진안군	행정지원과(정보통계팀)
		무주군	자치행정과(정보통신팀)
		장수군	행정지원과(정보통신팀)
		임실군	행정지원과(정보통신팀)
		고창군	행정지원과(정보통신팀)
		부안군	자치행정담당관(정보통신팀)

구분	지방자치단체명		빅데이터 담당 조직
시·군·구	전남	목포시	정보산업팀
		여수시	빅데이터통계팀
		순천시	디지털정책팀
		나주시	기획예산실(데이터성과팀)
		광양시	데이터산업팀
		곡성군	정보통신팀
		구례군	데이터기획팀
		장흥군	정보통신팀
		강진군	데이터활용팀
		영암군	빅데이터정보팀
		함평군	정보통신팀
		영광군	정보통신팀
		장성군	정보통신팀
		완도군	정보통신팀
		신안군	정보통신팀
	경북	포항시	디지털융합산업과(빅데이터통계팀)
		경주시	디지털정책과(정보운영팀)
		김천시	정보기획과(정보기획팀)
		안동시	스마트정보과(데이터운영팀)
		구미시	미래도시전략과(스마트시티팀)
		영주시	홍보전산실
		영천시	정책기획실 데이터통계담당
		상주시	기획예산실(행정정보팀)
		문경시	홍보전산과
		경산시	디지털정책과
		의성군	홍보과
		청송군	소통홍보과(정보전산팀)
		영덕군	홍보소통과(전산통신팀)
		청도군	총무과(빅데이터팀)

구분	지방자치단체명		빅데이터 담당 조직
시·군·구	경북	고령군	투자유치과
		칠곡군	회계정보과
		예천군	홍보소통과(전산정보팀)
		봉화군	총무과(전산정보팀)
		울릉군	기획감사실(정보통신팀)
	경남	창원시	정보통신담당관
		진주시	스마트도시과
		통영시	정보통신과
		사천시	민원과
		김해시	스마트도시담당관
		밀양시	공보전산담당관
		거제시	정보통신과
		양산시	정보통계과
		의령군	행정과
		함안군	행정과
		창녕군	행정과
		고성군	행정과
		남해군	행정과
		하동군	행정과
		산청군	행정과
		함양군	행정과
		거창군	행정과
		합천군	행정과
	제주	제주시	정보화지원과(정보지원팀)
		서귀포시	정보화지원과(정보지원팀)

* 각 지방자치단체 제출 자료 및 홈페이지 자료를 통해 전담 조직 위주로 재구성 및 편집함.

4. 스마트도시 담당 부서 현황

[표 1-1-5] 지방자치단체별 스마트도시 담당 부서

(2024. 12. 기준)

구분	지방자치단체명		스마트도시 담당 조직
시·도	서울		디지털정책과
	부산		인공지능소프트웨어과(스마트시티팀)
	대구		미래혁신정책관(스마트시티팀)
	인천		*도시관리과(스마트도시기획팀/스마트도시조성팀)/ **스마트시티과(스마트전략팀/스마트인프라팀/ 스마트정보운영팀/스타트업육성팀) *시본청 **경제자유구역청
	광주		공간혁신과
	대전		도시계획과(도시정책팀)
	울산		스마트도시과(스마트도시기획팀)
	세종		지능형도시과
	경기		디지털혁신과
	강원		정보화정책과/디지털산업과/도시재생과(스마트시티팀)
	충북		과학기술정책과(스마트혁신팀)
	충남		건설정책과
	전북		주택건축과(도시재생팀)
	전남		지역계획과/(도시계획팀)
	경북		정보통신담당관
	경남		정보통신담당관/도시정책과
	제주		우주모빌리티과(스마트시티팀)
시·군·구	서울	종로구	스마트행정과
		중구	디지털정책과(디지털정책팀)
		용산구	스마트정보과
		성동구	스마트도시과
		광진구	스마트정보담당관(스마트데이터팀)
		동대문구	스마트도시과(스마트도시기획팀)
		중랑구	행정지원과(정보화운영팀)

구분	지방자치단체명		스마트도시 담당 조직
시·군·구	서울	성북구	홍보전산과(스마트시티T/F팀)
		강북구	디지털정보과(디지털정책팀)
		도봉구	스마트혁신과(스마트기획팀)
		노원구	스마트안전과(스마트도시팀)
		은평구	스마트정보과(스마트도시팀)
		서대문구	스마트정보과
		마포구	디지털재정과
		양천구	스마트정보과
		강서구	스마트도시과
		구로구	스마트도시과
		금천구	주민안전과(스마트도시팀)
		동작구	기획예산과(디지털정보팀)
		관악구	스마트정보과(스마트정책팀)
		서초구	스마트도시과(스마트도시서비스팀)
		강남구	디지털도시과(스마트도시기획팀)
		송파구	첨단도시과
		강동구	스마트도시과(스마트도시기획팀)
	부산	동구	민원여권과(전산정보팀)
		영도구	신성장전략과(데이터전산팀)
		사하구	기획실(업무혁신TF)
		수영구	스마트도시과(스마트시티드론팀)
	대구	수성구	정보통신과(스마트데이터팀)
		달서구	디지털정보과(디지털정책팀)
	인천	미추홀구	스마트정책실(스마트정책팀)
		연수구	토지정보과
		남동구	정보통신과(스마트데이터팀)
		부평구	홍보담당관(스마트데이터팀)
		서구	정보통신과(스마트시티팀)
	광주	동구	일자리경제과
		남구	민생경제과

구분	지방자치단체명		스마트도시 담당 조직
시·군·구	광주	북구	데이터정보과
		광산구	산업혁신과
	경기	수원시	스마트도시과(스마트도시기술팀/스마트도시조성팀)
		고양시	스마트시티과
		용인시	4차산업융합과(스마트혁신도시팀)
		성남시	스마트도시과
		부천시	스마트도시과
		안산시	전략사업과(스마트도시팀)
		화성시	스마트도시과/AI전략과
		남양주시	교통정책과(교통정보팀)
		안양시	스마트도시정보과
		평택시	스마트도시과
		의정부시	스마트도시과
		파주시	첨단도시정보과
		시흥시	스마트도시과
		김포시	스마트도시과
		광명시	스마트도시과(스마트조시정책팀)
		광주시	디지털정보담당관
		군포시	스마트정보과
		이천시	미래도시과
		오산시	스마트교통안전과
		하남시	도시정책과(스마트시티팀)
		양주시	정보통신과(통합관제팀)
		구리시	도시계획과(스마트도시팀)
		안성시	정보통신과(통신통계팀)
		포천시	정주여건조성과
		의왕시	도시정책과
		여주시	정보통신과
		양평군	데이터정보과
		동두천시	정보통신과
		과천시	도시정책과

구분	지방자치단체명		스마트도시 담당 조직
시·군·구	경기	가평군	도시과
		연천군	도시과
	강원	춘천시	도시재생과(재생시설팀)
		원주시	도시정보센터(스마트도시팀)
		강릉시	정보통신과
		동해시	홍보감사담당관(스마트통신)
		태백시	안전과(스마트시티운영)
		홍천군	행정과(정보화팀)
		횡성군	기획감사실(특별자치도TF)
		영월군	행정과(전산정보팀)
		정선군	총무행정관(통신관리)
		철원군	건설도시과(도시재생팀)
		고성군	건설도시과(도시재생팀)
	충북	증평군	도시건축과(스마트도시팀)
	충남	천안시	스마트도시추진단
		공주시	도시정책과
		보령시	안전총괄과
		아산시	도시계획과
		서산시	스마트정보과
		논산시	도시재생과
		계룡시	시민안전과
		당진시	스마트도시과
		금산군	군민안전과
		부여군	전략사업과
		서천군	도시건축과
		청양군	안전총괄과
		홍성군	홍보전산담당관
		예산군	미래성장과
	전북	전주시	신성장산업과(ICT산업팀)
		군산시	교통행정과(지능형교통계)
		익산시	스마트정보과(스마트정보팀)

구분	지방자치단체명		스마트도시 담당 조직
시·군·구	전북	남원시	홍보전산과(스마트시티팀)
		완주군	행정지원과(디지털정보팀)
		진안군	건설교통과(도시계획팀)
		부안군	안전총괄과(사회재난팀)
	전남	목포시	정보산업팀
		여수시	스마트시티팀
		순천시	스마트시티팀
		나주시	미래전략과(첨단산업팀)
		광양시	스마트도시팀
		장흥군	건설행정팀
		영암군	안전정책팀
		함평군	안전정책팀
		완도군	스마트관제팀
		신안군	기획의회팀
	경북	포항시	도시재생과(스마트시티팀)
		경주시	미래전략실(스마트도시팀)
		김천시	미래혁신전략과(미래전략팀)
		안동시	스마트정보과(데이터운영팀)
		구미시	미래도시전략과(스마트시티팀)
		영주시	홍보전산실
		상주시	기획예산실(행정정보팀)
		문경시	도시과
		경산시	도시과
		의성군	농촌활력과
		청송군	총무과(통신관제팀)
		영덕군	도시디자인과(도시계획팀)
		고령군	지역경제실
		칠곡군	회계정보과
		예천군	도시과(스마트도시팀)
		봉화군	도시계획과
		울릉군	안전건설단(안전정책팀)

구분	지방자치단체명		스마트도시 담당 조직
시·군·구	경남	창원시	재난대응담당관
		진주시	스마트도시과
		통영시	정보통신과
		사천시	우주항공과
		김해시	스마트도시담당관
		밀양시	공보전산담당관
		거제시	도시계획과
		양산시	정보통계과
		의령군	안전관리과
		함안군	도시건축과
		창녕군	행정과
		고성군	도시교통과
		남해군	행정과
		하동군	안전교통과
		산청군	안전총괄과
		함양군	행정과/안전도시과
		거창군	안전총괄과
		합천군	안전총괄과

[출처: 각 지방자치단체 제출 자료 및 홈페이지 자료를 통해 재구성]

5. 블록체인 담당 부서 현황

[표 1-1-6] 지방자치단체별 블록체인 담당 부서

(2024. 12. 기준)

구분	지방자치단체명		블록체인 담당 조직
시·도	서울		디지털정책과(디지털서비스팀)
	부산		금융블록체인담당관(블록체인기획팀)
	대구		ABB산업과(ABB서비스팀)
	인천		데이터산업과(블록체인정책팀)
	세종		지능형도시과
	강원		정보화정책과/디지털산업과
	충북		과학기술정책과(ICT융합팀)
	전남		스마트정보담당관(정보기획팀)
	경북		AI데이터과
	경남		정보통신담당관
	제주		미래성장과(미래과학기술팀)
시·군·구	서울	서대문구	스마트정보과
		마포구	디지털재정과
		서초구	스마트도시과(스마트도시기획팀)
	부산	사하구	문화예술과(전산정보팀)
	광주	동구	일자리경제과
	경기	성남시	미래산업과(ICT융합팀)
		안양시	정보통신과
		광명시	정보통신과
		가평군	자치행정과
	강원	춘천시	디지털산업과(디지털산업팀)
		강릉시	정보통신과
		동해시	홍보감사담당관(IT기획팀)
		홍천군	행정과(정보화팀)
		영월군	행정과(전산정보팀)
		화천군	자치행정과(정보통신담당)
	전북	익산시	스마트정보과(행정정보팀)
		완주군	행정지원과(디지털정보팀)
	경북	구미시	정보통신과(정보기획팀)
		청송군	소통홍보과(정보전산팀)
		예천군	홍보소통과(전산정보팀)

구분	지방자치단체명		블록체인 담당 조직
시·군·구	경남	사천시	정보통신과
		함양군	행정과

[출처: 각 지방자치단체 제출 자료 및 홈페이지 자료를 통해 재구성]

제2절 지역정보화 사업·예산

1 지능정보사회 실행계획 내 지역정보화 사업

가. 지자체 지능정보화 사업 투자 규모

[표 1-1-7] 지능정보화 투자 규모, 지방자치단체 정보화 사업 수 및 예산

(단위: 개, 억 원, %)

구분	2023년도(A)	2024년도(B)	증감(B-A)	증감률
사업 수	13,998	13,887	△111	△0.8
예산	25,804	26,737	933	3.62

[출처: 행정안전부, 2024년도 지방자치단체 지능정보사회 실행계획 분석보고서, 2024][2]

[표 1-1-8] 시·도별 정보화 사업 투자 규모

(단위: 백만 원)

시·도명	예산
서울특별시	410,512
부산광역시	65,268
대구광역시	96,470
인천광역시	136,937
광주광역시	49,864
대전광역시	31,626

---

2   '제2절 지역정보화 사업·예산'의 모든 통계는 행정안전부가 2024년 1월 31일 기준으로 조사·발간한 「2024년도 지방자치단체 지능정보사회 실행계획 분석보고서」 자료임.

시·도명	예산
울산광역시	53,773
세종특별자치시	20,289
경기도	535,071
강원도	190,954
충청북도	155,806
충청남도	148,462
전라북도	108,573
전라남도	111,764
경상북도	138,732
경상남도	357,593
제주특별자치도	61,992
합계	2,673,686

* 시·군·구 및 산하 기관 포함.

[표 1-1-9] 사업형태별 지방자치단체 지능정보화 사업 현황

(단위: 개, 억 원, %)

구분	사업 수(비율)	예산(비율)
신규 사업	1,666(12%)	3,201(12%)
계속 사업	12,221(88%)	23,536(88%)

[표 1-1-10] 사업유형별 지방자치단체 지능정보화 사업 현황

(단위: 개, 억 원, %)

구분	시스템 구축/운영	IT 인프라	정책 개발/지원
사업 수	10,765(77.7%)	2,186(15.9%)	936(6.7%)
예산	19,746(73.8%)	3,865(14.6%)	3,126(11.7%)

나. 국가 정책과 지자체 지능정보화 사업과의 연계 규모

[표 1-1-11] 2024년 국가 정책 관련 예산 규모

(단위: 개, 억 원, %)

구분	국가 정책 기여도	지능정보사회 종합계획 (디플정 실현계획 제외)	디지털플랫폼정부 실현계획	120대 국정과제
사업 수	3,098	720(23.2%)	771(24.9%)	1,607(51.9%)
예산	15,056	4,389	3,928	6,739
예산 비율	100	29.2	26.1	44.7

[표 1-1-12] 2024년 실행계획 – 지능정보사회 종합계획 과제 반영도

(단위: 개, 억 원, %)

구분	2024년 지능정보화 사업	지능정보사회 종합계획 (디플정 실현계획 포함)	비율
사업 수	13,998	1,491	10.7
예산	25,804	8,317	32.2

[표 1-1-13] 지능정보사회 종합계획 추진 전략별 규모

(단위: 개, 억 원)

전략	추진 과제	사업 수	예산
Ⅰ. 세계 최고의 디지털 역량	1-1. 기술패권에 대응한 '6대 디지털 혁신기술' 확보	255	1,174
	1-2. 충분한 디지털 자원 확보		
	1-3. 더 빠르고, 더 안전한 네트워크 구축		
	1-4. 100만 인재 양성으로 디지털 인재 富國 달성		
	1-5. 경계를 뛰어넘는 디지털 플랫폼 산업 육성		
	1-6. 글로벌 시장을 주도하는 K-디지털 실현		
Ⅱ. 확장하는 디지털 경제	2-1. 서비스업 경쟁력 강화	84	1,144
	2-2. 미래형 제조업으로 선진화		
	2-3. 농·축·수산업의 新 성장동력화		
Ⅲ. 포용하는 디지털 사회	3-1. 더 안전하고 쾌적한 삶의 터전 조성	367	2,030
	3-2. 국민 누구나 디지털 혜택 보장		
	3-3. 디지털로 재탄생하는 지역사회 구현		

전략	추진 과제	사업 수	예산
Ⅳ. 함께하는 디지털플랫폼정부	4-1. 하나의 정부	771	3,928
	4-2. 똑똑한 나의 정부		
	4-3. 민관이 함께하는 성장 플랫폼		
	4-4. 믿고 안심할 수 있는 디지털플랫폼정부 구현		
Ⅴ. 혁신하는 디지털 문화	5-1. 민간이 주도하는 디지털 혁신문화 정착	14	41
	5-2. 혁신을 저해하는 규제 혁신 및 갈등 조정		
	5-3. 디지털 경제·사회 기본법제 마련		
	5-4. 디지털 혁신의 글로벌 확산		
합계		**1,491**	**8,317**

[표 1-1-14] 2024년 실행계획 – 120대 국정과제 반영도

(단위: 개, 억 원)

구분	해당 사업 수	해당 예산
120대 국정과제 반영도	1,607	6,739

[표 1-1-15] 2024년 실행계획 – 120대 국정과제 반영 현황

(단위: 개, 백만 원)

세부 과제	2024년도	
	사업 수	예산
2. 감염병 대응체계 고도화	1	14
11. 디지털플랫폼정부 구현	314	729
13. 유연하고 효율적인 정부체계 구축	70	94
14. 공정과 책임에 기반한 역량 있는 공직사회 실현	19	7
15. 공공기관 혁신을 통해 질 높은 대국민 서비스 제공	37	36
16. 규제시스템 혁신을 통한 경제활력 제고	1	138
17. 성장지향형 산업전략 추진	6	600
22. 수요자 지향 산업기술 R&D 혁신 및 지식재산 보호 강화	21	135
24. 미래전략산업 초격차 확보	8	203
25. 바이오 디지털헬스 글로벌 중심 국가 도약	1	2
27. 글로벌 미디어 강국 실현	1	3

세부 과제	2024년도 사업 수	2024년도 예산
28. 모빌리티 시대 본격 개막 및 국토교통산업의 미래전략산업화	5	22
31. 중소기업 정책을 민간 주도 혁신성장의 관점에서 재설계	4	50
35. 디지털 자산 인프라 및 규율체계 구축	17	125
38. 국토공간의 효율적 성장전략 지원	18	86
39. 빠르고 편리한 교통 혁신	17	112
42. 지속 가능한 복지국가 개혁	2	2
43. 국민 맞춤형 기초보장 강화	1	1
44. 사회서비스 혁신 기반 조성을 통한 복지·돌봄서비스 고도화	8	6
45. 100세 시대 일자리·건강·돌봄체계 강화	22	188
46. 안전하고 질 높은 양육 환경 조성	3	4
47. 장애인 맞춤형 통합지원을 통한 차별 없는 사회 실현	15	14
48. 누구 하나 소외되지 않는 가족, 모두가 함께하는 사회 구현	5	6
49. 산업재해예방 강화 및 기업 자율의 안전관리체계 구축 지원	3	2
52. 일자리 사업의 효과성 제고 및 고용서비스 고도화	6	19
55. 중소기업·자영업자 맞춤형 직원훈련 지원 강화	1	14
56. 일상이 풍요로워지는 보편적 문화복지 실현	6	3
57. 공정하고 사각지대 없는 예술인 지원체계 확립	8	10
58. K-컬처의 초격차 산업화	9	110
60. 모두를 위한 스포츠, 촘촘한 스포츠 복지 실현	11	8
61. 여행으로 행복한 국민, 관광으로 발전하는 대한민국	20	62
63. 범죄로부터 안전한 사회 구현	124	600
64. 범죄피해자 보호지원 시스템 확립	1	4
65. 선진화된 재난안전 관리체계 구축	79	261
67. 예방적 건강관리 강화	22	11
68. 안심 먹거리, 건강한 생활환경	3	4
69. 국민이 안심하는 생활안전 확보	89	433
70. 농산촌 지원강화 및 성장환경 조성	12	9
71. 농업의 미래 성장산업화	43	164
72. 식량주권 확보와 농가 경영안정 강화	5	76
74. 국가혁신을 위한 과학기술 시스템 재설계	1	3

세부 과제	2024년도 사업 수	2024년도 예산
76. 자율과 창의 중심의 기초연구 지원 및 인재양성	6	52
77. 민·관 협력을 통한 디지털 경제 패권국가 실현	42	371
78. 세계 최고의 네트워크 구축 및 디지털 혁신 가속화	113	597
80. 지방 과학기술주권 확보로 지역 주도 혁신성장 실현	17	230
81. 100만 디지털인재 양성	44	223
82. 모두를 인재로 양성하는 학습혁명	18	7
84. 국가교육책임제 강화로 교육격차 해소	5	1
86. 과학적인 탄소중립 이행방안 마련으로 녹색경제 전환	10	5
87. 기후위기에 강한 물 환경과 자연 생태계 조성	3	10
88. 미세먼지 걱정 없는 푸른 하늘	25	28
89. 재활용을 통한 순환경제 완성	9	6
90. 청년에게 주거·일자리·교육 등 맞춤형 지원	2	1
92. 청년에게 참여의 장을 대폭 확대	3	4
101. 국가 사이버안보 대응역량 강화	112	173
111. 지방시대 실현을 위한 지방분권 강화	5	2
112. 지방자치단체 재정력 강화	68	151
113. 지역인재 육성을 위한 교육혁신	1	18
114. 지방자치단체의 자치역량·소통·협력 강화	45	46
116. 공공기관 이전 등 지역 성장거점 육성	2	98
118. 지역특화형 산업 육성으로 양질의 일자리 창출	8	77
120. 지방소멸방지, 균형발전 추진체계 강화	7	268

* 해당 과제의 사업 예산의 합이 1억 원 이상인 과제만 기재.

다. 주요 지능정보기술별 활용 현황

[표 1-1-16] 2024년 인공지능 관련 사업 투자 규모

(단위: 개, 억 원, %)

구분	2022년(A)	2023년(B)	2024년(C)	증감(C-B)	증감률
사업 수	392	450	418	△32	△7.11
예산	2,520	2,926	2,713	△213	△7.27

[표 1-1-17] 2024년 클라우드 관련 사업 투자 규모

(단위: 개, 억 원, %)

구분	2022년(A)	2023년(B)	2024년(C)	증감(C-B)	증감률
사업 수	1,445	1,687	1,627	△60	△3.56
예산	2,703	3,603	3,265	△338	△9.39

[표 1-1-18] 2024년 데이터 관련 사업 투자 규모

(단위: 개, 억 원, %)

구분	2022년(A)	2023년(B)	2024년(C)	증감(C-B)	증감률
사업 수	1,654	1,786	1,704	△82	△4.59
예산	6,779	7,027	5,723	△1,305	△18.57

[표 1-1-19] 2024년 정보보호/보안 예산

(단위: 개, 억 원, %)

구분	2023년(A)	2024년(B)	증감(A-B)	증감률
사업 수	2,246	1,783	△463	△20.6%
예산	2,197	1,289	△908	△41.3%

제2장
지역정보화 정책 현황

제1절 지역정보화 법·제도

1. 개관

'지역정보화'란 법률적으로는 "지역주민의 삶의 질 향상과 지역 간 균형발전, 정보격차 해소 등을 위하여 하나 또는 여러 개의 지역·도시에 대하여 행정·생활·산업 등의 분야를 대상으로 하는 정보화"라고 정의된다. 이는 「지능정보화 기본법」의 전신인 「국가정보화 기본법」 제16조에서 규정했던 개념이다. 이후 '지역정보화'는 「지능정보화 기본법」으로 전부 개정되면서 '지역지능정보화'로 변했다. "지역 '주민의 삶의 질 향상, 주민의 역량강화와 지역 간 균형발전, 정보격차 해소 등을 위하여 하나 또는 여러 개의 지역·도시에 대하여 행정·생활·산업 등의 분야를 대상으로 하는 지능정보화"라고 하는데, '주민의 역량 강화'라는 부분이 추가되고, '정보화'는 '지능정보화'로 탈바꿈한 것이다. 정보의 생산, 유통, 활용을 촉진하는 것이 '정보화'였다면 '지능정보화'는 정보화를 기반으로 지능정보기술 등 디지털 기술이 적용 및 융합하면서 여러 활동을 가능하게 하거나 효율화 또는 고도화하는 것을 의미하는데,[1] 디지털 기술과 서비스가 다양해지고 발전하는 등 기술적 변화와 시대적 흐름을 반영한 것이라고 할 수 있다.

지역정보화와 관련해서는 지방자치제도에 관한 기본적 사항을 규정하고 있는 「지방자치법」을 비롯해 국가 차원의 정보화 정책 추진의 근거를 마련하고 있는 「지능정보

---

1   지능정보화기본법 제2조 제2호, 제4호, 제5호.

화 기본법」, 그리고 공공기관의 행정업무 전자화에 관한 사항을 다루고 있는 「전자정부법」에 바탕하고 있다. 지역정보화와 관련한 법·제도와 정책 등은 지역발전과 지역주민 삶의 질 제고 등을 목적으로 추진된다는 점에서 핵심적 이념과 근거는 「헌법」 제117조 및 제118조[2]가 보장하는 지방자치의 원칙과 더불어 이를 구현하기 위한 「지방자치법」에 있다고 볼 수 있다. 그러나 지역정보화와 관련해 기본적 개념과 정책 및 사업의 추진에 관한 사항은 「지능정보화 기본법」과 「전자정부법」에서 중점적으로 규율하고 있다.

초창기 지역정보화는 1995년 「정보화촉진 기본법」 제11조에 따라 공공정보화 등의 추진 관점에서 다뤄졌다. 지방자치단체에서 지역사회의 특성에 적합한 지역정보화 사업을 추진하도록 하면서 정부는 이에 상응하는 행정·재정·기술 등 필요한 사항을 지원할 수 있도록 한 것이다. 당시 지역정보화에 관한 사항은 1개 조항으로 규정했는데, 이후 2009년 「정보화촉진 기본법」이 「국가정보화 기본법」으로 전부 개정되면서 지역정보화에 관한 조문이 공공정보화에 관한 조문과 분리됐다. 해당 규정은 지역주민 삶의 질 향상과 지역 간 균형발전, 정보격차의 해소 등을 위해 여러 개의 지역·도시에 대해 행정, 생활, 산업 등의 분야를 대상으로 정보화를 추진할 수 있도록 하면서 지역의 수요와 특성 및 관계 기관의 의견을 고려하도록 하고, 국가기관으로 하여금 지방자치단체가 추진하는 지역정보화를 행정적, 재정적, 기술적 측면에서 지원할 수 있도록 했다. 2020년에는 「국가정보화 기본법」이 「지능정보화 기본법」으로 전부 개정됐고 지역정보화에 관한 조문 또한 지역지능정보화에 관한 조문으로 변경됐다. 「전자정부법」은 전자정부기본계획을 수립할 때 지역정보화 사업의 추진 및 성과관리에 관한 사항을 포함하도록 하고(제5조), 지방자치단체에게 지역정보통합센터를 설립·운영할 수 있도록 하며(제55조), 국가 및 지방자치단체로 하여금 지역정보화 사업을 추진할 수 있는 근거(제65조), 지역정보화를 위한 시범 사업을 추진할 수 있는 근거(제66조) 및 한국지역정

---

2 헌법 제117조 ① 지방자치단체는 주민의 복리에 관한 사무를 처리하고 재산을 관리하며, 법령의 범위 안에서 자치에 관한 규정을 제정할 수 있다.
② 지방자치단체의 종류는 법률로 정한다.
헌법 제118조 ① 지방자치단체에 의회를 둔다.
② 지방의회의 조직·권한·의원선거와 지방자치단체의 장의 선임방법 기타 지방자치단체의 조직과 운영에 관한 사항은 법률로 정한다.

보개발원의 설립 근거(제72조)를 두고 있다.

또한 다양한 법률들에서 지역정보화를 추진하기 위한 근거들이 마련돼 있는데 「스마트도시 조성 및 산업진흥 등에 관한 법률(이하 '스마트도시법')」, 「공공데이터 제공 및 이용 활성화에 관한 법률(이하 '공공데이터법')」, 「클라우드컴퓨팅 발전 및 이용자 보호에 관한 법률(이하 '클라우드컴퓨팅법')」, 「데이터기반행정 활성화에 관한 법률(이하 '데이터기반행정법')」 등이 이에 해당한다. 2023년에는 「국가균형발전 특별법(이하 '국가균형발전법')」과 「지방분권 및 지방행정체제개편에 관한 특별법」이 통합돼 「지방자치분권 및 지역균형발전에 관한 특별법」이 제정·시행되면서, 지역정보화와 관련한 법제도 및 정책의 추진이 지방자치단체를 중심으로 체계적 추진의 기반이 마련됐다. 이 외에도 「농업·농촌 및 식품산업 기본법」 제52조는 국가와 지방자치단체로 하여금 농업 및 농촌지역에 대한 정보화 촉진에 관한 정책을 수립·시행하도록 하고 있으며, 「수산업·어촌 발전 기본법」 제41조 또한 국가 및 지방자치단체에게 수산업 및 어촌지역의 정보화를 촉진하기 위해 정보통신매체, 프로그램 개발 및 운영 등에 필요한 정책을 수립·시행하도록 하고 있다.

이하에서는 '지역정보화' 추진의 근거가 되는 법·제도의 사항들을 앞서 언급한 법률을 중심으로 소개한다. 법률의 주요 내용과 더불어 '지역정보화' 법·제도의 관심사를 확인하기 위해 2024년 내 해당 법률들의 개정안과 관련 법률 제정안의 주요 내용도 함께 살펴보도록 한다.

[표 1-2-1] 지역정보화 관련 법제도 현황

제정일	법률명	지역정보화 관련 주요 내용
1949. 7. 4.	지방자치법	• 지방자치단체의 사무 범위(제13조제2항제1호아목) • 주민에 대한 정보공개(제26조)
1995. 8. 4.	지능정보화 기본법	• 지역지능정보화의 추진(제15조) • 민간기관 등과의 협력(제17조)
2001. 3. 28.	전자정부법	• 전자정부기본계획의 수립(제5조제2항제9호) • 전자정부서비스의 보편적 활용을 위한 대책(제19조) • 지역정보통합센터 설립 및 운영(제55조) • 지역정보화 사업의 추진 및 지원(제65조) • 시범 사업의 추진(제66조) • 한국지역정보개발원의 설립 등(제72조)
2008. 3. 28.	스마트도시 조성 및 산업 진흥 등에 관한 법률	• 적용대상(제3조) • 국가 등의 책무(제3조의2) • 스마트도시계획의 수립 등(제8조) • 국가시범도시의 지정 등(제35조) • 혁신성장진흥구역의 지정 등(제43조) • 혁신성장진흥구역에 관한 특례(제44조) • 투자선도지구의 지정에 관한 특례(제45조)
2013. 7. 30.	공공데이터 제공 및 이용 활성화에 관한 법률	• 공공데이터의 제공 및 이용 활성화에 관한 기본계획(제7조) • 공공데이터의 제공 및 이용 활성화에 관한 시행계획(제8조)
2015. 3. 27.	클라우드컴퓨팅 발전 및 이용자 보호에 관한 법률	• 국가 등의 책무(제3조) • 클라우드컴퓨팅기술 기반 집적정보통신시설의 구축 지원(제16조) • 산업단지의 조성(제17조)
2020. 6. 9.	데이터기반행정 활성화에 관한 법률	• 국가 등의 책무(제3조) • 데이터기반행정 활성화 기본계획(제6조) • 데이터기반행정 활성화 시행계획(제7조)
2022. 7. 1.	디지털플랫폼정부위원회의 설치 및 운영에 관한 규정	• 설치 및 기능(제2조)
2023. 7. 10.	지방자치분권 및 지역균형 발전에 관한 특별법	• '지역혁신'의 정의(제2조) • 지방시대 종합계획의 수립(제6조) • 지역혁신체계의 구축(제12조) • 지역산업 육성 및 일자리 창출 등 지역경제 활성화 촉진(제14조) • 지역과학기술 및 정보통신의 진흥(제16조) • 지역통계 기반 구축 및 개발·관리(제32조)
2024. 8. 6.	국가인공지능위원회의 설치 및 운영에 관한 규정	• 설치 및 기능(제2조)

2. 지방자치법

1949년 제정된 「지방자치법」은 1988년 전부 개정 당시 '지방자치단체의 사무 범위'에서 '지방자치단체의 구역, 조직 및 행정 관리 등에 관한 사무' 중 '행정전산화'를 규정한 이후에는 정보화 또는 지역정보화에 대해서는 특별히 규정을 마련하는 등의 변화는 이뤄지지 않고 있다. 동법은 지방자치단체의 사무를 규정하는 제13조에서 지방자치단체 사무의 예시를 명시하고 있는데, 동조 제2항제1호아목에서 지방자치단체의 구역, 조직, 행정관리 등의 사무 중 '행정장비관리, 행정전산화 및 행정관리개선' 업무를 제시하고 있어, 「지방자치법」상의 지역정보화에 관한 사항은 해당 규정에만 근거한 상황이라 할 수 있다. 지역정보화가 "지역주민의 삶의 질 향상과 지역 간 균형발전, 정보 격차 해소 등을 위하여 하나 또는 여러 개의 지역·도시에 대하여 행정·생활·산업 등의 분야를 대상으로 하는 정보화"라는 점을 고려하면, 지방자치제도의 기본적 사항을 담고 있는 「지방자치법」에서 관련 규정을 담는 것도 검토가 필요하다.

한편 제26조에서는 '주민에 대한 정보공개'에 관한 사항을 다루고 있다. 이에 따르면 지방자치단체는 사무처리의 투명성을 높이기 위해 「공공기관의 정보공개에 관한 법률」에서 정하는 바에 따라 지방의회의 의정활동, 집행기관의 조직, 재무 등 지방자치에 관한 정보(이하 '지방자치정보')를 주민에게 공개해야 하며, 행정안전부장관은 지방자치정보를 체계적으로 수집하고 주민에게 제공하기 위해 정보공개시스템을 구축·운영할 수 있다.

윤석열 정부는 출범하면서 국정 목표로 "대한민국 어디서나 살기 좋은 지방시대"를 설정하고, 지방자치단체의 자치권과 지방의회의 자율권 강화, 지방투자 확대, 지역혁신생태계 조성, 권역별 신산업 및 혁신 특구 육성, 지역 공동체 인프라 조성 및 지역 커뮤니티 활동 촉진, 지역사회의 자생적 창조 역량 강화 등과 같은 국정과제를 제시한 바 있다. 지방자치단체의 자치권 강화를 강조하는 흐름은 윤석열 정부뿐만 아니라 이전 정부에서부터 오랜 기간 지속되어 온 주요 관심 정책이다. 이에 「지방자치법」을 비롯한 지방자치 관련 법·제도는 이러한 흐름에 맞춰 점차 지방자치단체의 자치권과 지방자치단체가 자율적으로 지역에 필요한 정책 및 사업을 추진할 수 있도록 변화하고 있다.

최근에는 지방자치단체가 지역 특성에 맞는 정책을 추진하고 지역발전을 이끌 수 있도록 지방분권을 강화하는 방향으로 법·제도 개선이 이뤄지고 있다. 2024년 발의된 「지방자치법 일부개정법률안」[3]은 지방자치단체 간, 국가와 지방자치단체 간 소관 사무를 공동으로 협력해 처리하기 위해 별도의 조직 없이 역할 분담 등에 대해 체결하는 '공공협약' 제도를 도입하는 것을 골자로 하고 있다. 개정안은 제도 신설 이유에 대해 생활권 확대에 따라 주거·생활지역의 불일치로 광역 행정수요가 증가하고 있으나 기존 협력제도로는 다양한 광역수요를 대응할 수 없는 상황이므로 지방자치단체들이 이러한 광역 행정수요에 대응하기 위해 사안에 따라 적절한 방법을 선택할 수 있도록 다양한 협력제도가 필요하기 때문이라고 하고 있다.[4] 이러한 공공협약제도가 도입될 경우 지역정보화 추진을 위한 지방자치단체의 사무에 있어서도 지역간 또는 지방자치단체와 국가기관 간 다양한 협력이 이뤄질 수 있게 된다. 지역정보화의 추진은 지역간 물리적 경계가 무의미하다는 점과 기술력을 보유하고 있는 지역과 그렇지 못한 지역간의 협력으로 지역간의 지역지능정보화의 균형을 유도할 수도 있다는 점에서 긍정적 효과를 발휘할 수도 있을 것으로 보인다.

3 지능정보화 기본법

「지능정보화 기본법」은 국가 전반의 지능정보화 관련 정책을 수립·추진하기 위해 필요한 핵심적인 사항들을 규정하고 있다. 동법은 지역정보화 추진을 위한 구체적인 사항을 규정하기보다는 선언적 규정의 형태로 큰 틀의 지역정보화 추진 권한을 부여하고 있다. 우선 동법 제3조는 국가 및 지방자치단체로 하여금 지능정보사회 구현을 통해 국가 경제의 발전을 도모하고, 국민생활의 질적 향상과 복리 증진을 추구함으로써 경제성장의 혜택과 기회가 폭넓게 공유되도록 노력한다는 것과 지능정보기술을 활용하거나 지능정보서비스를 이용할 때 사회의 모든 구성원에게 공정한 기회가 주어지도록

---

3 법률안명: 지방자치법 일부개정법률안, 제안자: 정부, 의안번호: 2201201, 제안일자: 2024. 6. 28.
4 지방자치법 일부개정법률(안) 입법예고, "지방자치법 조문별 제·개정이유서", 2024. 5. 21.

노력한다는 것을 기본원칙으로 명시하고 있다(법 제3조 제2항 및 제4항). 또한 제4조는 국가와 지방자치단체로 하여금 이러한 법률의 목적과 기본원칙을 고려해 지능정보사회 구현을 위한 시책을 강구하도록 요구하고 있다. 국가와 지방자치단체는 지능정보기술의 개발·고도화 및 활용을 제약하는 불필요한 규제를 적극적으로 개선해야 하며, 지능정보기술을 개발 및 활용하거나 지능정보서비스를 제공·이용할 때 안전성·신뢰성 및 공정성 확보를 위해 노력해야 한다. 이 외에도 지능정보화로 발생·심화할 수 있는 불평등을 해소하고 노동환경 변화에 대해 적극적으로 대응하기 위한 노력을 하도록 요구하고 있다.

한편, 동법 제6조에 따라 정부는 지능정보사회 종합계획을 3년 단위로 수립해야 하며, 제7조는 지방자치단체는 종합계획에 따라 매년 지능정보사회 실행계획을 수립 및 시행하도록 하고 있다. 중앙행정기관의 장과 지방자치단체의 장은 해당 기관의 지능정보사회 시책의 효율적 수립 및 시행과 지능정보화 사업의 조정 등의 업무를 총괄하는 '지능정보화책임관'을 임명해야 하며, 지능정보사회 시책 및 지능정보화 사업의 효율적 추진과 필요한 정보의 교류 및 관련 정책의 협의 등을 하기 위해 과학기술정보통신부장관, 행정안전부장관과 지능정보화책임관으로 구성된 '지능정보화책임관 협의회'도 구성·운영해야 한다(제8조 및 제9조). 또한 동법 제15조는 지역지능정보화를 정의하면서, 국가와 지방자치단체로 하여금 지역의 수요와 특성을 고려해 지역지능정보화를 추진하고 관계 기관의 의견을 수렴해 그 결과를 최대한 반영하도록 하고 있다. 또한 국가기관은 지역지능정보화를 추진하기 위해 행정, 재정, 기술 등에 관해 필요한 사항을 지원할 수 있도록 하고 있다. 제17조의 경우 민간기관 등과의 협력에 관한 사항을 규정하면서 국가기관 등이 공공지능정보화 및 지역지능정보화를 추진할 때 민간투자를 적극 유치하고 관련 사업자 등에 필요한 지원을 할 수 있도록 하며 필요한 경우 민간기관 등과 협의체를 구성, 운영할 수 있도록 하고 있다.

한편, 동법은 국가기관과 지방자치단체에게 지능정보기술 및 서비스 이용의 안전성과 신뢰성 보장을 위해 정보보호 시책을 마련하도록 하거나(제57조), 지능정보사회 윤리를 확립하고 필요한 시책을 마련하도록 하고 있다(제62조). 이 외에도 지능정보사회 시책 추진 시 지능정보기술 및 서비스를 이용하는 이용자의 권익 보호를 위한 시책을 마련할 것도 요구하고 있다(제63조). 이와 관련해 2024년 국회는 이 법을 추진해야 하는 대상으로 국가기관, 지방자치단체, 공공기관[5]을 포함하고 있는데, 「지방자치단체 출자·출연 기관의 운영에 관한 법률」에 따른 출자·출연 기관도 공공기관에 준하는 공익적 성격이 있음에도 불구하고 현행법상 공공기관에 포함되는지 불분명한 측면이 있는 것으로 보아 이 법에 따른 공공기관에 「지방자치단체 출자·출연 기관의 운영에 관한 법률」에 따른 출자·출연 기관이 포함되는 것으로 하는 개정안을 발의한 바 있다.[6] 개정안이 통과되면 지방자치단체 출자·출연 기관 또한 「지능정보화 기본법」이 공공기관에 대해 요구하는 사항 등을 이행해야 하는 정책 추진 주체가 된다.

4 | 전자정부법

「전자정부법」은 행정업무의 전자적 처리에 관한 기본적 사항을 담고 있는데, '지역정보화'도 전자정부의 범주에 포함된다. 「전자정부법」은 '전자정부'의 정의를 "정보기술을 활용하여 행정기관 및 공공기관의 업무를 전자화하여 행정기관 등의 상호 간의 행정업무 및 국민에 대한 행정업무를 효율적으로 수행하는 정부"라고 규정하는데, 여기서 '행정기관'은 국회·법원·헌법재판소·중앙선거관리위원회의 행정사무를 처리하는 기관, 중앙행정기관 및 그 소속기관, 지방자치단체를 의미하기 때문이다.

동법 제5조는 전자정부기본계획을 수립할 때 지역정보화 사업의 추진과 성과 관리에 관한 사항을 포함하도록 하고 있다. 또한 전자정부서비스의 보편적 활용을 위한 대책에 관한 사항을 규정하고 있는 제19조 또한 전자정부서비스의 관점에서 행정기관 등의 장에게 국민이 경제적, 지역적, 신체적, 사회적 여건 등으로 인해 서비스에 접근하

---

5 지능정보화 기본법 제2조 제16호 "공공기관"이란 다음 각 목의 어느 하나에 해당하는 기관을 말한다.
　가. 「공공기관의 운영에 관한 법률」에 따른 공공기관
　나. 「지방공기업법」에 따른 지방공사 및 지방공단
　다. 특별법에 따라 설립된 특수법인
　라. 「초·중등교육법」, 「고등교육법」 및 그 밖의 다른 법률에 따라 설치된 각급 학교
　마. 그 밖에 대통령령으로 정하는 법인·기관 및 단체
6 법률안명: 지능정보화 기본법 일부개정법률안, 제안자: 김선교 의원 등 11인, 의안번호: 2204846, 제안일자: 2024. 10. 23.

지 못하거나 이를 활용하는 데 어려움이 없도록 필요한 대책을 마련토록 하고 있다. 이 외에도 제55조는 지방자치단체로 하여금 정보자원을 효율적으로 관리하고 지역정보화를 통합적으로 추진하기 위해 지역정보통합센터를 설립·운영할 수 있도록 하고, 필요한 경우 국가와 지방자치단체 또는 여러 지방자치단체가 공동으로 지역정보통합센터를 설립·운영할 수 있도록 하고 있다.

'지역정보화'에 관해 직접적으로 다루고 있는 제65조의 경우 국가 및 지방자치단체가 지역의 경쟁력 강화 및 지역주민 삶의 질 향상을 위해 ①지역의 역사, 문화, 복지, 환경 등의 지역정보서비스 개발과 보급 ②정보시스템 구축 및 지역의 정보화 기반 조성 ③정보화 낙후 지역의 집중 지원 ④정보시스템 및 정보서비스의 통합관리 등 정보자원의 효율적 관리 ⑤그 밖의 지역정보화를 위해 필요한 사항 등의 사업을 추진할 수 있도록 권한을 부여하고 있다. 이때 중복투자 방지 등을 위해 필요한 경우 지방자치단체는 중앙행정기관이나 다른 지방자치단체와 공동으로 사업을 추진할 수 있다. 지역의 공공 및 민간 정보시스템과 통합 연계를 통해 서비스를 효율적으로 제공하기 위해 공통 적용되는 운영 기반을 구축·운영할 수 있도록 하고 이 경우 필요한 보호 대책을 마련토록 하고 있다. 이와 같은 사업을 촉진하기 위해 행정안전부 장관은 ①지역정보화 사업협의회의 구성 및 운영 ②지역정보화 사업계획의 수립 지원 ③지역정보화 사업의 관리·운영 지원 ④정보시스템 및 콘텐츠의 개발 지원 ⑤신기술 도입의 지원 등 행정적·재정적·기술적 지원을 할 수 있다.

이 외에도 행정기관 등의 장은 제66조에 따라 효율적인 지역정보화를 위해 필요한 경우 시범 사업을 추진할 수 있으며, 제72조는 둘 이상의 지방자치단체가 정보화 사업을 공동으로 추진하기 위해 전문기관인 한국지역정보개발원을 설립할 수 있도록 하고 있다. 한국지역정보개발원은 ①전자지방정부 구현 및 지역정보화 촉진을 위해 지방자치단체에서 추진하는 정보화 사업 지원 ②지방자치단체의 정보화 추진과 관련해 관계 중앙행정기관 또는 지방자치단체가 위탁하는 사무 ③지방자치단체의 정보화 촉진을 위한 조사·연구 및 교육·훈련 등의 업무를 수행해야 한다.

2022년부터 정부가 새로운 혁신 전략으로 제시한 '디지털플랫폼정부' 추진의 일환으로 다양한 정책과 사업들이 진행 중이다. 특히 국민 편익을 목적으로 정부 서비스의 디지털 전환이 적극적으로 추진되고 있는데 대표적으로 ①모바일 신분증 ②선제적·맞춤형 공공서비스 ③행정기관 간 정보공유를 통한 민원 서비스에서 구비서류 최소화 등이 있다. 이에 관련 개정 사항이 포함된 「전자정부법 일부개정법률안」이 발의된 바 있다. 우선 법률안은 기존의 신분증이 모바일 신분증 형태로 발급해 제공할 수 있도록 행정기관 등의 장으로 하여금 주민등록증 등을 모바일 신분증의 형태로 발급할 수 있는 근거를 두고, 안전성과 신뢰성 확보를 위해 필요한 조치를 하도록 규정하고 있다.[7] 법률안이 통과되면, 모바일 신분증은 기존의 실물 신분증과 같은 효력을 갖고 있는 다양한 형태의 신분증이 발급이 가능해지는데, 지방자치단체가 관장하고 있는 주민등록증의 발급[8]도 모바일 형태로 발급할 수 있게 된다. 또한 행정안전부장관으로 하여금 발급, 이용, 폐기 등에 공통 적용되는 운영 기반을 구축·운영토록 하고 있어 안정적이고 효율적인 모바일 신분증 운영 기반이 마련될 수 있을 것으로 기대된다. 또한 각 기관이 개별적으로 수집·보유하고 있는 행정정보의 경우, 기관 간 적극적으로 공유하면 민원인으로 하여금 구비서류를 개별 기관마다 각각 요구할 필요 없이 행정기관이 직접 정보가 필요한 기관으로부터 받아서 민원을 처리할 수 있게 된다.

또한 현행법이 이미 공동이용을 허용하고 있음에도 불구하고 구비서류를 별도로 요구하는 경우가 상당한 상황임과 더불어 기업의 경우에는 행정정보를 다른 기관(제3자)에게 제공할 수 있도록 허용하고 있지 않으므로 이를 개선하고자 하는 개정 입법이 발의되기도 했다.[9] 법률안은 행정기관 간 정보공유 등을 통해 확인이 가능한 경우 민원인에게 구비서류를 요구하는 것을 원칙적으로 금지하고, 본인에 대한 행정정보를 제3자에게 제공하도록 요구할 수 있는 당사자를 개인에서 기업으로 확대하는 안을 제안하고 있다.

---

7   법률안명: 전자정부법 일부개정법률안, 제안자: 조승환 의원 등 11인, 의안번호: 2205332, 제안일자: 2024. 11. 7.

8   「주민등록법」 제2조 제1항: 주민등록에 관한 사무는 특별자치시장·특별자치도지사·시장·군수 또는 자치구의 구청장(이하 "시장·군수 또는 구청장"이라 한다)이 관장(管掌)한다.
    「주민등록법」 제24조 제1항: 시장·군수 또는 구청장은 관할 구역에 주민등록이 된 자 중 17세 이상인 자에 대하여 주민등록증을 발급한다. 다만…(이하 생략)

9   법률안명: 전자정부법 일부개정법률안, 제안자: 조승환 의원 등 11인, 의안번호: 2205317, 제안일자: 2024. 11. 6.

이에 더해 중앙사무관장기관의 장[10]은 행정기관 등의 구비서류 요구 실태를 점검하고 필요한 경우 개선 권고를 할 수 있도록 했다. 이 외에도 국민들이 공공서비스를 몰라서 이용하지 못하거나 찾는 데 상당한 시간을 소요하게 된다는 지적에 따라 공공서비스를 선제적으로 안내하고 맞춤형으로 제공할 수 있도록 하는 내용을 골자로 하는 법률안이 발의되기도 했다.[11]

5 | 지방자치분권 및 지역균형발전에 관한 특별법

2023년 6월 지방자치분권과 지혁균형발전을 추진하기 위한 목적으로 「지방자치분권 및 지역균형발전에 관한 특별법(이하 '지방분권균형발전법')」이 제정됐다. 해당 법률은 '지역혁신'을 "지역의 인적·물적 자원개발과 과학기술·산업생산·기업지원·문화·금융 등의 분야에서 지역별 여건과 특성에 따라 지역의 발전역량을 창출·활용·확산시키는 것"이라고 규정하고 있으며, '지역균형발전'을 "지역 간 발전 격차를 줄이고 지역의 자립적 발전역량을 증진함으로써 삶의 질을 향상하고 지속가능한 발전을 도모하여 전국이 개성 있게 골고루 잘 사는 사회를 구현하는 것"이라고 정의하고 있다. 법 제62조에 따른 지방시대위원회[12]는 ①지방자치분권 및 지역균형발전의 기본방향 및 추진목표 ②제3장에 따른 지역균형발전시책 및 지방자치분권 과제의 추진 등에 관한 사항 ③제5장에 따른 지역균형발전특별회계의 운용에 관한 사항 등이 포함된 '지방시대

---

10 전자정부법 제2조 제4호: "중앙사무관장기관"이란 국회 소속기관에 대하여는 국회사무처, 법원 소속기에 대하여는 법원행정처, 헌법재판소 소속기관에 대하여는 헌법재판소사무처, 중앙선거관리위원회 소속기관에 대하여는 중앙선거관리위원회사무처, 중앙행정기관 및 그 소속기관과 지방자치단체에 대하여는 행정안전부를 말한다.

11 법률안명: 전자정부법 일부개정법률안, 제안자: 조승환 의원 등 10인, 의안번호: 2205248, 제안일자: 2024. 11. 5.

12 지방시대위원회는 지방자치분권 및 지역균형발전을 추진하기 위하여 대통령 소속으로 설치된 것으로 ①지방자치분권 및 지역균형발전의 기본방향과 관련 정책의 조정에 관한 사항 ②지방자치분권 및 지역균형발전에 관한 국정과제의 총괄·조정·점검 및 지원에 관한 사항 ③제2장에 따른 지방시대 종합계획과 시·도 계획 및 시·도 시행계획, 부문별 계획 및 부문별 시행계획, 초광역권발전계획 및 초광역권발전시행계획에 관한 사항 ④제3장에 따른 지역균형발전시책 및 사업, 지방자치분권과제 등의 추진·조사·분석·평가·조정에 관한 사항 등을 심의·의결한다.

종합계획'을 5년 단위로 수립해야 한다. 또한 특별시장·광역시장·특별자치시장·도지사·특별자치도지사(이하 '시·도지사')는 해당 시·도의 지방자치분권 및 지역균형발전의 추진을 위해 관계 중앙행정기관의 장과 협의하고 관할 시장·군수·구청장의 의견을 수렴해 제67조에 따른 시·도 지방시대위원회[13]의 심의·의결을 거쳐 5년을 단위로 하는 '시·도 지방시대 계획'을 수립해야 한다. 해당 계획에는 ①시·도별지방자치분권 및 지역균형발전의 기본방향 및 추진목표 ②시·도별 현황과 여건분석에 관한 사항 ③제3장에 따른 지역균형발전시책 및 지방자치분권과제의 추진 등에 관한 사항 등이 포함돼야 한다.

동법은 국가와 지방자치단체에 대해 지역의 여건과 특성에 적합한 지역혁신체계를 구축하기 위해 산업계·학계·학계·연구계 간의 협력 활성화, 지역혁신을 위한 전문인력의 양성, 기술 및 기업경영에 대한 지원기관의 확충, 지역혁신 관련 사업의 조정 및 연계 운용 등에 관한 시책을 추진하도록 하고 있다(법 제12조). 시·도지사는 관계 중앙행정기관의 장 및 관할 구역의 시·군·구의 시장·군수·자치구의 구청장과 협의해 ①국가의 성장잠재력과 경제성장에 대한 기여도 ②지역일자리 창출 및 경쟁력 강화에 미치는 영향 ③지역의 발전역량을 강화할 수 있는 가능성 등을 종합적으로 고려해 해당 시·도의 지역특화산업을 선정할 수 있다(법 제14조 제1항). 그리고 국가와 지방자치단체는 지역특화산업을 육성하기 위해 해당 산업의 구조 고도화와 투자 유치 촉진, 집적(集積) 및 기반 확충 등에 관한 시책과 지역 산업의 육성과 지역경제의 활성화를 위해 지역의 일자리 창출과 투자 유치활동 지원, 정보통신 진흥 및 지역 특성에 맞는 중소기업의 창업 여건 개선 등에 관한 시책을 추진해야 한다(법 제14조 제3항 및 제4항). 이 외에도 법률은 국가와 지방자치단체로 하여금 지역균형발전에 필요한 과학기술 및 정보통신의 진흥을 위해 지역의 과학기술연구·교육기관 육성, 지역의 연구개발인력 및 정보통신인력의 확충, 지역균형발전을 위한 연구개발 촉진, 연구개발정보 유통체계 및 시설·장비 등 혁신기반 조성, 과학기술혁신 성과의 확산 및 산업화 촉진 등에 관한 시책을 추진하도록 하고 있다. 지역균형발전 사업의 효과적인 추진을 위해 지역통계 작성·관리

---

13 시·도지사로 하여금 해당 지방자치단체와 관련된 지방자치분권 및 지역균형발전에 관한 사항을 심의하기 위하여 시·도 지방시대위원회를 설치·운영하도록 하고 있다(법 제67조 제1항).

시스템 구축 및 균형발전에 관한 지표개발, 지역통계 작성을 위한 국내외 동향분석 및 실태조사 등에 관한 시책도 추진해야 한다(법 제32조 제1항).

제6조에서는 지방자치분권 및 지역균형발전을 효과적으로 추진하기 위해 지방시대위원회로 하여금 관계 중앙행정기관의 장과 협의하고 지방자치단체의 의견을 수렴하여 5년 단위의 '지방시대 종합계획'을 수립하도록 했다. 이에 따라 2023년 11월 제1차 '지방시대 종합계획(2023-2027)'이 수립됐고, 해당 계획은 중점 추진 과제의 하나로 '디지털 재창조로 지방 신산업 혁신역량 강화'를 제시하고, 지방 주도의 경쟁력 있는 혁신지구를 조성해 인재양성, 기업성장 및 지역사회 디지털 활용을 제고할 것 등의 계획을 제시한 바 있다. 제7조는 특별시장·광역시장·특별자치시장·도지사·특별자치도지사(이하 '시·도지사')에게 시·도의 지방자치분권 및 지역균형발전의 추진을 위해 관계 중앙행정기관의 장과 협의하고 관할 시장·군수·구청장의 의견을 수렴해 제67조에 따른 시·도 지방시대위원회의 심의·의결을 거쳐 5년을 단위로 하는 시·도 지방시대 계획을 수립하도록 하고 있다. 이 외에도 제8조에 따라 중앙행정기관의 장은 5년 단위로 부문별 계획과 이를 이행하기 위한 1년 단위의 시행계획을 수립해야 하며, 제9조에 따라 초광역권을 설정한 2개 이상의 지방자치단체는 5년 단위의 초광역권발전계획과 1년 단위의 시행계획을 수립해야 한다. ①17개 시·도의 시행계획 ②중앙행정기관의 부문별 시행계획 ③초광역권 설정 지자체의 초광역권발전 시행계획은 2024년 4월 '지방시대 시행계획'으로서 종합적으로 발표됐다. 해당 시행계획은 '제1차 지방시대 종합계획'의 효율적 추진을 위한 연차별 이행계획으로,[14] 지방시대위원회가 수립지침을 송부하고 그에 따라 중앙정부, 지방정부 등이 협의해 수립하는 범정부 협력계획이다. 지방시대위원회의 중점 이행과제와 함께 중앙정부의 22개 핵심과제 및 68개 실천과제, 지방정부의 역점과제 등이 포함돼 있다. 지방시대위원회는 중점 이행과제의 하나로 '지방이 주도하는 첨단전략산업 중심 지방경제 성장', '디지털 재창조로 지방 신산업 혁신역량 강화'를 제시하고 있고, 이를 추진하기 위해 지역이 주도해 지역에 특화된 과학기술 기반의 중·장기 발전전략 '지역과학기술혁신계획'을 수립하는 것과 '디지털 혁신지구 조

---

14   대통령직속 지방시대위원회, "2024 지방시대 시행계획이란?"(원문: https://www.balance.go.kr/base/contents/view?contentsNo=36&menuLevel=3&menuNo=14).

성', '지방 중소기업의 디지털전환 지원', '디지털 인재양성' 등의 추진 과제들을 제시하고 있다.[15]

6 | 스마트도시 조성 및 산업진흥 등에 관한 법률

「스마트도시 조성 및 산업진흥 등에 관한 법률」은 스마트도시의 효율적인 조성, 관리·운영 및 산업진흥 등에 관한 사항을 규정해 도시의 경쟁력을 향상하고 지속가능한 발전을 촉진함으로써 국민 삶의 질 향상과 국가 균형발전 및 국가 경쟁력 강화에 이바지함을 목적으로 한다. 동법에 따르면 스마트도시는 "도시의 경쟁력과 삶의 질의 향상을 위하여 건설·정보통신기술 등을 융·복합하여 건설된 도시기반시설을 바탕으로 다양한 도시서비스를 제공하는 지속가능한 도시"를 뜻하는데, 법 제3조에 따르면 동법은 ①「택지개발촉진법」의 택지개발 사업 ②「도시개발법」의 도시개발 사업 ③「혁신도시 조성 및 발전에 관한 특별법」의 혁신도시개발 사업 ④「기업도시개발 특별법」의 기업도시개발 사업 ⑤「신행정수도 후속대책을 위한 연기·공주지역 행정중심복합도시 건설을 위한 특별법」의 행정중심복합도시건설 사업 ⑥「도시재생 활성화 및 지원에 관한 특별법」에 따른 도시재생 사업 ⑦그 밖의 관계 법령에 따른 도시개발 사업 및 특별시·광역시·시·군의 도시정비·개량 등의 사업 중 대통령령으로 정하는 사업을 대상으로 스마트도시건설 사업을 시행하는 경우 적용하도록 하고 있어 상당 부분 지역정보화의 영역에 포함된다고 볼 수 있다.

법 제8조에 따라 특별시장·광역시장·특별자치시장·특별자치도지사·시장 또는 군수는 그 관할 구역을 대상으로 지역 특성 및 현황 등을 고려한 스마트도시계획을 수립할 수 있는데, 해당 계획에는 ①지역적 특성 및 현황과 여건 분석에 관한 사항 ②지역적 특성을 고려한 스마트도시건설의 기본방향과 계획의 목표 및 추진전략에 관한 사항 ③스마트도시건설 사업의 단계별 추진에 관한 사항 ④스마트도시건설 사업 추진체계에

---

15   대통령직속 지방시대위원회, 2024년 지방시대 시행계획, 2024, 19-20면.

관한 사항 ⑤관계 행정기관 간 역할분담 및 협력에 관한 사항 ⑥스마트도시기반시설의 조성 및 관리·운영에 관한 사항 ⑦지역적 특성을 고려한 스마트도시서비스에 관한 사항 ⑧스마트도시건설 등에 필요한 재원의 조달 및 운용에 관한 사항 ⑨(지정된 경우) 국가시범도시건설 사업에 관한 사항 등이 포함돼야 한다. 또한 제35조에 따르면 관할 지방자치단체의 장이 선도적으로 스마트도시를 구현하기 위해 ①인접지역의 스마트도시산업과 연계해 지역의 혁신성장 거점으로 성장할 가능성이 높은 지역 ②스마트도시서비스 및 스마트도시기술의 연구개발이나 스마트도시기반시설의 설치 여건이 양호할 것으로 예상되는 지역 ③국가 또는 관할 지방자치단체가 스마트도시산업 육성을 지원하기 용이한 지역 등을 국가시범도시로 지정하도록 국토교통부장관에 요청할 수 있다. 이와 연계해 제43조에 따라 국토교통부장관은 혁신성장을 지원하고 민간투자를 활성화하기 위해 국가시범도시의 전부 또는 일부 지역을 혁신성장진흥구역으로 지정할 수 있다. 이러한 혁신성장진흥구역은 제45조에 따라 「지역 개발 및 지원에 관한 법률」 제45조제1항에 따른 투자선도지구로 지정된 것으로 봄으로써 지역의 성장거점으로 육성하거나 특별히 민간투자를 활성화할 수 있는 기반을 갖추게 된다.

7 | 공공데이터의 제공 및 이용 활성화에 관한 법률

2013년 제정된 「공공데이터의 제공 및 이용 활성화에 관한 법률(이하 '공공데이터법')」은 공공기관(공공기관의 범위에 국가기관과 지방자치단체가 포함된다. 법 제2조 제1호)이 보유·관리하는 데이터를 개방해 국민의 공공데이터에 대한 이용권을 보장하고, 공공데이터의 민간 활용을 통한 삶의 질 향상과 국민경제 발전에 이바지함을 목적으로 한다. 동법 제17조에 따르면 기본적으로 공공기관이 보유, 관리하는 공공데이터는 국민에게 제공하는 것이 원칙이나 「공공기관의 정보공개에 관한 법률」 제9조에 따른 비공개대상정보와 제3자의 권리를 침해할 수 있는 정보는 예외적으로 제공하지 않을 수 있도록 하고 있다.

지역정보화의 관점에서 각 지방자치단체 또한 공공데이터를 개방함으로써 민간부문이 데이터를 활용해 새로운 가치와 산업을 창출하고 지역사회의 혁신과 산업 기반을 고도화하는 계기를 만들어낼 수 있다. 동법 제7조에 따르면 행정안전부장관은 과학기술정보통신부장관과 협의해 3년마다 국가 및 각 지방자치단체의 부문 계획을 종합해 공공데이터의 제공 및 이용 활성화에 관한 기본계획을 수립해야 한다. 또한 제8조에 따라 국가와 지방자치단체의 장은 기본계획에 따라 매년 공공데이터의 제공 및 이용 활성화에 관한 시행계획을 수립해야 한다. 아울러 제38조제1항 및 동법 시행령 제29조제2항에 따라 한국지역정보개발원은 지방자치단체의 공공데이터 이용 현황 조사와 공공데이터 관리·제공 관련 교육·훈련을 수행할 수 있다.

'디지털플랫폼정부' 구현 목적과 제정 이후 10여 년의 정책환경 변화에 대응하기 위해 「공공데이터법」도 개정 필요성이 제기됐다. 이에 2024년 8월 공공데이터를 보다 적극적으로 개방하고 활용할 수 있도록 법률 개정안이 발의됐다.[16] 개정안의 주목할 만한 내용은 공공데이터 제공·이용 저해 요인 평가제도를 새롭게 도입하고 있다는 점이다. 이는 중앙행정기관이 소관 법령의 제·개정을 통해 공공데이터의 제공 및 이용에 관한 정책이나 제도를 도입·변경하는 경우, 공공데이터의 제공 및 이용을 저해하는지 여부 등에 대해 행정안전부장관에게 평가를 요청하도록 하는 것인데, 정책 및 제도 변경사항에 대한 점검과 개선 권고 등을 통해 공공데이터의 민간 개방에 부정적인 영향을 미칠만한 요인을 배제하고, 공공데이터 관련 정책의 일관성 및 정합성 확보하려는 것이다.[17] 또한 현행법은 공공데이터의 제공 및 이용활성화를 위해 민간과 협력할 경우 그 범위를 '관련 서비스'로 한정하고 있으나, 개정안은 이를 확장하여 데이터를 생성·취득하는 것까지 민간 협력을 할 수 있도록 하고 있다. 개정안이 통과되면, 지방자치단체는 공공의 이익과 공공데이터의 제공 및 이용 활성화를 위해 개인, 기업 등과 데이터를 생성하고 취득하는 과정에서도 협력이 가능해질 것으로 보인다. 마지막으로 법률안은 개인정보가 포함된 공공데이터를 「개인정보 보호법」에 따라 가명처리해 제공할 수 있도록 하는 내용도 포함돼 있다. 법률안이 통과되면, 지방자치단체가 생산·관리하는 공공데이터에 대해 적정한 품질수준 확보 및 제공 촉진을 위해 품질인증을 받을 수 있

---

16 법률안명: 공공데이터의 제공 및 이용 활성화에 관한 법률 일부개정법률안, 의안번호: 2203177, 제안자: 조은희 의원 등 10인, 제안일자: 2024. 8. 23.
17 국회 행정안전위원회, 공공데이터의 제공 및 이용 활성화에 관한 법률 일부개정법률안 검토보고서, 2024, 11., 13-14면.

으며, 개인정보가 포함된 공공데이터라 하더라도 가명처리해 제공할 수 있게 돼 공공데이터의 활용을 통한 지역정보화와 지역혁신을 추진하는 데 긍정적 기여를 할 것으로 기대된다.

8 | 클라우드컴퓨팅 발전 및 이용자 보호에 관한 법률

2015년 제정된 「클라우드컴퓨팅 발전 및 이용자 보호에 관한 법률」은 클라우드컴퓨팅의 발전 및 이용을 촉진하고 클라우드컴퓨팅서비스를 안전하게 이용할 수 있는 환경을 조성함으로써 국민생활의 향상과 국민경제의 발전에 이바지함을 목적으로 한다. 동법 제3조에 따라 국가와 지방자치단체는 클라우드컴퓨팅의 발전 및 이용 촉진, 클라우드컴퓨팅서비스 이용 활성화, 클라우드컴퓨팅서비스의 안전한 이용 환경 조성 등에 필요한 시책을 마련해야 한다. 또한 제10조에 따라 국가와 지방자치단체는 클라우드컴퓨팅기술 및 클라우드컴퓨팅서비스의 발전과 이용 촉진을 위해 「조세특례제한법」, 「지방세특례제한법」, 그 밖의 조세 관련 법률에서 정하는 바에 따라 조세감면 등 필요한 조치를 할 수 있다. 아울러 제16조는 클라우드컴퓨팅의 발전과 이용을 촉진하기 위해 클라우드컴퓨팅기술을 이용해 집적된 정보통신시설을 구축하려는 자에게 행정적·재정적·기술적 지원을 할 수 있는 권한을 부여하고 있다. 나아가 제17조에 따르면 국가와 지방자치단체는 클라우드컴퓨팅 산업 관련 기술의 연구·개발과 전문인력 양성 등을 통해 클라우드컴퓨팅 산업의 진흥과 클라우드컴퓨팅의 활용 촉진을 위한 산업단지를 조성할 수 있다.

9 | 데이터기반행정 활성화에 관한 법률

공공부문의 데이터 활용을 확대하고 관련 역량을 증진하기 위해 2020년 6월 「데이터기반행정 활성화에 관한 법률(이하 '데이터기반행정법')」이 제정됐다. 이에 따라 기본적으로 제6조에 근거해 지방자치단체는 데이터기반행정 활성화 기본계획의 부문

계획을 마련해야 하며, 제7조에 따라 매년 데이터기반행정 활성화 시행계획을 수립해야 한다.

무엇보다 동법은 근본적으로 칸막이 행정을 타파해 경계 없이 데이터가 공유될 수 있도록 하는 데 초점을 두고 있다.[18] 따라서 동법 제8조는 지방자치단체를 포함한 모든 공공기관에게 공동 활용할 필요가 있다고 인정하는 데이터를 데이터통합관리 플랫폼에 등록하도록 했다. 공동활용 대상 데이터는 ①주요 정책을 수립하거나 경제적·사회적 문제 등을 해결하기 위해 국민의 의견을 신속하고 정확하게 수렴할 필요가 있는 분야 ②특정 계층·지역·분야 등에 대한 비교 및 분석 등을 통해 특화된 대책을 마련하거나 맞춤형 서비스가 필요한 분야 ③안전사고, 질병 등 사전에 위험 요소와 원인을 예측하고 제거 방법을 제시할 필요가 있는 분야 ④정치적·경제적·사회적 및 문화적으로 다양한 미래 수요를 충족하기 위해 선제적으로 대응할 필요가 있는 분야 ⑤비용 절감이나 처리 절차의 개선 등을 통해 행정업무의 경제성과 효율성을 증가시킬 필요가 있는 분야로 정했다. 이렇게 등록된 데이터를 모든 공공기관이 수집, 활용할 수 있도록 하고 등록되지 않은 데이터를 활용할 필요가 있는 때에는 제10조에 따라 소관 기관의 장에게 제공을 요청할 수 있도록 했다.

「데이터기반행정법」 또한 '디지털플랫폼정부' 추진은 물론 범정부 차원의 데이터 공유체계 정비를 통해 기관 간 데이터 공유의 칸막이 현상을 해소하기 위해 2024년 8월 법률 개정안이 발의된 바 있다. 해당 법률 개정안은[19] '공유데이터'라는 개념을 "공공기관이 생성 또는 취득하여 관리하고 있는 데이터를 다른 공공기관과 연계하여 활용할 수 있도록 전자적 방법으로 처리·가공한 데이터"로 정의하고, 공공기관의 장으로 하여금 공유데이터에 기반한 데이터 공유 및 관리체계를 마련함과 동시에 데이터통합관리 플랫폼에 연계하도록 하고 있다. 또한 공유데이터를 공공기관의 장이 구축·관리하지 않거나 데이터통합관리 플랫폼에 연계하지 않는 경우 행정안전부장관은 공공데이터분쟁조정위원회에 이에 대한 조정을 요청할 수 있도록 했다. 공공기관의 장으로 하여금 공유되지 않은 데이터에 대해 해당 데이터를 관리하는 공공기관의 장에게 데이

---

18 권헌영, "데이터기반행정법과 데이터정책의 과제", KISO 저널 제40호, 한국인터넷자율정책기구, 2020.
19 법률안명: 데이터기반행정 활성화에 관한 법률 일부개정법률안, 의안번호: 2203396, 제안자: 정부, 제안일자: 2024. 8. 29.

터 제공을 요청할 수 있도록 하고, 그 요청에 따라 공공기관의 장이 데이터를 제공한 경우에는 해당 데이터를 공유데이터로 구축·관리해 데이터통합관리 플랫폼에 연계토록 하고 있다. 또한 공공기관의 장이 데이터기반행정을 위해 개인정보가 포함된 데이터를 가명처리해 활용하는 경우로서 주요 정책을 수립하거나 정치적·경제적·사회적 문제 등을 해결하기 위해 국민의 의견을 수렴하기 위한 과학적 조사·연구 등을 수행하는 경우에는 「개인정보 보호법」 제28조의2제1항에 따라 가명정보를 처리할 수 있도록 규정하고 있기도 하다. 개정안의 방향에 따라 제도개선이 이뤄질 경우 지방자치단체는 다른 공공기관이 보유하고 있는 데이터를 보다 적극적이고 효율적으로 활용할 수 있는 가능성이 높아지고 지역정보화 추진의 기반을 강화할 수 있는 기회가 될 것으로 보인다.

10 | 디지털플랫폼정부위원회의 설치 및 운영에 관한 규정

2022년 7월 「디지털플랫폼정부위원회의 설치 및 운영에 관한 규정」이 제정되면서 디지털플랫폼정부위원회가 출범했다. 윤석열 정부의 핵심 국정과제 중 하나인 디지털플랫폼정부 구현 기반이 마련된 것이다. 동 규정에 따라 디지털플랫폼정부위원회는 디지털플랫폼정부 구현을 위한 중앙행정기관, 지방자치단체 및 공공기관의 주요 정책과 사업의 조정·평가 및 지원에 관한 사항 등을 포함한 다양한 사항을 심의·조정할 수 있다. 특히 디지털플랫폼정부는 모든 데이터를 연결한다는 개념을 핵심으로 하고 이를 위해 중앙정부와 지방정부, 정부와 민간 간의 데이터 칸막이 해소에 중점을 두고 있다.

'디지털플랫폼정부위원회'는 2023년 마련한 '디지털플랫폼정부 실현계획'에서 121개의 실행과제를 도출하고 이를 추진 중이다. 2024년 11월까지 인감증명서의 온라인 발급, 공공서비스 신청 시 발급·제출하는 관공서 서류 폐지, 모바일 재외국민 신원확인증 발급, 청년 정책을 민간 플랫폼에서 개인 AI 맞춤형으로 추천 및 신청, KTX 예매 등을 민간 앱에서 이용할 수 있도록 개방하는 등 국민 편익을 위한 공공서비스 개선 작업이 진행 중이다. 이 외에도 기업 혁신 지원의 관점에서 데이터 및 서비스 융합 인프라인 DPG 허브가 구축 중이고, 소상공인 빅데이터 플랫폼이 시범운영을 시작했다. 정부 업무 혁신을 위해 공공부문 초거대 AI 도입·활용 가이드라인이 마련되고, 민간기술을 활용한 공공부문 클라우드 전환 작업이 진행 중이다.[20]

이러한 정책과 실행과제의 추진으로 지방자치단체의 민원서비스는 전국 어디서나 방문 없이도 제공 가능해 질 것이며, 지방공공기관은 자사의 업무 특성에 맞는 다양한 민간 클라우드 서비스를 선택해 이용할 수 있게 된다. 지역 디지털플랫폼정부 협의체를 통해 중앙정부와 지방자치단체 간 연계·협력이 이뤄질 수 있고 이를 기반으로 지역의 디지털플랫폼정부 정책의 추진 동력을 확보함은 물론 조속한 디지털플랫폼정부로의 전환이 이뤄질 것으로 기대된다.

11 국가인공지능위원회의 설치 및 운영에 관한 규정

2024년 4월 인공지능 산업 진흥과 인공지능 이용환경 조성을 통한 국가 경쟁력 강화와 국민 삶의 질 향상 등을 목적으로 대통령 소속으로 '국가인공지능위원회(이하 '위원회')'가 설치됐다. 「국가인공지능위원회의 설치 및 운영에 관한 규정」은 이러한 위원회의 설치, 기능, 구성, 임기, 해촉 등에 관한 사항을 규정하고 있다. 해당 위원회는 ① 인공지능 관련 주요 정책에 관한 사항 ②인공지능 분야의 연구개발 전략 수립에 관한 사항 ③인공지능 관련 투자 전략 수립에 관한 사항 ④인공지능 관련 데이터센터 등 인프라 확충 방안에 관한 사항 ⑤인공지능 산업 발전과 경쟁력을 저해하는 규제의 발굴 및 개선에 관한 사항 ⑥인공지능의 공정성·투명성·책임성·안전성 확보 등 신뢰 기반 조성에 관한 사항 ⑦인공지능 윤리원칙의 확산 등 건전한 인공지능사회 구현을 위한 법·제도에 관한 사항 ⑧인공지능의 발전 방향 및 그에 따른 교육·노동·경제·문화 등 사회 각 영역의 변화와 대응에 관한 사항 ⑨인공지능 분야의 경쟁력 강화를 위한 민·관 협력 및 산업 발전에 관한 사항 ⑩인공지능 분야의 전문인력 양성에 관한 사항 ⑪제조업·서비스업 등 산업부문 및 공공부문에서의 인공지능 활용 촉진에 관한 사항 ⑫인공

---

20 대통령직속 디지털플랫폼정부위원회, "국민은 편리하게 정부는 똑똑하게 디지털플랫폼정부", 디지털플랫폼정부위원회 정책보고서-디지털플랫폼정부 추진 내용, 주요 성과와 향후 계획, 2024. 11. 14.

지능 국제규범 마련 등 인공지능 관련 국제협력에 관한 사항 ⑬인공지능 분야 경제안보 및 기술 보호 전략 수립에 관한 사항 등을 포함해 인공지능 산업의 진흥 및 신뢰 기반 조성을 위한 주요 정책 등에 관한 사항을 심의·조정하는 역할을 한다.

해당 위원회의 제1차 회의에서 '국가 AI전략 정책방향'이 발표됐는데,[21] "AI G3 국가 도약을 통해 글로벌 AI 중추국가 실현"이라는 비전과 함께 이를 달성하기 위한 4대 프로젝트가 포함돼 있다. AI 생태계의 핵심인 ①스타트업·인재 확충 ②기술·인프라 혁신 ③포용·공정기반 조성 ④글로벌 리더십 확보 4대 분야에서의 정책 추진 방향도 함께 제시하고 있다. 4대 프로젝트는 ①국가 AI 컴퓨팅 인프라 대폭 확충 ②민간부문 AI 투자 대폭 확대 ③국가AX 전면화 ④AI안전·안보 확보 등으로 구성돼 있는데, 이 중 ③국가 AX(AI+X) 전면화의 경우 국가 전반의 AI 대전환을 목표로 한다. 특정 분야에 한정된 AI 활용을 넘어 산업, 공공, 사회, 지역, 국방에 이르는 국가 전반의 AI 대전환이라고 한다. 범정부 AI 공통 기반을 구현해 AI 활용 역량을 강화하고 안전·재난·보건 등 공공부문 18대 분야 국민체감 AI서비스(공공AX)를 창출할 예정이다. 또한 지역별 AI 혁신 거점을 구축할 것도 제시하고 있다. 2030년까지 공공부문의 AI 도입률을 95%까지 달성할 것을 목표로 제시하고 있다. 해당 정책의 추진으로 지역별로 AI 혁신 거점이 구축되고 지방자치단체 사무와 행정서비스 등에도 AI 기술이 적극적으로 도입·활용될 것으로 기대된다.

---

21 과학기술정보통신부 보도참고자료, "인공지능 3대 강국(AI G3) 도약을 위한 대한민국 AI 혁신의 청사진 제시", 2024. 9. 26.

🔹 **참고 문헌**

권헌영, "데이터기반행정법과 데이터정책의 과제", KISO 저널 제40호, 한국인터넷자율정책기구, 2020
대통령직속 디지털플랫폼정부위원회, "디지털플랫폼정부 실현계획", 2023
대통령직속 지방시대위원회, "제1차 지방시대 종합계획(2023-2027)", 2023
산업통상자원부 보도자료, "「지방자치분권및지역균형발전에관한특별법안」국무회의 의결-지역주도의 균형 발전으로 지방시대 구현을 위한 제도적 기반 마련-", 2022. 11. 1.자 보도
디지털데일리, "[분석] 데이터센터의 지방 분산화 가속화…지자체, 너도나도 사업화", 2023. 9. 11.자 보도
정보통신신문, "지역경제 살리자! 지자체 데이터센터 유치 경쟁 봇물", 2023. 3. 23.자 보도

제2절 지역정보화 정책

1. 개관

가. 개념

　　지역정보화 정책의 개념적 범주는 기술 수준 및 사회 환경에 따라 변화한다. 정보화 정책이라는 점에서 정보기술 자체의 특성에 영향을 받고 이러한 기술을 사회에 어떻게 수용할 것인지 결정하는 과정에서 정치적 의사결정이나 국가 차원의 지역 정책이 지방자치 관점의 지역 고유 정책과 엮일 수밖에 없기 때문이다. 특히, 기술의 영향력이 계속 확대되면서 지역정보화 정책 또한 정보격차 해소라는 관점에서 나아가 지역 자체의 디지털 혁신을 위한 전략 수단으로 확장하고 있다.[1] 디지털 기술로 공공서비스를 혁신하는 것과 더불어 지역 특화 산업을 키우고 지역 문제를 주민과 함께 해결하려는 노력이다.

　　이러한 흐름에서 2000년대 초반 지역정보화의 대표 사업으로 추진됐던 '정보화마을'은 지역정보화의 초기 개념을 가장 잘 보여준다. 농산어촌 주민에게 정보접근 기회를 제공하고 정보격차를 해소해 국가 전반의 균형 있는 정보화를 도모했던 사업이다. 이후 정보화의 패러다임은 정보인프라를 지속적으로 고도화한다는 e-korea 개념에서 유비쿼터스 사회를 실현하기 위한 u-korea로 진일보했다. 정보서비스의 제공 방식도 공급자 중심에서 수혜자 중심으로 전환하려는 움직임이 나타났다. 지역주민의 참여를 늘리고 민관산학 협력체계를 구축한다는 정책 방향을 수립했다. 특히, 그간 중앙정부를 중심으로 추진돼 온 하향식 지역정보화 정책으로 인해 정책의 중복투자 등 효율성 저해, 지역적 특성의 반영 미흡 등의 문제가 발생해오고 있었는데 이를 해소하기 위해 지역정보화에 있어서도 지방분권과 지역자치 특성을 강화해야 한다는 인식이 자리하기 시작했다.

　　2010년대 중반 이후 지역정보화 관념은 행정정보화에서 나아가 본격적으로 주민

1　최종석, "지역정보화의 현황과 새로운 지역정보화의 방향 탐색", 「한국지역정보화학회지」 제19권 제4호, 한국지역정보화학회, 2016, 131-132면.

을 중심에 두고 맞춤형 서비스를 선제적으로 제공하겠다는 형태로 고도화된다. 주민이 체감할 수 있도록 주민 수요 중심의 지역정보화 사업을 추진하기 시작한 것이다. 2016년 이후에는 4차 산업혁명과 지능형 정부, 데이터 중심의 혁신이 가속화됨에 따라 주민 개개인의 생애주기별 서비스, 먼저 찾아가는 인공지능 기반의 스마트 행정 등이 사회복지, 주민안전, 재난재해 예방 등의 영역에서 적용되기 시작했다.[2] 2022년 윤석열 정부는 '대한민국 어디서나 살기 좋은 지방시대'를 핵심 국정 목표 중 하나로 선정하고 같은 해 9월 디지털플랫폼정부위원회를 구성하면서 2023년 4월 디지털플랫폼정부 실현계획을 발표해 디지털플랫폼 기반 지역 혁신 등의 세부 과제들을 수립했다. 이러한 디지털플랫폼정부는 디지털 기술을 기반으로 이해관계자들이 상호 소통, 협력해 자원을 투입하고 사회의 다양한 요구를 충족하는 협력적 거버넌스를 핵심으로 한다.[3] 공공과 민간의 경계를 허물고 역량 있는 주체가 첨단기술을 활용해 공적 문제를 해소함으로써 효율성, 개방성, 유연성과 같은 요소들을 극대화하는 개념이라고 할 수 있다.

[표 1-2-2] 지역정보화 개념의 변화

시기	1990년대 후반~2000년대 중반	2000년대 중반~2010년대 중반	2010년대 중반~현재
목적	정보격차해소	지역균형발전	주민 중심의 지역 성장
내용	정보화 인프라 및 초고속통신망 구축	지역 생활을 위한 정보서비스 제공 및 활용	주민 참여, 첨단기술과 지역 데이터 기반 근본적 문제해결
주체	중앙부처>지자체>주민	지자체>중앙부처>주민	주민>지자체>중앙부처

[출처: 한국지역정보개발원, "한국의 지역정보화 추진과 성과", p. 15 참고로 재구성, 2020]

나. 추진 경과

지역정보화는 서울시, 대전시 등 규모가 큰 지자체에서 세수입 증대를 목적으로

---

2   정진우, "우리나라 지역정보화 추진현황과 개선방안에 관한 연구: 추진과정, 조직, 예산, 정책을 중심으로", 「한국지역정보화학회지」 제22권 제4호, 한국지역정보화학회, 2019, 72-73면.
3   주효진, 최희용, 최윤희, "디지털플랫폼정부와 정부혁신: 정부 역할 및 기능 재정립을 중심으로", 「지방정부연구」 제26권 제3호, 한국지방정부학회, 2022, 310-311면.

자료를 효율적으로 관리하기 위해 배치(batch) 처리를 하면서 시작됐다.[4] 이를 통해 초창기의 지역정보화는 각 지역별 전산화의 형태로 추진됐다. 1980년대 행정, 교육, 공안, 국방, 금융의 5대 국가 기간 전산망 사업을 통해 지역 간 분절적인 시스템을 연결하고, 국가적 차원의 정보화를 추진하기 위한 작업들이 이뤄졌다. 지역정보화가 중앙정부를 중심으로 수행되기 시작한 것이다.

이와 더불어 1988년 노태우 정부 출범 이후 「지방자치법」의 전면 개정을 통해 지방자치 추진의 토대가 마련됐고, 1991년 지방의회 선출, 1995년 지방자치단체장까지 동시에 뽑는 4대 지방선거 실시를 통해 민선 자치시대가 열렸다. 1997년 「정보화촉진기본법」이 제정되면서 지방자치단체가 지역정보화의 주체로 역할하고 행정자치부가 이를 총괄하기 시작했다. 제1차 지역정보화촉진 시행계획이 수립됐고 '한국지역정보개발원'의 전신인 '지역정보화지원재단'이 설립됐다.

1998년 출범한 김대중 정부 시기에는 "산업화는 늦었지만, 정보화는 앞서가자"는 의지로 2001년 세계 최초 전자정부법인 「전자정부구현을 위한 행정업무 등의 전자화 촉진에 관한 법률」이 제정됐다. 이를 통해 수립된 전자정부 11대 과제에 시·군·구 행정정보시스템 개발 사업이 포함돼 보건복지·농촌·지역산업·환경·민원·주민 등 여러 생활 분야를 중심으로 정보화가 추진됐다. 같은 해 「정보격차해소에 관한 법률」이 제정되면서 모든 국민이 정보화의 혜택을 누릴 수 있도록 무료 인터넷 및 PC 보급, 정보화 교육 등 취약계층의 정보접근권과 정보화 수준을 제고하기 위한 정보격차 해소 종합계획이 추진됐다.

2003년 노무현 정부는 전자정부 로드맵 31대 과제 중 하나로 '전자지방정부의 구현'을 선정하고 시·군·구 행정정보 고도화 사업을 추진했다. 이를 통해 시·군·구 행정종합정보 고도화 구축 사업이 수행되면서 인터넷 기반 시·군·구 행정정보시스템인 '새올'이 구축됐다. 이외에도 지방재정 및 지방교육재정, 자치단체 인사행정 정보화 등이 일하는 방식 혁신을 위한 어젠다에 포함됐다.

2008년 이명박 정부 출범과 함께 정부 조직이 개편되면서 정보통신부가 해체되고

---

4 안문석, "국민 행복 패러다임을 선도하는 지역정보화의 대변혁을 기대한다", 「지역정보화」, 제108권, 한국지역정보개발원, 2018, 40면.

국가정보화의 기능이 행정자치부로 이관됐다. 「정보화촉진기본법」과 「정보격차해소에 관한 법률」은 「국가정보화기본법」으로 통합됐다. 이를 통해 수립된 제1차 국가정보화 기본계획은 취약계층 및 소외지역에 대한 ICT 인프라 제공, 서비스 접근성 제고, 정보기기 활용능력 제고 등 정보격차 해소에 관한 문제에 초점을 뒀다.

2013년 박근혜 정부는 미래창조과학부를 신설하면서 국가정보화 기능을 수행하도록 하고 전자정부는 당시 안전행정부에서 담당하도록 했다. 아울러 개방, 공유, 소통, 협력을 핵심 가치로 하는 정부 3.0 추진위원회를 설립했다. 정부 3.0은 정부와 국민의 협치, 국민의 능동적이고 주도적인 참여 등을 핵심으로 하고 있었다. 아울러 같은 해 「공공데이터의 제공 및 이용 활성화에 관한 법률」을 제정해 데이터를 개방하고 민간이 활용할 수 있도록 함으로써 데이터 경제의 기반을 마련했다. 이처럼 개개인을 중심으로 변화하는 정보화 정책의 흐름 아래 지역정보화 또한 주민을 중심으로 추진되기 시작했다. 2015년 마련된 제5차 국가정보화 기본계획 또한 국민이 원하는 수요를 중심으로 체감할 수 있는 지역정보화 사업 구현에 초점을 두고 있었다.

2016년 알파고 사태 이후 지능정보화를 중심으로 하는 패러다임이 형성됐다. 인공지능 기술이 핵심 경쟁력으로 떠오름에 따라 데이터 이용 환경 조성을 위한 수요가 급격히 늘었다. 이에 따라 2016년 전자정부 2020 기본계획은 지방자치단체에 분산·보급된 새올, 지방재정 등 정보시스템을 클라우드 기반으로 전환한다는 내용을 포함했다. 2017년 지능형 정부 기본계획은 데이터와 인공지능 기술 등을 활용해 개별적이고 구체적인 서비스 혁신에 관한 사항들을 다뤘다.

2017년 문재인 정부는 미래창조과학부를 과학기술정보통신부로 바꿔 ICT를 전담하도록 하고 행정안전부가 전자정부를 담당하도록 했다. 아울러 4차산업혁명위원회를 통해 초연결 지능형 네트워크 구축 전략, 스마트시티 추진 전략, 전 국민 AI 및 SW 확산 방안, 국가 데이터 정책 방향 등을 발표하면서 실증할 수 있는 구체적인 사업들이 추진되도록 했다. 2018년 마련된 제6차 국가정보화 기본계획에는 누구나 살고 싶은 지역 생활 기반을 마련하겠다는 과제를 내걸었다. 이러한 관점에서 △국민체감형 스마트시티 조성 △농수산업의 스마트화를 통한 지역경쟁력 제고 △지역 기반 지능화 혁신역량 강화 △도농 격차 해소를 위한 스마트 빌리지 등을 세부 과제로 설정했다. 2020년에는 「국가정보화 기본법」을 「지능정보화 기본법」으로 전부 개정했다.

2022년 윤석열 정부는 '대한민국 어디서나 살기 좋은 지방시대'를 국정과제로 삼고 지방분권 및 자치역량 강화, 지역 맞춤형 창업·혁신 생태계 조성, 지역특화형 산업 육성을 통한 양질의 일자리 창출, 지역사회의 자생적 창조역량 강화 등의 세부 과제를 설정했다. 아울러 디지털플랫폼정부위원회를 통해 모든 데이터가 연결되는 '디지털플랫폼' 위에서 국민, 기업, 정부가 함께 사회문제를 해결하고, 새로운 가치를 창출하는 정부 구현하겠다는 목표를 세웠다. 2023년 이러한 디지털플랫폼정부 사업을 구체적으로 추진하기 위한 실현 계획을 발표하면서 '인공지능·데이터로 만드는 세계 최고의 디지털플랫폼정부'라는 비전을 수립하고, 4대 추진 전략(△하나의 정부 △똑똑한 나의 정부 △민관이 함께 하는 성장플랫폼 △신뢰하고 안심할 수 있는 디지털플랫폼정부 구현)을 마련했다. 특히, 지역정보화와 관련해 디지털플랫폼 기반 지역 혁신에 관한 과제(2.6)를 선정하고, 지능정보 기반 차세대 지방행정 공통시스템 구축, 지방공공기관 통합업무플랫폼 구축을 통한 데이터기반 행정 추진, 지역 디지털플랫폼정부 협의체 구성 및 운영의 3가지 세부 사업을 기획했다.

2 | 추진 현황

가. 2024년도 지역정보화 사업 예산

2024년도 지능정보사회 실행계획에 따르면, 지자체 정보화 사업은 총 1만 3,887개 사업, 총 2조 6,736억 8,500만 원으로, 전년 대비 사업 수는 111개(0.8%) 감소했으나 예산 규모는 932억 7,400만 원(3.61%) 증가한 것으로 파악된다.

[표 1-2-3] 지자체 정보화 사업 규모

(단위: 개, 백만 원)

구분	2023년도(A)		2024년도(B)		증감(B-A)	
	사업 수	예산	사업 수	예산	사업 수	예산
지방자치단체	13,998	2,580,411	13,887	2,673,685	-111	93,274

[출처: 2024년 지능정보사회 실행계획, 행정안전부 내부 자료에서 재구성, 2024]

이를 17개 광역 시·도별 예산으로 구분해 보면, 우선 총 규모로는 경기도, 서울특별시, 경상남도, 강원도 순으로 규모가 큰 것으로 나타났다. 인구수(2024. 9. 기준)를 고려해 주민 1인당 지역정보화 예산을 파악하면, 강원특별자치도, 경상남도, 충청북도 순으로 규모가 큰 것으로 확인된다.

[표 1-2-4] 시·도별 정보화 예산 내역

(단위: 천 명, 백만 원)

시·도명	2024년도 예산	인구수	천 명당 예산
서울특별시	410,512	9,350	43.90
부산광역시	65,268	3,273	19.94
대구광역시	96,470	2,365	40.79
인천광역시	136,937	3,016	45.40
광주광역시	49,864	1,411	35.34
대전광역시	31,626	1,440	21.96
울산광역시	53,773	1,098	48.97
세종특별자치시	20,289	389	52.15
경기도	535,071	13,680	39.11
강원특별자치도	190,954	1,520	125.62
충청북도	155,806	1,590	97.99
충청남도	148,462	2,135	69.53
전북특별자치도	108,573	1,741	62.36
전라남도	111,764	1,791	62.40
경상북도	138,732	2,537	54.68
경상남도	357,593	3,232	110.64
제주특별자치도	61,992	671	92.38
합계	**2,673,685**	**51,239**	**1,023.16**

[출처: 2024년도 지능정보사회 실행계획 및 주민등록인구현황, 행정안전부 내부 자료에서 재구성]

나. 지방자치단체별 지역정보화 추진 전략

각 지방자치단체는 「전자정부법」, 「지능정보화 기본법」 등 정보화 관련 법령에 따라 정보화 조례 또는 지역정보화 조례 등의 명칭으로 지역 자체의 정보화 추진을 위한 기본 방향과 정책 추진 등에 필요한 사항을 규정하고 있다. 이에 따라 지역정부는 기본계획과 시행계획을 수립하며, 이때 정보화 관련 법령에 따른 국가계획을 고려하도록 하고 있다. 이와 관련해 특별시, 광역시, 도, 특별자치시, 특별자치도의 정보화 기본계획 또는 지역정보화 기본계획 개요를 중심으로 살펴보면 다음과 같다.

[표 1-2-5] 광역지방자치단체 정보화 전략 개요

구분	비전	목표		추진 전략
서울 스마트도시 및 정보화 기본계획 (2021-2025)	디지털 전환을 선도하는 미래 스마트 표준 도시, 서울	• UN 도시 평가 순위 7위(2024) • 스마트 서비스 혁신성 35%(2025) • 스마트도시 관련 투자 유치 규모 700억 원(2025)	미래 스마트도시 혁신 기반 조성	• 세계 최고 스마트도시 인프라 확충 • 디지털 기반 행정혁신 가속화 • 개방형 빅데이터 도시 조성
			사람중심 스마트도시 구현	• 비대면 서비스 확대 • 스마트 포용도시 실현 • 사이버 안전도시 실현
			시민 체감 도시서비스 제공	• 스마트 모빌리티 기반 구축 • 안전·안심 도시서비스 제공 • 디지털 경제 활성화 지원
인천광역시 지능정보화 기본계획 (2024-2026)	디지털로 실현되는 인천의 꿈, 모두가 누리는 플랫폼인천	• 지능화로 확장되는 똑똑한 행정		• 인천 데이터 가치사슬 구현 • 지능형 의사결정 체계 마련 • 디지털 기반 행정혁신 서비스
		• 혁신으로 준비하는 넉넉한 경제		• 디지털 특화산업 생태계 조성 • 상상으로 진화하는 스마트시티
		• 디지털로 안심하는 쾌적한 생활		• 디지털 기반 선제적 위기관리 • 지능화된 교통 안심거리
		• 데이터로 챙겨주는 따뜻한 포용		• 모두가 존중받는 행복한 복지 • 즐겁고 건강한 시민생활 조성

구분	비전	목표		추진 전략

대전광역시 정보화 기본계획 (2022-2026)	디지털혁명과 그린뉴딜의 정보화 혁신 도시 대전	• 시민 삶 개선
		• 정보 중심 도시
		• 지능 활용 도시
			지능형 서비스 향유도시 (시민서비스)	• 지능형 교통(편리한 교통)
				• 디지털 안전
				  (신속 대응 재난안전관리)
				• 디지털 경제
				  (스마트 경제·산업 활력 기반 조성)
				• 첨단 그린 환경(쾌적한 환경 관리)
				• 데이터 행정
				  (모두에게 열려있는 행정)
				• 지능형 첨단기술
				  (인공지능 활용력 강화)

			D·N·A 기반의 스마트시티 (기반조성)	• 유용한 데이터와 정보가 흐르는 도시(데이터) • 촘촘한 인적·물적 연결 도시 (네트워크) • 인공지능 기반 도시(인공지능)
부산광역시 정보화 기본계획 (2021-2025)	시민이 행복한 디지털 중심 해양수도 부산	• 디지털 대전환 글로벌 선도 도시 • 혁신과 융합을 통한 신성장동력 확보 • 맞춤형 서비스로 시민 행복 실현	디지털 전환을 통한 핵심역량 증진	• 디지털 신기술 활용 기반 마련 • 데이터 활성화 체계 마련 • 디지털 신기술 활용 편리한 행정 • 스마트 비대면 업무환경 구축
			개방과 공유를 통한 혁신의 내재화	• 지능정보화 사회로 전환 촉진 • 디지털 융복합 창의인재 양성 • 혁신성장 지능정보화 협력체계 강화
			중점산업 분야 디지털 재설계	• 중점산업 데이터 수집·활용 촉진 • 데이터·AI 산업 밸류체인 고도화 • 규제 Free 혁신 거점 조성
			시민행복을 위한 확장된 서비스	• 언제나 선제적인 시민안전 서비스 • 어디서나 편리한 생활 서비스 • 누구나 만족하는 포용 서비스 • 모두가 공감하는 행복 서비스

구분	비전	목표	추진 전략	
대구광역시 정보화 기본계획 (2019-2023)	ICT 기반 지능정보 사회를 선도 (LEAD)하는 도시 대구	• 시민 삶의 질 제고 • 지능형 행정구현 • 첨단산업 기반 성장 • 시민안전 강화	Life enhancing	• 시민과 함께 삶의 질을 높이는 행복도시
			Evolving	• 지능형 행정과 함께 진화하는 혁신도시
			Advanced	• 첨단산업으로 발전하는 미래도시
			Dependable	• 믿고 안심할 수 있는 안전도시
울산광역시 정보화 기본계획 (2024-2028)	디지털 전환을 선도하는 대한민국 혁신수도, 위대한 울산!	• 데이터, AI 활용 지능형 행정구현 • 디지털 경제 기반 조성 및 미래산업 육성 • 선제적 시민 맞춤형 지능형 서비스 제공	디지털로 신뢰받는 행정 (Reliable Service)	• 지능형 행정서비스 제공 • 신뢰받는 디지털 인프라 구축
			혁신으로 성장하는 경제 (Innovative Economy)	• 디지털 기반 산업 경쟁력 확충 • 상상이 실현되는 문화예술 거점 조성
			안전하고 쾌적한 시민생활 (Safe Civic Life)	• 선제적인 안전관리체계 구현 • 쾌적한 시민생활 인프라 마련
			모두가 누리는 디지털 복지 (Embracing all People)	• 따뜻하게 포용하는 디지털 복지 • 편리한 지능형 교통 서비스
광주광역시 정보화 기본계획 (2020-2024)	지능정보 기술로! 혁신과 정의로! 대한민국 미래로! 미래 선도도시 광주	• 협치와 소통: 새로운 협치를 통한 시민과 첨단 대시민 서비스를 위한 지능형 행정 강화 • 융합과 상생: 기존의 것을 통합해 새로운 가치를 창출하는 융합과 공직자, 시민, 기업이 서로 돕는 상생 추구 • 첨단과 전통: 기존 광주다움의 전통을 지키고 첨단 ICT 기술을 접목해 다양한 분야에 정보화 서비스를 제공	지능형 행정구현	• 과학적 행정구현 • 행정시스템 고도화 • 지능형 보안체계 강화
			신성장동력 산업육성	• 체감형 콘텐츠 발굴 • 관광 경쟁력 강화
			창의 관광 도시 조성	• 지역 특화 산업 육성 • 스타트업 및 일자리 창출 지원
			소통하는 시민협치	• 공유와 소통 서비스 확대
			안전한 시민생활 조성	• 사회적 약자 배려 서비스 발굴 • 재난안전 인프라 구축 • 건강한 시민생활

구분	비전	목표	추진 전략	
세종특별자치시 정보화 기본계획 (2023-2027)	창조와 도전을 주도하는 지능형 미래전략 수도 세종	• 인공지능·데이터 기반 지능형 행정 실현 • 디지털 경제 선순환 체계 구축 및 지역경제 활성화 • 선도적인 시민 맞춤형 스마트 서비스 제공	[데이터 자립 도시] 자립형 데이터 생태계 구축	• 참여 기반 데이터 가치사슬 구현 • 데이터 기반 의사결정 지원 • 신뢰 기반 서비스 이용체계 마련
			[지능형 행정 도시] 지능정보 기술 기반 행정혁신	• 디지털 기반 행정업무 효율화 • 편리한 비대면 행정서비스 제공 • 시민과 소통하는 열린 행정구현
			[디지털 산업 도시] 디지털 중심 미래 신산업 생태계 조성	• 유망 혁신기업 발굴 및 육성 • 디지털 융합 미래 인재 양성 • 사이버 보안 글로벌 거점화
			[스마트 생활 도시] 시민 행복을 위한 스마트서비스 제공	• 미래형 모빌리티 서비스 제공 • 일상이 풍요로운 문화예술 서비스 제공 • 생활이 편리한 디지털 포용 서비스 제공 • 안전한 선제적 대응 서비스 제공
경기도 정보화 기본계획 (2022-2026)	지능정보 사회를 선도하는 디지털 경기	• 지능형 서비스 및 인프라 확충		• 디지털 신기술 활용 기반 마련 • 디지털 전환을 위한 데이터 가치사슬 구현 • 디지털 기반 지능형 행정서비스 구축 • 지방분권 2.0 시대의 디지털 거버넌스 체계 구축
		• 지속가능한 디지털 기반 생태계 조성		• 디지털 기반 균형적 산업 생태계 조성 • 지역경제 활력을 위한 디지털 문화 관광 활성화 • 경기도 디지털 융합 창의인재 양성
		• 디지털 기술 접목으로 도민 삶의 질 증진		• 사회적 약자 대상 디지털 포용체계 마련 • 인간과 자연이 조화로운 디지털 경기 • 지역사회문제 해소를 위한 도민 협치

구분	비전	목표	추진 전략	
강원 특별자치도 정보화 기본계획 (2024-2028)	혁신으로 만드는 새로운 시대, 디지털 글로벌 도시 강원!	• 지능화로 누리는 편리한 행정	• 신뢰받는 디지털 인프라 • 똑똑한 지능형 서비스 제공	
		• 디지털로 선도하는 신산업 생태계	• 데이터로 기업하기 좋은 강원 • 디지털 중심의 미래산업 육성	
		• 모두가 안심하는 포용도시	• 꼼꼼하게 챙기는 사회안전망 • 선제적인 재난안전 대응체계	
		• 누구나 공감하는 도민 생활	• 이야기가 넘치는 관광서비스 제공 • 디지털 중심의 주민공동체 구축	
충청북도 정보화 기본계획 (2021-2025)	새로운 연결과 지능형 혁신으로 다시 도약하는 충북	• 도민측면: 소통과 균형발전의 도민이 살기 좋은 지역 • 산업측면: 지역 산업의 글로벌 경쟁력 강화 지원 • 행정측면: 시공간 제약 없는 비대면 행정 플랫폼 구축	균형발전	• 도시 & 농촌 균형발전-정보격차 해소 교육 지원 • 초연결, 융복합 디지털-지역활성 인프라 구축 • 5G와 빅데이터 기반 비대면 행정서비스 구현
			도민행복	• 스마트도시 디지털 생활 문화 플랫폼 구축 • 의료-재난안전-환경개선 서비스와 인프라 조성 • 자율주행 및 전기차 신교통 환경 및 스마트공항 구축
			정보혁신	• 빅데이터 거버넌스 구축 및 지역특화를 통한 맞춤 행정 지원 • 비대면 도정 지원센터 및 블록체인-ICT 통합 보안 관제 • 방사광 가속기를 활용한 미래 신산업 연계 지원체계 구축
			산업육성	• 바이오 헬스케어 빅데이터 플랫폼 기반 혁신 생태계 구축 • 4차 산업혁명 시대를 이끌 신소재-인공지능 반도체 개발지원 • ICT 기반 SW융합 신산업 육성 테스트베드 및 인프라 구축 • 중소기업 지원 스마트공장 솔루션 개발 및 고도화

구분	비전	목표	추진 전략	
충청남도 정보화 기본계획 (2021-2025)	지능 정보화 D.N.A가 넘치는 똑똑한 충남구현	• 스스로 진화하는 고품질의 데이터 생태계 조성(Data) • 사회적 가치를 창출하고 안전한 지능 정보화 서비스 체계 기반 구축 (Network) • 도민의 생활 저변까지 확대되는 지능화된 공공서비스 (Application)	시너지 행정 (Synergy Administration)	• 협업 데이터 구축 및 활용 • 고품질 데이터, 공공 IoT 생산 체계 확립 • 증거 기반 과학 행정체계 구축 • 참여형 의사결정 지원체계 구축
			사람 중심의 정보화 (Manpower-oriented Informatization)	• 사람 기반의 정보화 작동장치 마련 • 지능정보 사회 구현 및 정보활용 서비스 체계 구축 • 정보소외계층 발굴 → 개선 → 재발굴 → 개선 선순환 체계 구축
			적정기술 사회 (Appropriate Technology Society)	• 지역 맞춤형 지식의 축적과 순환 • 특화된 지능정보 인프라 확충을 통한 살고 싶은 충남 • 최상의 공공데이터 품질을 확보한 '연구/투자하고 싶은 지자체' 구현
			지역 균형발전 (Regional Balanced Development)	• 유능한 지방정부 구현 • 중앙-민간 간의 수평적 협력체계 구축 • 자체 정보플랫폼 통합 및 지역 데이터 표준플랫폼 구축
			데이터 정책의 전환점 (Turning Point of Data Policy)	• 도정 전반의 지능정보화 수준 상향 평준화 • 정보가 보호되는 공유체계 구축 • 생태적 데이터 정책의 마련
전라북도 정보화 기본계획 (2023-2025)	ICT·SW가 주도하는 디지털 대전환으로 전북산업지도 Rebooting	• 기업 매출액 3조 원 (25% 성장) • 종사자 수 13,000명 (20% 성장) • 사업체 수 1,200개 사(16% 성장)	디지털 핵심역량 강화	• 새만금 클러스터 및 플랫폼 조성 • 데이터댐 기반 마련 • 실감 콘텐츠 인프라 활용 확대 및 메타버스 선도 • 전북 데이터 경제를 위한 블록체인 기술개발 • 전북 eUm 5G 메카 도약을 위한 주파수 확보 및 생태계 기업 유치 • IoT를 활용한 주력산업 혁신 선도

구분	비전	목표		추진 전략
전라북도 정보화 기본계획 (2023-2025)	ICT·SW가 주도하는 디지털 대전환으로 전북산업지도 Rebooting	• 기업 매출액 3조 원 (25% 성장) • 종사자 수 13,000명 (20% 성장) • 사업체 수 1,200개사 (16% 성장)	융합기반 조성	• 전북SW진흥혁신지구 조성 • 디지털전환지원 및 단계별 맞춤 기업 육성 • 디지털대전환 ICT·SW 전문인력 양성 • AI 융합형 현장중심 기술인력 양성 • 지역 ICT·SW 산업 진흥계획 수립 • 전북 성장동력과 전후방 연계되는 산학연관 지역인력 네트워크 추진
			주력산업 융합 및 신산업 창출	• 전북 주력산업별 eUm 5G 구축 및 운영 • 융합실증환경 구축 및 플랫폼 개발 • 전북 메타버스 허브화로 신경제 도약 • 산업 데이터 융합형 6G를 전북 대표 산업화
전라남도 정보화 기본계획 (2023-2027)	생동하는 지능정보화! 희망찬 스마트 전남 건설	• 도민 중심의 스마트 전남 건설	도민 모두가 안전하고 쾌적한 디지털 생활 기반 전남 조성	• 데이터 기반 생활밀착형 정보화 서비스 제공 • AR, AI 등 최신 기술을 활용한 전남 관리서비스 구현 • 지역민이 건강하고 안전한 삶을 영위할 수 있는 서비스 제공
		• 친환경 기반 정보시스템 추구	깨끗한 친환경의 에너지 대전환과 데이터 신산업 견인 전남 조성	• 태양광, 해상풍력, 그린수소 등 에너지 대전환 선도 • 디지털 신산업으로 대한민국 첨단산업 견인 • 뉴딜인재 양성, 전남형 뉴딜 성공적 안착
		• 지능형 블루오션 가치 창출	도시와 농산어촌이 함께 성장하는 지능형 혁신성장모델 전남 조성	• 전남의 강점을 바탕으로 지속적인 성장 견인의 블루오션 가치 창출 • 지능정보기술을 신성장동력으로 하여 Blue바이오 메디칼 허브 전남 추구 • 초연결시대 웰니스 문화와 생태자연 및 첨단기술이 결합된 스마트 신전남

구분	비전	목표		추진 전략
전라남도 정보화 기본계획 (2023-2027)	생동하는 지능정보화! 희망찬 스마트 전남 건설	• 소통중심의 신뢰행정	도민과 소통하고 공감하는 자치행정 전남 조성	• 도민과 소통하고 공무원 간 협업을 지원하는 스마트 행정서비스 구축 • 지능정보기술로 신뢰받는 데이터 기반 과학행정으로 도민 맞춤형 정책 구현 • 스마트기술을 활용한 과학적 행정 추진
		• 감동 주는 맞춤 서비스	스마트하고 살기 좋은 생활인프라 구축	• 미래사회에 적합한 스마트 기술을 활용한 사회약자 맞춤 서비스 제공 • 도시와 농산어촌 간의 정보화 격차 해소를 위해 공공정보통신망 구축 • 간호·복지인력 주거지원 사업으로 열악한 의료인프라 개선
스마트 경북 정보화 기본계획 (2021-2025)	지능형 행정으로 행복한 도민, BEST 경상북도	• 균형된 발전	Balanced Development	• 농가지원, 환경정보 제공 등 데이터 기반의 생활 밀착형 과제 • 유관 기관 연계, 맞춤형 서비스 제공 • 그린뉴딜 정책 기조에 부합하는 미래지향적 도민 정보화
		• 확장된 서비스	Extended Service	• 효율적 행정조직관리 및 언택트 업무환경 대응 • 경북의 현안을 고려한 도민 참여형 행정서비스 제공 • 기구축 정보화 자원의 효율적 활용
		• 특화된 산업	Specialized Industry	• 경상북도 주력산업 분야와 ICBAM 기술이 접목된 정보화 구현 • 소상공인에서 기업에 이르는 경제주체 지원을 위한 정보화 과제 • 경상북도의 다양한 자원과 특화산업을 고려한 맞춤형 과제

구분	비전	목표	추진 전략	
스마트 경북 정보화 기본계획 (2021-2025)	지능형 행정으로 행복한 도민, BEST 경상북도	• 기술화된 사회	Technologized Society	• 소프트웨어와 하드웨어를 아우르는 정보통신 인프라 확충 • 데이터 기반의 의사결정 지원과 필요 정보의 적시 활용 및 모니터링 • 도민 안전 최우선을 목표로 각종 재난 상황 대비 철저한 대응 강화
경상남도 지역정보화 기본계획 (2021-2025)	디지털 대전환으로 도민행복과 혁신성장이 실현되는 경남	• 디지털 활용 도민행복 서비스 제공	• 지능정보 기반 도민 생활편익 제고 • 정보지능사회 기반 구축과 보급활용 강화 • 도민 참여형 지능정보 기반 확충	
		• ICT 융합 기반 디지털 생태계 조성	• 지능정보사회 역량강화 • 데이터 기반 전략산업 육성 • 정보통신기술 접목 연고산업 고도화	
		• 행정혁신을 위한 지능형 행정서비스 구현	• 공공데이터 개방 확대 및 활용 활성화 • 통합과 지능 결합 행정서비스 구현 • 통합행정 연계 지능형 보안체계 강화	
제주 특별자치도 지역정보화 기본계획 (2021-2025)	지능정보로 실현되는 행복 제주, 글로벌 디지털 도시 제주	• 디지털 기술로 도민과 소통하는 지능형 행정구현 • 전통 가치와 미래 혁신이 공존하는 지속가능한 제주 • 도민 행복을 극대화하는 공감 서비스 제공	데이터 기반 지능형 행정 구현	• 데이터 기반 지능형 행정서비스, 디지털 행정 인프라 조성
			디지털 전환으로 신성장동력 확보	• 디지털 역량의 산업내재화, 글로벌 디지털 문화관광 선도
			차별 없이 행복한 디지털 포용 실현	• 도민이 편리한 스마트 서비스, 누구나 행복한 디지털 포용 실현
			안전하고 쾌적한 디지털 생활 기반 조성	• 사전에 대비하는 선제적 안전체계, 디지털 청정 생활환경 조성

[출처: 광역지방자치단체 정보화·지역정보화 기본계획 재구성]

3 | 추진 사례

2024년 9월 행정안전부는 제41회 지역정보화 우수사례 발표대회를 개최했다. 대통령상을 수상한 충청남도는 문화재 보존 및 관리 의사결정을 데이터 기반으로 지원하기 위해 지정문화재 및 역사문화환경 보존지역 디지털 트윈을 구축했다. 국무총리상을 수상한 울산광역시 북구는 공간이음 북구 정책을 추진하면서 환경, 관광, 안전, 교통, 문화, 복지 등의 행정정보를 공간정보로 시각화해 정책 의사결정을 지원하고 있다. 특히, 공간정보를 활용한 맵갤러리 서비스는 공공데이터와 위치정보를 활용해 다양한 정보를 지도에서 확인하고 이용할 수 있도록 구축한 지도 서비스로 호평을 받고 있다. 이외에도 행안부장관상을 받은 경기도는 광역버스 노선별 혼잡률 분석시스템을 개발해 행정 효율을 높이고 도민 편의를 개선했다. 기존 광역버스 노선 혼잡률 분석은 담당자의 수작업으로 이뤄졌는데, 경기도는 이를 자동화함으로써 분석 대상도 도내 전체 노선으로 확장하고 분석 주기도 월 1회에서 주 1회로 단축할 수 있었다.

[표 1-2-6] 제41회 지역정보화 우수사례

기관명	사례명	주요 내용	선정 결과
충청남도	디지털 트윈 기술을 활용한 문화재 심의 시스템 구축	• 목적: 문화재 보존·관리 등 의사결정의 주관적 판단을 뒷받침할 객관적·과학적 데이터 제공 • 내용 - 충청남도 지정문화재 및 역사문화환경 보존지역 디지털 트윈 구축 - 문화재 주변 개발 제한 심의 지원체계 구축 - 문화재 주변 토지이용행위 적법성 자동평가 모델 개발 • 기대효과: 데이터 기반의 합리적·객관적 의사결정에 의한 정책 품질 향상 및 개별 지역·특성에 따른 적정 행위규제를 통해 개발·보존 갈등 완화	대통령상
울산광역시 북구	'한눈에 쏘옥, 두 눈에 가득' 장소와 사람을 잇는, 공간이음 북구	• 목적: 기구축 플랫폼을 활용해 비예산으로 공간정보에 쉽게 접근할 수 있는 체계를 구축해 전 직원 공간정보 생산·분석으로 지속가능한 공간정보 인프라 구축 • 내용 - 지속가능한 공간정보 생산 및 공유체계 구축 - 공공데이터의 공유와 다양한 활용으로 객관적 정책 결정 - 맵갤러리 구축으로 공공데이터의 대민서비스 확대 • 기대효과: 부서별, 행정기관별 분산된 공공데이터의 통합 및 공유로 공유행정을 구현하고 시설, 문화, 관광 등의 지역정보를 누구나 손쉽게 파악해 방문할 수 있는 사용자 중심의 마케팅 시대에 대응	국무총리상
서울특별시	'서울을 시작으로 전국 어디서나' 모바일 공인중개사 자격증명 서비스	• 목적: 무등록 및 무자격자의 중개사고 예방으로 불법 중개행위 퇴출 • 내용 - 블록체인 기반 「서울지갑 App」 활용 공인중개사자격증명 서비스 구축 - 국토부(K-Geo플랫폼)와 서울시(서울지갑 App)의 데이터 연계 - 국토부 데이터 활용으로 전국 서비스 확대 시행 가능 • 기대효과: 불법 중개행위 차단으로 시민의 재산권 피해 예방 및 국토부와 서울시 데이터 연계로 디지털플랫폼 정부 구현에 기여	행안부 장관상
부산광역시	해상교량 중심의 스마트 교통플랫폼 구축	• 목적: 교통 현안과 관련된 문제점을 시공간적으로 진단 분석 대응하기 위한 플랫폼 기반의 생활권 단위 통합 교통분석체계 마련 • 내용 - 시민 중심의 스마트 교통관리 플랫폼 구축 - 스마트 최적 신호 운영체계 구축 - 해상교량 통합관제시스템 구축	행안부 장관상

기관명	사례명	주요 내용	선정 결과
부산광역시	해상교량 중심의 스마트 교통플랫폼 구축	• 기대효과: 과학적인 교통정책수립 및 시행을 위한 자료 기관의 교통운영관리체계를 마련했으며, 돌발상황(재난, 사고 등) 발생 시 기관별 신속한 상황전파로 골든타임 확보를 통한 시민의 생명과 재산 보호	
광주광역시 남구	실시간 도로 위험정보 서비스 시스템 구축	• 목적: 도로 위험 요소에 대한 선제 대응 및 체계적 관리를 바탕으로 안전한 교통 환경 구축 및 주민 삶의 질 향상에 기여 • 내용 – AI 도로분석장치 설치 – 인공지능 서비스 플랫폼 구축 – 관제용 도로위험 모니터링사이트 구축 • 기대효과: 선제적인 도로 위험정보 탐지 및 처리를 통해 차량 정체, 교통사고 및 인명피해 감소에 기여하고, 민원 감소, 도로 유지보수 업무 처리 용이성 증대로 인한 공공행정 효율성 강화	행안부 장관상
경기도	광역버스 노선별 혼잡률 분석시스템	• 목적: 노선별 혼잡률에 대한 자동 분석기능 부재로 담당자 업무 과중 및 도민 불편을 단순 반복적 업무를 자동화해 효율성과 정확성 향상 • 내용 – (2023) 광역버스 노선별 혼잡률 분석시스템 구축 적정성 및 효과성 검증을 위한 검증과정(POC: Proof of Concept) 수행 – (2024) 광역버스 노선별 혼잡률 분석시스템 구축 – 분석 대상을 도내 전체 노선으로 확대 및 분석 주기 단축 (월1회→주1회), 인건비 절감(1명 절감) • 기대효과: 자동화 기술을 활용한 광역교통 데이터 분석으로 도민의 출·퇴근 불편 해소 및 일하는 방식 개선 및 행정 효율화	행안부 장관상
충청북도 청주시	찰칵, 원스톱 불법쓰레기 민원처리 및 분석시스템 구축	• 목적: 쓰레기 무단투기 신고 및 민원 처리 방식 개선 • 내용 – 웹 기반 불법 쓰레기 민원 신고 페이지 구축 – 통계 분석 자료 제공 – 불법쓰레기 청소 정책 활용 • 기대효과: 쓰레기 무단투기에 대한 간편하고 신속한 민원신고·처리 및 수집 데이터 분석을 통한 지자체 청소 정책 활용	행안부 장관상
전라북도 나주시	쾌적한 도시 환경을 위한 나주시 스마트 악취 통합 관제센터 구축	• 목적: 나주시의 높은 축산업 규모로 인해 배출되는 악취에 대한 민원에 실시간으로 대응하기 위해 스마트 악취 통합 관제센터 구축	행안부 장관상

기관명	사례명	주요 내용	선정 결과
전라북도 나주시	쾌적한 도시 환경을 위한 나주시 스마트 악취 통합 관제센터 구축	• 내용 – IoT 기반 악취측정시료 채취 시스템 구축 – 나주시 기상 상황 모니터링 통합 기상 측정기 구축 – 배출원 환경 감시 지능형 CCTV 구축 – 빅데이터 기반 악취 확산 모델링 시스템 구축 • 기대효과: 악취에 대한 선제적인 대응(지도점검 등)으로 주민들의 악취 스트레스 해소하고, 악취 시스템을 통한 신속·체계적인 악취 관리 운영으로 관련 민원 감소 기대	
경상북도	광역 최초 민관협업 문제해결을 위한 협업과 소통의 공유플랫폼, K-Talk 구축	• 목적: 부서-계층, 공무원-외부 전문가 간의 소통채널 구축으로 연구중심 혁신도정 실현 • 내용 – 공공 클라우드 기반 도정 소통 플랫폼 구축 – 조직도 기반 데이터 및 스케줄 관리·공유 – 내부 행정시스템 연계 및 다수의 행정정보를 하나의 플랫폼으로 통합 • 기대효과: 기관 내부·내외부 간 자료 공유 및 협업을 통해 원활한 의사소통 문화 형성과 업무처리방식 개선	행안부 장관상
경상남도	공유경제를 통한 농촌위기 극복! '농토스'로 실현하다	• 목적: 농기계, 농지 등 각종 농촌자원들을 활용한 농촌 공유플랫폼 구축으로 정보화시대에 걸맞은 새로운 농촌 문화 조성과 살기 좋은 농촌 만들기 • 내용 – 스마트 농촌 공유 플랫폼('농토스') 구축 – 농민과 농기계 소유자 간 매칭 등 다양한 농촌 자원 공유 제공 – 마을별 생활기상정보 제공으로 어르신 건강 관리 • 기대효과: 농촌 유휴자원을 활용해 농가 소득 증대와 농촌 경제활성화 및 귀농·귀촌 활성화로 농촌지역의 인구소멸 위기 극복에 기여	행안부 장관상

[출처: 행정안전부, "각양각색 지자체 디지털플랫폼정부, 특색있는 우수사례 소개된다", 2024.09.11.자 보도자료 등]

참고 문헌

안문석, "국민 행복 패러다임을 선도하는 지역정보화의 대변혁을 기대한다", 「지역정보화」 제108권, 한국지역정보개발원, 2018

정진우, "우리나라 지역정보화 추진현황과 개선방안에 관한 연구: 추진과정, 조직, 예산, 정책을 중심으로", 「한국지역정보화학회지」 제22권 제4호, 한국지역정보화학회, 2019

주효진, 최희용, 최윤희, "디지털플랫폼정부와 정부혁신: 정부 역할 및 기능 재정립을 중심으로", 「지방정부연구」 제26권 제3호, 한국지방정부학회, 2022

최종석, "지역정보화의 현황과 새로운 지역정보화의 방향 탐색", 「한국지역정보화학회지」 제19권 제4호, 한국지역정보화학회, 2016

행정안전부, "각양각색 지자체 디지털플랫폼정부, 특색있는 우수사례 소개된다", 2024.09.11.자 보도자료

제2편

중앙부처 지역정보화 추진 현황

중앙정부부처들은 다양한 분야에서 정보화를 통해 정책과 행정의 효율성을 높이고,
데이터 기반의 서비스 제공에 힘쓰고 있다.
본 편에서는 세정·보건·교육·문화·국토·환경·기상 등
중앙부처에서 추진한 2024년 정보화 사업을 중심으로,
각 부처의 정보화 추진 성과와 향후 발전 방향에 대해 분석하고,
디지털 행정 체계 강화에 필요한 과제들을 점검한다.

제1장　세정·주소정보화
제2장　보건복지정보화
제3장　교육정보화
제4장　문화정보화
제5장　국토교통정보화
제6장　환경정보화
제7장　기상정보화

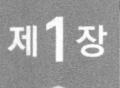

제1장

세정·주소정보화

제1절 세정정보화

'세정정보화'란 지방자치단체의 세입과 관련된 행정업무를 정보화한 것으로 크게 '지방세정보화'와 '지방세외수입정보화'로 구분할 수 있다.

지방세정보화는 지방세 업무의 효율성과 투명성을 높이기 위해 「지방세기본법」 제135조(지방세 업무의 정보화)를 근거로 해 추진하는 사업으로, 지방자치단체의 장은 이 법에 의해 지방세 관계법 관련 세무 업무를 '지방세정보시스템'으로 처리하고 있다. 지방세정보시스템은 '표준지방세정보시스템'과 '위택스'[1] 등으로 구성된 시스템으로, 한국지역정보개발원에서는 정보시스템 구축을 시작으로 2006년부터 현재까지 전국 세정서비스를 안정적으로 운영하기 위한 유지관리 업무를 수행하고 있다. 개발원은 2016년부터는 4차 산업혁명 시대에 발맞춰 최신 신기술을 접목한 차세대 지방세정보시스템을 구축하기 위해 현 지방세 업무에 대한 BPR/ISP[2] 수립, 예산 확보 등을 체계적으로 준비해 2019년부터 2020년 5월까지 세무행정, 대국민, 세외수입 분석·설계를 추진했고, 2021년 12월부터 시스템을 구축해 2024년 2월 개통했다.

지방세외수입은 지방세외수입금과 그 밖의 다른 법률 또는 조례에 따라 부과 징수하는 지방자치단체의 조세 외의 금전 수입으로서 수수료, 재산임대수입 등 행정안전부

---

1 위택스: 우리의 세금(We Tax)을 의미하는 용어로, 대국민이 지방세를 납부하는 홈페이지의 명칭이다.
2 BPR/ISP: ISP(Information Strategy Planning)는 기업정보화의 사전작업으로서, 업무분석을 통해 정보화 투자 중장기 계획을 수립하고, 효율적으로 기업정보화가 이뤄지도록 BPR(Business Process Re-engineering)을 통해 프로세스 재설계를 동시에 수행한다.

령으로 정하는 금전 수입을 말한다.[3] 여기서 지방세외수입금은 행정 목적을 달성하기 위해 법률에 따라 부과·징수해(국가기관의 장으로부터 위임·위탁받아 부과·징수하는 경우 포함) 지방자치단체의 수입으로 하는 조세 외의 금전으로 과징금, 이행강제금 및 부담금 등이 포함된다.[4]

1. 지방세정보화 사업

지방세정보화 사업은 지방세기본법 제135조(지방세 업무의 정보화)를 법적 근거하고 있는 사업으로, 지방세 부과·징수 및 전국 과세자료와 체납 정보를 관리하는 '표준지방세정보시스템'과 인터넷·모바일 신고·납부 시스템인 '위택스'로 구성돼 있다.([표 2-1-1], [그림 2-1-1] 참조)

[표 2-1-1] 지방세정보시스템 구성

표준지방세정보시스템	16개 시·도, 201개 시·군·구 세무공무원이 이용하는 지방세 부과·징수 업무 시스템 ※ 서울시는 별도 시스템 사용(세무종합시스템)
위택스·스마트 위택스	대국민 지방세·지방세외수입 신고·납부를 위한 인터넷 포털 및 모바일 서비스

3　「지방세외수입금의 징수 등에 관한 법률」 제2조(정의) 1의2호.
4　「지방세외수입금의 징수 등에 관한 법률」 제2조(정의) 1호.

[그림 2-1-1] 지방세정보시스템 구성

가. 추진 경과

1) 선진 지방세정 체계를 구축하기 위해 2004년부터 지방세정보화 사업을 추진해 2005년에 전국 자치단체가 공통적으로 부과·징수할 수 있는 시·도 및 시·군·구 표준지방세정보시스템을 구축하고, 2006년부터 2008년에는 전국 모든 자치단체의 지방세를 인터넷으로 신고·납부할 수 있는 위택스(WeTax) 시스템을 구축했다. 2011년에는 지방세법 세분화 및 전면 개정[5]에 따라 세법 개정 내용에 맞춰 정보시스템 개편하고, 2013년에 모바일 지방세정 서비스를 추진했다. 2014년에는 스마트 위택스, 지방세입 온라인 수납시스템인 '간단e 납부시스템'을 구축하고, 과세자료 및 체납정보 통합관리시스템(이하 '과세자료 통합 관리시스템') 1차 구축을 완료했다.

---

5   2011년 1월 1일 지방세 세목을 간소화(16개 세목→11개 세목)하는 지방세법 전면 개정.
    2017년 3월 28일 지방세징수법 시행으로 지방세기본법, 지방세법, 지방세특례제한법, 지방세징수법으로 개정.

2) 2015년에는 과세정보의 안전한 관리를 위해 개인정보 암호화를 추진했으며, 2015년과 2016년에 걸쳐 과세자료 분석·활용 확대, 지방세입 분석통계 구축 등을 위한 과세자료 통합 관리시스템 2·3차 구축을 완료했다.

3) 신기술을 활용한 클라우드 기반 차세대 지방세정보시스템 구축을 위해 2017년에는 BPR/ISP를 수립하고, 2018년에는 예산 확보를 위한 예비타당성 조사를 통과해 2019년부터 차세대 구축 사업 추진에 본격 돌입했다.

4) 2019년 4월부터 차세대 구축 사업 추진에 본격 돌입해 지방세 세무행정에 대한 분석·설계 및 데이터베이스 설계와 검증, 클라우드 아키텍처 설계, 신기술 적용 방안을 도출했다.

5) 2021년 12월부터 세입행정 구축, 대국민시스템 설계·구축, 클라우드 인프라 구축을 수행하고, 세입행정·대국민 테스트, 데이터 이관 등을 통해 2024년 2월 13일 개통했다.([그림 2-1-2], [표 2-1-2] 참조)

[그림 2-1-2] 지방세정보시스템 추진 경과

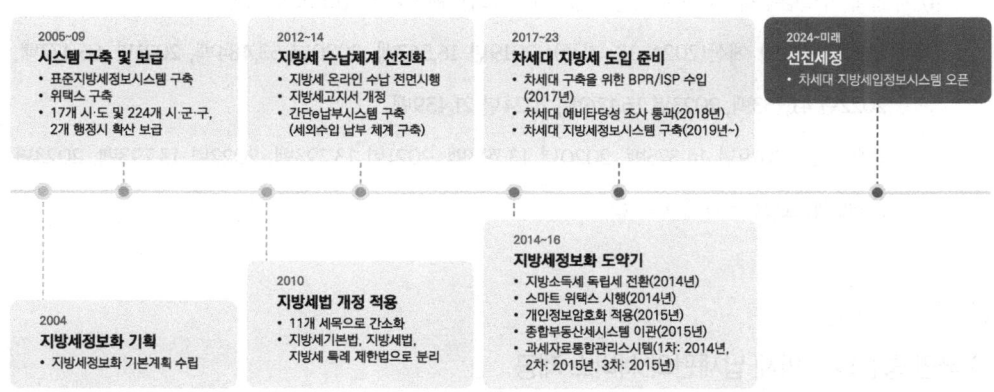

[표 2-1-2] 연도별 지방세정보화 투입 예산

(단위: 억 원)

연도별 합계	2007년	2008년	2009년	2010년[1]	2011년	2012년	2013년	2014년[2]	2015년[3]
4025.6	21.2	71.7	96.2	106.7	87.4	89.5	95.6	137.9	149.6

	2016년	2017년	2018년	2019년[4]	2020년	2021년	2022년	2023년	2024년
	126.7	141.2	149.7	309.4	672.8	802.7	555.5	197.2	214.6

1) 지방세법 전면개정(분법, 세목개편 등) 관련 재개발 26.5억(지방비) 포함
2) 지방소득세 독립세 전환 기능 보강비 38.4억(국비) 포함
3) 개인정보 암호화: 위택스(3.8억, 국비), 표준지방세(28.2억, 지방비) 포함
4) 차세대 컨설팅: 차세대컨설팅(9.4억), 위택스 웹(앱) 접근성 진단(37백만) 포함

※ 예산 집행액 기준이며 국비와 지방비 투입 예산의 총액
※ 2010년 지방세수납 온라인 구축 관련 45억(지방비) 별도 확보
※ 2012년~2016년 전자정부 지원 사업 별도 확보: 간단e납부 구축(2012~2014년, 48억), 모바일 지방세정 구축(2012~2013년, 3.7억), 과세자료 통합관리시스템 구축(2013년 BPR/ISP, 2014~2016년 1·2·3차 구축, 138억)

4) 차세대 시스템구축: 차세대 지방세입정보시스템 구축 2단계(1,144억) 포함
* 차세대지방세 예산(2024. 12. 기준): 2019년 16,567백, 2020년 53,484백, 2021년 66,477백, 2022년 41,753백, 2023년 16,136백, 2024년 21,459백
* 운영예산: 2019년 14,375백, 2020년 13,793백, 2021년 13,793백, 2022년 13,793백, 2023년 3,580백, 2024년 차세대 통합

나. 추진 성과

1) 국민 중심의 지방세 납세편의 서비스 제공

(가) 전 국민의 스마트폰 사용이 대중화됨에 따라 카카오톡, 네이버, 페이코 등을 통해 편리하고 안전하게 지방세 고지서를 받는 전자송달 서비스를 지속적으로 진행했다. 이를 통해 우편 종이고지서의 배달 착오로 인한 체납 발생 방지와 연간 수백억 원에

달하는 종이고지서 발송 비용 축소 등 기존 고지 방법의 문제를 해소했다.([표 2-1-3] 참조)

[표 2-1-3] 위택스 전자 송달 현황

(건수: 건)

구분	소계	1월 면허세	6월 자동차세	7월 재산세	8월 주민세	9월 재산세	12월 자동차세
2017년	3,178,797	137,198	485,631	713,141	717,654	753,817	371,356
2018년	3,349,245	158,974	487,324	793,871	769,161	763,542	376,373
2019년	4,859,931	179,317	525,663	1,142,906	1,194,024	1,187,473	630,548
2020년	6,754,128	274,552	927,887	1,605,935	1,512,462	1,586,715	846,577
2021년	8,083,527	403,879	1,107,495	1,968,023	1,640,047	1,972,421	991,662
2022년	10,371,432	974,202	1,310,279	2,517,790	1,934,712	2,461,733	1,172,716
2023년	11,916,148	659,513	1,665,935	3,009,988	2,386,108	2,825,130	1,369,474
2024년	12,421,415	747,442	1,832,589	3,091,627	2,407,629	2,866,994	1,475,134

(나) 또한 위택스 회원 수는 1,337만 명으로 전년 대비 116만 명 증가했으며, 이는 지속적인 대국민 홍보와 전자신고 및 납부 편의 개선을 추진해 얻은 성과이다. 마찬가지로 전자신고 건수와 신고 금액도 3,533만 건, 43.48조 원으로 전년 실적 대비 2.3조 증가했다.([표2-1-4] 참조)

[표 2-1-4] 지방세 전자신고·전자납부 현황

(건수: 만 건, 금액: 조 원)

이용 현황(2024년)		위택스 활용 현황							
		2024년				2023년			
이용 기관 수	회원 수	전자신고		전자납부		전자신고		전자납부	
		건수	금액	건수	금액	건수	금액	건수	금액
16개 시·도, 229개 시·군·구	1,337만 명	3,211	29.98	11,122	58.03	3,533	43.48	9,541	70.3

(다) 위택스는 장애인, 고령자 등 정보소외계층을 포함한 모든 국민에게 차별 없는 웹·앱 이용 환경 조성을 위해 매년 접근성 인증마크 갱신 및 지속적인 품질보증을 추진하고 있다.

(라) 위택스를 통한 납세자의 지방세·지방세외수입 전자납부 서비스 이용 확대를 위해 납부 수단 확대 및 사용자 인증수단 추가 등 시스템 이용 편의성을 개선했다.([표 2-1-5] 참조)

[표 2-1-5] 위택스 지방세입 납부 현황

(건수: 만 건, 금액: 억 원)

일자	납부									
	합계		지방세		세외수입		환경개선 부담금		상하수도 요금	
	건수	금액	건수	금액	건수	금액	건수	금액	건수	금액
2014년	7,507	330,564	6,731	310,858	229	16,727	476	2,325	71	654
2015년	9,351	420,631	7,010	373,134	489	32,507	508	2,552	1,344	12,438
2016년	9,428	453,549	6,887	386,791	657	49,925	443	2,004	1,441	14,829
2017년	9,587	504,066	6,958	418,445	754	67,479	411	1,845	1,464	16,297
2018년	9,646	542,079	7,037	440,757	787	82,314	365	1,662	1,457	17,346
2019년	9,504	544,779	6,992	442,855	812	83,376	319	1,472	1,381	17,076
2020년	9,484	596,353	7,148	488,507	773	91,764	263	1,228	1,300	14,854
2021년	9,185	686,145	7,007	561,157	779	109,335	204	950	1,195	14,703
2022년	8,869	687,036	6,819	562,357	803	110,386	152	719	1,095	13,574
2023년	8,955	653,907	6,932	528,011	880	111,281	121	600	1,022	14,015
2024년	13,752	780,926	11,122	580,332	1,673	186,940	97	519	860	13,135

2) 위택스 운영 안정성 강화

(가) 납기말, 정기분 부과 등 사용자 집중 및 대량의 업무 처리 발생을 대비한 지원체계를 강화했다. 지방세 정기분, 법인 지방소득세 신고 등 매월 발생하는 서비스 집중 시기에 신속히 대응하기 위한 비상상황실을 운영하고, 위택스에서는 간소화 페이지, 접

속자 대기 시스템 운영으로 원활히 서비스할 수 있도록 지속 개선하고 있다. 또한 연간 지방세정보시스템 사용자 교육계획을 수립해 매월 자치단체 전산 교육을 운영하고 있으며, 이를 통해 전국 세무행정 업무가 원활히 추진할 수 있도록 적극 지원하고 있다. 그 밖에 법·제도 변경 사항 반영, 과세자료 연계, 시뮬레이션 사전 검증 등 업무를 운영하고 있다.

(나) 매년 시스템 최적화를 통한 자원 활용성 극대화를 위해 위택스 운영 장비에 대한 성능시험을 수행했다. 또한 지능화·고도화되는 사이버위험에 대비, 실제와 유사한 방식의 모의해킹을 실시해 취약점을 사전 차단하는 등 위택스 시스템 성능 향상 및 시스템 안정성 제고에 기여했다.

3) 차세대 지방세정보시스템 구축 및 안정화

(가) 지방세정보시스템은 국세, 관세와 함께 조세 분야 3대 정보통신망으로, 최근 국세, 관세 차세대시스템을 구축 완료함으로써 성공적이라는 평가를 받고 있다. 반면, 구축 후 10년 이상 경과된 지방세시스템은 노후화로 잦은 장애 발생과 신규서비스는 도입이 어려운 낙후된 기술 기반 환경 등의 한계에 직면하고 있다. 4차 산업혁명 시대 도래와 모바일 보편화 등 국민 서비스 눈높이 상승과 지방재정분권 강화에 따른 지방세 비중 확대를 위해 지방세정 역량 강화의 요구가 커지고 있는 상황에서 이에 부합하는 정보기반 마련이 시급했다. 이에 미래 지방세정을 충분히 대비하고자 차세대시스템 구축을 추진하고 있다. 2017년에는 『차세대 지방세정보시스템 구축 BPR/ISP 수립』으로 시스템 구축 방안을 도출했다.

(나) 2018년부터 세무행정·위택스·세외수입 업무 분석·설계 및 빅데이터, 인공지능 적용을 위한 상세 설계하는 '차세대 지방세시스템 구축 사업' 예비타당성 조사를 통과해 2019년부터 4년 동안 총 1,270억 원 예산을 확보했다.

* (참고사항) 서울시 153억 원, 재해복구 360억 원 미포함 금액으로 전체 금액은 1,783억 원

(다) 2019년부터 차세대 구축 사업에 본격 돌입해 전국 납세자 통합관리체계로 납세자 중심 세무행정 기반 마련, 물건 정보 통합으로 과세업무 간소화, 외부 자료 연계를 통한 수기업무 자동화 및 국민 맞춤형 납세 편의서비스 등을 구현하며 2024년 2월 13일 개통했다.

(라) 2024년 2월 13일 개통 직후 수납 및 제증명 등 대국민 서비스 안정화에 집중했고, 4·5월 지방소득세를 대비해 110 정부민원콜센터 외 추가 콜센터를 운영했으며, 6월 자동차세와 7월 재산세 대응을 위해 ARS 시스템을 추가 증설, 9월 재산세 업무지원을 위해 지방세 및 세외수입 운영 인력을 추가 투입했다.

(마) 지방세 세목별 정기분 운영을 위해 다음과 같이 노력했다. 자동차세 정기분 안정적 운영과 자료정비를 위해 정비대상 발췌 기능 및 무관할 수신분 과세 기능을 추가하고, 정기분 처리 지원을 위해 징수결의 속도 개선, 고지서 분류 기능을 개선했다. 또한, 자치단체별 부과 일정을 관리해 시스템 효율성을 제고했고, 재산세 정기분 안정적 운영을 대비해 선도 기관 운영 및 시뮬레이션을 반복 수행해 부과 시간 단축, 세액산출 및 오류사항 검증, 고지서 출력 검증 등을 제공했다.

(바) 주민세 정기분 안정적 운영을 위해 사전 부과테스트 및 대장정비 유형에 대해 상세화를 수행했다. 대장조회 및 정비 편의기능을 추가해 정상 세액산출 및 부과처리를 지원했고, 재산세 토지분 부과는 세액 시뮬레이션 및 부과테스트, 고지서 출력 테스트를 통해 세액 등 오류 사항을 수정하며 자치단체별 부과 모니터링을 실시해 업무 처리에 이상이 없도록 했다.

(사) 연계관리시스템에 의한 체계적인 자료제공을 관리함으로써 대외 기관에 안정적 지방세 자료를 제공하고 있다.

다. 평가 및 향후 방향

지자체별로 분산 운영 중인 시스템을 지방세입 행정 전 과정 업무혁신 및 납부자 편의 제공, 과세정보 연계·통합을 이용한 전국 공통 납부 서비스 제공, 빅데이터 등 신기술을 통한 지방세 정책 결정에 기여할 수 있도록 차세대 지방세정보시스템으로 통합 구축해 2024년 2월 13일부터 본격적으로 차세대 서비스를 제공하고 있다. 다년간 대규모의 예산이 투입되고 국민생활 및 경제활동에 영향이 많고 복잡한 세무 업무 특수성을 고려해 행정안전부, 전 지자체, 지방세 업무 민간전문가 등이 참여하는 개발협의회 등을 통해 정책 방향 및 세부 추진 방안을 지속적으로 협의할 계획이다.

참고 문헌

한국지역정보개발원, 2024년 본부 업무보고 자료, 2024
한국지역정보개발원, 2025 지방세정보화 업무편람, 2024

제2절 주소정보화

1. 추진 개요

도로명주소는 건물번호를 주소로 사용했던 역사적 배경과 전 세계 모든 나라에서 사용하는 보편성 및 위치 찾기 편리성을 고려해, 도로마다 도로명을 부여하고 그 도로를 따라 위치한 건물에 번호를 체계적으로 부여하여 도로명과 건물번호로 표현하는 주소를 말한다.

주소정보화는 도로명과 건물번호를 이용해 주소를 표기하는 도로명주소와 건물이 없어 도로명주소로 표시할 수 없는 산악지역의 위치 표시를 위해 부여하는 국가지점번호 및 도로변 등 공터에 부여하는 기초번호, 우편번호로 활용하고 있는 면 개념의 국가기초구역, 다중 이용 공공시설물에 부여하는 사물 주소 등을 전산화해 관리·운영하는 정보화 사업을 말한다.

도로명주소법시행령 제53조(주소정보관리시스템)를 근거로 사업을 추진하며, 서비스 제공 관점에 따라 크게 2개의 정보시스템으로 구분할 수 있다. 도로명주소 업무 처리를 위해 지방자치단체에서 사용 중인 주소정보관리시스템(KAIS), 국민과 기업에게 다양한 도로명주소 관련 데이터를 제공하고 이를 활용해 다양한 부가가치를 창출하는 데에 기술지원 등을 제공하는 주소정보 누리집(www.juso.go.kr)으로 구성돼 있다.

주소정보화는 전 국토를 촘촘하게 연결된 국가주소정보를 확충하고 언제 어디서든 위치 표현이 편리한 대한민국 구현을 위해 보다 세밀하고 정확한 혁신 주소체계를 구축함으로써 사회 전반에 걸쳐 지능정보기술 활용을 가속화하고, 주소정보가 핵심 국가 산업인프라로 자리매김하는 데 기여하고 있다.

[그림 2-1-3] 주소정보의 생성·취합·유통·활용 흐름도

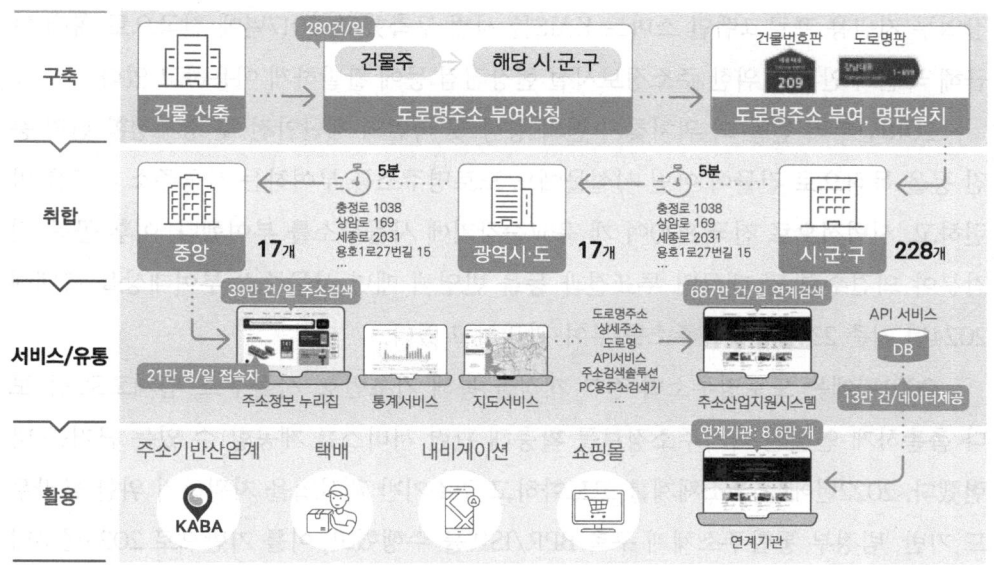

2. 추진 경과

주소정보화는 2003년과 2004년에 걸쳐 추진한 한국토지정보시스템(KLIS) 내 도로명주소 관리시스템(KLIS-m)을 구축함으로써 시작됐다. 2006년 10월에 도로명주소법이 제정됨에 따라, 2006년부터 2009년까지는 시·군·구별 DB를 중앙으로 통합하고 홈페이지를 개발하는 도로명주소 기반 표준 전자지도 DB구축 사업을 추진했다. 2011년에는 한국토지정보시스템(KLIS)에서 주소정보관리시스템(KAIS)으로 전환했으며, 2013년에 위치찾기 선진화 제도인 국가기초구역, 국가지점번호, 상세주소가 전면 시행됨에 따라 이를 전산화하는 주소정보관리시스템 고도화를 추진했다. 2014년은 도로명주소의 전면 시행 원년으로 주소정보 누리집 접속자 수 증가를 고려해 연계 서버 추가 등 인프라 자원증설을 추진해 안정적인 운영환경을 마련했으며, 소방·경찰 등 각종 구역을 국가기초구역 기반으로 설정할 수 있도록 지원하는 국가기초구역 공동활용시스템을 구축했다.

2015년에는 국가기초구역을 사용하는 새 우편번호 제도가 원활하게 시행될 수 있

도록 지원함으로써 새 우편번호가 조기에 정착하는데 기여했다. 더불어 2016년에는 현장업무 지원용 프로그램인 스마트 KAIS를 시범 구축했고, 2017년에 전국으로 확대 보급해 국민의 안전을 위한 주소정보시설 현장점검 등에 활발하게 이용하고 있다.

2018년부터 건물 외 위치찾기 편의 향상 및 국민의 재난안전 및 경제생활 편의 증진 등을 목적으로 건물이 아닌 시설물에도 도로명주소를 부여하는 사물주소 제도를 마련하고, 시범적으로 전국 800여 개 육교승강기에 사물주소를 부여했다. 이후 공공·민간분야 의견수렴 및 대국민 투표결과 등을 반영해 매년 사물주소 부여대상을 확대해 2024년 기준 23종의 사물주소를 부여·관리하고 있다.

2021년에는 도로명주소법 전부 개정을 통해 기초번호, 사물주소, 입체도로 등 보다 촘촘하게 연결된 국가주소정보를 확충해 관련 서비스를 제공할 수 있는 근거를 마련했다. 2022년에는 주소체계를 고도화하고 주소기반 新산업을 지원하기 위한 클라우드 기반 '범정부 통합주소체계 구축 BPR/ISP'를 수행했고, 이를 기반으로 2023년부터 디지털 주소정보 플랫폼 구축 사업을 추진하고 있다.

[그림 2-1-4] 주소정보화 주요 추진 경과

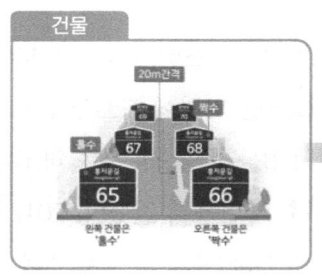
건물

건물+사물

주소체계 전국토 확대
* 입체적 주소+장소지능정보

	태동·성장기 (1996년~2017년)	성숙기 (2018년~2022년)	혁신기 (2023년)
핵심과제	도로명주소 전면사용 (지번→도로명주소, 주소검색)	국민안전과 위치찾기	주소정보의 확대 (드론, AI 등 사물도 인지하는 주소)
주요정보	**건물, 도로**, 기초구역, 지점번호	건물, 도로, 기초구역, 지점번호 **안내시설물, 사물주소**	건물, 도로, 기초구역, 지점번호 안내시설물, 사물주소(확대) **입체적 주소(고가, 지하도, 실내이동경로)**
인프라	자치단체 공통기반 중앙 (국가정보자원관리원)	**자치단체 공통기반 중앙 (국가정보자원관리원) 확대증설**	**KLID 통합 클라우드센터**

3 | 주요 추진 경과

가. 주소정보관리시스템(KAIS)

1) 시스템 및 서비스 개요

주소정보관리시스템은 도로명 및 건물번호 부여 업무의 효율성 증대와 도로명주소 정보의 효율적 관리 및 제공을 목적으로 구축한 시스템이다. 약 16만 개의 도로명과 3,300만여 개의 기초번호, 1,080만여 개의 건물을 기반으로 640만여 개의 도로명주소의 생애주기를 관리하고 있다. 주소정보의 최신성·정확성을 확보하기 위해 전국 지방자치단체에서 구축된 주소정보를 중앙의 통합 DB로 취합 관리해 실시간으로 주소정보 누리집을 통해 서비스를 제공하고 있다. 기관·기업에서 운영하는 시스템에서 도로명주소를 검색 및 활용할 수 있도록 편리하고 손쉽게 이용할 수 있는 다양한 서비스를 제공하고 있다.

[그림 2-1-5] 주소정보관리시스템 서비스 구조도

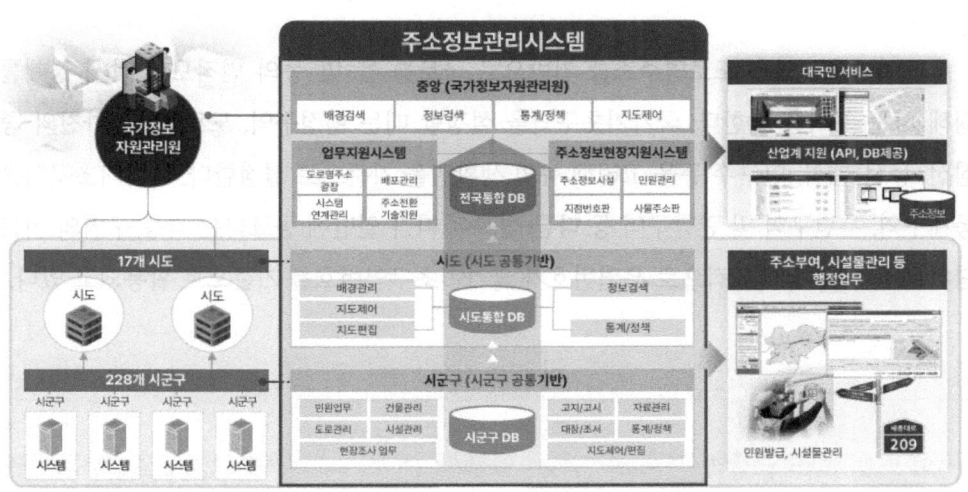

주소정보 누리집은 도로명주소 사용자들에게 빠르고 쉬운 검색서비스를 제공하고, 새롭게 변화된 주소정보 제도를 소개하며 국민들이 쉽게 이해할 수 있도록 지원하고 있다. 또한 주소정보체계의 편의성과 활용도 제고를 위한 서비스 이용통계, 사용빈

도, 주소활용 등 다양한 서비스를 제공하는 도로명주소의 일선 창구 역할을 수행하고 있다.

2) 위치찾기 선진화 서비스(상세주소, 국가기초구역, 국가지점번호) 개요

상세주소는 2013년도에 위치찾기 선진화 제도 도입에 따라 건물 등 내부의 독립된 거주·활동 구역을 구분하기 위해 부여된 동(棟)번호, 층수 또는 호(號)수를 의미한다. 건물 등의 내부에서 위치찾기를 더욱 편리하게 하고자 개별 건물은 동으로, 천장 및 바닥면으로 구획된 공간은 층으로, 하나의 층에서 물리적인 경계로 구분되는 공간은 호로 관리해 소유자·임차인들의 편의는 물론 일반 국민들의 위치찾기에 활용하고 있다.

[표 2-1-6] 전국 상세주소 부여 현황

(단위: 건)

부여된 주소 수	신청건수별(명)					부여대상 건물유형별			상세주소		
	계	소유자	임차인	대위	직권	단독	다가구	기타	동	층	호
435,205	585,761	254,402	118,669	4,380	208,310	153,797	209,312	72,096	35,451	603,171	2,746,944

국가기초구역은 도로명주소를 기반으로 국토를 읍·면·동의 면적보다 작게 경계를 정해 나눈 구역을 말한다. 국가기초구역을 설정할 때는 행정구역, 도로·철도·하천의 중심선, 능선·계곡, 인구수 등을 고려해 동일 생활권을 기준으로 설정한다. 국가기초구역은 통계구역, 우편구역 및 관할구역 등 다른 법률에 따라 일반에 공표하는 각종 구역의 기본 단위로 이용되며, 대표적으로 우편번호가 국가기초구역번호를 기준으로 활용되고 있다.

[표 2-1-7] 국가기초구역 현황

(단위: 개)

기초구역 설정		구역번호 할당						
기초구역군	기초구역	계	행안부 (예비)	시·도 (예비)	시·군·구			통일 대비
					소계	적용	예비	
4,280	34,517	100,000	7,000	12,400	50,600	34,517	16,083	30,000

국가지점번호는 국토 및 이와 인접한 해양을 격자형으로 일정하게 구획한 지점마다 부여된 번호를 말한다. 도로명이 부여된 도로에서 100미터 이상 떨어진 지역으로서 시·도지사가 고시한 산악, 해안 지역에 대해 위치찾기를 위한 식별자로 활용된다. 국가지점번호판은 해당 위치의 국가지점번호를 표기하고 소방·경찰 등 긴급출동 기관에서 활용할 수 있도록 설치돼 있다.

[표 2-1-8] 국가지점번호 현황

(단위: 건)

전체 면적	지점번호 표기 고시지역 면적	지점번호판	독립 지주형	시설 부착형
100,122.156㎢	50,835.991㎢	90,527	30,877	59,650

3) 사물주소 개요

사물주소는 도로명과 기초번호를 활용해 건물이 아닌 시설물(장소)의 위치를 특정하는 주소정보로, 국민의 생활과 밀접한 사물 중 국민 대다수가 이용하고 데이터의 갱신체계 확보가 가능하며 국민 생활 및 안전에 우선한 사물을 대상으로 주소를 부여하고 있다. 2018년 육교승강기에 사물주소 부여를 시작으로, 버스정류장, 택시 승강장, 주차장 등에 사물주소 부여를 확대해 건물 외 위치찾기 편의 향상 및 긴급구조 활동 지원을 위한 기반을 마련했다. 2024년에는 무더위쉼터, 민방위대피소, 어린이놀이시설, 푸드트럭허가구역 시설물 및 장소에 사물주소를 부여하고 있으며, 향후 국민생활, 여가 및 문화관광 등 다양한 분야에 사물주소 부여 확대를 추진할 예정이다.

[표 2-1-9] 사물주소 부여 현황

(단위: 건)

	사물주소 유형 및 부여 현황							
1	육교승강기(1,085)	7	지진해일대피소(633)	13	주차장(17,206)	19	비상소화장치(7,543)
2	둔치주차장(343)	8	소공원(1,577)	14	전기차충전소(8,267)	20	무더위쉼터(8,248)
3	지진옥외대피소(10,572)	9	어린이공원(7,625)	15	공중전화(15,435)	21	민방위대피소(12)
4	버스정류장(144,957)	10	인명구조함(8,929)	16	우체통(5,625)	22	어린이놀이시설(신규)
5	택시승강장(3,420)	11	비상급수시설(4,795)	17	전동휠체어충전기(2,035)	23	푸드트럭허가구역(신규)
6	졸음쉼터(308)	12	드론배달점(405)	18	자전거거치대(11,059)		

4) 2024년도 중점 추진 사항

고가·지하 등 입체도로와 대규모 지하철 역사 등에 주소를 부여하는 내부도로, 매년 확대되는 사물주소, 주소정보기본도 기반의 장소지능 출입구 데이터 등 신규로 구축·생성되는 도로명주소 관련 데이터의 민간 활용을 위해 카카오, 네이버, T맵 모빌리티 등 주소정보 활용 역량을 보유하고 상호 협업체계가 마련된 주요 기업을 대상으로 실무협의회를 운영했다.

[그림 2-1-6] 주소정보 활용 민간 실무협의회 운영

<카카오>

<T맵 모빌리티>

<네이버>

신규로 구축 중인 입체·내부도로·장소지능 출입구 데이터 및 23종의 사물주소 표준 통합 데이터, 해상펜션·양식장 등 수상 시설물에 대한 지도 반영·표출 등 주소정보 활용·활성화를 위한 다양한 주소정보 데이터에 대한 심도 있는 방안을 논의했고, 일부 데이터의 경우 민간 지도서비스에 포함해 제공하는 것을 세부적으로 검토하고 있다.

2024년에는 몽골, 에티오피아의 K-주소체계 도입을 위한 우리나라의 선진 주소정

보 관리체계 학습 등을 위한 주소정보관리시템 시연 등 현장방문 활동을 지원했다. 몽골은 자국의 주소체계 개편을 위해 우리나라의 주소체계에 대한 지속적인 관심을 표명해 왔으며, 이에 한국형 주소체계 도입을 희망해 2024년 5월 주소 미래혁신 컨퍼런스에 몽골 토지행정청장이 참석해 행정안전부와 한국-몽골 주소 현대화 사업 양해각서를 체결했다. 이후 한국지역정보개발원에서 운영 중인 주소정보관리시스템 시연 등 우리나라의 선진 주소정보 관리체계를 소개했고, 몽골에서 추진 중인 주소 부여 사업 지원 요청에 따라 행정안전부, 한국지역정보개발원, 한국국토정보공사 전문가로 구성된 전문가를 파견해 법제도, 주소 데이터, 운영 시스템 구축과 관련된 전문 컨설팅을 제공했다.

[그림 2-1-7] 한국-몽골 현대화 사업 추진 지원

에티오피아와도 주소체계 현대화 사업 협력 MOU 후속 조치를 진행했다. 6월 K-주소기반 글로벌 역량 강화 실습용 주소교육플랫폼 구축 사업 착수보고회에 참석한 토지지적청장 및 주한 에티오피아 대사와 7월에 방한한 에티오피아 재무부 차관보 및 아시아 담당 국장을 대상으로 우리나라의 주소 부여 및 관리체계, 주소정보관리시스템의 운영체계 및 노하우, 향후 비전 등을 소개하는 등 양국 간의 K-주소 체계 도입·활용에 대한 지원을 수행했다.

나. 디지털 주소정보 플랫폼 구축 추진

2021년 6월에 도로명주소법이 전면 개정(2021. 6. 9.)됨에 따라, 기존 건물 중심의 주소체계를 모든 객체를 표현할 수 있는 입체적 주소체계로의 혁신이 필요하게 됐다.

또한, 노후화돼 성능 및 기능이 미흡한 지방자치단체 주소정보시스템을 클라우드 기반의 중앙시스템으로 통합 구축해 안정적인 업무체계를 마련하고, 민간에서 태동하고 있는 주소정보 기반 산업을 뒷받침하기 위해 사물주소, 실내 이동 경로 등 지능형 주소정보 DB 구축 및 주소정보 유통 플랫폼 마련 필요성이 제기됐다.

[그림 2-1-8] 디지털 주소정보 플랫폼 단계별 추진 계획

이에 행정안전부는 2022년 전자정부지원 사업으로 클라우드 기반 통합주소체계 BPR/ISP를 수행해 「디지털 주소정보 플랫폼 구축」 세부 사업계획을 수립했다. 이를 기반으로 2023년부터 2025년까지 3개년 332억 원 규모로 디지털 주소정보 플랫폼 구축 사업을 추진하고 있다. 단계별 추진 계획을 수립해, 2023년에는 주소정보관리시스템 핵심 업무 개발, 2024년은 주소정보 누리집 및 스마트KAIS 개편, 2025년은 산업계 주소정보 활용 지원을 위한 주소기반산업지원서비스 개편, 서비스 전면 오픈 및 조기 안정화를 수행하게 된다.

[그림 2-1-9] 디지털 주소정보 플랫폼 구축 핵심과제

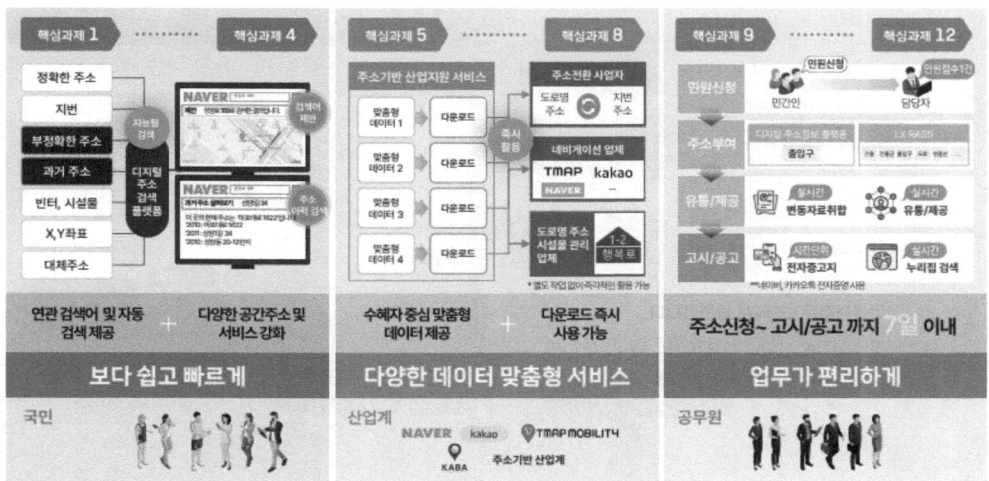

1) 디지털 주소정보 플랫폼 구축(1차)

디지털 주소정보 플랫폼 구축 분야는 크게 주소정보관리시스템 기능 및 서비스 재구축, 지방자치단체에 분산된 인프라를 중앙 클라우드로 통합 구축하기 위한 하드웨어 및 상용SW 도입, 국제표준 데이터 구조로 주소DB 전환 및 중앙데이터로 통합 및 이관으로 구성돼 있으며 이를 단계별로 추진하고 있다.

2023년에 추진된 1차 사업은 도로명주소 부여 등 주소정보관리시스템의 핵심 기능 구축과 주소업무의 특성상 민원 처리는 Web 시스템으로, 건물·출입구 등 공간정보는 CS 시스템에서 편집하는 이원화된 체계로 진행함으로써 지도 기반 업무처리가 가능하도록 시스템을 재설계해 구축했다. 또한 국토교통부의 건축행정시스템 건축도면을 활용한 건물·출입구 생성 기능, 주출입구 기반 최적의 도로명과 건물번호를 자동으로 부여하는 시뮬레이션 기능 등을 구현해 사용자 업무 편의성을 향상했다.

[그림 2-1-10] 지도 기반 업무처리 중심 시스템 재설계

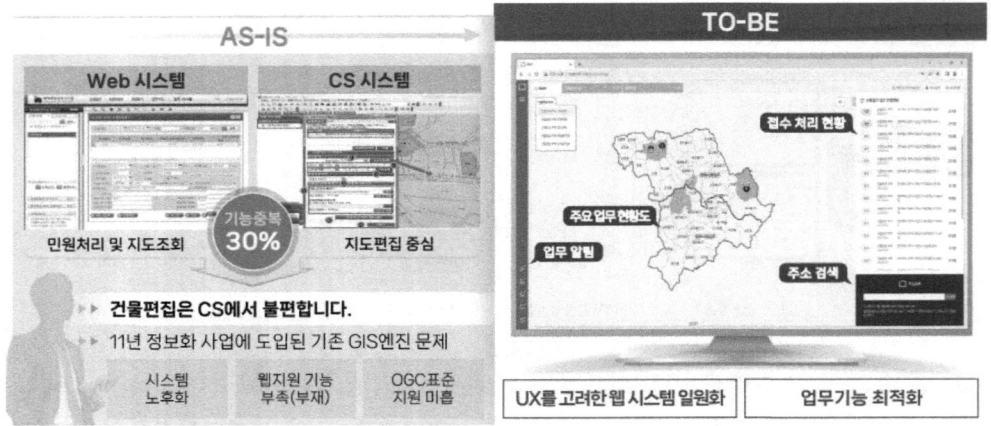

　　중앙형 클라우드 운영환경 구축을 위한 클라우드 운영 서버 등 1차 사업에 계획된 하드웨어를 도입하고, 주소정보 업무 처리에 핵심적인 역할을 담당하는 GIS 소프트웨어의 경우 한국정보통신기술협회의 품질성능평가 수행을 통해 도입했다. 또한, 지방자치단체에 분산된 주소 데이터를 중앙 데이터로 통합·이관하기 위한 절차 등 세부 계획을 수립하고, 대전광역시 및 산하 시·군·구의 데이터를 대상으로 시범 이관을 통해 전환 결과 검증을 완료했다.

2) 디지털 주소정보 플랫폼 구축(2차)

　　2024년에 추진 중인 2차 구축 사업은 입체주소 관리체계 완성, 타 기관 정보시스템 간 정보 연계 기반 행정업무 편의 기능개발, 도로명판·건물번호판 등 각종 주소정보 시설물을 현장에서 조사·처리하는 현장행정지원시스템(스마트KAIS) 및 주소정보 누리집 개편이 핵심과제이다.

　　현재 운영 중인 주소정보관리시스템에 일부 속성정보 입력, 현황 조회 등을 임시 개발하고, 입체주소 관리기능을 통해 담당 공무원이 고가·지하차도, 대규모 지하철 역사 등 내부도로에 주소를 부여·관리·폐지할 수 있는 체계를 구축했다. 향후 입체 주소별로 다양한 건물주소 및 사물주소 등을 부여하고 관련 민원 사무를 처리할 수 있게 된다.

　　또한, 사용자 개선 의견을 적극 수용해 기존 주소정보관리시스템의 메뉴 및 메인

화면을 개선하고, 지도 기반으로 건물번호 부여, 통합 정보 조회 기능 등을 확대했으며, 타 정보시스템의 정보를 활용해 지번 자동 갱신체계, 온-나라 문서 전자결재 기능 등 다양한 편의 기능을 개발했다.

[그림 2-1-11] 입체적 주소정보 관리기능 개발

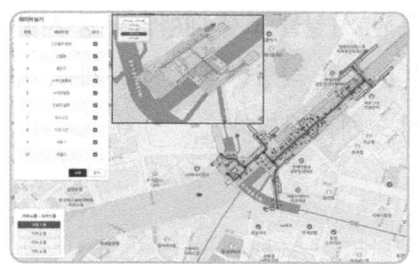
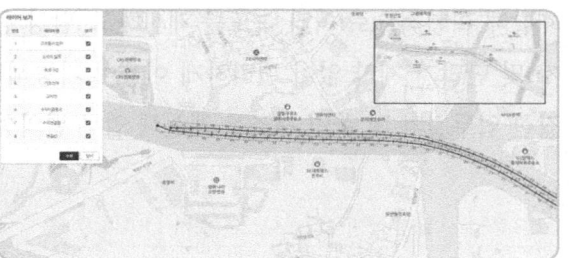

주소정보 누리집은 입체도로, 사물주소, 수상시설물 등 신규 주소정보 홍보 강화, 직관적인 누리집 서비스 배치 및 메뉴 구성 등 사용자 관점의 UI/UX 및 콘텐츠를 개편하고, 지도서비스의 핵심인 도로명주소 안내도의 디자인 변경, 국토지리정보원의 데이터를 활용한 배경지도 최신성 확보, 문화시설, 행정기관 등 다양한 관심지점 정보 표출, 벡터 타일 기술을 적용해 지도의 시인성을 강화했다.

[그림 2-1-12] 주소정보 누리집 UI/UX 개편

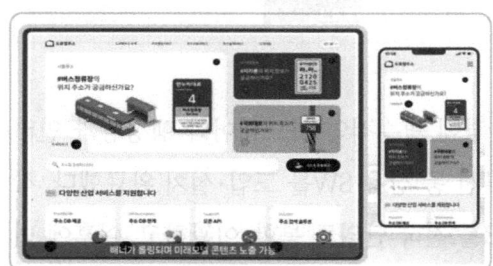
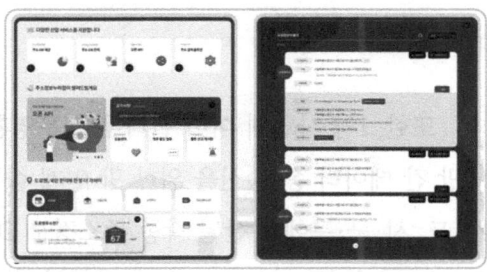

또한, 이용률이 높은 민간 웹 사이트의 주요 기능과 콘텐츠 배치 등을 벤치마킹해 개편 방향을 수립했고, 메인 화면의 가독성, 주목성 향상을 위한 Bento Grid 레이아웃

적용, 마우스 오버 인터랙션 및 애니메이션 이미지 등을 적용해 사용자가 시각적·직관적으로 누리집 콘텐츠를 인식할 수 있도록 개편했다.

2017년 서비스 구축 시 모바일 공통 기반 업무환경 기반으로 개발됐지만, 사용자 및 이용 가능 단말기 제약, 느린 처리 속도 등으로 담당 공무원의 업무 활용에 한계가 컸던 현장행정지원시스템(스마트KAIS)도 대대적으로 개편한다. 모바일 웹 기반으로 개발해 획기적으로 처리 속도를 개선하고, 담당 공무원, 시설물 조사 대행업체 등 사용자 및 단말기 제약 없이 편리하게 이용이 가능해진다. 또한, 다양한 배경지도 제공, 복잡한 업무절차 및 화면 구조를 개선해 업무 편의성이 크게 향상된다.

[그림 2-1-13] 현장행정지원시스템(스마트KAIS) 개편

또한, 1차 사업에 이어 클라우드 운영환경에 필수적인 하드웨어와 행정망과 인터넷망 간 데이터 송·수신을 위한 망 연계 솔루션 등 상용 SW를 도입·설치 완료했다. 각 시·도, 시·군·구에 분산된 각종 주소정보 DB를 전국 단위로 통합·이관하고, 이후에 변동되는 데이터를 자동으로 취합·반영해 이상 유무를 검증하는 체계를 마련했다.

4 | 향후 계획

2024년은 도로명주소 제도가 전면 시행된 후 10주년이 되는 해이다. 법·제도를 마련해 관련 업무를 처리하기 위한 주소정보관리시스템 구축 및 누리집 서비스 제공, 공공·민간의 지번주소를 도로명주소로 바꾸도록 독려하고, 국민과 기업들이 보다 쉽고 편리하게 도로명주소를 활용할 수 있도록 각고의 노력 끝에 국민 생활 속에 안착할 수 있었다. 또한, 입체주소, 사물주소 등 보다 촘촘한 국가주소정보를 구축해 주소정보가 위치기반 미래 신산업의 핵심 인프라로 자리매김해 왔다.

[그림 2-1-14] 디지털 주소정보 플랫폼 구축 목표 모델

2025년에 추진되는 디지털 주소정보 플랫폼 3차 사업은 주소업무 처리 기능 구현을 완료하고, 중앙 클라우드 인프라 구축을 완료하며 산업계에서 주소정보를 활용하는 창구인 주소기반산업지원서비스를 개편한다. 또한 현장에서 스마트KAIS를 활용해 업무를 처리할 수 있도록 기능을 확대해 담당 공무원의 업무 편의성을 극대화할 예정이다.

2025년 디지털 주소정보 플랫폼 구축이 완료돼 오픈하게 되면, 클라우드 기반 통합 시스템으로 전산 자원의 효율적 활용과 안정적인 시스템 유지관리를 기반으로 도로명주소법 전면 개정에 따른 신 주소체계와 국민의 도로명 부여 신청권 확대 등을 반영

함으로써 환경 변화에 유연한 국민 중심의 주소정책을 실현하는데 튼튼한 기반 역할을 수행하게 될 것이다. 또한, 전 국토의 위치 표시체계를 촘촘히 구축해 운영함으로써 언제 어디서나 물류배송 등 편리한 서비스 이용이 가능하고, 재난 안전사고에 대한 신속한 대응 등 국민 생활 안전 수준이 향상될 것으로 예상된다. 이처럼 주소정보화는 핵심 국가 산업인프라로 자리매김해 미래 사회 혁신을 위한 주소지능정보 체계의 기반을 공고히 할 것으로 기대한다.

참고 문헌

행정안전부, 제1차 주소정보 활용 기본계획, 2022
행정안전부, 디지털 주소정보 플랫폼 구축사업 사업계획서, 2022, 2023, 2024
행정안전부, 2024년 주소정책 업무계획, 2023
한국지역정보개발원, 디지털 주소정보 플랫폼 구축 1차 착수보고 자료, 2023
한국지역정보개발원, 디지털 주소정보 플랫폼 구축 1차 완료보고 자료, 2023
한국지역정보개발원, 디지털 주소정보 플랫폼 구축 2차 착수보고 자료, 2024
한국지역정보개발원, 디지털 주소정보 플랫폼 구축 2차 중간보고 자료, 2024

제2장 보건복지정보화

1. 추진 개요

2024년 7월 19일 관련 법률이 시행됨에 따라 출생통보제와 위기임신지원 및 보호출산제가 병행적으로 진행되고 있다. 두 제도는 2023년 6월 수원 영아 사망 사건이 발생한 이후, 출생미등록 아동 발생을 방지하고 아동을 보다 빈틈없이 보호하기 위해 마련된 것으로, 각각 「가족관계 등록 등에 관한 법률」과 「위기 임신 및 보호출산 지원과 아동 보호에 관한 특별법」을 근거로 한다.

보건복지부는 그동안 법원행정처, 여성가족부, 관련 공공기관들과 함께 하위법령을 제정하고 위기임산부 상담 기관과 1308 상담 전화를 마련했으며, 제도를 편리하게 이용할 수 있도록 정보시스템을 구축하는 등 제도 시행을 준비해 왔다.

2024년 6월 말부터 1308 상담 전화와 출생통보시스템, 위기임신등지원정보시스템 시범운영을 실시했다. 이에 이하에서는 출생통보시스템, 위기임신등지원정보시스템의 구축·운영과 관련해 두 시스템의 도입 배경과 법적 근거, 운영체계 등을 검토하고, 시스템을 구축하는 과정에서 연계되거나 활용된 주요 정보에 대해 살펴보고자 한다.

2. 출생통보시스템 추진 배경 및 구축·운영 내용

가. 출생통보제의 도입 배경

출생통보제는 수원 영아 사망 사건에서 비롯됐다. 감사원의 정기감사(2023. 3.~4.) 중 출산 기록은 있으나 최근 8년(2015~2022년)간 출생신고가 되지 않은 아동

2,236명이 확인됐고[1], 보건복지부는 감사원의 감사 결과에 따라 임시신생아번호아동의 소재 및 안전 확인을 위한 전수조사를 실시했다.[2] 전수조사 중이던 공무원이 현장 방문을 거부하는 K 씨를 경찰에 신고했고, 경찰이 K 씨 자택압수수색 도중에 냉장고에서 영아 시신 2구를 발견(2023. 6.)하게 돼 출생 미신고 위기아동 신속 발굴을 위한 제도 도입 논의가 촉발됐다.

이전 가족관계등록법 상으로는 출생신고의 주체와 책임을 오로지 부모에게만 의존하게 돼 있었고, 신고 주체는 부모이고 주민센터를 직접 방문해 신고하게 돼 있었다. 또한 30일 이후 신고 시 과태료 5만 원을 부과하도록 했으나, 미신고 시에는 특별한 제재가 없어서 국가적 차원에서 국민의 기본권을 지키기 위한 적극 행정과 출생신고 의무화에 관한 사회적 요구가 증가했다.

나. 출생통보제의 추진 경과 및 법적 근거

이미 2019년 정부에서는 포용국가 아동정책을 발표[3]하며 '출생통보제' 도입을 시사했고, 2021년 3월, 심사평가원 시스템을 통한 출생정보수집에 대한 통보 방안이 논의됐다. 2021년 6월, 가족관계등록법 일부개정안이 입법 예고됐고, 2023년 6월 가족관계의 등록 등에 관한 법률 개정안이 국회 본회의를 통과·공포(2023. 7. 18.)됨에 따라 2024년 7월 19일 자로 시행되고 있다.

신고 의무자가 출생신고를 해야만 아동의 출생을 등록할 수 있는 이전의 제도에서는 출생신고가 되지 않은 아동에 대해 국가가 보호하기 어려웠다. 이번에 도입된 출생통보제는 의료기관에서 태어난 모든 아동이 자동으로 시·읍·면에 출생 통보되고, 공적 체계에서 보호받을 수 있도록 했다. 이러한 법률의 목적은 경제적·심리적·신체적 사유 등으로 출산 및 양육에 어려움을 겪고 있는 위기임산부를 체계적으로 지원하고, 출생통보제 도입으로 신분 노출을 꺼리는 위기임산부의 병원 밖 출산과 아동 유기를 방지하기 위한 것이다.

---

1 감사원 보도자료(2023. 6. 22.), "감사원,「보건복지부 정기감사」에서 출생신고 없이 살아가는 이른바 '무적자' 아동 중 영아 살해 등 아동학대 사례 확인", 1~3면 참조.
2 보건복지부 보도 참고자료(2023. 6. 28.), "임시신생아번호만 있는 아동 2,123명에 대한 출생신고여부와 소재·안전 확인 전수조사 실시", 1~3면 참조.
3 관계부처 합동(2020. 9.), 제2차 아동정책 기본계획(2020~2024년).

다. 출생통보시스템 운영체계 및 주요 내용

[그림 2-2-1] 출생통보제 흐름

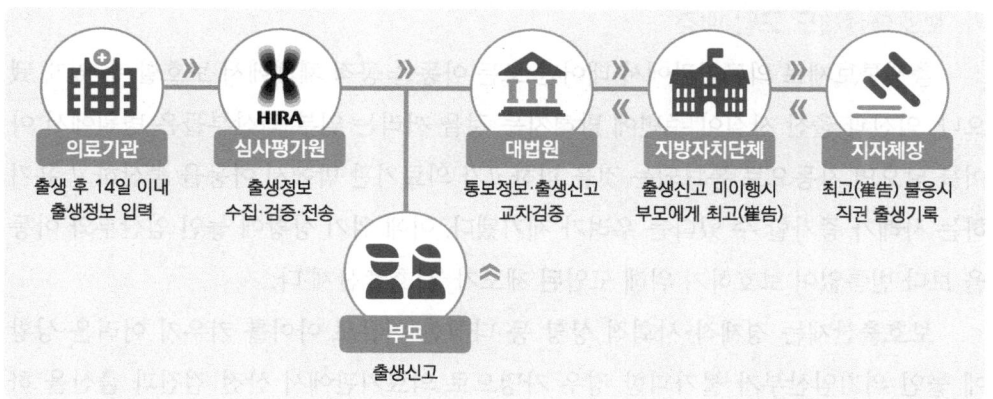

[출처: 보건복지부, 2024년 위기임신 및 보호출산 지원 사업 안내]

의료기관의 장은 출생 14일 이내 건강보험심사평가원에 출생 통보를 해야 한다. 건강보험심사평가원은 시·읍·면장에게 통보해야 하고, 통보 내용은 모(母)의 성명·주민번호, 출생아의 성별 수(數) 출생연월 및 일시 등이다.

구체적으로 통보 방법을 살펴보면, 의료기관에서 건강보험심사평가원으로 통보할 경우, 건강보험심사평가원에서 운영하는 전산정보시스템을 이용한다. 건강보험심사평가원에서 시·읍·면장에서 통보할 경우는 행정정보 공동이용센터를 이용한다. 출생정보를 통보받은 시·읍·면장은 출생 신고 기간 내(1개월) 신고되지 않을 경우, 신고 의무자에게 최고 통지를 해야 한다. 최고기간(7일) 내 미신고하거나 신고 의무자 특정이 불가능한 경우 등에는 시·읍·면장이 감독법원의 출생 확인을 받은 후 직권으로 출생을 기록한다.

3. 위기임신등지원정보시스템 추진 배경 및 구축·운영 내용

가. 보호출산제도 도입 배경

　출생통보제로 의료기관에서 태어난 모든 아동을 공적 체계에서 보호할 수 있게 됐으나, 임신과 출산 사실이 주변에 밝혀지는 것을 꺼리는 일부 임산부들은 병원에서 아이를 낳으면 자동으로 통보되는 것을 피하고자 의료기관 밖에서 아동을 출산하고 유기하는 사례가 증가할 수 있다는 우려가 제기됐다. 이에 위기 상황에 놓인 임산부와 아동을 보다 빈틈없이 보호하기 위해 도입된 제도가 '보호출산제'다.

　보호출산제는 경제적·사회적 상황 등 다양한 이유로 아이를 키우기 어려운 상황에 놓인 위기임산부가 불가피한 경우 가명으로 의료기관에서 산전 검진과 출산을 하고, 출생통보까지 할 수 있도록 해 산모와 아동의 생명과 건강을 보호하는 제도다. 다만, 보호출산제는 임산부에게 최후의 수단이기 때문에, 위기임산부가 보호출산을 고려하기 전에 직접 아동을 양육하는 것을 선택할 수 있도록 맞춤형 상담을 지원하는 상담체계도 함께 구축했다.

나. 보호출산제의 추진 경과 및 법적 근거

　2020년부터 위기임신 및 보호출산 지원을 위한 법률안 발의가 진행됐고, 「위기 임신 및 보호출산 지원과 아동 보호에 관한 특별법안」이 국회 본회의를 통과했다(2023. 10. 6). 이후 「위기 임신 및 보호출산 지원과 아동 보호에 관한 특별법」이 공포(2023. 10. 31.) 및 시행(2024. 7. 19.)됐다.

　「위기 임신 및 보호출산 지원과 아동 보호에 관한 특별법(이하 '위기임신보호출산법')」은 총 26조로 구성돼 있으며, 임산부와 아동에 대한 법적 보호를 강화하고 필요한 의료 및 생활 지원을 제공해 안전한 출산과 양육을 할 수 있도록 하는 내용을 담고 있다.

　중앙상담지원기관 및 지역상담기관의 지정 요건·절차 및 업무 범위, 위기임산부 상담전화의 운영 등 위기임산부에 대한 상담 절차 및 내용, 위기임산부에 대한 산전 산후 보호 및 지원 등을 규정하고, 보호출산 신청 요건, 방법 및 절차, 보호출산 산모에 대한 비용 지원 및 비식별화 조치 등도 구체화했다.

　보호출산으로 태어난 아동에 대한 출생통보 절차, 생모의 숙려기간 및 아동 보호

조치 절차 규정, 보호출산 신청의 철회, 출산 후 아동 보호 신청 등의 규정과 출생증서 작성, 출생증서의 이관 및 영구보존, 출생증서의 공개 등에 관한 규정도 마련했다. 보칙에서는 정보시스템 구축·운영의 내용도 규정하고 있다.

위기임신보호출산법은 특별법이므로 보호출산과 출산 후 아동보호 등에 관한 「민법」, 「가족관계의 등록 등에 관한 법률」, 「아동복지법」, 「입양특례법」 등에 대해 우선 적용된다.

다. 위기임신등지원정보시스템 운영체계 및 주요 내용

[그림 2-2-2] 2024년 위기임신 및 보호출산 지원 사업 안내

[출처: 보건복지부, 2024년 위기임신 및 보호출산 지원 사업 안내]

위기임신등지원 운영체계는 위기임산부를 위해 초기상담부터 상담과 지원, 출산과 산전 후 지원, 사후관리로 이어지는 운영 절차다. 초기상담 시 위기임산부 누구나 언제든지 보호출산을 선택할 수 있도록 충분한 상담을 제공하기 위해 온라인 모바일, 전화, 대면 상담이 가능한 임신·출산·양육지원 정보 제공 상담체계를 구축했다.

먼저 1308 핫라인을 통해 위기임산부 상담을 지원한다. 365일 24시간 '안심상담' 서비스는 경제적·심리적·신체적 사유 등으로 인해 출산 및 양육에 어려움을 겪고 있는 위기임산부가 안전하게 임신 및 출산, 양육환경을 조성할 수 있도록 위기임산부에게 임신·출산·양육 등의 정보를 안내하고, 상담 서비스를 제공한다.

그리고 보호출산을 신청한 산모가 의료기관에서 가명으로 산전 검진 및 출산할 수 있도록 비식별화 조치, 비용 지원 등이 실시된다. 태어난 아동에 대한 지방자치단체의 인도와 출생등록 및 보호조치(입양, 시설보호 등)의 절차가 수행되고, 이후 출생 통보로 이어진다.

또한, 상담 출생 기록 작성·보관, 출생증서 공개 절차·요건 등의 기록관리체계를 구축했다. 출생증서에는 보호출산 아동의 생모 생부의 인적 사항, 보호출산 계기 등 상담 내용과 아동의 정보가 기록되고, 이 증서를 아동권리보장원으로 이관해 영구 보존하고 추후 출생증서 공개 청구 등 절차를 통해 아동의 알 권리를 보장한다.

4 출생통보시스템과 위기임신등지원정보시스템의 연계 및 활용 정보

출생통보시스템은 전자의무기록 기능 개선 등을 통해 의료기관-심사평가원 간 시스템 연계가 돼있다. '출생통보제'는 모든 의료기관의 출생정보 제출을 의무화함과 동시에 심사평가원의 출생정보 자동 제출 프로그램을 통해 지방자치단체까지 자동 연계·등록돼 출생신고 미등록 위기아동을 선제적으로 발굴하는 제도다.

2024년 7월부터 심사평가원은 '출생정보 자동제출 프로그램'을 개발해 각 의료기관에 배포했다. 전국 의료기관에서 출생 관련 정보를 전산 입력하면, 이 정보를 심사평가원이 자동 추출해 가져가서 출생신고 누락을 방지하는 시스템이다.

[그림 2-2-3] 출생통보·보호출산 제도 및 출생정보 연계프로그램

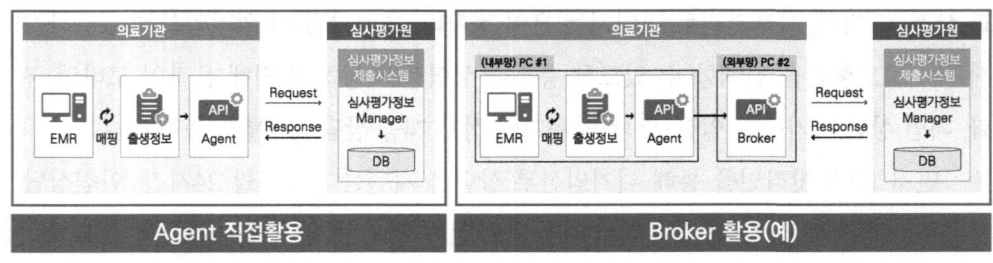

[출처: 건강보험심사평가원, 출생통보·보호출산 제도 및 출생정보 연계프로그램 개발 설명회, 2024. 2.]

이는 HIRA e-form(Agent)으로 의료기관의 EMR 등 병원정보시스템과 연계해 진료비 심사 등에 필요한 진료 정보를 표준화된 형태로 제출하는 시스템이다. 출생 통보 외에도 심사참고 자료 제출, 추나 첩약 진료 정보 제출 및 급여 횟수 조회 등으로 활용하고 있다.

환경에 따라 연계 구성이 구분된다. 망분리가 되지 않는 기관은 HIRA e-form Agent를 통해 출생정보를 제출하고, 사용자 PC에는 반드시 Agent를 설치해야 한다. 망분리가 된 기관은 브로커(Broker)를 활용해 출생정보를 제출하도록 구성돼 있다.

[표 2-2-1] 의료기관이 심사평가원에 제출하는 출생정보 레이아웃

순번	필드명(영문)	설명	데이터타입	크기
1	YKIHO	요양기관기호	VC2	8
2	PPD_NM	산모 성명	VC2	400
3	PPD_JNO	산모 주민등록번호	VC2	13
4	NBY_BTH	신생아 생년월일	VC2	8
5	NBY_BIRTH_HM	신생아 출생시분	VC2	4
6	NBY_SEX	신생아 성별	VC2	1
7	NBY_CNT	신생아 출생 수	VC2	1
8	NBY_ORD	신생아 출생순서	VC2	1
9	BIRTH_DEL_RS_TXT	출생정보 삭제 사유	VC2	400

[출처: 출생정보 제출을 위한 전산정보시스템 이용 방법 및 절차 등에 관한 세부 사항(별표 1)]

위기임신등지원정보시스템에서는 보호출산을 원하는 산모를 위해 사회보장급여법에 따른 사회보장 전산관리번호를 부여하는 방법으로 비식별화하고, 사회보장 전산관리번호가 기재된 임산부 확인서를 의료기관에 제시함으로써 비식별화된 정보로 산전 검진 및 출산할 수 있도록 했다. 전산관리번호는 주민등록번호를 통한 급여 지급 등이 어려운 국민에게 임시로 부여하는 번호(13자리)다. 위기임산부도 일반환자와 진료 접수부터 비용청구, 시스템입력 등까지 모든 진료 프로세스를 동일하게 진행하며, 실명과 주민등록번호가 가명과 전산관리번호로 대체된다.

정보시스템에 입력하는 정보와 주민등록번호 처리 사무를 규정하는 등 정보시스

템 구축·운영을 위한 세부 사항을 구체화했다. 위기임신등지원정보시스템을 효율적으로 구축·운영하기 위해 보건복지부장관은 필요하면 「사회보장급여의 이용·제공 및 수급권자 발굴에 관한 법률」에 따른 사회서비스정보시스템, 「사회보장기본법」에 따른 사회보장정보시스템, 국민건강보험공단의 정보시스템 중 본인부담금의 산정 및 요양급여 비용의 청구 등과 관련된 정보시스템, 건강보험심사평가원의 정보시스템 중 의약품의 안전한 사용 및 요양급여 비용의 심사 등과 관련된 정보시스템을 연계·활용할 수 있다.

한편, 아동이 출생증서 공개를 청구하거나 생부·생모가 공개 청구에 대한 동의 여부를 회신할 때는 서면 또는 구두로 하고, 생부·생모의 동의 여부를 확인하기 위해 아동권리보장원이 관계기관에 자료를 요청할 수 있다.

5 출생통보시스템 및 위기임신등지원정보시스템 구축·운영의 시사점

출산통보시스템과 위기임신등지원정보시스템의 구축 및 운영은 임신부가 위기 상황에 처했을 때 신속하게 필요한 지원을 다양하게 받을 수 있고, 임산부와 신생아의 건강과 안전을 보호하고 사회적 안전망을 강화하는 데 중요한 기반이 될 것으로 보인다.

위기임신과 보호출산제에 대한 공공 인식을 높이고, 사회적 관심을 유도함으로써 임산부와 신생아를 위한 지원이 강화될 수 있다. 특히, 사회적 인식 개선과 임산부가 안전하게 출산할 수 있는 환경을 조성하는 데 기여할 수 있다. 아울러 임산부의 보호를 위해 익명 전산관리번호를 통해 임산부의 개인정보를 보호하며, 신분 노출 없이 안전하게 출산할 수 있도록 지원한다. 임산부의 심리적 안정을 도모하고 사회적 낙인을 방지하는 데에도 기여할 것으로 기대된다.

의료기관에서 건강보험심사평가원 간 등의 시스템의 통합 및 연계를 통해 임신부와 신생아에 대한 정보의 효율적 관리가 가능하며, 여러 부처와 기관이 협력해 시스템을 운영함으로써 임신부와 신생아에게 필요한 다양한 서비스를 원스톱으로 제공할 수 있는 토대가 마련될 수 있다. 이는 곧 지역사회 내 안전망 강화에도 도움이 될 것이다.

출산통보시스템과 위기임신등지원정보시스템을 통해 수집된 데이터를 기반으로 산모 보호 및 출생 이후 지원을 위한 효율적인 정책을 수립할 수 있고, 이를 통해 임산부와 신생아의 건강과 안전을 보호하기 위한 정책의 효과성을 높이는 데 기여할 수 있을 것이다.

출생통보제와 위기임신지원 및 보호출산제는 순기능과 함께 제도 시행에 따른 새로운 어려움이 나타날 수 있다. 그러나 극복 못할 난제가 아닌 한 제도의 성숙과 함께 해결될 것이며, 지식구조화 연계 데이터 관리를 통해 임산모와 신생아를 위한 좋은 제도로 안착하기를 기대한다.

참고 문헌

감사원, 보건복지부–정기감사 감사보고서, 2023. 9.
건강보험심사평가원, 출생통보, 보호출산 제도 및 출생정보 연계프로그램 개발 설명회, 2024. 2.
건강보험심사평가원, 「출생정보 제출을 위한 전산정보시스템 이용 방법 및 절차 등에 관한 세부사항」 공고 제2024-180호, 2024. 7.
관계부처 합동, 제2차 아동정책 기본계획(2020~2024년), 2020. 9.
관계부처 합동, 제4차 저출산·고령사회 기본계획(2021~2025년), 2020. 12.
법무부, 법무부 새 정부 업무계획 보고, 2022. 7. 26.
여성가족부, 제4차 건강가정 기본계획(2021~2025년), 2021. 4.
감사원 보도자료, "감사원, 「보건복지부 정기감사」에서 출생신고 없이 살아가는 이른바 '무적자' 아동 중 영아 살해 등 아동학대 사례 확인", 2023. 6. 22.
보건복지부 보도참고자료, "임시신생아번호만 있는 아동 2,123명에 대한 출생신고 여부와 소재·안전 확인 전수조사 실시 – 정기적인 위기아동 확인대상에 포함하여 관리하기 위해 사회보장급여법 시행령 개정 추진 중–", 2023. 6. 28.
보건복지부, 2024년 위기임신 및 보호출산 지원 사업 안내, 2024
보건복지부 보도참고자료, "아동보호 체계 개편부터 미혼모 지원대책까지 범부처 정책과제 발굴", 2023. 7. 5.
의안번호 2124621, 위기 임신 및 보호출산 지원과 아동 보호에 관한 특별법안(대안)(보건복지위원장), 제안일자 2023. 9. 21.
한국사회보장정보원, 2024년 보호출산지원시스템 구축 내부 자료, 2024. 5.

참고 사이트

국회 의안정보시스템(https://likms.assembly.go.kr)
법제처 법령정보센터(https://www.law.go.kr)

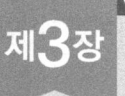

제3장
교육정보화

1. 디지털 기반의 교육 혁신

ChatGPT 등 인공지능(Artificial Intelligence, 이하 AI) 기술의 급격한 발달은 사회 전 분야에 영향을 미치고 있지만, 특히 교육 분야에서는 강점과 약점의 양면성을 띠고 있다. 강점은 미래 시대에 대응하는 데 필요한 역량을 기르기 위해 AI 기술을 교육적으로 적용함으로써 개별 맞춤화 교육이 가능해지고 있다는 것이다. 반면, 약점으로는 앞으로 미래 사회에서 많은 직업들이 AI로 대체될 수 있다는 불안감이 점차 증대해 가고 있다는 것이다. 따라서 학교에서는 AI가 대체할 수 없는 인간만이 해 낼 수 있는 영역에 관한 연구와 그에 대한 역량을 기를 수 있는 교육적 접근이 중요해지고 있다.

AI 기술로 생기는 약점을 AI 기술로 극복할 수 있다는 점은 매우 모순적이지만, 기술의 발달은 기존의 획일적 교육을 수행하던 학교 현장에 새로운 교육에 대한 패러다임 전환을 가능케 한다. 즉, 모든 학생에게 획일적 내용과 방법으로 교육을 수행해 왔다면, 이제는 AI 기술의 적용으로 학생의 수준이나 적성에 따라 다른 내용, 다른 방법으로 맞춤화된 교육을 수행할 수 있게 됐다.

2022 개정 교육과정은 이러한 점을 반영해 학생들의 자기관리 역량, 지식정보처리 역량, 창의적 사고 역량, 심미적 감성 역량, 협력적 소통 역량, 공동체 역량 신장을 목적으로 하고 있다. 2024년부터 적용된 2022 개정 교육과정의 핵심은 학생의 특성과 수준에 맞는 개별화 교육에 있고, 미래 사회에 필요한 역량 역시 이런 개별화 교육을 통해 신장하며 앞으로 AI 시대에 대처해 나가도록 하는 데에 있다. 특히, 2022 개정 교육과정이 기존의 2015 개정 교육과정과 다른 중요한 점 하나는 학생들의 디지털 역량을 신장하는 방향이 중요하게 다뤄지고 있다는 점이다.

이러한 교육 정책을 뒷받침하기 위해 국가 차원에서 AI 디지털교과서 로드맵을 담은 추진 방안을 마련하고, AI 디지털교과서가 현장에 잘 정착할 수 있도록 '디지털 선도교사단'을 양성했다. 2025년에는 AI 디지털교과서가 영어, 수학, 정보, 국어(특수) 교과에 적용된다. 2024년에는 이를 위해 검정 절차를 수행하고, 학생의 학습데이터를 축적·활용하는 학습데이터 플랫폼을 하반기에 구축한다. 이와 함께 AI 디지털교과서가 현장에서 잘 적용될 수 있도록 학생 1인당 1기기를 보급하고, 학교 네트워크 정비 및 디지털 인프라 관리 체계 구축을 포함한 '초·중등 디지털 인프라 관리 개선 계획'을 수립했다. 이 계획에 의하면, 2025년 AI 디지털교과서 적용 학년인 초3·4, 중1, 고1 학생들에게는 2024년 하반기까지 학생 1인당 1기기를 100% 보급할 예정이다.

또한, 학생들의 디지털 역량을 강화하기 위해 2024년에는 2022 개정 교육과정이 적용되면서 정보 교과의 시수가 2배 이상 늘어났고(초등학교 34시간 이상, 중학교 68시간 이상 편성), 이를 지원하기 위해 질 높은 교수·학습자료를 개발·보급할 예정이다. 방과 후에는 민·관 협력을 통해 초·중·고교 학생들에게 우수한 SW·AI 전문 교육을 제공하는 '디지털 새싹캠프'를 운영하고 있다(2024년 21만 명 체험). 또한, 교과와 연계한 기본과정과 진로와 연계한 특화과정을 운영해 학생들이 필요한 디지털 역량을 강화할 수 있는 학습 체제를 마련하는 데 힘쓰고 있다(교육부, 2024e).

미래 AI 시대에 대응하기 위해 국가 차원의 주요 계획을 수립해 체계적으로 수행해 나간다면, 우리나라 교육 분야에서 디지털을 기반으로 한 교실 혁명, 교육 혁신을 이루기 위한 기본적인 토대가 마련될 것이다. 또한 세계 최초로 AI 디지털교과서를 학교에 도입하는 국가가 됐다. 교육과정에서의 정보 교과 시수 확대, 디지털 인프라 개선 등 물리적 환경만이 아니라 수업 혁신을 이끌 선도 교사를 1개 학교당 2~3명을 양성하고, 이들을 중심으로 학생의 핵심 역량 함양과 사회·정서적 성장 중심의 수업으로 혁신하고 있다. 이와 함께 AI 디지털교과서를 효과적으로 활용하는 '하이터치 하이테크(High-touch High-tech)' 실습 연수를 추진해 교원의 디지털 교육 역량을 강화한다(교육부, 2024f). 하이터치 하이테크(High-touch High-tech)란 AI 기술을 적극 활용하되 창의적 교육은 교사 주도로 학생과 함께 이뤄질 수 있도록 하는 것으로, 교사와 함께하는 하이터치(High Touch) 교육, 에듀테크 기술을 활용한 하이테크(High Tech) 교육의 결합으로 정의할 수 있다(교육부, 2024f).

[표 2-3-1] 디지털 기반 교육 혁신 방안 추진 로드맵

구분	준비 (2023~2024년)	도입 (2025년)	확산 (2026년 이후)
2022 개정 교육과정	적용 준비 지원	적용 (초3·4, 중1, 고1)	적용 (2026년: 초5·6, 중2, 고2 → 2027년: 중3·고3)
AI 디지털교과서	개발 가이드라인, 데이터 표준 제공	적용 (초3·4, 중1, 고공통·일반선택과목)	적용 (2026년: 초5·6, 중2 → 2027년: 중3)
	-	수학, 영어, 정보 + ∂	과목 추가
교원	T.O.U.C.H. 교원 (2023년: 400명 → 2024년: 800명)	T.O.U.C.H 교원 1,500명	T.O.U.C.H 교원 2,000명 (2026년)
	대상 교원의 40%	대상 교원의 70%	대상 교원의 100% (2026년)
	관리자 100%(2.4만명)		
디지털 인프라	디바이스 보급·점검 (2022. 3. 기준 151만대)	1인 1 디바이스 초3·4, 중1, 고1	1인 1 디바이스 초5·6, 중2, 고2 (2026년) → 중3(2027년)
	유·무선망 점검	모니터링 및 보완	모니터링 및 보완
현장 파트너십	시범 시·도교육청 (2023년: 7개 → 2024년: 17개)	17개	17개
	선도학교 (2023년: 300교 → 2024년: 700교)	추가 확대	추가 확대

[출처: 교육부, 디지털 기반 교육혁신 방안, 2023]

2. 초·중·등 교육정보화

가. 디지털 교육을 위한 학교 환경 조성

인공지능 기술의 발전은 미래 사회에 대응하기 위한 교육의 새로운 패러다임의 전환을 가능케 한다. 이러한 사회적 변화와 교육적 요구가 접목되면서 2024년 5월에 교육부에서는 '초·중등 디지털 인프라 개선계획'을 수립했다. 이 계획은 크게 4가지 핵심 추진 과제를 제시하고 있다. 첫째는 사용자 중심의 디바이스 보급 관리 개선, 두 번째는 디지털 교육에 적합한 네트워크 환경 조성이다. 세 번째는 학교 현장의 부담을 줄이는 전담 인력 지원이고, 마지막 네 번째는 지속가능한 인프라 지원 체계 기반 구축이다(교육부, 2024a). 이 과제들을 차례로 살펴보면 다음과 같다.

첫 번째로 사용자 중심의 디바이스 보급 관리 개선 과제는 학생 1인당 1디바이스 사용 환경을 구축한다는 것이다. 현재 초3 이상 학생들의 스마트 기기 보급 현황은 2022년 0.51대였고 2023년에는 0.79대로 향상됐으나, 실제 2025년부터 보급되는 AI 디지털교과서(Artificial Intelligence Digital Textbook)가 활용되기 위해서는 학생 1인당 1디바이스가 보급돼야 하고, 단순 보급만이 아니라 학교 현장에서 AI 디지털교과서가 원활하게 사용될 수 있도록 지속적인 관리 방안도 필수적이다. 또 다른 문제점으로는 지역별, 학교별로 보급 상황의 격차가 심하고, 기존에 보급됐던 디바이스의 내구연한이 2025년부터 도래해 보급이나 관리 방식이 개선돼야 하는 시점이다(교육부, 2024a). 따라서 이 계획에서는 세부적으로 AI 디지털교과서 도입에 대비해 디바이스 운영을 지원하고 전 주기적 디바이스 관리 체계를 조성해 디바이스 보급 방식을 다변화한다는 세부 추진계획을 수립했다(교육부, 2024a).

각 과제를 구체적으로 살펴보면, 우선 전국 학교의 디바이스 보급 실태를 점검한다. 2025년 시·도교육청 평가지표에 있는 디바이스 보급률을 2024년 초3 이상 50%에서 2025년에 AI 디지털교과서를 적용하는 학년(초 3-4, 중1, 고1)에는 100% 보급한다고 변경해 AI 디지털교과서 적용에 문제가 없도록 하는 것이다. 또한, 안전한 디바이스 사용을 지원하기 위해 AI 디지털교과서 수업을 위한 기기 관리 프로그램 기술 기준을 개발해 학교에서 안전하게 기기를 관리할 수 있는 방안을 마련하고 있다.

이러한 디바이스 관리를 효율적으로 수행하기 위해 '교육행정데이터통합관리시스템'을 활용해 데이터 기반의 인프라 관리 체계를 구축하고 2024년 하반기에 시범 운영한다. 2025년부터는 연도별, 학년별 디바이스 보유 대수와 네트워크 사용량, 시간 등으로 대상을 확대할 예정이다([그림 2-3-1] 참조). 마지막으로 디바이스 보급 방식을 임대, 공동구매, 개인 구매 방식으로 다변화해 시·도교육청과 학교의 여건에 맞춰 보급할 수 있도록 할 예정이다(교육부, 2024a).

[그림 2-3-1] 교육행정데이터통합관리시스템 예시

교육행정데이터통합관리시스템 시각화(예시)

디지털 인프라(디바이스·네트워크) 현황

기간 조회 | 2024 하반기

| A중학교 | 디바이스 보급대수
425대 | 디바이스 보급률
85% | 스쿨넷 신규 적용속도
1,024Mbps | 월 평균 인터넷 사용량
167.7MB |

디바이스 현황 (월 선택 전체)

학생용 디바이스 유형별 비중
- 태블릿 18%
- PC 47%
- 노트북 35%

학생용 디바이스 보유 대수
- 1학년: 150
- 2학년: 160
- 3학년: 115

네트워크 현황 (월 선택 전체)

약정 인터넷 속도 대비 사용률(%)
약정속도 대비사용률(%): 93.83

연간 인터넷 사용량 추이(월)
- 3월: 114.8
- 4월: 105.1
- 5월: 134
- 6월: 139.4
- 7월: 144.8
- 8월: 227
- 9월: 243.6
- 10월: 233.1

[출처: 교육부, 초·중등 디지털 인프라 개선계획, 2024]

[표 2-3-2] 시·도교육청별 스마트기기 현황(2023. 12. 기준)

(단위: 명, 대)

시·도	대수	전체 학생수(명)	전체 보급률(%)	초3 이상 학생수(명)	초3 이상 보급률(%)
합계	**3,507,823**	**5,261,818**	**66.7%**	**4,432,257**	**79.1%**
서울	330,191	794,016	41.6%	672,470	49.1%
부산	275,643	299,961	91.9%	250,933	109.8%
대구	160,041	243,127	65.8%	204,594	78.2%
인천	160,773	309,259	52.0%	259,586	61.9%
광주	149,069	168,827	88.3%	143,147	104.1%

시·도	대수	전체		초3 이상	
		학생수(명)	보급률(%)	학생수(명)	보급률(%)
대전	155,114	154,733	100.2%	130,986	118.4%
울산	92,113	129,089	71.4%	108,274	85.1%
세종	28,604	60,787	47.1%	49,895	57.3%
경기	912,007	1,490,964	61.2%	1,247,458	73.1%
강원	113,516	145,427	78.1%	123,753	91.7%
충북	140,315	165,814	84.6%	139,917	100.3%
충남	138,037	235,103	58.7%	198,376	69.6%
전북	106,008	185,232	57.2%	158,682	66.8%
전남	124,709	180,418	69.1%	153,745	81.1%
경북	221,107	253,819	87.1%	214,706	103.0%
경남	358,035	365,201	98.0%	308,491	116.1%
제주	42,541	80,041	53.1%	67,244	63.3%

[출처: 교육부, 초·중등 디지털 인프라 개선계획, 2024]

두 번째, 디지털 교육에 적합한 네트워크 환경 조성 과제에서는 우선 AI 디지털 교과서의 구동에 대비해 전국 학교 네트워크를 점검하고 개선할 예정이다. 2024년에 6,000교를 대상으로 하고, 2025년에도 6,000교로 확대할 예정이다. 이미 2023년부터 2024년에 걸쳐 디지털선도학교 20개 교를 대상으로 네트워크 진단과 유무선 네트워크 최적화 조치를 지원했다. 두 번째로는 미래 교육을 준비하는 네트워크 고도화 기반 구축으로, 2024년에는 디지털 선도학교 26개 교와 10G 시범운영 학교 17개 교를 대상으로 AI 디지털교과서 활용에 최적의 운영 환경을 설계했다. 향후 학교 네트워크 고도화 방향으로서 2024년 3분기에는 스쿨넷 및 10G 환경에서 AI 디지털교과서 구동 테스트를 실시하고, 2024년 하반기에는 10G를 적용하며 스쿨넷 증속에 대한 고려 사항도 도출할 예정이다. 2025년에는 학교별 규모나 여건에 따라 10G를 적용하거나 스쿨넷을 증속하는 방안을 고려 중이다. 스쿨넷 증속과 관련해 2024년 현재 전국 학교의 80%가 이용하는 스쿨넷 주요 속도가 1G이지만, 디지털 교육에 따라 학교 전반에 급증하는 인터넷 사용량을 고려해 1.5~2.5G까지 증속을 검토 중이다. 이 경우 교육 기관에서 고속·저비용으로 인터넷을 사용할 수 있도록 한국지능정보사회진흥원(NIA)이 통신사와 협약을 맺어 교육청과 학교에 제공하며, 전용회선 구조(폐쇄망)로 운영할 예정이다. 10G

환경 구성은 학내 무선망을 스쿨넷과 분리해 교육청을 거치지 않고 학교와 인터넷을 직접 연결하는 방안이다. 학교 인터넷은 학교 외부의 스쿨넷인 전용회선이 학교 내부로 이어져 유선망·무선망으로 구성된다(교육부, 2024a).

[표 2-3-3] 학교 무선 AP 설치 현황(2023. 12. 기준)

(단위: 실, 대)

지역	2023년 학습공간(실) (일반·교과·특별교실)	구축물량(대)		학습공간 대비 구축률(%)	
		전체 AP	WiFi6 적용AP	전체 AP	WiFi6 적용AP
합계	367,244	457,044	413,949	124.5%*	112.7%**
서울	55,230	77,193	72,986	139.8%	132.1%
부산	22,264	24,115	20,674	108.3%	92.9%
대구	16,863	21,278	16,309	126.2%	96.7%
인천	20,283	23,534	21,122	116.0%	104.1%
광주	11,644	14,714	14,466	126.4%	124.2%
대전	10,921	12,857	9,271	117.7%	84.9%
울산	8,888	9,049	9,049	101.8%	101.8%
세종	4,556	4,556	2,410	100%	52.9%
경기	88,906	99,320	97,178	111.7%	109.3%
강원	12,387	13,663	12,134	110.3%	98.0%
충북	12,732	19,661	16,983	154.4%	133.4%
충남	17,343	19,610	19,610	113.1%	113.1%
전북	16,499	23,967	22,841	145.3%	138.4%
전남	17,498	21,318	11,343	121.8%	64.8%
경북	20,924	27,351	24,705	130.7%	118.1%
경남	25,424	38,311	38,120	150.7%	149.9%
제주	4,882	6,547	4,748	134.1%	97.3%

[출처: 교육부, 초·중등 디지털 인프라 개선계획, 2024]

* 전체 AP 구축률 100% 이상인 시·도교육청을 100%로 간주해 산출한 구축률: 100%
** WiFi6 AP 구축률 100% 이상인 시·도교육청을 100%로 간주해 산출한 구축률: 96.6%

나. 2025년부터 AI 디지털교과서 도입 운영

인공지능 기술의 발달은 학생 개개인의 적성과 학습 속도에 맞는 개별화된 맞춤교육의 가능성을 열어줬다. 따라서 교육부에서는 2023년 교육부 주요 업무 추진계획

(2023.1.5. 대통령 보고) 및 디지털 기반 교육 혁신 방안(2023. 2. 23.)을 수립해 AI 디지털교과서 도입을 발표했다. AI 디지털교과서는 학생 개인의 능력과 수준에 맞는 다양한 맞춤형 학습 기회를 지원할 수 있도록 인공지능을 포함한 지능정보기술을 활용해 다양한 학습자료 및 학습지원 기능 등을 탑재한 교과서다(교육부, 2023). 또한, 모든 학생이 자신의 역량과 속도에 맞게 공부할 수 있는 맞춤 학습지원 도구이며 똑똑한 보조교사다(교육부, 2024b). 인공지능이 학생의 학습 상황을 분석해서 교사만이 아니라 학생 본인, 학부모에게도 학생의 학습 진행 상황과 성취 수준을 알려줄 수 있으며, 교사는 이러한 분석 결과를 바탕으로 학생에게 맞는 맞춤 학습을 할 수 있을 뿐만 아니라 학생은 자신의 학습 속도에 맞춰 자신의 흥미에 맞는 콘텐츠로 학습할 수 있다. 2025년에는 초 3·4학년, 중 1학년, 고 1학년 대상으로 영어, 수학, 정보, 국어(특수교육 대상자) 과목부터 단계적으로 도입된다. 이를 위해 2026년까지 교실 혁명 선도교사 3만 4,000명을 양성하고, 30만 명 이상의 교원에게 수업 혁신 연수를 제공한다.

[그림 2-3-2] AI 디지털교과서 서비스 흐름도

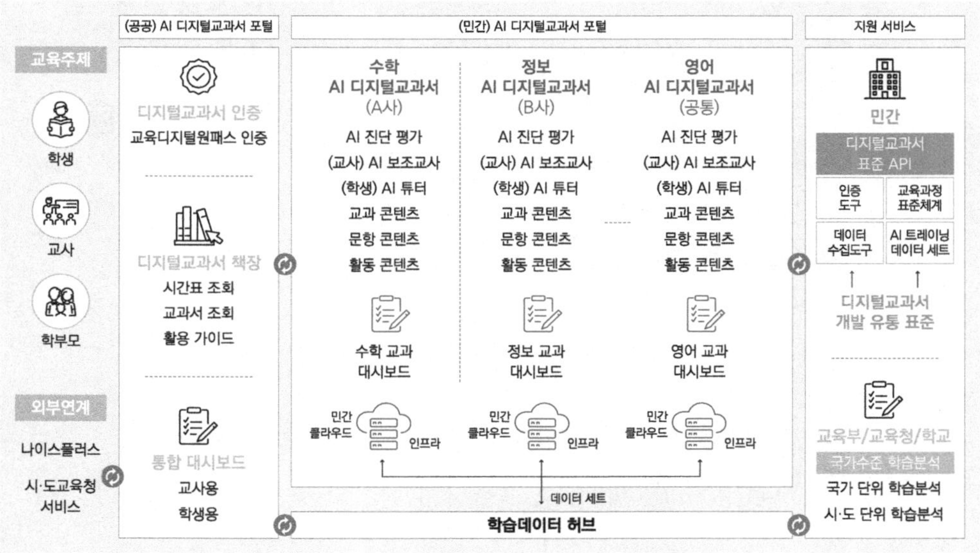

[출처: 한국교육학술정보원, AI 디지털교과서 개발 가이드라인, 2024]

AI 디지털교과서의 가장 큰 특징은 학습자의 수준에 따라 학습하는 내용도 달라질 수 있다는 점이다. 물론 기본적인 내용은 공통으로 학습하겠지만, 학습한 내용이나 학생의 학습 수준에 따라 평가하는 문항이나 보충 학습, 설명의 정도 등이 달라질 수 있다. 이것이 가능한 이유는 학습자의 학습 결과를 정확하게 진단하고 분석해 그 결과에 따라 다른 내용이 제공될 수 있는 인공지능 기술이 발전이 그 기저에 있다. [그림 2-3-3]은 학생의 학습 분석을 표현한 학생 대시보드 화면이다. 이 화면에서 학습자가 무엇을 공부했고, 공부한 결과가 무엇인지, 학습 일정이 어떻게 되고, 과제 제출 상황이나 동료들과 어떤 협력 학습을 진행 중인지, 교사의 피드백은 무엇인지 등 개별 학습자의 학습 상황과 결과를 그래프, 그림 등으로 쉽게 파악할 수 있다(한국교육학술정보원, 2024a).

[그림 2-3-3] AI 디지털교과서 학생 대시보드 화면 예시

학생 대시보드 사례

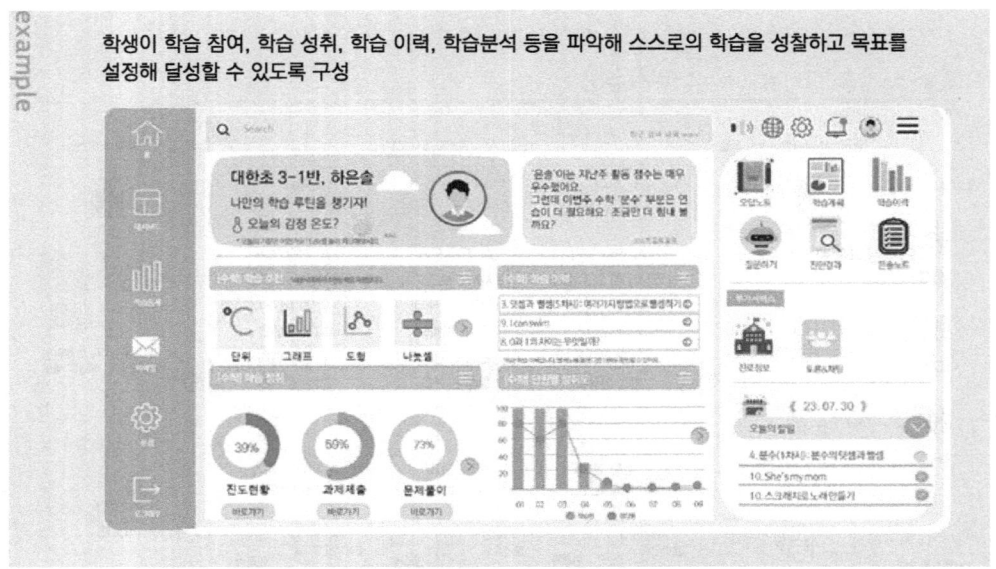

[출처: 한국교육학술정보원, AI 디지털교과서 개발 가이드라인, 2024]

[표 2-3-4]는 2025년부터 적용되는 AI 디지털교과서의 개발과 적용 일정이다. 2028년이면 1차적으로 AI 디지털교과서의 개발이 마무리되지만, 실제 AI 디지털교과서는 정해져 있는 학습 내용이 아니기에 수시로 학습 콘텐츠가 수정·보완되고, 교사들

이 교육과정을 재구성할 수 있으므로 개발이 완료됐다고 보기는 어렵다. 쉽게 학습 내용을 구성하고 바꿀 수 있어 학생들의 개별화된 맞춤 교육이 가능해지는 것이다.

[표 2-3-4] AI 디지털교과서 개발 교과목 및 적용 일정(안)

학교급 \ 적용 연도	구분	2025년	2026년	2027년	2028년
초등학교	특수교육 기본교육과정	국어	국어, 수학	수학	-
	공통교육과정	수학, 영어, 정보	수학, 영어, 정보	-	-
		-	국어, 사회, 과학	국어, 사회, 과학	-
중학교	특수교육 기본교육과정	-	-	생활영어	정보통신활용
	공통교육과정	수학, 영어, 정보	수학, 영어, 정보	수학, 영어, 정보	-
		-	국어, 과학	국어, 과학	국어, 과학
		-	기술·가정	사회, 역사	-
고등학교	특수교육 기본교육과정	-	-	생활영어	정보통신활용
	공통교육과정	공통수학, 공통영어, 정보	-	-	공통국어, 통합사회, 한국사, 통합과학

△ 발행사의 개발 부담을 완화하기 위해, 개발 연도별(2024~2027년) 신규 개발 과목(국어, 역사, 기술·가정)과 활용 가능한 콘텐츠가 풍부한 기존 과목(사회, 과학, 영어)의 비중 고려

△ 초등 정보는 정부 부처 협업교과서로 개발하고, 특수교육 교과(국어·수학·생활영어·정보통신활용)는 국정으로 개발

  * 정부 부처와 현장의 교과연구회가 보유한 전문성과 최신 정보를 활용해 함께 만드는 교과서로 학교에서 필요로 하는 과목 개설을 지원하는 현장 맞춤형 교과서

△ 학생 발달 단계를 고려해 초등 1~2학년군과 심미적 감성, 사회·정서 능력과 인성을 함양하는 과목(도덕, 음악, 미술, 체육)은 적용 대상에서 제외

[출처: 교육부, 2024년 AI 디지털교과서 개발 및 도입 지원 사업추진계획(안), 2024]

다. 교육정보 공유·유통 서비스 운영

1) 우수 수업 자료 공유 플랫폼: 수업의 숲

2024년 9월 '함께학교' 플랫폼에 우수 수업 자료를 공유하는 '수업의 숲' 서비스(togetherschool.go.kr)를 개통했다. '수업의 숲'은 선생님들이 제작한 우수 수업 자료를 시·공간의 제약 없이 공유하고 수업 나눔을 활성화하기 위해 마련됐다. '나무'는 선생님의 다채로운 수업을, '숲'은 수업 자료가 모인 곳을 의미한다(교육부, 2024g).

'수업의 숲' 서비스는 희망하는 선생님은 누구나 인공지능(AI)·교육정보기술(에듀테크) 활용 수업, 토의·토론 및 과제 수행(프로젝트) 수업 등 다양한 방식의 수업에 필요한 자료를 내려받아 그대로 활용하거나 학급 학생의 여건에 따라 일부 변형해서 사용할 수 있다. 또한, 수업 자료와 수업 영상에 대한 상호 의견 교류도 가능하다.

수업의 숲 서비스에서는 교사들이 저작권 침해 등의 걱정 없이 수업 자료를 게시하고 활용할 수 있도록 '수업 자료 제작 및 활용 지침서(가이드라인)'를 제공하고 운영지원단을 운영한다. 또한, 다양한 우수 수업 자료가 공유될 수 있도록 수업 자료를 올리는 선생님에게는 내려받기(다운로드) 실적에 따라 이용 실적(마일리지)을 제공하고, 누적된 이용 실적에 따라 수업 혁신 연구비와 명예 배지(디지털·실물 배지)를 제공할 예정이다. 운영지원단은 현재 학교급·교과별 특성을 고려해 초·중등 선생님 79명으로 구성돼 있으며, 수업 자료의 교육과정 부합성과 현장 적합성을 검토하는 역할을 하고 있다(교육부, 2024g).

[그림 2-3-4] 수업의 숲 흐름도

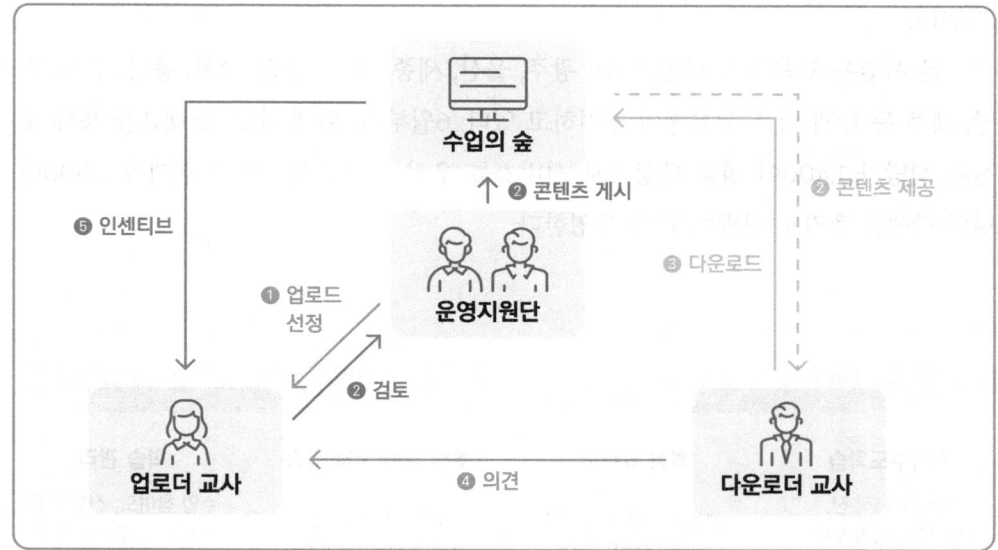

[출처: 교육부, 교육부 09-02(월) 조간보도자료. "수업자료 나눔으로 교실 변화 앞당긴다", 2024]

2) EBS 화상튜터링

'화상 튜터링(Tutoring)' 서비스는 학생들이 한국교육방송공사(EBS) 교재와 강좌로 스스로 공부하면서 현직 교사 혹은 대학생을 화상으로 만나 질문·토론을 통해 학습하는 쌍방향 개인 맞춤형 교습 서비스다. 이 서비스는 7월 1일부터 신설해 무료로 운영되고 있다(교육부, 2024h).

이 서비스에 참여하는 학생은 진단평가를 통해 자신의 학습 수준에 맞는 한국교육방송공사(EBS) 강좌를 추천받고, 멘토와의 상담을 통해 스스로 학습계획 및 목표를 세운다. 이후 한국교육방송공사(EBS) 강의를 들으며 모르는 개념이나 문제를 질문 노트에 기록하면 멘토는 화상 튜터링을 통해 학생의 질문에 대해 설명하고, 효과적인 학습 방법 등을 조언하는 등 자기주도학습을 지원한다. 본 서비스는 회당 1시간, 주 2회 받을 수 있으며 올해 12월까지 제공될 예정이다(교육부, 2024h).

또한, 학생들은 인공지능을 통해 틀린 문제나 어려운 개념에 대해 유사 문제 및 개념 강좌를 추천받는 등 학습 내용을 완벽하게 이해할 수 있도록 멘토와 인공지능의 유기적인 지원도 받는다. 이를 통해 사교육 없이도 공교육 내에서 학생 수준에 맞는 맞춤형 학습이 강화되고, 학생은 자기주도학습 역량을 더욱 키울 것으로 기대된다(교육부, 2024h).

　　본 사업은 교육부와 서울, 부산, 광주, 울산, 세종, 경기, 강원, 충북, 충남, 전북, 전남, 제주 등 12개 시·도교육청이 참여하고 있다. 6월부터 '함께 학교' 플랫폼을 통해 모집된 희망자 1,400여 명을 대상으로 서비스를 우선 실시하고, 7월 26일까지 2,800여 명의 학생을 추가로 선발해 확대·운영한다.

[그림 2-3-5] 'EBS 화상 튜터링' 전 과정

'EBS 화상 튜터링' 전 과정			
자기주도학습 튜터링 시작 전, 한국교육방송공사(EBS) 교재 및 강의를 공부하면서 질문노트*에 질문 남기기	**화상 튜터링** 멘토는 학생이 질문한 내용에 대해 인공지능(AI) 단추**를 활용하여 개념 설명, 문제풀이 등 진행	**추천 강좌·문제 학습** 멘토 수업 후 틀린 문제나 개념을 완벽히 이해할 수 있도록 유사 문제 및 강좌를 AI 단추가 추천	**학습 관리** 수업 참여도, 진도율 등 학습 이력 관리뿐만 아니라 멘토 상담을 통한 효과적인 학습방법 지도 등 맞춤형 학습관리

* 질문노트: 학생이 한국교육방송공사(EBS) 교재나 강좌를 스스로 공부하면서 모르는 개념·문제를 기록하면, 이를 자동으로 멘토에게 전달하여 멘토가 사전에 질문 사항을 확인하고 수업을 준비하도록 지원하는 시스템
** 인공지능(AI) 단추(단계별 추천학습): 인공지능 기반 문제은행·학습관리 시스템으로서, 학생이 틀린 문항에 대하여 유사 문항을 추천하고 어려워하는 개념에 대한 강좌를 제안하는 등 개인 맞춤형 학습관리를 제공

[출처: 교육부, 교육부 06-27(목) 석간보도자료, "이젠 사교육 대신 'EBS 화상 튜터링!'", 2024]

3) 학생 상담 채널 라임(LIME) 운영

　　라임(LIME, Life Mate)은 학생들에게 '인생 친구'로 다가가 따뜻하고 지속적인 소통(상담)을 통해 친구처럼 도움을 주겠다는 의미로, 교육부-삼성금융네트웍스-한국생명의전화 간의 3자 협약(2023. 3. 23.)을 통해 운영되고 있다. 삼성금융네트웍스 사회공헌단이 학생들의 마음 건강을 관리하고, 위기 학생들을 지원하기 위해 개발한 '라임(LIME)'은 모바일 기반의 학생 친화형 누리소통망(SNS) 상담 앱(App)이다.

[그림 2-3-6] 상담 채널 라임 운영 흐름도

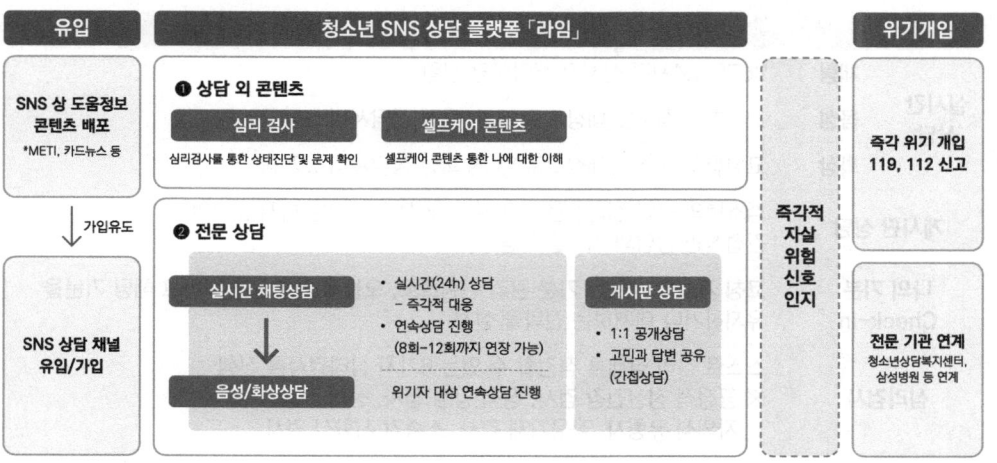

[출처: 교육부, 교육부 보도자료, "마음 건강을 관리하고 위기 학생을 지원하는 학생 상담 채널 '라임(LIME)' 운영", 2024]

　　라임은 9세부터 24세까지의 청소년을 대상으로 모바일 기반의 24시간 상담 채널을 운영하며, 일상에서 가벼운 고민을 품고 있는 학생부터 심리 정서적으로 불안 정도가 높은 학생까지 모든 학생의 마음 건강을 지원한다. 도움이 필요한 학생들은 앱 상담 채널에서 단계별 상담(실시간 채팅→전화 화상→대면)을 받을 수 있으며, 예약 기능을 통해 동일한 상담원과 연속적으로 상담 진행도 가능하다. 또한, 상담이 진행되는 과정에서 긴급한 개입이 필요한 고위험군의 학생이 발견되는 경우 즉각적으로 위기에 개입(119·112 신고)하고, 전문 기관(전문 상담 기관 또는 삼성 의료원 등의 의료 기관)으로 연계한다(교육부, 2024i).

　　전문 상담 서비스 외에도 전문적인 심리검사와 코칭 기법을 적용한 기분 관리 콘텐츠를 제공해 학생들이 스스로 마음 건강 상태를 점검하고 관리해 나갈 수 있도록 지원한다. 서비스 중인 심리검사는 총 6종으로 긍정적 정신건강 검사, 성격 강점 검사, 성격의 자화상 검사, 자의식 유형 검사, 적응기제(방어기제) 검사, 소속감 지향성 검사 등이다(교육부, 2024i).

[표 2-3-5] 라임의 주요 서비스

구분		주요 내용
실시간 상담	채팅	365일 24시간 실시간 채팅상담 진행
	음성	고위험군 청소년 대상으로 앱 內 음성 상담서비스 제공
	화상	고위험군 청소년 대상으로 앱 內 화상 상담서비스 제공
게시판 상담		청소년의 상담 접근성을 높이기 위해 직접 상담을 하지 않더라도, 간접적인 상담의 기회를 제공
나의 기분 Check-in		코칭 기법을 적용한 기분 관리 컨텐츠로, 오늘의 기분을 선택하고 해당 기분을 유지하거나 대처하는 전략을 실천
심리검사		스스로 심리 상태를 점검할 수 있는 6가지 심리검사를 진행 ※ 긍정적 정신건강 검사, 성격 강점 검사, 성격 자화상 검사, 자의식 유형사, 적응기제 검사, 소속감 지향성 검사

[출처: 교육부, 교육부 보도자료, "마음 건강을 관리하고 위기 학생을 지원하는 학생 상담 채널 '라임(LIME)' 운영", 2024]

4) 디지털 소통 플랫폼: 함께 학교

'함께 학교'는 교사가 제작한 수업·평가 등 콘텐츠를 다른 교사와 자유롭게 나누는 광장으로 학생-교원-학부모가 상시 소통하며 교육 정책을 논의하는 장이다. '함께 학교'는 2023년 11월 말 처음 개통한 이래로 약 50만 명이 방문했고, 500여 건의 다양한 교육 정책이 제안됐다. 교육부는 그동안 104건의 정책 제안에 답변했고, 부총리 및 교육부 관계자가 정책 제안자인 교원, 학부모 등과 20차례 직접 만나 정책을 논의하는 등 활발한 소통을 이어가고 있다. 2024년 3월에는 상담·소통 기능을 확대해 '답·답해·요, 전문가 상담' 등 학생·학부모 등을 위한 상담 기능을 신설했다. 2024년 하반기에는 멘토링, 맞춤 학습 기능을 제공하는 스터디카페 서비스를 개통할 예정이다. 모바일 서비스도 가능해 안드로이드, 아이오에스(IOS) 등 모든 운영체제에서 다운로드가 가능하다. 이번에 '함께 학교'는 교원뿐만 아니라 학부모, 학생에게 도움이 되는 상담, 소통(커뮤니티 등) 기능을 신설하고, 접근 편의성을 개선해 학생-교원-학부모의 소통을 더욱 활성화하는 데 초점을 뒀다(교육부, 2024j).

학생·학부모 등은 담임선생님께 쉽게 물어보지 못했던 것을 '답·답해·요'에 질문하면, 이 서비스에 가입된 1만 명의 선생님 등을 통해 답을 구할 수 있다. '전문가 상담'에서는 법률, 마음 건강 등 분야별 전문가에게 무료로 비공개 1:1 상담받을 수 있다(교육부, 2024j).

그리고 학교에서의 소중한 순간을 공유하는 우리학교 자랑 공간 '행복한 함께 학교'를 마련해 학교 내 존중 문화를 확산하고, 온라인 커뮤니티를 직접 개설하는 기능도 추가해 참여자 간 상시 소통을 지원한다. 또한, 교육부 누리집 늘봄학교 메뉴와 '함께 학교' 정책 토론, 정책 알림 등을 연결하고, 메인 화면 배너 안내를 통해 최근 학부모의 큰 관심사인 늘봄학교에 대한 소통도 지원할 예정이다.

아울러, 사용자 인터페이스(UI) 개편을 통해 정책 제안 및 답변 현황 등 플랫폼 내 주요 이슈를 한눈에 살필 수 있도록 했다. 향후에도 개인화 서비스(개별 소식 알림 등), 교원 대상 수업나눔광장 및 에듀테크 포털 구축, 학생 대상 1:1 멘토링 및 맞춤 학습 기능을 제공하는 스터디카페를 개통할 계획이다(교육부, 2024j).

이러한 '함께 학교'는 5개의 메뉴로 구성돼 있는데 '정책 제안'은 교육 정책에 대한 의견을 개진하고 소통하는 공간이다. '교원연구실'은 교원이 함께 소통하고 수업을 연구하는 공간이고, '함께 톡톡'은 자유롭게 질문하고 답하거나 전문가와 1대1 상담, 함께 고민을 나누고 지식을 나누는 공간이다. '함께 행복'은 학교에 대해 자랑하고 싶은 이야기를 소개하는 공간이다. 그리고 '공지사항'이 마지막 메뉴다.

[그림 2-3-7] 함께 학교 메뉴 구조도

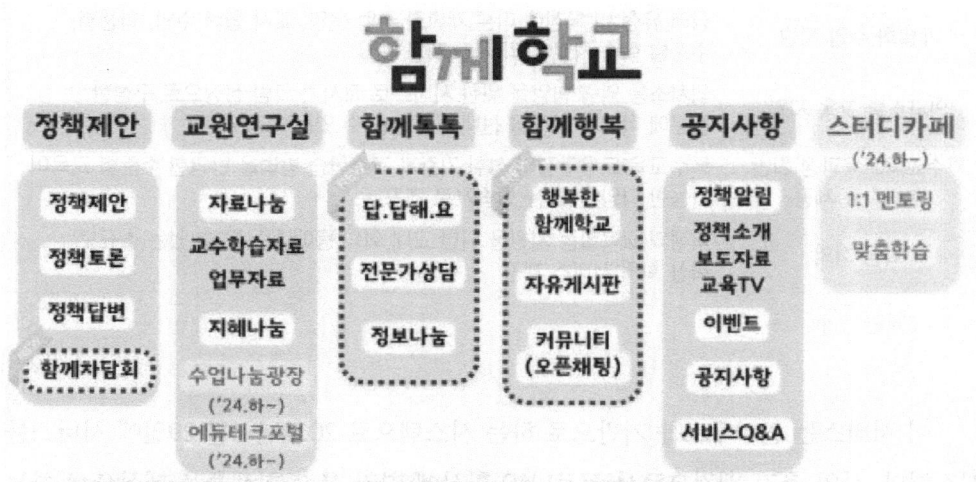

[출처: 함께 학교(https://www.togetherschool.go.kr)]

5) 열린배움터(claaa.nise.go.kr) 운영

열린 배움터는 장애학생 원격교육 플랫폼으로 유·초·중·고 특수교육 학생 대상의 참여형 공공 학습관리 시스템이다. 온·오프라인을 연계한 교수-학습과 평가를 실시해 학생 개별 맞춤형 교육을 지원한다. 또한, 기본 교육과정 기반의 콘텐츠, 의사소통 교육 자료 등 다양한 자료를 제공하고 있으며, 교사 및 보호자와 함께 학생의 교육적 성장을 지원하는 서비스다. 특수교육 전용 플랫폼이어서 실시간 음성 인식과 자막 지원, 화면 읽기, 영상 자막 지원과 동작의 특성을 고려한 특수 학생을 위한 메뉴로 구성돼 있다. 주요 서비스는 온라인 수업, 화상 수업, 교실 수업, 개별화 수업 지원, 의사소통 교육 지원과 특수교육 교육과정 기반 학습자료와 화상 회의 등이 제공된다(국립특수교육원, 2024).

[표 2-3-6] 열린배움터 주요 서비스

서비스	내용
온라인 수업	특수교육 전문 이러닝 콘텐츠를 활용해 학생 수준별 학습 설계 및 학생 출석, 온라인 수업 진도 등 학습관리 및 운영
화상 수업	온라인 기반으로 실시간 화상 수업을 제공하는 서비스로 수업 특화 개별화 수업 및 수업 판서 기능, 주의 환기, 도움 요청, 실시간 채팅 지능 지원
교실 수업	서책형 교재 등 실물형 학습 교재와 이러닝 콘텐츠 병행 활용이 가능하며 오프라인 기반 전통적 교육과 디지털 교육의 통합 운영 환경 제공
개별화 수업 지원	장애 유형 및 특성에 따른 개별화 수업 운영, 교사 협력 수업, 학생별, 수준별 학습 자료 관리 기능 제공
의사소통 교육 지원	의사소통 역량 함양을 위한 서비스로 교사가 그림 상징으로 구성한 질문에 학생이 상징을 선택해 소통할 수 있는 기능 제공
특수교육교육과정 기반 학습자료 제공	특수교육 교육과정의 성취 기준과 교수학습 방법을 반영한 수준별 교육이 가능한 다양한 교수-학습자료 제공
화상 회의	학생의 교육활동 지원을 위한 교내 회의 등에 활용할 수 있는 소규모 화상 회의 서비스 제공

[출처: 열린배움터(claaa.nise.go.kr)]

이 서비스는 클라우드를 기반으로 하는 시스템으로 2022년 4월 29일에 서비스를 시작했다. 사업 추진 배경으로서 코로나19 확산에 따라 특수 학생들을 대상으로 하는 원격수업 확대를 대비하고자 추진됐다. 또한, 맞춤형 원격교육 플랫폼 구축에 대한 현장의 요구와 더불어 원격수업에 대한 법적 근거 마련을 위한 '장애인 등에 대한 특수교육법' 개정(2020. 10. 20.) 등이 그 배경이다(국립특수교육원, 2024).

[그림 2-3-8] 열린배움터 학생 이용 흐름도

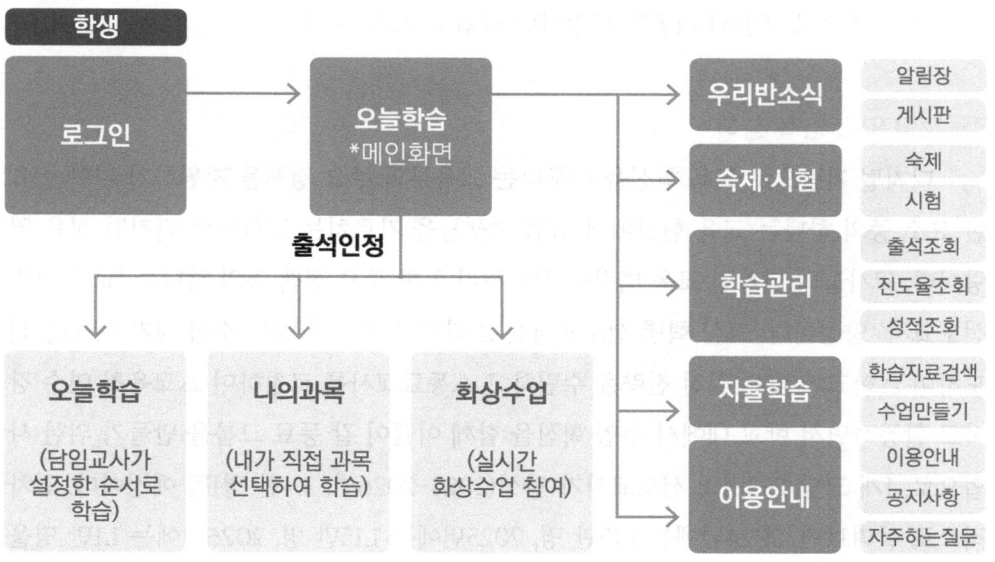

[출처: 열린배움터(class.nise.go.kr) 교사용 매뉴얼]

'열린배움터'의 특징은 3가지로 요약할 수 있다. 먼저 '통합형 플랫폼'이라는 점이다. 이를 위해 통합교육 환경에서의 사용 가능성을 고려한 화면 구성과 향후 K-에듀 플랫폼과 통합 운영을 위한 행정안전부의 원패스 사용, '보이지 않으나 동작하는 접근성'이란 모토로 개발 초기부터 다양한 전문가 자문을 통해 장애유형별 지원 서비스를 개발했다. 장애유형별 지원 서비스로는 장애 특성에 따른 협력 수업을 위한 부담임 기능, 별도 설치 프로그램이 없는 무설치 사용 환경, 사용 기기 특성을 따르지 않는 범용 사용 환경 제공, 화면 읽기 편의성 확대 제공, 화면 스캔 순서를 고려한 개발, 화면 색상 및 크기 변환 기능, 장애 학생의 동작 특성을 고려한 메뉴 배치, 청각장애 학생을 위한 실시간 음성 인식 자막 지원 기능 등이 있다.

둘째, '맞춤형 온라인 학습관리' 기능이다. 장애 학생의 특성에 따라 맞춤형 수준별 수업 설계와 학습 관리 기능을 개발했다. 셋째, '실시간 개별화 화상 수업' 기능이다. 장애의 특성이 다양하기에 장애 학생을 교육하는 데 개별화 교육은 필수적이다. 이를 위해 협력 수업이 가능한 부담임 기능을 설정해 그룹 또는 개별화 수업의 운영과 전환, 통합 운영이 가능케 했다. 향후 온·오프라인 통합 수업, 학교 교실 및 외부 순회교실 동시 통합 운영, 서책형 자료와 온라인 콘텐츠의 동시 사용이 가능한 확장 가능성을 제공하는 기능도 추가로 개발해 제공할 예정이다(국립특수교육원, 2024).

라. 교원 역량 강화 정책

디지털 기반으로 교육 혁신을 이룬다는 교육부의 주요 정책을 지원하기 위한 중요한 요소 중의 하나는 교육 현장에서 직접 학생들을 가르치는 교사들의 디지털 교육 역량이다. 교사들의 디지털 교육 역량을 강화하기 위한 주요 정책 중의 하나는 '교실 혁명 선도교사' 양성이다. 교실 혁명 선도교사는 △디지털 시대에 맞는 수업 평가 혁신을 선도하며 △학교에 맞는 실천 전략을 수립하고 △동료교사를 코칭하며 △교육청 연수 강사로 활동하면서 학교 내에서 수업 혁신을 함께 이끌어 갈 동료 그룹을 만들기 위한 사업으로, 1개 교당 2~3명의 선도교사가 양성(2024~2026년, 3.4만 명)될 예정이다. 연차적으로 살펴보면, 2024년에는 1.15만 명, 2025년에는 1.15만 명, 2026년에는 1.1만 명을 양성할 예정이다(교육부, 2024f).

또한 전체 교원을 대상으로 한 연수 정책으로서 우선 AI 디지털교과서가 적용되는 과목 담당 교원들의 역량 강화를 위해 2024년에 15만 명, 2025년 8.5만 명, 2026년에는 8.5만 명으로, 학교급별로 보면 초등 13.6만 명, 중등 15만 명, 특수 1.3만 명, 학교 경영자 2.3만 명을 연수해 전 국가적으로 교사들의 디지털 교육 역량을 신장시키는 계획을 수립해 수행 중이다(교육부, 2024f).

[표 2-3-7] 교원 역량 강화를 위한 맞춤 연수체제

교사 단위	역량 중심 성장형 교원연수 프레임워크 운영(2024년 3월~) * 디지털 기반 교육혁신 역량체계 → 자가진단 → 맞춤연수 → 인증(디지털배지)
그룹 단위	학교 내에서 실천전략 수립, 동료교사 코칭하는 리더그룹 양성(2024년 1월~) * 교육부 선도교원이 학교별 리더그룹으로 활동하도록 '하이터치 하이테크 실현방안' 연수
학교 단위	학교의 디지털 전환을 지원하는 민관협력의 컨설팅 연수 추진(2024년 5월~) * 학교 신청시 6개월~1년간 기술지원, 가치공유 워크숍, 학부모연수, 교육과정 평가 등 컨설팅

[출처: 교육부, 디지털 기반 교육 혁신 역량 강화 지원방안, 2024]

　이러한 교원들의 역량 강화를 효과적으로 수행할 수 있도록 '지식샘터' 플랫폼을 통해 교사들이 편하게 강의를 신청 수강하고, 정보와 자료를 얻을 수 있도록 지원하고 있다. 지식샘터는 교사들이 실시간으로 다른 교원에게 원격연수를 할 수 있는 교사 간 지식 공유 플랫폼으로, 2024년 4월 기준 회원 수는 20.7만 명이다.

　또한 '터치교사단'이라 하여 디지털 기반 교육 혁신 선도학교 대표 교사 641명(학교급별: 초등학교 343명, 중학교 147명, 고등학교 141명, 특수학교 10명)이 연수를 받았다. 구체적으로 정책 및 수업 사례 이해, AI 디지털교과서 프로토타입 활용을 통한 학생 교사 역할 체험, 수업 설계 프로젝트, 디지털 기반 수업 혁신 실현 방안 탐색 등의 연수를 수행했다. 이외에도 교사 개인의 역량을 강화하고 학교를 대상으로 컨설팅을 수행해 학교 전반의 환경이나 문화가 디지털 기반 교육에 적합하도록 지원하는 사업이 진행 중이다. 전국의 모든 초·중·고를 대상으로 컨설팅을 제공할 목적으로 2024년부터 2026년까지 총 1만 2,000개 교를 대상으로 진행한다. 세부적으로는 2024년 3,000개 교 → 2025년 4,000개 교 → 2026년 5,000개 교를 대상으로 할 예정이다. 학교 컨설팅은 학교의 여건(디지털 전환 단계, 학교 규모·지역·인프라, 구성원 역량 등)에 따라 6개월 내외의 기간에 다양한 분야의 컨설팅(핵심가치·디지털 문해력·사회정서성장 등의 워크숍, 학부모 연수, 기술지원 등)을 포괄적으로 지원하게 된다(교육부, 2024f).

마. SW·AI 교육 운영

디지털 사회에 대비해 2022 개정 교육과정에서는 학생들의 디지털 역량을 강화하고, 학교에서 이뤄지는 다양한 교육 방법에 적극적으로 디지털을 활용하도록 유도하고 있다. 그중에서도 정보 관련 교과의 시수 확대는 학교 현장에서 보다 적극적으로 정보 교과 운영을 추진할 수 있는 기반이 되고 있다. 이와 더불어 지속적으로 SW·AI 관련 교육을 능동적으로 운영하는 학교들을 대상으로 국가 차원에서 많은 지원이 이뤄지고 있는데, 그중의 하나가 'AI 정보교육 중심학교' 운영이다. AI 정보교육 중심학교는 2023년까지 추진됐던 AI 교육 선도학교와 AI 융합교육 중심 고교 사업을 통합해 운영하는 사업으로 디지털 통합 시대를 대비한 디지털 AI 교육 프로그램 운영의 일환이다. 정보과 수업을 확대하거나, 다양한 SW·AI 체험 프로그램을 선도적으로 적용하는 학교를 운영해 2022 개정 정보교육 과정의 현장 안착을 위한 것이다. 17개 시·도교육청의 초·중·고·특수학교 500여 개 교를 대상으로 하고, 운영 유형은 '디지털 탐구실 구축교'와 '교육활동 모델교'로 나눠진다. 디지털 탐구실 구축교는 학교 여건에 따른 디지털 교육 공간(디지털 탐구실) 구축 및 정보 수업 확대 등 단위 학교 중심의 AI·정보교육 내실화 사업으로 추진하는 것이고, 교육활동 모델교는 정보교육 활성화 거점학교로서 지역 및 대학, 연구기관 등 지역 인프라를 활용해 다양한 AI·정보 교육 모델을 개발하고 확산하는 사업이다(교육부, 2024e).

두 가지 유형의 운영은 학교급에 따라 다른 목표를 가지고 운영되는데, 초등학교에서는 실과 수업과 창의적 체험활동 시간을 활용하고, 중학교에서는 정보 교과와 창의적 체험 활동 시간을 활용, 고등학교에서는 AI 정보 과목을 편성해 운영하는 형태로 이뤄진다(교육부, 2024e).

또한, 2022 개정 교육과정에서 이뤄지는 초등학교에서 34시간 이상, 중학교에서는 68시간 이상 정보 관련 교과를 편성해(시수 2배 이상 증가, 2025년 적용) 시수가 2배 이상 늘어난 정보교과의 현장 안착을 위해서 다양한 양질의 교수·학습자료를 개발·보급하고 있다. 이와 더불어 방과 후에는 민·관 협력을 통해 초·중·고교 학생들에게 우수한 SW·AI 전문 교육을 제공하는 '디지털 새싹캠프'를 운영(2024년 21만 명)하고 있다. 이외에도 교과와 연계한 기본과정과 진로와 연계한 특화과정을 운영해 학생들이 필요한 디지털 역량을 강화할 수 있는 학습 체제를 마련하고 있다(교육부, 2024e).

[표 2-3-8] 디지털 새싹 프로그램 유형

유형		교육대상	초등	중등
학기중	교육과정 연계형		• 교과 시간 연계 활용 • 창의적 체험활동(자율, 동아리, 진로) 시간 연계 활용	• 교과 및 창의적 체험활동(자율, 동아리, 진로) 시간 연계 활용 • 중학교 자유학기 시간 연계 활용
	주중 방과후형		• 주중 방과 후 및 돌봄 시간 활용 ※ 늘봄학교 우선 지원	• 주중 방과 후 시간 활용
	주말 방과후형		• 주말(토·일) 시간 활용 ※ 초등학교 전 학년 학생 대상	• 주말(토·일) 시간 활용 ※ 일반고, 특성화·마이스터고 학생 대상
방학형			• 운영 주체별 특성을 살린 프로젝트 중심 문제해결형 프로그램 구성 운영	
사회적 배려형			• 도서벽지, 다문화, 특수교육, 학교밖 청소년 등 디지털 교육 사각지대 특화 프로그램 운영 ※ 운영 주체, 운영 시간, 운영 장소 등 별도 구분없이 다양한 프로그램 개설	

[출처: 교육부, 2024년 주요 정책 추진계획, 2024]

바. 에듀테크 소프트랩(EdTech SoftLAB) 운영

에듀테크 소프트랩은 학교 현장과 에듀테크 기업을 연결해 공교육에 적합한 에듀테크가 개발되고 활용될 수 있도록 지원하는 전문 기관이다(교육부, 2024). 에듀테크 소프트랩에서는 현장에서 에듀테크를 활용하는 현황과 방법을 분석하고, 실증 프로그램을 운영할 뿐 아니라 교사, 학생, 학부모를 대상으로 연수를 제공한다. 2023년까지 3개소(수도권, 동부권, 서부권)를 운영했고, 2024년에는 실증 프로그램을 공교육 적합성 검증으로 방향을 전환해 기능성 위주의 실증 항목과 기준을 교육성 중심으로 정비했다. 즉, 교사들이 에듀테크를 사용해 나타날 수 있는 교육적 효과를 분석하는 프로그램을 도입하고, 체계적으로 효과성을 분석할 수 있는 프레임을 마련했다(교육부, 2024d).

지금까지 중앙 정부에서 하던 에듀테크 소프트랩 사업은 시·도 협력 사업으로 전환해 5개소를 추가 구축해 총 8개소를 운영하면서 지역별 소프트랩과 시·도교육청 간 협력을 강화하고 있다. 또한, 기초과목 AI 코스웨어를 중심으로 고등교육형 에듀테크 소프트랩을 1개소 신설해 초·중등 교육만이 아니라 고등교육에서의 에듀테크 활용을 위한 공간을 구축했다.

아울러, 2024년에는 에듀테크를 무료로 체험할 수 있는 플랫폼을 구축하고, 학교

조달시스템(학교장터) 내에 에듀테크 전용몰을 구축해 에듀테크를 사용하려는 학교와 교사들이 사용하는 데 어려움이 없도록 지원하고 있다. 이외에도 디지털 교육 모델과 에듀테크의 수출을 지원하기 위해 'K-에듀브랜드'를 개발·확산하고 'K-에듀테크 해외 진출 전략'을 수립할 예정이다. 디지털 기술이 교육에서 더 안전하고 효과적으로 활용되도록 디지털 시대에 맞는 규범 체계를 마련하고, AI 활용 가이드도 개발·보급했다(교육부, 2024d).

[그림 2-3-9] 공교육에서의 에듀테크 프레임

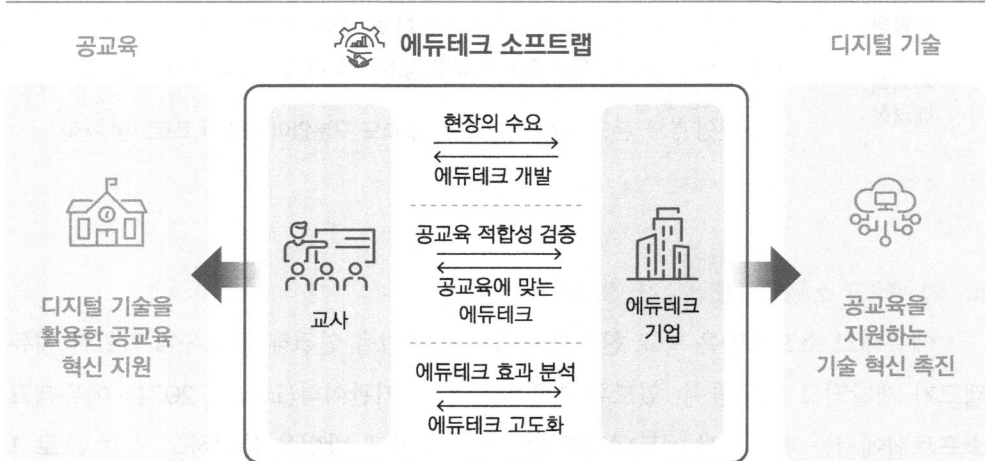

[출처: 교육부, 2024년 에듀테크 소프트랩 구축 및 운영 기본 계획, 2024]

3 | 교육 행·재정 정보화

가. 교육행정정보시스템(NEIS)과 나이스플러스

나이스는 교육부와 17개 시·도교육청, 교육지원청, 유·초·중등학교 및 특수학교의 모든 교육행정 정보를 전자적으로 연계 처리하며, 국민 편의 증진을 위해 행정안전부, 대법원 등 유관 기관의 행정정보를 이용하는 종합 교육행정정보시스템이다. 이를 위해 나이스에서 대국민 대상의 서비스를 수행하고 있는데 주요 서비스와 내용은 [표 2-3-9]와 같다.

[표 2-3-9] 나이스의 대국민 서비스

서비스	내용
나이스플러스	학생 수강 신청, 수업 지원, 온라인 과제, 출결, 관찰 기록, 학교생활 정보
학부모 서비스	(유치원)학교생활 기록, 건강 기록, (초·중등학교)교육활동 신청, 방과후 학교 신청, 자녀 학교 정보
검정고시	온라인 원서접수, 대입전형자료 제출
학원 서비스	학원/교습소 정보 제공, 민원인과 행정 편익 제공
교육비 원클릭 신청시스템	초중고 학생 교육 급여 및 교육비 지원 기준 확인

[출처: 나이스(https://www.neis.go.kr)]

나이스의 대국민 서비스 중 학교 교육과 직접적 연관이 있는 '나이스플러스'는 교육정보시스템 나이스와 상호 연계해 교사와 학생 개인별 맞춤형 교육 환경을 지원하는 온·오프라인 교육 서비스다. 학교 교육과정에 따라 편리하게 수업을 개설하고, 초등학교에서 대학교 진학까지 학생별 수업 결과 및 학습활동의 전 과정을 체계적으로 관리하며 다양한 온라인 교육 플랫폼의 수업 결과를 나이스로 연계할 수 있다. 또한, 교육디지털원패스로 회원가입과 로그인이 가능해 사용 편의성이 확대됐다. 교육디지털원패스는 선생님과 학생이 하나의 아이디로 여러 교육 서비스를 이용할 수 있도록 다양한 인증 수단을 제공하는 서비스로, 소속 학교가 바뀌더라도 회원 정보 수정 없이 다양한 교육 서비스를 하나의 아이디로 로그인해 지속 사용할 수 있다. 즉, 선생님과 학생은 교육디지털원패스를 통해 소속 학교와 상관없이 하나의 아이디를 계속 사용하고, 나이스플러스에서 나의 수업자료 또는 학습결과 등을 꾸준히 관리할 수 있다(한국교육학술정보원, 2024c).

[표 2-3-10] 나이스플러스 주요 서비스

서비스	내용
학생 수강 신청 (원하는 과목 간편 신청)	진로 학업 설계 지도를 통해 학생은 원하는 과목을 선택해 수강 신청
수업지원 (차시별 수업)	교사가 자유롭게 수업을 디자인하고 학생은 자기주도적으로 수업 참여 가능
온라인 과제 (제출, 관리, 피드백)	교사와 학생이 웹오피스를 이용해 과제를 진행하고 채점 및 피드백이 효과적으로 일어나도록 지원
출결, 관찰 기록 (쉽고 빠르게 기록)	언제 어디서나 다양한 디바이스를 이용해 출결 및 관찰기록을 작성하고 기록한 내용은 나이스에서 조회
학교생활 정보 (학교정보 및 학생생활기록 조회)	학교의 학사일정, 급식식단, 학교생활기록, 성적, 건강기록 등 나의 학교생활 정보를 언제 어디서나 조회
학교 밖 수업 (듣고 싶었던 과목 수강)	우리 학교에서 개설되지 않은 과목을 수강하고 수업 결과는 나이스로 전송

[출처: 한국교육학술정보원, 나이스플러스 교사를 위한 시작, 2024]

나. 정보공시 알리미 운영

정보공시알리미는 지방교육재정공시, 유치원 정보공시, 초·중등학교 정보공시, 대학 정보 공시가 제공되고 있는데, 이글에서는 지역정보화와 연계돼 있는 지방교육재정, 초중등교육, 유치원 정보공시를 기술하고자 한다.

1) 지방교육재정공시

'지방교육재정알리미'는 시·도교육청의 재정운용 결과와 주민의 관심 사항 등을 객관적인 절차를 통해 공개해 재정 운용의 투명성을 강화하기 위한 것이다. 또한, 시·도교육청의 재정운용 상황에 대한 주민의 관심과 이해를 높이고, 참여를 강화해 시 도교육청의 자발적인 재정 건전화 노력을 유도한다. 지방교육재정알리미는 2015년 12월에 개통해 필요에 따라 여러 차례 개선이 이뤄지고 있다.

공시 대상은 시·도교육청이 운용하는 교육비특별회계 및 기금이고, 작성 주체에 따라 개별공시는 시·도교육감, 통합 비교 공시는 교육부 장관이 수행한다. 공시 주기에 따라 정기공시와 수시공시가 있는데, 정기공시는 예산 또는 결산의 확정 또는 승인 후 2개월 이내(통상 예산 기준 1~2월, 결산기준 7~8월)에 이뤄지며, 수시공시는 부득이한 사유로 정기공시에서 누락된 항목을 공시하거나 정기공시 항목 외에 새로운 수요 발생 시 실시한다(교육부, 한국교육학술정보원, 2024).

[그림 2-3-10] 지방교육재정 공시 절차 흐름도

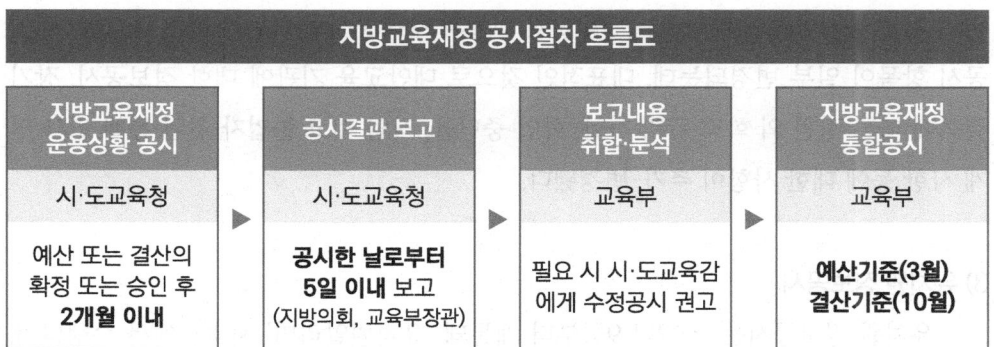

[출처: 교육부 외, 2024년도 시·도교육청 결산기준 지방교육재정공시 편람, 2024]

2) 초·중등학교 정보공시

초·중등학교 정보공시 제도는 학교 정보를 적극적으로 알려 국민의 알권리를 보장하고 학부모의 학교 교육에 대한 참여와 학교 운영의 투명성을 제고할 목적으로 2008년 12월에 서비스를 개시하고, 2015년 2월에는 학교알리미 모바일 서비스를 시작했다. 2016년에는 학교알리미 공개용 데이터를 개방해 연구자들이 학교 교육에 대한 연구를 수행하는 데 도움을 줄 수 있는 여건을 마련했다. 그리고 2021년 1월에는 학교정보공시 사무를 시·도교육청에 이양해 교육 자치를 위한 기반을 마련했다(교육부, 한국교육학술정보원, 시·도교육청, 2024). 공시 단위는 전국 초·중등학교 1만 2,320개 교이고, 추진체계는 [그림 2-3-11]과 같다.

[그림 2-3-11] 초·중등교육공시 추진체계

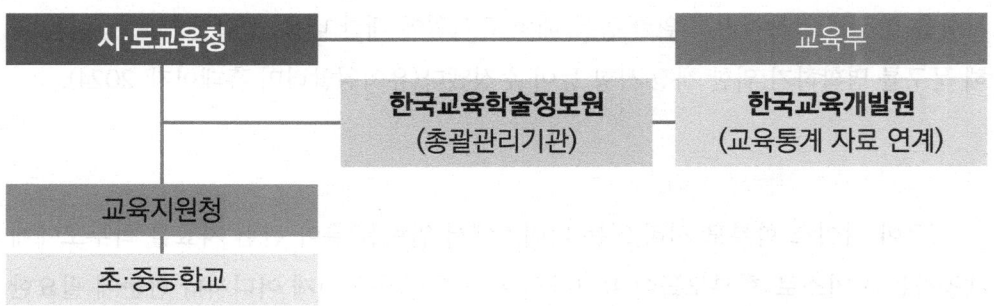

[출처: 교육부 외, 2024년 초중등학교 정보공시 시스템 메뉴, 2024]

공시 항목은 14개 항목, 44개 범위, 51개 세부 범위, 차수별 58개 세부 범위이고, 공시 주기는 공시항목에 따라 4월, 5월, 9월, 11월과 수시공시로 나눠 이뤄진다. 2024년에 공시 항목이 일부 변경되는데, 대표적인 것으로 대안교육 기관에 대한 정보공시, 장기 결석에 따른 정원 외 학적 관리 사항, 학업 중단율, 직업 계고 졸업자 취업 통계 조사 연계 사항 등에 대한 사항이 추가·변경됐다.

3) 유치원 정보공시

유치원 정보공시는 2012년 9월부터 개통돼 '유치원알리미' 서비스에서 수행되며, 유치원뿐만 아니라 어린이집도 포함된다. 유치원 정보공시는 유치원 학부모의 선택권을 강화하고, 유치원 운영의 투명성을 제고하기 위한 목적으로 시작됐다. 유아교육법 제2조 및 제7조에 따라 국립, 공립, 사립유치원을 대상으로 하고, 어린이집은 영유아보육법 제2조 및 제10조에 따라 국공립어린이집, 사회복지법인어린이집, 법인·단체 등 어린이집, 직장어린이집, 가정어린이집, 협동어린이집, 민간어린이집 등을 모두 포함한다.

유치원정보공시제도는 7개 항목, 23개(수시 3종, 정시 20종) 범위에서 매년 1회 이상 유치원의 주요 정보들이 공시되고 있으며, 유치원에서는 공시 기준에 따라 유아·교직원 현황, 유치원 회계 현황, 환경위생 및 안전관리 사항 등 유치원의 주요 정보를 공시하고 있다. 어린이집에서는 「영유아보육법」 제49조의 2항에 명시된 어린이집의 시설 설치·운영자, 보육료와 그밖에 필요 경비, 영유아의 건강·영양 및 안전관리, 어린이집 운영에 관한 사항을 공시하고 있다.

2024년에는 초중등교육기본통계조사와의 일관성을 유지하고, 학교급식법 개정 사항을 현장에 안착시키기 위한 공동 배치 유치원에 대한 내용, 정확한 자료 입력을 위해 문구를 명확하기 위한 개정 사항 등이 수정됐다(유치원알리미 홈페이지, 2024).

다. 유아 나이스 학부모 서비스

'유아 나이스 학부모 서비스'는 나이스에서 입력한 유아 관련 자료를 학부모에게 제공하는 서비스로, 학부모들이 유아들의 유치원 생활을 언제 어디서나 한눈에 필요한 정보를 제공받을 수 있다. 즉, 유치원에서 제공하는 다양한 정보를 온라인으로 간편하게 확인할 수 있는 서비스다. 유아 나이스는 2023년 9월부터 서비스를 시작했고, 유아의 학적 등을 전자적으로 관리할 수 있도록 지원하는 '유아교육행정정보시스템'을 가리킨다. 여기서 제공되는 관련 정보를 학부모에게 제공하는 것이 유아 나이스 학부모 서비스인데, 5개 분야, 23가지로 서비스된다. 이 중 유치원 생활 기록과 건강 기록, MY 유아 학비는 2024년 3월부터 서비스가 시작됐다(한국교육학술정보원, 2023).

[표 2-3-11] 유아 나이스 학부모 서비스 메뉴

서비스	내용
자녀 정보	유치원 생활 기록, 학기별 개별화 교육
유치원 생활	유치원 기본 정보, 연간 학사 일정, 월간 학사 일정, 월간 식단, 주간 식단, 교육비 납입 현황, 교과체험학습 신청, 가정통신문
유아 건강	건강 기록, 알레르기 관리
유아 학비 안내	유아 학비 소개, 지원금 안내, 지원절차 안내, 복지서비스 자격 신청방법 안내, 국민행복카드 신청
MY 유아 학비	국민행복카드 인증, 학부모 청구, 지원자격 조회, 유아 학비 지원 현황, 카드 변경, 카드 정보 조회

[출처: 한국교육학술정보원, 유아나이스 학부모 서비스 매뉴얼, 2023]

라. 지방교육 행·재정통합시스템(K-에듀파인)

K-에듀파인은 시·도교육청의 행·재정 업무의 효율성을 제고하고, 지방교육재정의 투명성과 건전성을 제고하기 위해 기존의 에듀파인(재정)과 업무관리시스템(행정)을 통합해 구축한 차세대 지방교육행·재정통합시스템이다. K-에듀파인은 국가 3대 재정시스템(dBrain, e호조, 에듀파인) 중 하나로 교육 재정 운영 및 회계 업무의 전자적 처리를 지원하고, 문서의 생산, 조회부터 기록물 이관까지 교육행정업무 전 과정을 전자적으로 처리한다(한국교육학술정보원, 2024b).

K-에듀파인은 회계 사용자에 따라 교육청이 사용하는 교육비특별회계, 학교가 사용하는 학교회계, 사립유치원이 사용하는 사립유치원 회계로 나눠지고, 교육청과 학교가 사용하는 시스템이다. 20개 단위 시스템으로 구성돼 있으며, 사립유치원이 사용하는 시스템은 9개 세부 업무로 구성돼 있다.

[그림 2-3-12] K-에듀파인 시스템 흐름도

※ K-에듀파인 인프라는 17개 시·도교육청 및 KERIS에 전산센터에 구축

[출처: 한국교육학술정보원, 2024년 K-에듀파인 현황 산출물, 2024]

4 │ 향후 방안

인공지능 기술의 발달은 기존의 교육 방식과는 다른 새로운 개념의 교육이 이뤄질 수 있도록 지원하는 매우 중요한 기술이라는 측면에서 교육의 새로운 패러다임의 변화를 요구한다. 이러한 요구는 현재 교육부의 '디지털 기반 교육혁신 방안'에서 체계적으로 이뤄지고 있다. 디지털 기술을 얼마나 효과적으로 활용해 새로운 교육을 시도하고, 시대변화에 부합하는 새로운 인재상을 누가 선도적으로 양성하는가 하는 디지털 기반의 교육경쟁력이 전 세계적으로 중요한 관건으로 떠오르고 있다.

이미 우리나라는 전자정부를 시작으로 어느 나라 못지않은 디지털 강국이며, 교육 분야에도 선도적인 위치에 있다. 2025년부터 인공지능 디지털교과서를 학교에 도입하는 정책에서도 볼 수 있듯이 디지털 교육인프라 구축을 비롯해 교육 서비스, 콘텐츠 개발, 교원의 디지털 역량 강화 등 다각적인 관점에서 디지털 강국으로서의 모습을 갖추고 있다. 특히, 중앙정부와 시·도교육청, 관련 유관 기관과 민간이 서로 협력 체제를 구축하고, 각 영역에서 맡은 역할을 수행함으로써 디지털 기반의 새로운 교육의 장을 열고 있다.

학생들이 디지털 기반의 교육에서 스스로 자기주도적인 역량을 가지고 서로 협력하는 공동체 생활을 지혜롭게 살아가도록 하는 것, 앞으로 다가오는 시대에 인공지능과 공존하면서 사람이 더욱 가치 있는 존재로 거듭날 수 있도록 지원하는 것이 교육의 진정한 목표여야 할 것이다.

참고 문헌

교육부(2023), AI 디지털교과서 추진 방안(안)
교육부(2024a), AI 디지털교과서 시대, 디지털 기반 수업 혁신 지원을 위한 초중등 디지털인프라 개선계획(안)
교육부(2024b), 2024년 AI 디지털교과서 개발 및 도입지원 사업 추진계획(안), 내부문서
교육부(2024c), 초·중등 디지털 인프라 개선계획
교육부(2024d), 2024년 에듀테크 소프트랩 구축 및 운영 기본계획
교육부(2024e), 2024년 주요 정책 추진계획
교육부(2024f), 디지털 기반 교육혁신 역량 강화 지원방안
교육부(2024g), 교육부 09-02(월) 조간보도자료. "수업자료 나눔으로 교실 변화 앞당긴다"
교육부(2024h), 교육부 06-27(목) 석간보도자료. "이젠 사교육 대신 'EBS 화상 튜터링!"
교육부(2024i), 교육부 06-20(목) 보도자료, "마음 건강을 관리하고 위기 학생을 지원하는 학생 상담 채널 '라임(LIME)' 운영"
교육부(2024j)·교육부 03-12(화) 조간보도자료, "이제 고민하지 말고 함께학교에 물어보세요"
교육부·한국교육학술정보원, 시·도교육청(2024), 2024년 초중등학교 정보공시 시스템 매뉴얼
교육부·한국교육학술정보원(2024), 2024년도 시·도교육청 결산기준 지방교육재정공시 편람
국립특수교육원, 열린배움터 교사 매뉴얼, 2024
한국교육학술정보원(2023), 유아나이스 학부모 서비스 매뉴얼
한국교육학술정보원(2024a), AI 디지털교과서 개발 가이드라인
한국교육학술정보원(2024b), K-에듀파인 구축 현황, 2024
한국교육학술정보원(2024c), 나이스플러스 교사를 위한 시작

참고 사이트

지방교육재정알리미(https://www.eduinfo.go.kr)
나이스 대국민 서비스(https://www.neis.go.kr)
함께 학교(https://www.togetherschool.go.kr)
열린배움터(https://class.nise.go.kr)
유아나이스학부모(https://parents.neis.go.kr/csp-prnt/#/prn-main/intro)
유치원 알리미(https://e-childschoolinfo.moe.go.kr)

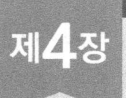

제4장 문화정보화

1. 추진 개요

가. 2024년도 문화 디지털 혁신 추진 현황

2023년 문화체육관광부 최초의 디지털 종합계획 '문화 디지털 혁신 기본계획 2025'가 발표된 이후 문체부는 계획의 실행력 강화를 위해 매년 기본계획에 따른 시행계획을 수립해 추진하고 있다. 그 일환으로 2024년 '문화 디지털 혁신 시행계획'을 발표했다. 시행계획은 △문화산업 △문화향유 △문화행정 등 총 3가지 주제로 구성됐고, 개별 주제별로 다시 3개 목표로 구분해 문화 디지털 혁신 사업을 진행하고 있다. 단순 장비 도입이나 유지관리를 제외한 대부분의 정보화 계획은 디지털 혁신 계획에 포함되는데, 이제는 정보화를 단순 수단이 아닌 하나의 부처 전략으로 지속 추진할 예정이다. 디지털 혁신 시행계획의 상세 내용은 추진 현황에서 상세히 다루고 있다. 2024년 문화 분야에서 새롭게 부각하는 정보화 추진 현황은 크게 2가지 특징을 보인다. 하나는 초거대 인공지능 기술 출현에 따른 여러 대응이다. 이에 새로운 기술에 적응하는 문화체육관광 분야의 여러 정책을 살펴볼 것이다. 다른 하나는 빅데이터 활용의 성숙과 새로운 분야에의 적용이다. 즉 빅데이터의 활용이 점점 일상화 돼가고 있다. 이 역시 정보화 추진 현황에서 상세히 다루도록 하겠다.

나. 문화 디지털 추진 예산

2024년도 문화체육관광부의 정보화 예산은 지능정보사회 실행계획 기준으로 약 1,828억 원 규모다. 실제 시행계획 내용을 살펴보면, 정보화 예산의 증가보다는 시행계획 대상 시스템(사업)의 추가에 따른 증가로 보인다. 실질적으로는 대규모 정보화 사업 추진 없이 기존 사업의 기능 개선이나 유지보수 수행 등 큰 증감 없이 숨 고르기를 하는 현황이다.

[표 2-4-1] 문화체육관광부 정보화 예산

(단위: 억 원)

연도	2022(결산기준)	2023	2024
예산액	1,721	1,744	1,828

이와 더불어 디지털 추진 예산은 [표 2-4-2]와 [표 2-4-3]처럼 점진적으로 증가하는 방향으로 추진되고 있다. 우선 분야별로 살펴보면, 콘텐츠를 중심으로 문화산업 분야에서 정부의 디지털 추진 예산 비중은 꾸준히 증가하고 있다. 반면 체육 분야의 디지털 추진 예산은 다소 감소 추세를 보인다. 특이한 점은 디지털 기술별 예산의 증감이다. AR, VR, 메타버스 등 실감 기술을 활용한 예산은 2024년부터 급격히 감소하고 있으며, 반대로 인공지능과 관련된 예산은 다른 기술과 대비해 급속한 성장세를 보인다. 2024년도 문화정보화 추진 방향을 알 수 있는 하나의 단면이다.

[표 2-4-2] 문화 분야별 디지털 추진 예산

(단위: 개, 백만 원)

문화 분야	2023년		2024년	
	사업 수	예산	사업 수	예산
문화산업	25	318,325	23	379,084
여건조성*	53	30,381	39	40,864
관광	10	39,960	9	36,179
문화예술	15	26,116	15	28,547
체육	8	36,256	6	18,134
도서관	4	14,350	4	13,488
문화유산	3	3,386	2	3,386
합계	**118**	**468,774**	**98**	**519,682**

* 여건조성: 원천자원 개방, 인공지능 학습데이터 구축, 디지털트윈, 사이버침해대응, 업무환경 조성 등

[표 2-4-3] 디지털 기술별 추진 예산

(단위: 개, 백만 원)

디지털 기술	2023년		2024년	
	사업 수	예산	사업 수	예산
데이터	17	49,138	20	45,335
인공지능	16	21,183	15	43,164
실감(AR,VR,메타버스)	15	29,492	11	18,573
플랫폼	8	14,839	8	17,106
로봇	5	1,548	3	1,548
기타(인재양성, R&D 등)	57	352,574	41	393,956
합계	118	468,774	98	519,682

2 추진 현황

가. 문화 디지털 혁신 거버넌스 지속적 추진, 2024 문화 디지털 혁신 시행계획 수립

1) 추진 배경 및 목적

문화체육관광부는 2023년도 정부의 디지털 전략 수립에 따라 문화 분야에 특화된 디지털 혁신을 추진하기 위한 중장기 계획으로 '문화 디지털 혁신 기본계획 2025'을 수립하고 대내외에 공포했다. 기본계획의 실질적 이행을 위해 연도별로 문화 디지털 시행계획을 수립해 문화 각 분야의 디지털 혁신과제를 지속 발굴하고, 실질적인 추진 사항에 대한 점검 및 이행 추진에 따른 애로사항 등을 지원하고 있다.

2) 추진 내용

2024년도 문화 디지털 혁신 시행계획은 기수립된 기본계획 방향에 맞춰 크게 3가지 목표로 설정·추진되고 있다. 우선 '문화산업'의 디지털 추진과 관련된 사항으로, '새로운 가치를 창조하는 K-컬처산업'을 목적으로 하고 있다. 새로운 가치를 창조하기 위한 K-컬처산업 목적을 달성하기 위한 추진 내용은 크게 3가지로 구분된다. △디지털 신기술 문화산업 육성 △창·제작 활성화를 위한 문화자원 개방 △문화기술에 대한 연구개발 확대 등이 주요 내용이다. 문화와 디지털을 모두 이해하고 융복합적으로 활용할 수 있는 인재를 양성하는 사업, 우리의 전통문화를 실감형 데이터로 구축하고 산업에서 활용할 수 있도록 개방하는 사업, 글로벌 차원에서 가상 공연을 관람할 수 있도록 하는 문화기술 연구 사업 등이 대표 사업이다.

두 번째 목표는 국민의 '문화 향유'와 관련된 사항으로, '새로운 경험을 향유하는 디지털 K-컬처'다. 추진 내용으로는 △디지털 문화향유 플랫폼의 다변화 △문화시설에 맞춤형 융복합 서비스 제공 △소통 및 이동에 제약이 없는 디지털 문화환경 구축 등을 골자로 하고 있다. 디지털 지역주민에게 혜택을 주는 디지털관광주민증 사업, 예술의전당 공연 콘텐츠를 영상화해 국민의 고품질 문화향유를 지원하는 사업, 박물관·미술관의 전시 정보를 수어 해설 영상으로 제작하는 사업 등이 새로운 경험과 관련된 사업이다.

마지막 목표는 '내부 혁신'과 관련된 것으로, '새로운 행정을 구현하는 조직 문화'다. 주요 추진 내용으로는 △디지털 적극 행정과 안전문화 조성 △효율적 지능형 업무환경 조성 △디지털 혁신 거버넌스 구축 등 세 가지다. 생성형 인공지능 출현에 따른 인공지능-저작권 제도개선 워킹그룹 운영, 인공지능 기반 외신 빅데이터 분석 플랫폼 구축, 문화 디지털 혁신 협의회 운영 등이 대표 사업이다. 문화 디지털 혁신 시행계획은 2024년 상반기에 문체부 1차관 주재로 회의를 개최해 최종 확정됐으며, 이후에는 문체부와 한국문화정보원에서 매년 추진 사항 등을 점검하는 등 모니터링을 진행하고 있다.

[그림 2-4-1] 문화 디지털 혁신 협의회 개최 모습

3) 추진 성과

　　기본계획에 따른 2024년도 문화 디지털 혁신 시행계획에서 나타난 주요성과는 세 가지 목표별로 나눠 볼 수 있다. 우선 문화산업 분야의 디지털 혁신 관련 주요 성과로는 디지털 융복합 인재가 전년 대비 2.1만 명에서 3.9만 명으로 증가했으며, 문화자원 4,700만 건이 추가 개방되고 1,000억 원 규모의 디지털 혁신 관련 연구개발이 진행됐다. 문화 향유 분야에서는 메타버스 세종학당 이용자가 7.5만 명을 넘어섰다. 또, 로봇을 활용한 도슨트가 35만 회 이상 진행됐고, 박물관에서는 스마트 박물관 서비스를 통해 수어 안내 및 점자 키패드 서비스를 제공하고 있다. 마지막으로 문화행정과 관련 성과로 새롭게 외신 빅데이터 시스템 구축을 비롯해 디지털 신기술 아카데미 운영을 통한 역량 강화로서 신기술에 대한 전반적인 수준 향상 등이 있다.

나. 초거대 인공지능 시대, 문화분야 정책적 대응 방안 모색
1) 생성형 AI시대, 인공지능 저작권 안내서 발급·보급
(가) 추진 배경 및 목적

　　2023년 ChatGPT 등장 이후 생성형 인공지능과 연계된 다양한 서비스 출현으로 인공지능 학습데이터에 대한 저작권이 사회적 이슈로 크게 부각하고 있다. 아울러 인간이 아닌 인공지능이 만든 산출물에 대한 저작물성 인정 여부 등도 학습데이터와 더불어 사회 전반에 큰 이슈로 제기되고 있다. 이미 미국에서는 2023년 10월 '인공지능 행정명령'을 발표했다. 이 문서에 따르면 '인공지능 생성콘텐츠의 식별·진위 여부 확인을 위한 기술 개발 촉진·인증 보고', '인공지능 학습 저작권 처리 관련 쟁점 등에 관한 보고'를 지시하는 등 본격적으로 관련 행정 처리를 위한 논의를 추진하고 있다. 유럽연합(EU)에서는 2024년 8월 '인공지능법'을 제정해 '저작권법 준수', '학습데이터 공개', '인공지능 산출물 표시' 등을 이미 명시하고 있다. 문화체육관광부에서도 이런 사회적 이슈 발생 및 국제적 행정 절차 및 법제도 마련 움직임에 따라 새로운 기술인 생성형 인공지능으로 영향이 큰 문화산업 분야의 예측 가능성을 확보하고, 생성형 인공지능 관련 문화체육관광 분야의 산업발전과 창작자 권리보호의 균형을 도모하는 정책 방향을 마련코자 '인공지능 저작권 안내서'를 발급했다.

(나) 추진 내용

문화체육관광부는 인공지능 저작권 안내서 제작을 위해 우선 학계·법조계·산업기술계 등 전문가 및 권리자 단체로 구성된 '인공지능 저작권 워킹그룹'을 구성했고, 관련 이슈에 대해 9회 이상의 회의를 진행했다. 회의 결과를 바탕으로 아직 행정적 효력까진 미치지는 못하지만, 어느 정도 가이드를 제공할 수 있는 안내서를 발표했다.

문체부에서 발행한 '생성형 인공지능 저작권 안내서'는 크게 네 가지 내용을 담고 있다. 첫째는 인공지능 사업자에 대한 사항으로, 사업자는 인공지능 학습을 위한 저작물 이용 시 사전에 저작권자로부터 적절한 보상 등의 방법으로 적법한 이용 권한을 확보해야 한다. 두 번째는 저작권자에 대한 사항으로, 저작권자는 자신의 저작물이 AI 학습에 이용되는 것을 원치 않을 시 반대 의사를 적절한 방식으로 명시하거나 기술적인 조치를 할 수 있다. 세 번째는 인공지능 서비스에 대한 사항으로, 이용자는 원하는 인공지능 산출물을 만들기 위해 입력하는 텍스트나 이미지, 오디오 등의 데이터가 타인의 저작권을 침해하거나 침해를 유도하지 않도록 유의해야 한다. 마지막으로 저작권 등록에 대한 사항으로, 인공지능 산출물에 인간이 수정·증감 등 '추가 작업'한 부분에 저작물성이 인정되는 경우에 저작권 등록이 가능하다. 또한 인공지능 저작권 안내서에서는 인공지능 학습용 저작물에 대한 적법한 이용 권한 확보 방안, 학습데이터의 목록 공개 여부, 인공지능 산출물의 보호 여부, 인공지능 산출물 표시 방안 등에 대해서도 추가 논의를 진행하고 있으며, 2024년 하반기에는 추가적인 가이드라인을 제공할 예정이다.

(다) 향후 계획

인공지능 학습데이터의 이용 및 생성된 산출물에 대한 저작권 인정 여부는 전 세계적으로 많은 소송이 진행되고 있는 등 아직까진 폭넓은 사회적 합의가 이뤄져야 할 사항이다. 문체부에서는 2024년 하반기에도 좀 더 다양한 방법으로 일반인 사용자, 저작권 보유자, 민간 기업 등의 의견을 수렴하고, '인공지능 저작권 종합대책 연구' 결과를 통한 정책 방향을 추가로 발표할 예정이다. 이러한 연구 및 정책을 바탕으로 어느 정도 사회적 합의가 된 사항에 대해서는 인공지능 저작권 관련 입법도 추진할 예정이다.

2) 생성형 인공지능 활용, 한국어 말뭉치 지속적 구축 및 공개

(가) 추진 배경 및 목적

현재 오픈 AI의 ChatGPT, 구글의 제미나이(Gemini,) 클로드(Claude) 등 글로벌 빅테크 기업이 만든 생성형 AI 챗봇은 버전이 새롭게 발표될 때마다 그 성능이 체감될 정도로 빠르게 발전하고 있다. 반면 국내에서 개발된 하이퍼클로바 등 초거대 인공지능의 언어능력 현황을 살펴보면, 인공지능 언어모델의 성능은 생각보다 낮은 수준이다. 국외 인공지능 평가 체계인 MMLU(다중작업언어이해능력)* 순위표에서 국내 인공지능 모델은 순위에 없으며, 국내 한국어 기반 K-MMLU에서만 네이버 하이퍼클로바X의 성능이 55.21점으로 가장 높게 나오는 수준이다. 이마저도 오픈 AI의 GPT-4(54.89점), 구글의 제미나이(42.94점) 등과 성능 차이가 크지 않은 것으로 나타나고 있다. 이에 글로벌 초거대 인공지능 시장에서 한국어에 대한 데이터의 가치를 높이고, 한국문화에 특화된 인공지능 개발 지원을 통해 한국형 AI를 만들 수 있는 데이터 제공은 더욱 필요한 상황이다.

* MMLU(Massive Multi-task Language Understanding): 수학, 물리학, 역사, 법률, 의학 등 57개 주제에 관한 AI 지식과 문제해결 능력을 평가하는 지표.

(나) 추진 내용

문화체육관광부 소속 기관인 국립국어원에서는 인공지능 학습에 사용할 수 있는 한국어 및 한국언어문화 관련 말뭉치를 구축하는 사업을 10년 가까이 추진하고 있다.

국립국어원에 따르면 말뭉치(코퍼스, corpus)란 평소 우리가 쓰는 말이나 글을 컴퓨터가 읽을 수 있는 형태로 모아 놓은 언어 자료를 말한다. 말뭉치를 구축하려면 여러 매체의 언어 자료를 모아서 저작권 허락·동의 후 컴퓨터가 읽을 수 있는 형태로 입력해야 한다. 언어 자료의 종류나 제목, 작성자, 출처 등 언어 자료의 특징과 메타 등을 같이 제공하면 원시 말뭉치가 된다. 원시 말뭉치에 한국어의 특징적인 분석 정보를 입력하거나 하나의 글 안에서 같은 대상을 다른 표현으로 나타낸 것을 연결하는 과정을 거치면 고품질의 말뭉치가 만들어진다. 국립국어원에서는 생성형 AI의 한국어 능력 향상 기술 개발에 필요한 AI 학습용 고품질 한국어 및 한국언어문화 말뭉치를 현재까지 (2024년 6월 말 기준) 69종을 공개·제공하고 있다.

[표 2-4-4] 한국어 말뭉치 50종 목록

종류	세부 분류	공개
한국어 기본말뭉치	문어, 신문, 일상대화 등	20종
한국어 특성 분석말뭉치	개체명, 개체연결, 구문분석 등	23종
AI 고질적 언어문제 해결 말뭉치	요약, 추론함의, 인스트럭션 등	7종
AI 언어능력 평가말뭉치	AI 한국어 이해·생성능력 평가과제	-
합계		50종

[표 2-4-5] 한국언어문화 말뭉치 19종 목록

종류	세부 분류	공개
한국 언어문화 말뭉치	지역어, 역사자료 등	1종
글쓰기 말뭉치	글쓰기, 글쓰기 채점, 교정·첨삭	-
한국어-외국어·수어·점자 병렬말뭉치	한국어-외국어(8개), 수어, 점자	18종
합계		19종

또한, 학계·산업계에서 개발 중인 AI 언어모델의 한국어 능력(한국어 기본능력, 대화능력, 언어문화이해능력)을 객관적으로 평가할 수 있는 평가체계(인공지능(AI) 말평)를 상시 운영하고 있다.

(다) 향후 계획

국립국어원에서는 2027년까지 한국어·한국 언어문화 말뭉치 누적 200종을 구축해 공개할 예정이며, 인공지능 한국어능력 평가과제 30종을 구축하는 등 평가체계 부분도 확대할 예정이다.

다. 외신, 관광, 여가, 다양한 분야로 빅데이터 분석 확대
1) AI 기반 외신 빅데이터 분석 플랫폼 구축
(가) 추진 배경 및 목적

한국과 관련된 외신 기사에 대한 모니터링 및 내용에 대한 번역은 사람의 수작업

의존형 업무로 수집량과 분석 범위에 어느 정도 한계가 존재한다. 최근에 초거대 인공지능 발전에 따라 언어 등 자연어 처리 기술이 비약적으로 발전함에 따라 이에 대한 좀 더 광범위한 모니터링이 가능해졌다. 아울러 전 세계적으로 K-브랜드가 확산되고 한국의 위상이 변화하면서 우리나라와 관련된 해외데이터에 대한 분석 및 활용 수요가 지속적으로 증가하는 상황이다.

(나) 추진 내용

문화체육관광부에서는 외신 기사(데이터)에 대한 분석 플랫폼으로써 인공지능을 활용해 외신 데이터를 자동으로 분석하는 시스템을 구축하고 있다. 현재 200여 개국에 있는 4천여 개의 다양한 미디어나 언론매체를 대상으로 매년 300만 건 이상의 뉴스 기사와 SNS 등에 대한 분석을 추진하고 있다. 이를 통해 외신 관련 자료 수요자를 위한 맞춤형 분석 보고서가 자동으로 생성되는 것을 지원하고, 부처별로 필요한 정보 보고서 지원도 가능해진다. 아직 분석시스템은 구축 중이며, 향후 2,000종 이상의 자동 맞춤 보고서 생성을 지원할 예정이다. 현재 문체부는 광주과학기술원과 위탁 사업 계약을 체결해 사업을 추진 중이다.

[그림 2-4-2] 외신 빅데이터 분석 플랫폼 구축 관련 보고 화면

(다) 향후 계획

앞으로 외신 기사뿐 아니라 한국 관련 영상, 오디오, 이미지 등 수집·분석 대상을 확대할 예정이다. 아울러 자연어로 질의응답이 가능하도록 데이터 분석 환경을 구축하고, 국내 뉴스와의 연계 분석 기능도 구현할 예정이다.

2) 관광 빅데이터 분석 플랫폼 구축, 한국관광 데이터랩
(가) 추진 배경 및 목적

디지털 전환 시대를 맞이해 관광산업의 패러다임도 변화하고 있다. 특히, 글로벌 관광 강국으로 도약하기 위해서는 데이터 기반의 관광마케팅 혁신이 필요한 시점이다. 이에 한국관광공사에서는 지자체, 관광기업, 일반 국민 등 관광산업 이해관계자를 대상으로 적시성 있는 데이터 분석 서비스를 제공하고, 관광 빅데이터 분석을 통한 관광산업 경쟁력 및 서비스 향상을 위해 한국 관광 데이터랩을 구축·운영하고 있다.

(나) 추진 내용

관광 빅데이터 플랫폼에서는 관광 활동 및 관련 서비스 제공 등의 과정을 통해 생성되는 관광 빅데이터를 수집·축적·분석해 데이터 수요자(관광객, 민간업계, 공공 분야)별 맞춤형으로 관광 특화 분석 서비스 제공하고 있다. 특히, 실질적인 데이터 수요자가 직접 수집하기 어려운 통신사, 카드사, 교통정보, 소셜미디어 정보와 같은 민간 데이터를 확보하고, 관광과 관련된 다양한 특화 공공 데이터를 생산·축적하고 있다. 이를 바탕으로 지역별, 관광업종별 다양한 데이터를 제공하고 있으며, 관광산업에 대한 동향은 물론 다양한 트렌드 분석까지 지원하고 있다. 또한 관광 빅데이터의 민간 활용을 활성화하기 위해 다양한 교육 프로그램 제공 및 고객 중심의 컨설팅 서비스도 제공 중이다.

[그림 2-4-3] 2024년 지역별 관광소비 데이터 분석 화면 및 한국관광 데이터랩

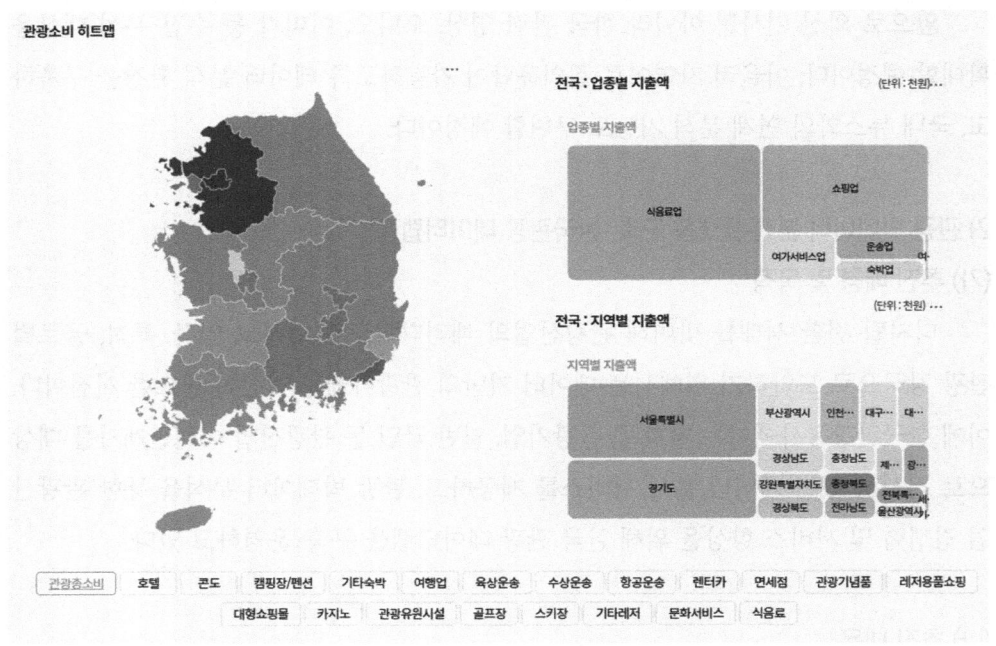

[그림 2-4-4] 한국관광 데이터랩 구축 전후 관광산업 공공 데이터 인프라 비교

(다) 추진 성과

주요 추진 성과로 정부 및 지자체와 기업의 데이터 관련 비용이 절감되는 효과가 있었다. 관광 빅데이터 플랫폼을 통해 카드사 정보를 구매해 민간, 지자체 및 공공에 제

공함으로써 개별 구매에 따른 예산 절감 효과가 5배 이상 있는 것으로 나타났다. 또한 빅데이터 플랫폼을 통한 다양한 관광 관련 신규 상품이 개발되고 있으며, 관광 벤처 기업의 성과 창출에도 크게 기여하고 있다.

3) 문화 빅데이터 플랫폼, 문화·여가 생활 관측소 서비스
(가) 추진 배경 및 목적

한국문화정보원은 데이터 기반 행정 활성화 및 문화 빅데이터의 활용 강화를 위해 빅데이터 기반의 문화·여가 생활 현황을 누구나 쉽게 분석할 수 있는 분석모델을 고민했고, 그 결과물로 문화·여가 생활 관측소 서비스를 추진 중이다.

(나) 추진 내용

문화·여가 생활 관측소는 13개 기관·기업의 데이터 20종을 수집·분석해 문화·여가 활동, 환경 여건, 접근 용이성 등 3개 분류, 총 74개의 세부 지표를 제공하고 있다.

[표 2-4-6] 문화·여가 관측소 74개 세부 지표

문화여가 활동 차원								환경여건 차원	접근 용이성 차원	
공연 관람	영화 관람	스포츠 관람	전시 관람	도서 대출	여가 이동	여가 소비	모바일앱 이용	문화여가 시설 현황	펫(반려동물) 동반	장애인·아동·시니어
개막 작품 수	개봉 영화 수	스포츠 경기 수	시설별 방문 인구	독서량	문화여가 시설 총 이동	지역별 문화여가 소비 변동률	모바일앱 1인 한달 이용 시간	문화여가 시설 수	반려동물 수	장애인 문화시설 수
공연 작품 수	상영 영화 수	관중 수	Lifeseg별 방문 인구	독서율	문화여가 시설 유형별 이동	문화여가 업종 유형별 소비 변동률	모바일앱 1인 하루 이용 시간	인구 천명 당 문화여가 시설 수	반려동물 종류별 마릿수	장애인 문화시설 종류별 시설 수
관람객 수	관객 수	종목별 경기 수	성별 방문 인구	지역별 독서량			카테고리별 모바일앱 1인 하루 이용 시간	면적 km² 당 문화여가 시설 수	반려동물 관련 시설 수	인구 천명당 장애인 문화 시설 수
관람비 지출액	관람비 지출액	인구 천명당 관중 수	세대별 방문 인구	지역별 독서율			요일별 모바일앱 1인 하루 이용 시간	문화여가 세부 유형별 시설 수	인구 천명당 반려동물	아동 전용 문화시설 수
장르별 개발 작품 수	장르별 개봉 영화 수	관람 활성 지수	지역별 전시 시설 방문 인구	지역별 연령대별 독서량			카테고리별 모바일앱 1인 요일별 이용 시간	문화여가 세부 유형별 인구 천명 당 시설 수	인구 천명당 반려동물 관련 시설 수	아동 전용 문화 시설 종류별 시설 수
개막 작품 비중	개봉 영화 비중		지역별 전시시설 방문 인구	지역별 연령대별 독서율			엔터테인먼트 1인 한달 이용 시간	문화여가 세부 유형별 면적 km² 당 시설 수		인구 천명당 아동 전용 문화시설 수
인구 천명당 관람객 수	인구 천명당 관객 수		국적별 전시시설 방문 인구	도서대출 활성 지수			엔터테인먼트 1인 하루 이용 시간			시니어 문화시설 수
인구 천명당 관람비 지출액	인구 천명당 관람비 지출액						엔터테인먼트 세부카테고리별 1인 하루 이용 시간			시니어 문화시설 종류별 시설 수
좌석당 관람비 지출액	좌석당 관람비 지출액						요일별 엔터테인먼트 1인 하루 이용 시간			인구 천명당 시니어 문화 시설 수
공연장 규모별 수	관람 활성 지수						엔터테인먼트 세부카테고리별 1인 요일별 하루 이용 시간			
관람 활성 지수										
11개 지표	10개 지표	5개 지표	7개 지표	7개 지표	2개 지표	2개 지표	10개 지표	6개 지표	5개 지표	9개 지표
총 74개 지표										

사용자는 문화관람 활성화 지수를 지역별, 장르별로 한눈에 분석해 볼 수 있다. 또, 공연, 영화, 스포츠 관람 지수를 17개 시·도별로 분석해서 볼 수 있다. 문화·여가 시기별 소비 현황 분석으로서 외식, 숙박, 레저별 지출 현황을 시기별·지역별로 분석해 볼 수 있다. 아울러 최근 반려동물에 대한 국민적 관심을 반영해 반려동물에 대한 지역별 통계와 실제 반려동물 동반 가능 시설 수 정보도 추가 제공하고 있다.

(다) 추진 성과

문화 빅데이터 플랫폼은 총 1,435종의 데이터를 보유하고 있으며, 현재 빅데이터 이용 건수는 3.6만 건에 달한다. 특히 2024년까지 문화 빅데이터를 활용한 기업 수가 700여 개에 이르면서 플랫폼 운영 성과가 가시화되고 있다.

3 | 향후 계획

최근 생성형 인공지능 솔루션을 활용해 한국 관련 이미지 제작 시, 이미지 왜곡 문제가 이슈로 제기됐다. 국회 문화체육관광위원회에서도 만리장성 길이 등에 대한 왜곡이 한국 관련 역사나 문화 왜곡 문제로 확산되며 정책질의까지 이어졌다. 실제 스테이블 디퓨전 기반의 이미지 생성 도구를 활용해 한국, 일본, 유럽 국가 등에 대한 기본적인 의상 및 유명 건축물에 대한 이미지를 생성하는 시험을 진행했을 때, 한국 관련 이미지 왜곡이 다른 국가보다 심하게 나타나는 결과를 보였다.

[그림 2-4-5] 한복을 입고 숭례문 앞을 달리고 있는 여인 이미지 생성 결과

⇒ 한복과 유사하나 한복이 아니며, 숭례문과 유사하나 숭례문이 아님

[그림 2-4-6] 기모노를 입고 히메지성 앞을 달리는 여인 이미지 생성 결과

⇒ 기모노와 거의 유사하며, 히메지성의 특징을 잘 나타나게 배경이 생성됨

[그림 2-4-7] 플라멩코 옷을 입고 에펠탑 앞을 달리는 여인

　현재 문체부는 생성형 인공지능에서의 이미지나 한국 관련 문화 왜곡 사항에 대한 대응 방안을 모색 중이며, 관련 TF 구성 및 민·관·학 전문가 포럼 등을 개최하는 등 단계적으로 대응하고 있다. 단기적으로 로라(LoRA: Low Rank Adaptation) 모델을 통한 한국문화 관련 이미지 및 동영상 왜곡 문제를 해결할 수도 있으며, 공공에서 보유한 한국 관련 이미지 데이터를 적극 공개하는 방법 등을 추진 중이다. 하지만 생성형 인공지

능에서의 이미지 왜곡의 가장 근본적인 문제는 방대한 학습데이터 부족과 데이터의 결함에 기인한다. 즉 인공지능에 올바른 정보를 풍부하게 학습시켜야 하는데, 양과 질적인 측면에서 아직 많이 부족하다. 한국과 관련한 올바른 데이터양과 질이 충족될 때, 생성형 인공지능이 만드는 우리나라 관련 이미지나 정보 왜곡도 줄어들 것이다. 대한민국은 OECD 디지털정부평가에서 2022년과 2023년 2년 연속으로 1위를 차지했다. 현재 우리의 K-컬처는 K-POP, K-무비를 넘어 문학에서도 그 위상을 떨치고 있다. 향후 우리의 디지털 정부 역량과 K-컬처 역량이 제대로 융복합돼 발휘된다면 디지털이라는 신대륙에서 한국은 디지털 문화 분야 최강국의 지위를 차지하게 될 것이다.

참고 문헌

문화체육관광부, 문화 디지털 혁신 기본계획 2025, 2023
문화체육관광부, 지능정보사회 실행계획, 2024
문화체육관광부, 2024년도 문화 디지털 혁신 시행계획
문화체육관광부(한국문화정보원), 2023년도 문화정보화 우수사례집
문화체육관광부, 인공지능(AI)-저작권 안내서, 2023
문화체육관광부, 문화체육관광 분야 인공지능 대응 TF 자료, 2024
아주경제, "AI 외신데이터분석 플랫폼 구축"(https://www.ajunews.com/view/20240528173757636)

참고 사이트

국립국어원 모두의 말뭉치(https://kli.korean.go.kr/corpus/main/requestMain.do)
한국관광 데이터랩(https://datalab.visitkorea.or.kr)
문화 빅데이터 플랫폼(https://www.bigdata-culture.kr/bigdata/user/main.do)

제5장 국토교통정보화

1. 추진 개요

국토교통정보화는 국토와 교통 분야에서 발생하는 데이터를 체계적으로 수집·관리·분석해 정책 결정 및 행정업무를 효율화하고, 국민에게 보다 나은 서비스를 제공하기 위해 정보통신기술(ICT)를 활용하는 과정과 시스템을 의미한다. 이는 국토 및 교통 관련 업무의 디지털 전환을 통해 업무 효율성을 증대시키고, 데이터 기반의 과학적 의사 결정을 가능하게 하는 것을 목표로 한다.

2023년 4월, 디지털플랫폼정부위원회는 국가의 디지털플랫폼 정부 실현을 위한 계획을 제시했다. 이에 인공지능·데이터·클라우드 등 혁신 기술이 경제사회 전반을 재편하고, 근본적으로 새로운 질서를 만드는 디지털 심화 시대가 도래할 것으로 전망된다. 디지털플랫폼 정부 등 국가정보화 패러다임의 변화에 따라 국토교통부는 '제3차 국토교통정보화 기본계획(2021~2025년)'를 기반으로 정보화 사업의 디지털 전환을 통해 지능화 혁신 및 민간 확산을 촉진하는 다양한 정책을 추진 중이다. 이를 위해 다양한 국토교통 데이터 통합 및 표준화, 빅데이터, AI, 클라우드, IoT, 블록체인 기술을 활용하며, 각종 정보시스템 간 연계를 위한 API 및 인터페이스 설계를 통해 정책지원 및 의사 결정 체계를 구축하고 대국민 서비스를 강화했다.

국토교통 정보화의 목표는 '국민을 우선으로 하는 데이터 활용과 신기술에 기반한 국토교통의 정보화를 위한 인프라 구축과 서비스 혁신'이다. 이를 위해 지능형 공간정보, 건축·건설정보 서비스를 통한 맞춤형 서비스 확대, 부동산거래 서비스, 스마트 국토교통서비스 구현을 위한 플랫폼 구축을 추진 중이다. 실제로 국토교통부는 2024년에 디지털정부를 구현하기 위해 다양한 정책과 성과를 거두고 있다. 국토교통 정보화를 위해서 국토·도시, 주택·토지, 건설, 교통·물류, 도로·철도, 항공, 국토교통 행정 등 광범위한 분야의 정보시스템을 운영하고 있으며, 데이터 중심의 디지털 전환을 위한 빅데이터 시스템을 구축했다.

2. 추진 현황

가. 전국 통합교통서비스앱(K-MaaS App)

국토교통부 대도시권광역교통위원회(이하 '대광위')는 철도·항공·버스·PM 등 다양한 교통수단을 하나의 모바일 앱(애플리케이션, 슈퍼무브)으로 이용할 수 있는 전국 MaaS[1] 서비스를 2024년 10월부터 본격 개시했다. K-MaaS 서비스는 모바일 앱 '슈퍼무브'를 통해 누구나 편리하게 이용할 수 있다. 슈퍼무브 앱을 이용하면 목적지까지 최적의 경로를 검색하고, 이용자가 선택한 경로상에 철도·항공·버스 등 다양한 운송 수단을 실시간 시간표 조회부터 예약·결제까지 한 번에 진행할 수 있다. 교통수단별 앱을 각각 설치할 필요가 없게 된다. 중계 플랫폼 사업자(한국도로공사)가 여러 운송사[2] 정보를 통합·중계하고, 민간서비스 플랫폼 사업자(슈퍼무브)는 이 정보를 활용해 이용자가 활용할 수 있는 모바일 앱을 개발했다.

대광위는 K-MaaS의 교통 분야 서비스앱을 개시한 데 이어, 향후 교통과 관광·숙박 등을 연계한 서비스로 확대할 예정이다.

---

1 MaaS(Mobility as a Service)는 철도·버스·항공 등 다양한 교통수단을 서로 연계해 하나의 앱으로 경로검색, 예약·결제를 제공하는 개념으로, 그동안 대부분 교통수단 경로검색 후 각 수단별 앱으로 예약·결제하고 있어 불편을 초래했다.
2 철도(코레일), 항공(노랑풍선·선민투어), 시내버스(TAGO), 시외버스(버스연합회), 개인형 이동수단(지바이크) 등.

[그림 2-5-1] K-MaaS 슈퍼무브 앱 이용화면

나. 디지털 트윈 국토 표준화

국토교통부는 '디지털 트윈 국토'[3] 데이터를 보다 쉽게 연결하고, 다양한 분야에서 활용할 수 있도록 16종의 새로운 국가표준을 마련했다('24.10.31.). 디지털 트윈 국토 표준은 실내공간, 지하공간, 지형모형, 교통 분야로 나눠 있으며, 각각의 데이터 모델과 품질, 메타데이터와 제품사양을 포함하고 있다. 디지털 트윈 국토에 대한 국가표준을 별도로 제정한 국가는 전 세계에서 우리나라가 최초이다.

---

3 '디지털트윈 국토'란 국토의 지능적 관리와 국민 삶의 맞춤형 문제 해결을 위해 현실 세계를 디지털 세계로 모사하고, 가상화 기술(AR/VR+GIS+BIM+IoT+AI 등)로 연결한 국가 위치기반의 정보체계(솔루션 또는 플랫폼)이다.

[그림 2-5-2] 디지털 트윈 국토 개념

디지털 트윈 국토는 국토 대상[4]을 복제해 공간데이터 댐에서 통합·관리된다. 또한 플랫폼에서의 원활한 활용을 위해 기술·지식, 표준·품질, 법제도, 지원 환경을 제공하게 된다. 새로운 디지털 트윈 국토 표준이 적용되면 서로 다른 지역과 기관에서 만든 정보를 더욱 쉽게 연동할 수 있고, 데이터들이 하나의 형식으로 저장·공유될 수 있어 별도의 변환 과정 없이 다양한 기관과 시스템에서 손쉽게 활용할 수 있게 될 것으로 기대된다. 요컨대, 디지털 트윈 국토 표준화 방법을 통한 모델 기반의 접근법을 통해 데이터의 상호운용성을 확보하게 된다.

---

4   자연요소(지형, 기후, 생물 등), 인문요소(역사, 문화, 산업 등), 가상요소(게임, SNS 등).

[그림 2-5-3] 디지털 트윈 국토 데이터 모델 표준을 이용한 데이터 교환 시나리오

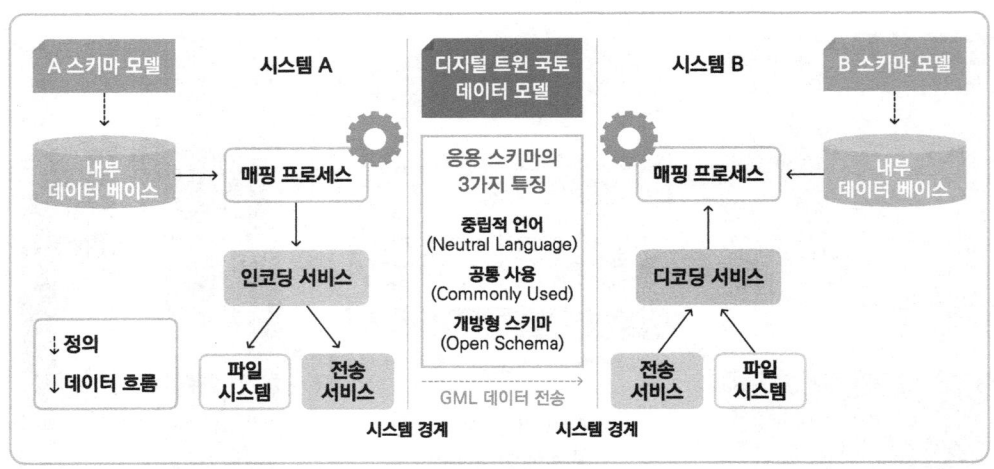

다. 국토정보플랫폼

국토교통부 국토지리정보원은 한반도 전역의 모습을 담은 최신 국토위성 정사영상[5]을 다운로드 없이도 웹에서 바로 확인할 수 있는 국토위성 기반 영상지도(국토위성지도)를 제공하고 있다. 또한, 국토위성정보 관련 서비스를 한 곳에서 종합적으로 이용할 수 있도록 기존 국토정보플랫폼 서비스 기능도 대폭 개선했다.

[그림 2-5-4] 국토위성 영상지도 기대효과: 접근성 향상으로 이용자 편의 제고

---

5   위성에서 촬영한 영상 대비 위치정확도가 높아지고(수십 미터→2m 이내) 해상도가 향상돼(2m→0.5m) 선명하고 정확한 위치정보를 갖는 영상으로, 크기가 약 10Gb로서 다운로드에 오랜 시간이 소요되는 불편함이 존재했다.

국토위성지도 웹 서비스를 통해 정기적으로 촬영된 국토위성영상을 이용해 최신 위성지도를 빠르게 제공할 수 있게 됐다. 기존 1년 단위로 정밀하게 갱신되는 항공사진 기반의 국토정보 플랫폼과 민간 검색포털의 영상지도 서비스와 달리 현재 시점의 모습을 확인할 수 있게 돼 국민에게 최신 정보를 제공할 수 있다. 또한, 국토위성정보 활용성 제고를 위해 조건검색, 영상비교, 매뉴얼 제공 등 국토정보플랫폼 기능개선으로 사용자 편의성을 높였다. 국토위성영상 산출물 정보를 쉽게 조회할 수 있도록 행정구역 단위 검색, 관심 영역 지정 등의 조건을 추가해 검색 기능을 강화하고 '국토위성 영상비교', 국토위성의 '촬영계획', '고시현황', '우리동네 최신 영상' 등 총 8개의 신규 콘텐츠를 공개했다.

[그림 2-5-5] 아파트 단지 건설 진행 현황 파악이 가능한 국토위성 영상지도

기존 서비스

국토위성 영상지도

라. 공간융합 빅데이터 플랫폼

국토정보공사(LX)가 2023년에 개발한 공간융합 빅데이터 플랫폼은 민간과 공공이 협업해 만든 최초의 공간정보 유통플랫폼으로 4차 산업혁명 시대의 핵심 데이터인 공간정보의 생산·융합·유통 생태계를 지원한다. 공간융합 빅데이터 플랫폼은 공간융합 현안 문제개선의 새로운 돌파구를 마련하고, 공간융합 산업육성 및 새로운 일자리 창출에 기여하고자 개발됐다. 공간융합 빅데이터 플랫폼은 4차 산업혁명 시대의 핵심

데이터인 자율주행, 스마트시티, 드론 UAM, 메타버스 등 분야의 공간정보를 생산, 융합, 유통하며 데이터 혁신을 만들어내는 생태계를 조성하고 있다. 이 플랫폼에 참여한 에이모(AIMMO)는 정밀도로지도, 정밀위치측위정보, 도로대장, 도로시설물, 센서 정보 등 교통정보와 공간정보 기반으로 자율주행 데이터를 활용할 수 있도록 1만 1,204건의 데이터를 개방했다. 다음은 일부 활용 사례다.

[그림 2-5-6] 공간융합 빅데이터 플랫폼 활용 사례

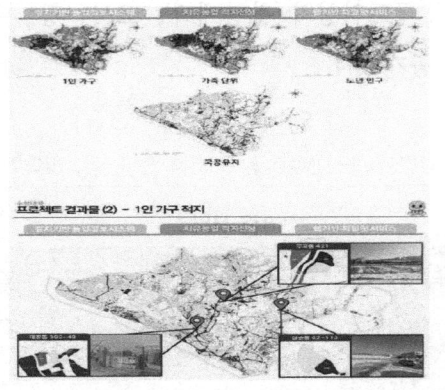

[사례1] 인공지능을 활용한 토지현황조사 자동화	[사례2] 치유농업 활성화 파일럿 서비스
인공지능 및 드론정사영상을 이용해 도로를 탐지하고, 벡터데이터, 도로명주소기본도 주요 레이어를 자동 생성	치유농업 적지 선정에 필요한 데이터를 수급해 요인별 등급화 과정을 거치고, 필지 단위로 데이터를 정제해 필지 기반 농업정보망을 구축

마. 부동산 빅데이터 플랫폼

한국부동산원에서 운영 중인 부동산 빅데이터 플랫폼은 국민과 기업이 활용할 수 있는 양질의 부동산 데이터를 생산·개방하며, 유관 데이터 산업의 활성화를 지원하는 부동산 데이터 생태계 거점 역할을 한다. 부동산 빅데이터 플랫폼 구축은 국토교통부 '부동산신산업 육성방안('21.11.)'에 의해서 추진됐다. 이를 위해 국내 부동산 분야에서 대표성을 갖는 공공과 민간의 15개 기업·기관이 모여 부동산 빅데이터를 구축했다. 빅데이터 플랫폼은 부동산 데이터의 수집·가공·융합·유통 기반을 조성하며, 빅데이터 센터는 부동산 세부 영역별 신규 데이터를 생산해 플랫폼을 통해 유통한다.

[그림 2-5-7] 아파트 단지 건설 진행 현황 파악이 가능한 국토위성 영상지도

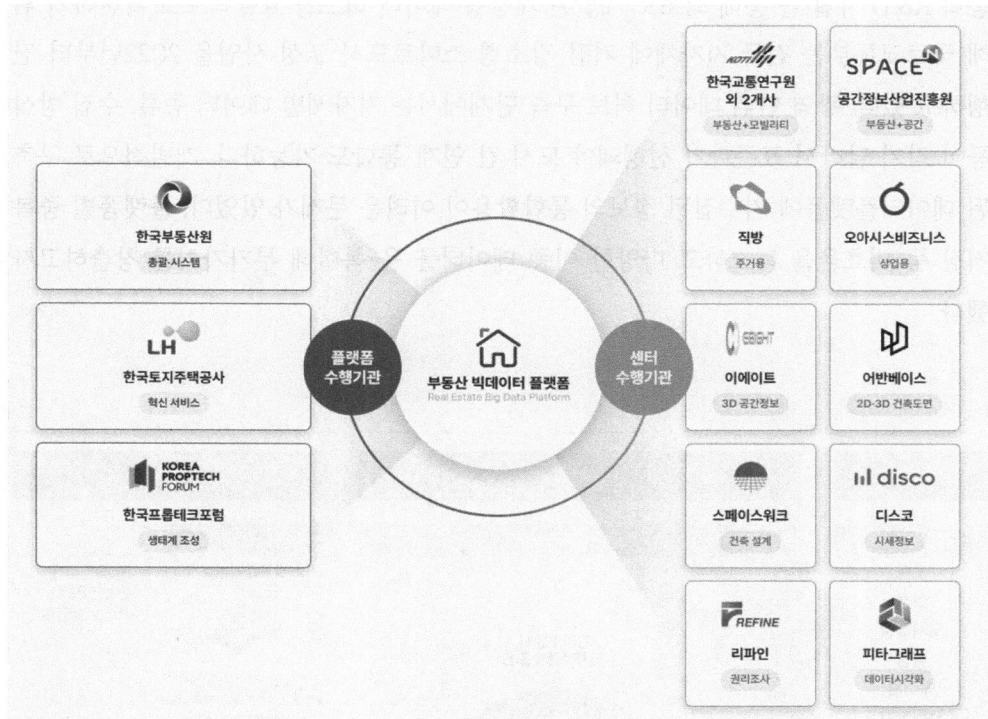

　　부동산 빅데이터 플랫폼을 구축함으로써 민간기업의 비즈니스 모델 개발 강화, 데이터 가공비용 절감 및 활용도 제고, 사회 현안 해결, 프롭테크 산업발전 등 공공이익을 실현하며, 신생스타트업 발굴 및 성장 기회를 부여하고 프롭테크 산업 인식 확산 및 인력양성에도 기여하게 된다. 외부 전문 기관 네트워크 구축으로 부동산 데이터 경제 활성화 기반 마련도 가능할 것이다.

바. 스마트도시 데이터 허브

2018년 국토교통부, 과학기술정보통신부 공동으로 추진된 스마트시티 혁신성장 동력 R&D 사업[6]을 통해 최초로 개발된 개방형 데이터 허브를 효율적으로 확산하기 위해 국토교통부는 전국 지자체에 거점·강소형 스마트도시 조성 사업을 2022년부터 진행하고 있다. 광역 단위 데이터 허브 구축 단계에서는 지자체별 데이터 종류, 수집 방식 등이 각기 달라서 표준화가 선행돼야 도시 간 연계·통합도 가능하다. 개별적으로 구축된 데이터플랫폼에 기수집된 정보의 통합활용이 어려운 문제가 있었다. 플랫폼별 중복 저장 등 비효율을 해소하고 다양한 이종 데이터를 융·복합해 부가가치를 창출하고자 했다.

[그림 2-5-8] 스마트도시 데이터 허브 개념도

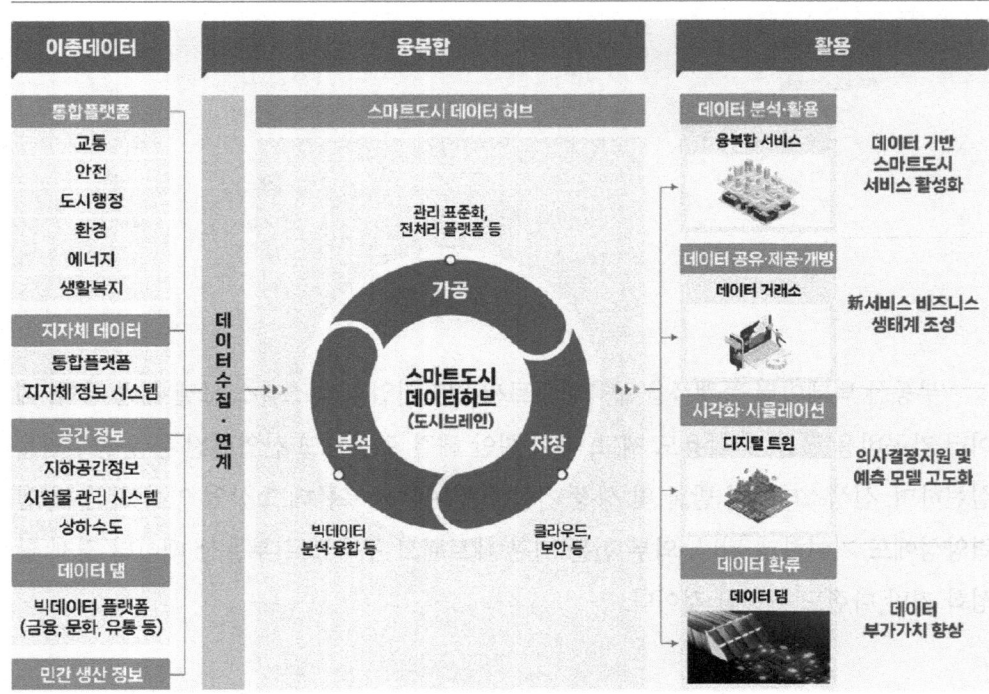

---

6 국가 연구개발 사업(2018. 9.~2022. 12. 1,354억 원)을 통해 데이터허브를 개발하고, 대구시, 시흥시에서 실증을 추진했다. 클라우드 기반의 데이터 수집·저장·활용을 지원하는 데이터 허브 기술보급 및 활용 촉진을 위해 SW 오픈소스를 공개했다.

스마트도시 데이터 허브를 통해 수집된 데이터(버스, 지하철 등 교통 데이터, 통신사 유동인구 데이터 등)를 융복합 분석해 최적의 버스노선을 도출했으며, 수집된 경찰청 신고데이터, 지자체 CCTV 데이터, 유동 인구 데이터를 융복합 분석해 범죄 발생지역 및 발생률을 고려한 효율적인 순찰노선을 도출할 수 있게 됐다. 데이터 허브를 활용해 2020년에는 확진자 동선 정보를 생산해 동선 파악 시간을 획기적으로 단축하기도 했다. 2024년에는 거점형 도시로서 충남 천안시에 거점을 설치하고, 데이터 허브를 중심으로 탄소중립 기반의 스마트도시 서비스를 추진 중이다.

[그림 2-5-9] 충남 천안의 도시공간별 세부 사업 구상(거점형 스마트도시)

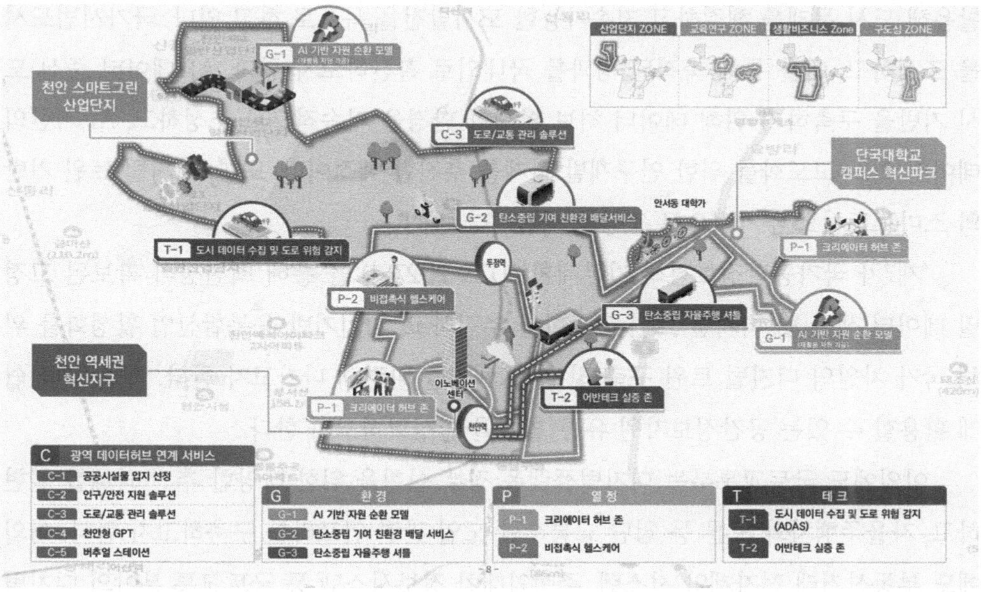

3. 향후 계획

　국토교통부는 국토교통 분야의 디지털 전환을 위해 다양한 정보화를 추진하고 있으며, 제3차 국토교통정보화 기본계획(2021~2025년)을 기본으로 정보화 전략을 진행 중이다. 사용자 중심의 국토교통 서비스 혁신을 통해 데이터와 최신 ICT 융합으로 선제적 맞춤형 서비스를 구현하고, 데이터 기반의 행정 활성화를 위해 국토교통 공공데이터의 개방 및 활용을 확대하며, 클라우드 기반의 인프라 전환을 확대하고 통합 구축을 통해 안정성과 IT 역량을 강화할 예정이다.

　스마트시티와 관련해 제4차 종합계획(2024~2028년)이 추진 중인데, 첨단 ICT를 활용해 도시 문제를 해결하고 지속가능한 도시발전을 목표로 하고 있다. 국가시범도시를 조성하고, 이를 통해 축적된 성과를 국내외로 확산하고자 한다. AI·데이터 중심 도시 기반을 구축하기 위해 데이터 허브 활성화 환경을 지속적으로 조성하고, AI 기반의 데이터 허브 고도화를 위한 연구개발 과제를 추진할 예정이다. 또한, 디지털 트윈 기반의 스마트도시도 추가적으로 조성할 계획이다.

　'제7차 국가공간정보정책 기본계획(2023~2027년)'을 통해 최신성이 확보된 고정밀 데이터 생산 및 디지털 트윈 고도화를 추진하고, 위치기반 융복합산업 활성화를 위해 국가 차원의 디지털 트윈 구축 및 활용 체계를 마련해 나가고자 한다. 즉 누구나 쉽게 활용할 수 있는 공간정보자원 유통·활용을 활성화하고자 한다.

　이외에도 국토교통부는 디지털플랫폼 정부 실현을 위한 다양한 추진 과제를 실현하고, 자율주행차와 드론 등 첨단 교통수단 도입 관련 인프라를 구축하고자 한다. 이외에도 부동산거래 전자계약 시스템, 주택임대차 정보시스템 등 국토교통 분야의 디지털 전환을 통해 국민 삶의 질 향상과 국가 경쟁력 강화를 목표로 하고 있다.

참고 문헌

국토교통부, 제3차 국토교통정보화 기본계획(2021~2025년)
국토교통부, 제7차 국가공간정보정책 기본계획(2023~2027년)
국토교통부, 제4차 스마트도시종합계획(2024~2028년)

참고 사이트

국토교통부 스마트도시 포털(https://smartcity.go.kr)
한국부동산원, 부동산 빅데이터 플랫폼(https://www.bigdata-realestate.kr/user/main/main.do)
한국국토정보공사, LX 공간융합 빅데이터 플랫폼(https://www.bigdata-geo.kr/user/main/main.do)
슈퍼무브(https://www.supermove.co.kr/about)

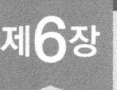

환경정보화

1. 추진 개요

'환경정보화'로서 현재 5차(2022~2026년) '디지털 전환 활성화기' 단계의 활동들이 추진되고 있다. 제5차 환경정보화 기본계획의 비전은 '지능 정보화 구현으로 국민 체감 환경 서비스 실현'이며, 3대 전략목표로서 △ICT 융합 환경종합서비스 구현 △환경데이터 가치창출 △소통형 정보화 관리체계 실현이 제시돼 진행되고 있다.

이와 같은 디지털 전환 활성화기의 환경정보화는 단순히 정보를 디지털화하는 것을 넘어, 데이터 기반의 과학적인 환경 관리를 통해 지속가능한 미래를 구축하는 목표를 가지고 있다. 구체적으로 주요 목적은 첫째, '데이터 기반 의사 결정 지원'이다. 방대한 환경 데이터를 수집·분석해 과학적이고 객관적인 근거를 바탕으로 환경정책을 수립하고, 효과적인 환경 관리 방안을 마련하는 것이다. 또한 예측 모델을 활용해 미래 환경 변화를 예측하고, 선제적인 대응 전략을 수립하는 것이다. 두 번째는 '국민 참여 확대'다. 환경정보에 대한 국민의 접근성을 높여, 환경 문제에 대한 이해도를 높이고 시민참여를 유도한다. 아울러 환경 모니터링 시스템 구축을 통해 국민이 직접 환경 상태를 확인하고 참여할 수 있는 기반을 마련한다. 세 번째는 '환경 산업 육성'이다. 환경정보를 기반으로 새로운 환경 산업을 창출하고, 기존 산업의 경쟁력을 강화한다. 또한, 환경 기술 개발을 촉진하고 환경 산업의 성장을 지원한다.

한편, 2020년부터 2040년까지의 장기적인 환경정책 방향을 제시하는 국가계획 '제5차 국가환경종합계획(2020~2040년)'에서 환경정보화는 본 계획의 핵심 목표 중 하나인 '과학적이고 효율적인 환경관리 기반 구축'을 위한 주요 수단으로 제시됐다.

'제5차 국가환경종합계획(2020~2040년)'에서 환경정보화의 세부 목표는 첫째로

'지능형 환경정보 관리체계 구축'이다. 이는 사물인터넷(IoT), 빅데이터, 인공지능(AI) 등 첨단 정보통신기술(ICT)을 활용해 환경정보의 수집, 분석, 예측, 활용 능력을 향상하는 지능형 환경정보 관리체계를 구축하는 것이다. 이를 통해 환경 현황을 실시간으로 파악하고, 미래 환경 변화를 예측해 선제적인 환경관리 정책 수립에 기여한다. 두 번째 세부 목표는 '환경정보 플랫폼 고도화'이다. 국민이 쉽게 환경정보에 접근하고 활용할 수 있도록 환경정보 플랫폼을 고도화하고, 사용자 맞춤형 정보 제공, 모바일 접근성 강화, 정보 시각화 등을 통해 국민의 환경정보 이용 편의성을 증진하는 것이다. 또한, 환경정보의 개방과 공유를 확대해 민간의 환경정보 활용을 촉진하고, 새로운 환경 서비스 창출을 지원한다.

환경정보화의 세 번째 세부 목표는 '환경정보의 융합 및 활용 활성화'이다. 환경정보를 다른 분야의 정보와 융합해 새로운 가치를 창출하고, 다양한 분야에서 환경정보의 활용을 활성화하는 것이다. 구체적으로 환경정보와 건강정보를 융합해 환경성 질환 예방에 활용하거나, 환경정보와 교통정보를 융합해 친환경 교통 시스템 구축에 활용할 수 있다. 네 번째 세부 목표는 '환경정보화 기반 강화'이다. 환경정보화를 위한 전문 인력 양성, 정보시스템 보안 강화, 관련 기술 개발 등 환경정보화 기반을 강화하는 것이다. 이를 통해 환경정보화의 지속적인 발전을 도모하고, 환경정보의 신뢰성과 안전성을 확보한다.

2. 환경정보화 추진 현황

가. 국토환경성평가지도 시스템

1) 추진 배경 및 필요성

환경부의 「국토계획 및 환경보전계획의 통합관리에 관한 공동훈령」 제12조에 따라 국토교통부와 환경부는 국토계획과 환경보전계획의 수립 및 통합관리에 필요한 정보들을 포함해 상호 필요한 자료를 서로 연계·공유하는 체계를 마련하고 있다. 이러한 연계·공유는 「국가공간정보 기본법」 제2조 제6호에 따른 국가공간정보통합체계와 「환경정책기본법」 제23조에 따른 국토환경성평가지도의 시스템을 통해 이뤄지고 있다.

이러한 배경하에 '국토환경성평가지도'는 「환경정책기본법」상의 '국토의 환경적 가치를 평가하여 등급으로 표시한 평가지도 작성·보급'에 법적 근거를 두고 있으며, 국정과제인 '국토-환경계획 통합관리(59-1) 시행의 기술적 지원 기반으로 국토환경성평가지도 정밀도 개선 사업 등 고도화 추진' 사항에서도 정책적인 배경 근거를 두고 있다.

국토환경성평가지도란 국토를 친환경적·계획적으로 보전하고 이용하기 위해 환경적 가치를 종합적으로 평가해 환경적 중요도에 따라 5개 등급으로 구분하고, 색채를 달리 표시해 알기 쉽게 작성한 지도라고 할 수 있다. 국토환경성평가지도의 구축 목적은 행정계획 및 환경영향평가 등에서 국토의 환경적 가치를 종합적으로 평가하고, 환경공간정보를 효율적으로 활용하기 위해서이다. 이 시스템을 통해 현행 국토의 환경정보를 종합적이고 과학적으로 평가해 국민에게 제공하고 있다.

국토환경성평가지도의 구축 필요성은 첫째, 공간환경계획의 수립 지원, 환경계획의 공간성 강화를 위한 공간환경정보의 활용 및 서비스 체계의 확대에 있다. 이를 통해 국토-환경계획 통합관리를 위한 활용 체계 활성화를 목적으로 다양한 콘텐츠의 수집 및 확대가 가능하다. 또한, 각 지자체의 환경계획과 공간환경계획의 수립 사례를 통해 다양한 활용예시 제공이 가능하다. 두 번째는 자료제공서비스 콘텐츠의 다양화 및 타 시스템과의 연계 기능 확대이다. 이를 통해 사용자의 관심 지역을 대상으로 환경입지 또는 토지이용규제 내용의 분석이 가능해진다.

2) 시스템 주요 기능 및 체계

국토환경성평가지도 시스템의 주요 기능은 첫째, 사용자 맞춤형 공간환경정보의 제공이다. 2024년 현재 65개 평가 항목에 대한 환경공간정보를 Geo Tiff 형태로 제공하고 있다. 둘째, WebGIS 서비스를 통한 각 주제도 조회, 분석 및 다운로드 기능 제공이다. Web GIS를 활용해 국토환경성평가지도와 65개 평가항목, 11개의 환경관리항목 10개의 베이스맵을 제공한다. 또한, Shp 파일 업로드, 그리기, 지점, 지적(지번) 분석을 통한 특정 지역의 등급별 면적분석 결과를 제공한다.

세 번째 주요 기능은 지자체 환경계획 보고서 제공 및 공간환경계획 수립 우수사례 조회 기능이다. 네 번째로, 공간정보 접근성 향상을 위한 환경공간정보 목록 검색 및 연결 서비스 제공이다. 다섯 번째는 토지이용규제를 통한 환경입지제한사항 공간분석

서비스이며, 마지막 여섯 번째는 공간환경계획 수립 강화를 위한 교육 콘텐츠 제작 및 실무교육 운영이다.

국토환경성평가지도 시스템의 종합적인 체계는 [그림 2-6-1]에서 보듯, WebGIS 서비스와 자료제공 서비스로 구성된다. WebGIS 서비스를 통해서는 공간분석 기능, 국토환경평가등급분석, 토지이용규제정보 조회, 환경주제도 열람, 국토환경성평가지도 다운로드 등을 할 수 있다. 자료제공 서비스를 통해서는 국토-환경계획 통합관리체계 관련 국내외 활용 사례 제공, 공간환경정보 조회 및 다운로드가 가능하다.

[그림 2-6-1] 국토환경성평가지도 시스템 주요 기능 및 체계

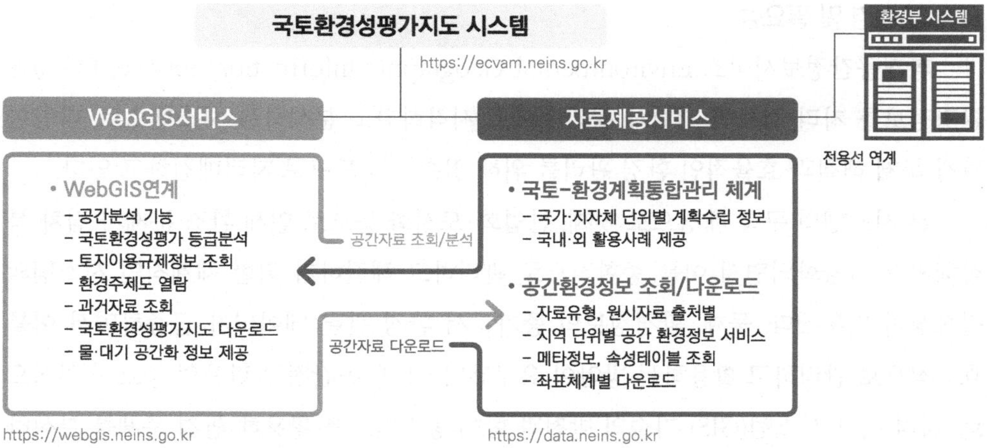

[출처: 국토환경성평가지도 자료 제공서비스 홈페이지]

2024년 현재, 국토환경성평가지도에서는 국토-환경계획 통합관리의 과학적 기반을 마련하기 위해 대축척의 1:5,000 국토환경성평가지도를 제작해 서비스를 제공하고 있다. 2013년부터 보령, 원주 등 일부 지자체를 시작으로 현재 1:5,000 국토환경성평가지도 전국 구축을 완료했다.

3) 시스템 사용 방법

국토환경성평가지도의 화면 구성 및 사용 방법은 다음과 같다. 우선 '메인화면'에서는 △제공 자료 구분 메뉴 △제공 자료 검색 기능 △데이터 구분(검색) 결과 조회를

이용할 수 있다. '공간환경정보 - 상세보기'에서는 △지도 전체화면 보기 버튼 △지도 확대 버튼 △지도 축소 버튼 △데이터 속성정보 보기 켜기/끄기 버튼 △메타데이터 다운로드 △범례 표출 및 범례별 선택적 다운로드를 이용할 수 있다.

'공간환경정보 - 정보보기'에서는 △조회한 공간환경정보데이터(벡터) 속성정보 창 표출 △데이터 상세정보 표출 △데이터 의견 보내기를 이용할 수 있다. '공간환경정보 - 다운로드'에서는 △데이터 구축 연월(연도별 데이터가 있을 때 표출) 선택 △다운로드 행정구역 선택 △좌표 체계 선택을 통해 관련 자료(지도)를 다운로드할 수 있다.

나. 환경공간정보서비스

1) 추진 배경 및 필요성

환경공간정보서비스(Environmental Geographic Information Service, EGIS)는 환경정보를 지리 정보와 결합해 공간적으로 시각화하고 분석하는 시스템으로, 다양한 환경 문제 해결과 효율적인 환경 관리를 위해 필수적인 도구로 자리매김하고 있다.

본 시스템의 구축 배경으로 첫째, 산업화·도시화 등으로 인해 환경 문제가 점차 복잡해지고 다양화되면서 이를 종합적으로 관리하고 해결하기 위한 체계적인 시스템의 필요성이 대두됐다. 둘째, 환경정보의 증가로서 환경 관련 데이터가 급증하면서 이를 효과적으로 관리하고 활용하는 방안이 요구됐다. 셋째, 공간정보 활용의 중요성 인식으로, 지리 정보 시스템(GIS) 기술의 발전과 함께 공간정보를 활용해 환경 문제를 분석하고 예측하는 것이 가능해졌다. 즉 환경 관리에 공간정보를 적극적으로 활용하려는 움직임이 확산되고 있다. 마지막으로, 정책 결정 지원으로, 과학적이고 객관적인 환경정보를 바탕으로 효율적인 환경정책을 수립하고 평가하기 위한 시스템 구축의 필요성이 제기됐다.

2) 추진 내용 및 체계

환경공간정보서비스(EGIS)의 주요 기능은 첫째, 환경정보 시각화(지도를 기반으로 다양한 환경정보를 시각화해 공간적인 분포를 파악하고 분석), 둘째, 공간 분석(버퍼 분석, 중첩 분석 등 다양한 공간분석 기법을 활용해 환경 문제의 상관관계 분석), 셋째, 데이터베이스 구축 및 관리(다양한 환경 데이터를 체계적으로 관리하고 검색), 넷째, 모델링 및 시뮬레이션(환경 변화를 예측하고 미래 시나리오 분석)으로 구성된다.

구체적으로 환경공간정보서비스(EGIS)는 기존에 서비스되고 있던 환경공간정보서비스와 환경주제도를 통합해 환경부에서 보유하고 있는 다양한 환경공간정보를 쉽게 활용할 수 있도록 '통합지도서비스' 및 '환경주제도'를 서비스한다.

통합지도서비스에서 제공하는 환경공간정보는 크게 토지피복지도, 토지이용규제 지역·지구도, 개별 공간정보시스템이며, 사용자는 원하는 레이어를 선택하고 색상 및 투영도를 조절해 중첩할 수 있다. 환경주제도에서는 환경 분야 데이터를 주제별로 지도화한 공간정보와 주제에 대한 설명을 추가해 '주제도+콘텐츠' 형태의 지도집을 제공한다.

(가) 통합지도서비스: 토지피복지도 정보서비스

토지피복지도는 주제도(Thematic Map)의 일종으로, 지구표면 지형지물의 형태를 일정한 과학적 기준에 따라 분류하여 동질의 특성을 지닌 구역을 Color Indexing한 후 지도의 형태로 표현한 공간정보 DB를 말한다. 토지피복지도는 지표면의 현상을 가장 잘 반영하기 때문에 지표면의 투수율(透水率)에 의한 비점오염원 부하량 산정, 비오톱 지도작성에 의한 도시계획, 댐 수문 방류 시 하류 지역 수몰 피해 시뮬레이션, 기후대기 예측 모델링, 환경영향평가 등에 폭넓게 활용되고 있다. 더불어, 중앙정부 및 지방정부의 환경정책 수립의 과학적 근거로서 위상을 가지고 있고, 관련 학계의 다양한 연구자료로 활용되고 있다.

토지피복지도는 해상도에 따라 대분류(해상도 30M급), 중분류(해상도 5M급), 세분류(해상도 1M급)로 구분된다. 각각의 지도는 대분류 7개 항목, 중분류 22개 항목, 세분류 41개 항목으로 분류하며 점점 세분화됐다. 대분류(해상도 30M급) 7개 항목은 시가화·건조지역, 농업지역, 산림지역, 초지, 습지(수변식생), 나지, 수역으로 구성된다.

(나) 통합지도서비스: 토지 이용규제 지역·지구도 정보서비스

토지 이용규제 지역·지구도에서 지역·지구는 지역·지구·구역·권역·단지·도시계획시설 등 명칭에 관계 없이 개발행위를 제한하거나 토지이용과 관련된 인가·허가 등을 받도록 하는 등 토지의 이용 및 보전에 관한 제한을 하는 일단(一團)의 토지로서 「토지이용규제 기본법」 제5조 각호에 규정된 것을 말한다. 여기서 토지는 토지와 연접한 해수면으로서 토지와 같이 제한되는 경우에는 그 해수면을 포함한다. 전국적인 환경 분야의 다양한 이슈를 위해 환경공간정보서비스에서는 아래의 토지이용규제지역·지구도를 전국 단위로 서비스한다.

(다) 환경주제도 정보서비스

환경주제도는 주제별로 맞춤 정보 제공을 위해 환경 분야 데이터를 지도화해 시각화된 공간정보를 제공하고 설명을 추가해 '주제도 + 콘텐츠' 형태로 제작된 지도이다. 콘텐츠는 제작 근거, 배경, 사용 데이터베이스, 통계 등으로 구성돼 업무 담당자, 전문가, 연구자, 대국민 등 다양한 사용자들이 쉽게 주제도를 이해할 수 있도록 제공하고 있다.

환경주제도 서비스를 통해 시각화된 공간정보를 활용할 수 있고 다양한 환경정보에 대한 이해를 향상할 수 있다. 본 서비스는 분야별 환경 관련 정보의 중첩 및 비교를 통한 환경정책 수립에 기여하면서 통합적 정책 활용의 기능도 수행한다. 현재 제작돼 있는 공간정보는 많지만, 공간정보를 활용해 자신이 원하는 형태로 만드는 것은 어려운 일이다. 따라서 사용자의 목적에 맞는 환경주제도를 제공해 사용자가 정보를 모으고, 가공하고 분석하는 시간을 줄일 수 있다.

[그림 2-6-2] 환경공간정보서비스 환경주제도의 목적 및 기능

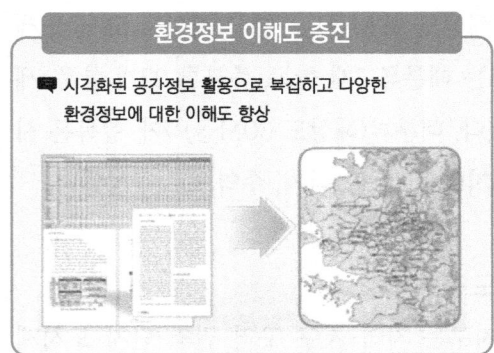
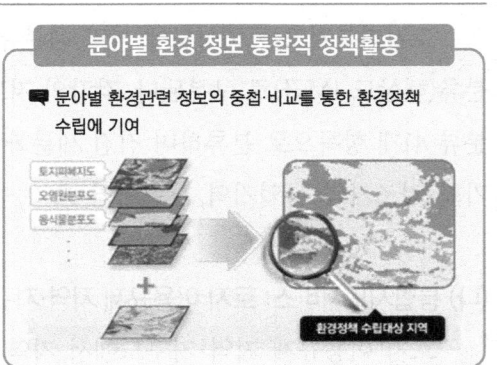

[출처: 환경공간정보서비스 홈페이지]

환경주제도의 주제는 환경 분야를 크게 자연, 물, 기후·대기, 생활, 토양지하수, 기초지리의 6개 분야로 구분하고, 분야별로 환경부에서 수행하고 있는 업무를 중심으로 구축 가능성, 활용 데이터 여부, 업무 활용성을 고려해 선정된다.

다. 환경영향평가정보지원시스템

1) 추진 배경 및 필요성

우리나라의 환경영향평가제도는 대규모 개발 사업이나 특정 프로그램을 비롯해 환경영향평가법에서 규정하는 사업을 대상으로 한다. 해당 사업으로부터 유발될 수 있는 모든 환경영향에 대해 사전에 조사·예측·평가해 자연훼손과 환경오염을 최소화하는 방안을 마련하려는 전략적인 종합 체계로서 '환경영향평가'를 운영하고 있다. 여기서 환경평가(Environmental Assessment)란, 전략환경평가(SEA; Strategic Environmental Assessment), 환경영향평가(EIA: Environmental Impact Assessment) 등 정책 계층구조와 관계있는 Policy, Plan, Program, Project가 환경에 미칠 영향을 종합적으로 예측하고 분석·평가하는 과정이다. 궁극적으로는 환경파괴와 환경오염을 사전에 방지하기 위한 정책 수단으로서 환경적으로 건전하고 지속가능한 개발(Environmentally Sound and Sustainable Development, ESSD)을 유도해 쾌적한 환경을 유지·조성하는 것을 목적으로 한다.

환경영향평가제도는 환경오염의 사전 예방 수단으로서 사업계획을 수립·시행함에 있어 해당 사업의 경제성, 기술성뿐만 아니라 환경성까지 종합적으로 고려함으로써 환경적으로 건전한 사업계획안을 모색하는 과정이자 계획적인 기법으로 정의될 수 있다. 기존의 '사전환경성검토' 및 '환경영향평가' 제도는 동일 목적의 사전 협의 제도임에도 불구하고, 환경정책기본법과 환경영향평가법으로 각각 운용되고 있어 처리 절차가 복잡하고 적용에 일부 혼선도 있는 등 문제점이 있었다. 2024년 현재 우리나라는 2012년 7월 22일부터 전면 시행에 들어간 개정법에 따라 '전략환경영향평가', '환경영향평가', '소규모 환경영향평가'로 나눠 진행하고 있다.

이와 같은 환경영향평가제도 하에서 환경영향평가정보지원시스템은 개발 사업 등이 환경에 미치는 영향을 사전에 예측하고 평가해 환경 보전과 지속 가능한 발전을 도모하기 위한 시스템이다.

2) 추진 내용 및 체계

'환경영향평가 정보지원시스템'은 「환경영향평가법」 제66조에 따라 환경영향평가서 등을 공개·활용이 가능할 수 있도록 구축된 정보망을 말한다. 본 시스템을 구축·운영하는 기관은 한국환경연구원(前 한국환경정책평가연구원) 및 관계 전문 기관이다.

[그림 2-6-3] 환경영향평가 정보지원시스템 메인화면

[출처: 환경영향평가 정보지원시스템 홈페이지]

운영기관은 환경영향평가 정보지원시스템과 관련한 다음과 같은 주요 임무를 수행하고 있다. 첫째, 평가시스템(하드웨어 및 소프트웨어 포함)의 운영관리 및 유지 보수, 둘째, 협의 정보 관리자 및 사업자 등에 대한 이용 등급 부여·관리, 셋째, 환경영향평가제도와 관련된 법령정보·학술정보·공간정보의 발굴 및 등록, 넷째, 평가시스템을 통한 질의응답, 환경영향평가 등의 초안, 약식평가서에 대한 주민 등의 의견 관리, 다섯째, 전략환경영향평가서, 환경영향평가서(약식평가서 및 초안 요약서 등 포함), 소규모

환경영향평가서, 사후환경영향조사서 등 관련 정보의 정보지원시스템 게시, 여섯째, 환경영향평가서 등에 대한 협의 내용 및 협의 진행 상황 등록, 일곱째, 환경영향평가 등의 정보 입력 프로그램 개발 및 보급, 여덟째, 그 밖에 평가시스템의 운영 및 관리에 관한 사항이다.

환경영향평가 정보지원시스템의 정보 등록·공개 대상은 전략환경영향평가에 관한 사항, 환경영향평가에 관한 사항, 소규모환경영향평가에 관한 사항이다. 본 시스템의 추진 체계(과정)는 첫째로, 협의기관(환경부 및 유역(지방)환경청)이 사업자 등으로부터 환경영향평가서 등의 진행사항을 운영기관(한국환경연구원)에게 통보하고, 운영기관은 이에 대한 사항을 평가시스템에 등록·공개한다. 둘째로, 사업자 등은 평가시스템에 최초 사업등록 시에 사업등록 요청서를 작성한다. 셋째로, 운영기관은 사업등록을 요청받은 경우 해당 사업의 중복 여부 등을 확인하고, 동일 사업에 대한 재협의, 변경협의, 재평가인 경우 이를 반드시 연계해 표시한다. 넷째로, 사업자 등은 제1항에 따라 등록이 완료된 사업의 정보를 즉시 입력해야 하며, 운영기관은 입력된 내용을 확인한 후 승인 조치를 한다. 마지막으로, 운영기관은 입력된 정보를 공개한다. 비공개 요청서를 제출한 경우 비공개 또는 공개 시기가 도래한 시점에 공개하는 등 필요한 조치를 한다.

환경영향평가 정보지원시스템의 사용자 등급은 4가지(내부 사용자, 유관 기관, 평가 관련자, 일반 사용자)로 구분된다. 각 등급에 해당되는 대상 기관과 등급 구분 기준의 세부 내용은 [표 2-6-1]에서 보여주는 바와 같다.

[표 2-6-1] 환경영향평가 정보지원시스템의 사용자 등급, 대상, 해당 기준

등급	대상	기준
I (내부 사용자)	환경부 및 유역(지방)환경청, 한국환경정책·평가연구원	전략환경영향평가서, 환경영향평가서, 소규모 환경영향평가서, 사후환경영향조사서 등 관련 정보를 정보지원시스템에 직접 입력·관리하는 자, 협의 정보 관리자, 한국환경정책·평가연구원 직원
II (유관 기관)	정부기관, 지방자치단체 및 정부출연 기관	내부 사용자를 제외한 정부기관, 지방자치단체 공무원 및 정부출연연구기관 직원
III (평가 관련자)	사업자 및 환경영향평가업자	전략환경영향평가서, 환경영향평가서, 소규모 환경영향평가서, 사후환경영향조사서 작성 관련 사용자
IV (일반 사용자)	일반	위 등급에 속하지 않는 사용자

라. 홍수위험지도 정보시스템

1) 추진 배경 및 필요성

최근 들어 지구 온난화 및 엘니뇨 현상 등으로 인해 과거에는 경험하지 못한 강도와 빈도의 게릴라성 집중호우 등 폭우가 잦아지면서 도시 침수 등 대규모 피해가 발생하고 있다. 콘크리트 건물과 도로 등 불투수면이 늘어나면서 빗물 흡수량이 줄어들고, 짧은 시간에 많은 양의 빗물이 하천으로 유입돼 범람 위험이 매우 높아졌다. 홍수방어대책이 2000년대 이후 기존 대책에서 더욱 변화해 구조물적 대책(하천 중심의 홍수 방어대책 등)과 함께 유역종합치수계획 등 비구조물적 대책으로 전방위적 홍수 방어 대책으로 진화했다. 또한, 홍수터 관리, 홍수예경보, 홍수위험지도 제작, 비상대처계획(EAP) 수립 등으로 홍수피해의 최소화를 목표로 추진됐다.

이와 같은 변화된 상황 속에서 기존의 방재 시스템은 과거의 강우 데이터를 기반으로 설계돼 극한 강우에 대한 대응력이 부족한 경우가 많은 한계를 드러냈다. 전례 없는 상황 속에서 발생하고 있는 자연재해에 대한 국민 불안감이 커지면서 정확한 정보 제공과 사전 대비를 위한 시스템 구축이 요구됐다.

'홍수위험지도 정보시스템'은 이러한 기후변화로 인한 극한 강우와 도시화로 인한 불투수면 증가 등으로 홍수 발생 가능성이 높아짐에 따라, 국민의 안전과 재산 보호를 위해 필수적인 시스템이라고 할 수 있다. 본 시스템을 통해 홍수 위험 지역을 사전에 파악하고, 침수 범위와 깊이를 예측하여 피해를 최소화할 수 있으며, 홍수 위험 지역별 특성에 맞는 맞춤형 방재 대책을 수립하고, 예산을 효율적으로 배분할 수 있다. 더불어 홍수 대응을 위한 정부 부처, 지자체, 관련 기관 간 협력 체계를 구축하고 정보 공유를 활성화할 수 있다. 홍수뿐만 아니라 다양한 자연재해에 대한 대응력을 강화하고, 국가 재난 관리 시스템을 고도화할 수 있다.

2) 추진 내용 및 체계

'홍수위험지도'는 하천제방의 설계빈도를 초과하는 홍수가 발생해 제방 붕괴, 제방 월류 등 극한의 상황이 발생한다는 가정하에 하천 주변 지역의 침수 범위, 침수 깊이를 나타낸 지도이다. 최악의 홍수 상황을 사전에 대비하고 인명 및 재산피해를 최소화하며, 지자체의 재해지도 제작, 홍수 관련 보험의 기초자료를 제공 및 수해방지대책 수립 등에 활용이 가능하다.

홍수위험지도의 제방 붕괴 등 홍수 예상 시나리오는 실제 하천제방의 안정성과 무관하며, 구조물적 대책이 실패한다는 최악의 경우를 가정한 것으로서 홍수 시 가상의 최대 범람 범위 산정을 위한 것이다. 홍수위험지도를 통해 국민이 보다 편리하게 홍수위험정보에 접근해 자신이 사는 지역의 홍수위험을 사전에 인식할 수 있다. 또한, 홍수방어 대책 수립에 필요한 잠재적 홍수위험구역을 파악할 수 있고, 방재업무지원, 피난활동, 풍수해보험, 토지이용규제 등 필요한 기초자료를 제공할 수 있다.

홍수위험지도 정보시스템에서는 '하천범람지도'와 '도시침수지도'가 제공된다. [그림 2-6-4]에서 보여주는 바와 같이, 하천범람지도는 하천 범람에 의한 침수예상지역, 피해범위, 예상 침수 깊이 등을 표시한 지도다. 도시침수지도는 빗물펌프장과 빗물저류조 등 우수배제시설의 용량 초과 및 고장을 가정한 조건에서 발생 가능한 침수 범위, 침수심 등을 나타낸다. 2024년 현재 일부 지역에 대해 제작돼 공개되고 있다.

[그림 2-6-4] 하천범람지도 온라인 서비스

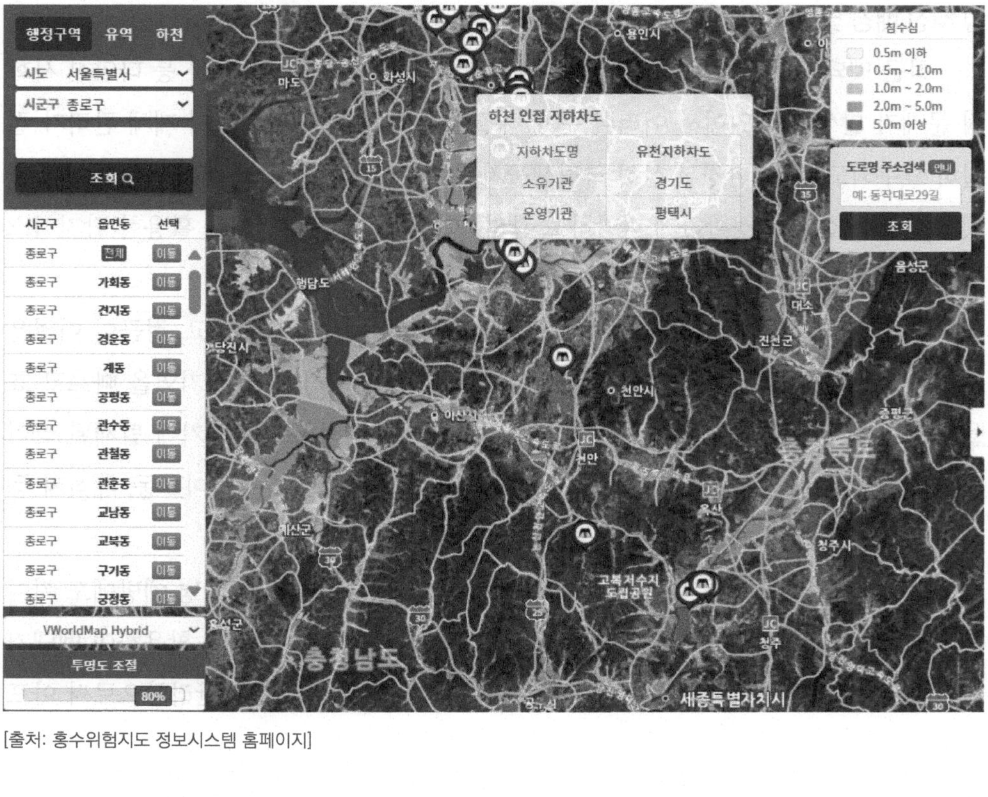

[출처: 홍수위험지도 정보시스템 홈페이지]

홍수위험지도위 제작을 위해서는 우선, 기초자료 수집 및 지형자료 구축이 중요하다. 이후 홍수가 어떻게 일어나고 홍수의 규모는 얼마나 될지에 대한 가상시나리오를 작성하고, 이를 토대로 홍수범람을 모의하고 이를 표시한 홍수위험지도를 제작한다.

홍수위험지도 가상시나리오의 작성은 3단계로 이뤄진다. 우선 유역조건 시나리오 작성 단계에서 홍수범람지역의 토지이용상태, 하천시설물 등 하천 현황을 고려하고, 범람해석구간의 공간적 단위구역을 분할한다. 둘째로 홍수규모 시나리오 단계에서 홍수범람을 유발하는 대상 홍수의 규모 및 양을 결정한다. 또한, 계획홍수량의 빈도를 포함한 홍수 규모를 설정한다. 구체적으로 국가하천은 100년, 200년, 500년 빈도이며, 지방하천은 50년, 80년, 100년, 200년 빈도이다. 세 번째로 홍수범람 시나리오 단계에서 침수발생 원인에 따른 홍수범람 발생 양상을 구분한다. 예컨대 제방 파괴 없이 홍수가 월류해 제내지로 범람하는 월류범람과 제방 파괴에 의한 제내지 범람인 파제범람으로 구분한다. 또한, 범람지역 흐름 특성에 따라 유하형, 저류형, 확산형으로 구분한다.

마. 첨단 무인기 활용 멧돼지 개체 탐지시스템
1) 추진 배경 및 필요성

최근 멧돼지 개체수가 급증하며 농작물 피해, 교통사고, 질병 전파 등 다양한 사회적 문제가 발생하고 있어서 이러한 문제 해결을 위해 효과적인 멧돼지 개체 관리가 절실히 요구되고 있다. 환경부 산하 국립생물자원관은 이러한 문제의 심각성을 인지하고, 멧돼지 서식 실태를 정확하게 파악하고 관리하기 위해 첨단 무인기를 활용한 탐지시스템 개발에 착수했다.

기존의 멧돼지 개체수 조사 방법은 시간과 인력이 많이 소요되고, 접근이 어려운 지역은 조사가 제한적이었다. 그러나 무인기(드론)를 활용하면 넓은 지역을 빠르고 효율적으로 조사해 정확한 개체수를 파악할 수 있다. 구체적으로 무인기에 탑재된 라이다 센서를 통해 3차원 서식공간을 구축하고, 멧돼지의 이동 경로, 먹이활동, 휴식지 등 서식 특성을 분석해 보다 효과적인 개체 관리 방안을 마련할 수 있다.

특히, 첨단 무인기를 활용한 멧돼지 개체 탐지는 아프리카돼지열병 예방에도 기여할 수 있다. 멧돼지는 아프리카돼지열병의 주요 매개체인데, 무인기를 활용하여 멧돼지의 이동 경로를 파악하고, 감염 가능성이 높은 지역을 선제적으로 관리함으로써 아프리카돼지열병 확산을 예방할 수 있다. 한편, 험준한 산악 지형이나 위험 지역에서 관계자들이 직접 관련 조사를 진행하는 것은 인명 사고의 위험이 높다. 무인기를 활용하면 사람이 직접 현장에 들어가지 않고도 안전하게 조사를 수행할 수 있다.

2) 추진 내용 및 체계

환경부 소속 국립생물자원관은 첨단 무인기(드론)로 우리나라 산지에 적합한 멧돼지 탐지 표준화 기법을 개발하고 라이다센서를 이용해 3차원 서식공간을 구축했다. 라이다(LiDAR, Light Detection and Ranging, 레이저 펄스 이미지화 기술)는 레이저 펄스를 발사해 그 빛이 대상 물체에 반사돼 돌아오는 시간에 따라 물체와의 거리를 측정해 물체의 형상을 입체적으로 이미지화하는 기술이다.

국립생물자원관은 이번 첨단 무인기를 이용한 생태 분석으로 멧돼지의 정확한 위치 정보를 확보하고, 이를 기반으로 멧돼지의 이동과 먹이활동, 휴식지 등 서식 특성을 정확하게 파악할 수 있게 됐다. 본 기관 연구진은 멧돼지 탐지에 있어 촬영 간격 50m, 비행 고도 100~120m, 비행 속도 3m/s, 촬영 각도 90°로 미리 드론의 비행경로를 설정한 후 촬영하는 자동 비행경로 설정을 통해 멧돼지를 탐지하는 것이 멧돼지 개체 탐지율을 높일 수 있음을 밝혀냈다. 열화상 카메라를 장착한 드론으로 ASF 발생 지역인 경북 상주와 강원도 횡성에서 총 21마 리의 멧돼지를 확인했다. 일몰 전(15:00~18:00)에는 이동과 먹이활동을 주로 하고, 일출 후(7:00~9:00)에는 주로 휴식을 취하는 행동 특성을 관측했다.

멧돼지 출몰 지점의 서식 환경을 라이다(LiDAR)) 센서가 달린 드론으로 촬영해 분석한 결과, 멧돼지는 수목이 무성한 지역의 경사가 조금 높은 능선을 이동해 수목이 적고 경사가 완만한 지형에서 먹이활동을 한 후, 수목이 무성한 나지막한 산지인 구릉지의 주변에서 휴식하는 것을 확인했다.

국립생물자원관은 첨단 센서를 탑재한 무인기 기반의 멧돼지 탐지 표준화 기법을 개발함에 따라 멧돼지 분포 측정(모니터링) 및 서식지 분석 연구에 박차를 가해 야생 멧돼지 피해를 선제적으로 줄이는 방법을 모색해 나가고 있다. 구체적으로, 무인기를 이용해 급경사지와 같은 접근 위험 및 불가 지역의 멧돼지 서식밀도를 파악하고, 현장 조사 기반의 서식밀도 결과를 보완할 수 있다. 또한, 과학적인 자료 기반의 서식지 분석으로 멧돼지의 서식 특성을 파악해 수색, 울타리나 포획기구 위치 선정 등에서 보다 효과적인 아프리카돼지열병 방역을 지원해 나가고 있다.

[그림 2-6-5] 드론을 활용한 횡성군 야생동물 조사 자료

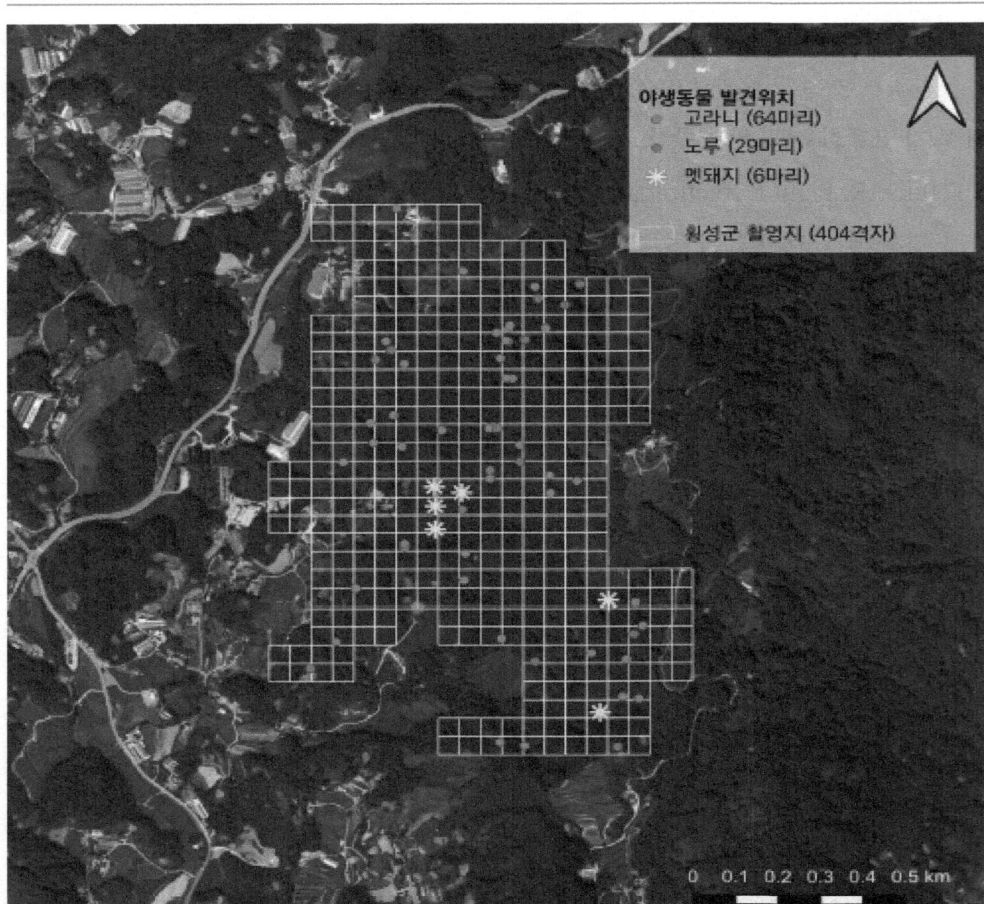

[출처: 환경부 보도자료]

바. 탄소배출권거래 활성화를 위한 블록체인 시스템
1) 추진 배경 및 필요성

탄소배출권 거래 시장은 기업들이 온실가스 배출량을 줄이도록 유도하고, 탄소 감축 노력을 경제적으로 장려하는 중요한 메커니즘이다. 2050 탄소중립 달성의 효과적

인 이행 수단으로서 기업의 온실가스 배출 감축을 촉진하기 위한 취지로 시장을 통한 거래가 가능한 탄소배출권거래제를 시행 중이며, 전 세계적으로 도입 움직임이 강화되고 있다. 탄소배출권은 할당량(allowance)과 크레딧(credit)을 포괄하는 개념이며, 탄소배출권거래제는 정부가 온실가스 배출권 총량을 설정해 각 기업에 할당하면, 할당된 범위 내에서 배출을 허용하고 여분이나 부족분은 다른 기업과 거래할 수 있는 제도로 유럽에서 가장 먼저 도입됐다.

기후변화 대응을 위해 탄소배출권 거래에 대한 관심이 더욱 높아지고 있으나, 탄소배출권 시장은 제한된 공급량, 낮은 거래 접근성으로 인한 유동성 부족과 불투명성 등의 문제점을 안고 있다. 이러한 문제점을 해결하고 탄소배출권 거래 시장을 더욱 활성화하기 위해 블록체인 기술이 주목받고 있다. 탄소배출권 거래의 유동성 부족 문제를 해소하기 위해 자발적 탄소시장 활용에 관한 국제적 논의가 진행 중이고, 금융투자회사들은 투자자를 위한 다양한 상품 개발에도 노력을 기울이고 있다.

특히, 탄소배출권 거래에 블록체인(blockchain) 기술을 활용하면 거래의 안정성 및 투명성의 향상과 유동성 확대를 기대할 수 있어 주요 대안으로 떠오르고 있다. 블록체인은 누구나 열람이 가능한 장부에 거래 내역을 투명하게 기록해 여러 대의 컴퓨터에 복제해 저장하는 분산형 데이터 저장기술로, 각 데이터 블록이 연결돼 사용자들의 감시가 가능해 안전한 데이터베이스를 통해 자산을 이전하고 거래 기록이 가능하다.

구체적으로, 블록체인(blockchain)상에서는 중앙 서버가 아닌 네트워크에 참여하는 모든 컴퓨터에 거래 기록이 동일하게 저장되고, 각각의 거래 기록은 블록이라는 단위로 묶이고, 이 블록들이 시간 순서대로 연결돼 체인을 형성한다. 각 블록은 이전 블록과 해시 함수를 통해 연결돼 있어, 한 번 기록된 데이터는 변경 불가능하며, 새로운 블록을 추가할 때 네트워크 참여자들이 합의를 통해 검증하는 과정(합의 알고리즘)을 거친다.

탄소배출권 거래 시장에서 블록체인 기술의 도입을 통해 첫째, 탄소배출권의 생성부터 소멸까지 모든 과정을 블록체인상에서 투명하게 추적할 수 있어, 배출권의 불법 거래나 중복 사용을 방지하며 투명성을 극대화할 수 있다. 둘째, 스마트 계약을 통해 탄소배출권 거래 과정을 자동화해 시간과 비용을 절감할 수 있다. 셋째, 블록체인 기반 플랫폼은 실시간으로 거래를 처리해 시장의 유동성을 높일 수 있으며, 다양한 국가의 탄소배출권 시스템을 블록체인으로 연결해 국제적인 탄소배출권 거래를 촉진할 수 있다.

넷째, 블록체인은 중앙 서버 없이 네트워크 참여자들이 공동으로 관리하는 분산 시스템(분산원장기술, Distributed Ledger Technology)이므로, 단일 지점의 장애나 해킹 위험을 줄일 수 있다. 이를 통해 투명하고 안전한 거래 환경을 제공해 시장 참여자 간의 신뢰를 구축하고, 탄소배출권 시장에 대한 신뢰도를 높인다. 즉, 블록체인 기술을 이용해 탄소자산 기록의 투명성 강화와 결제 자동화 등 탄소배출권 거래시스템을 개선하는 데 사용될 수 있다. 다섯째, 탄소배출권을 토큰화해 다양한 금융 상품 개발이 가능해지고, 소액의 탄소배출권도 블록체인을 통해 쉽게 거래할 수 있어 개인 참여를 유도할 수 있다. 예를 들어, P2P 재생에너지 거래를 위한 플랫폼 개발로 소비자는 특정량의 에너지 생산과 관련된 토큰이나 가상자산을 사용해 재생에너지를 구매, 판매 또는 교환할 수 있다.

2) 추진 논의 및 관련 사례

국내외에서 블록체인과 탄소배출권 결합에 대한 다양한 논의가 진행됐다. 이러한 추세에 따라 탄소배출권 시장에 블록체인 기술을 적용하고, 탄소배출권 기반 가상자산의 등장과 탄소배출량 감소에 따른 보상체계로서 가상자산을 활용하는 등의 사례가 증가하고 있다. 대표적으로, 미국-EU 무역 기술위원회(EU-US Trade and Technology Council: TTC)는 블록체인 기술에 대해 온실가스(GHG)를 측정하고 활용하기 위한 잠재적 도구로 인식한다고 밝혔다. 일본 환경부는 기업들의 탄소 배출량 감축을 위해 재생에너지 거래가 가능한 블록체인 플랫폼 운영을 인증하고 후원하고 있다.

최근 국내에서도 탄소배출권과 블록체인의 연계에 관한 다양한 포럼 등이 개최되면서 다양한 논의가 이뤄지고 있다. 특히, 블록체인과 기후 관련 활동의 연계에 대해 공공부문에 선도적으로 적용하기 위해 환경부 온실가스종합정보센터에서 '블록체인 기반 탄소배출권 이력 관리 시스템 구축 사업'을 선정해 시범 사업을 마쳤고, 현재 고도화 사업 구축을 모색하고 있다. 본 사업을 통해 블록체인 기반의 위변조가 불가한 전자적 증명서(승인서) 실시간 발급 및 이력관리 시스템 구축·운영이 이뤄질 수 있다. 본 사업의 블록체인 기반 탄소배출권(외부감축 사업) 이력관리시스템에서 구축하는 기능은 크게 3가지다. 먼저, 블록체인 기반으로 5개 관장 기관(환경부, 산업통상자원부, 국토교통부, 농림축산식품부, 해양수산부)에 대해 컨소시엄 블록체인 노드(네트워크를 유지·관리하는 서버)를 구축해, 공유원장(네트워크 사이에서 공유되며 블록체인 데이터 관련 모든 것을 기록하는 시스템)을 통해 상쇄등록부시스템에서 생성된 블록(사용자가 입력한 정보의 형태)이 동일하게 전송 및 저장될 수 있도록 이력을 관리한다. 두 번째로는 외부 사업 승인서, 외부 사업 온실가스 감축량 인증서 등의 주요 문서에 대해 문서의 해시(hash) 정보를 블록체인에 보관함으로써 사실관계 확인 및 문서의 진본성을 검증하고 조회·출력하는 기능을 제공한다. 세 번째로 외부 사업 및 인증실적 관련 자료를 상쇄등록부시스템 모바일 웹서비스를 통해 제공한다.

이러한 추세에 따라 탄소배출권 시장에 블록체인 기술을 적용하고 탄소배출권 기반 가상자산의 등장과 탄소배출량 감소에 따른 보상체계로서 가상자산을 활용하는 등의 사례가 증가했다. 예를 들어, 세계은행의 기후창고(Climate Warehouse)의 경우, 공공 데이터 구축과 관련해 블록체인 기업과 협의해 기후 프로젝트 관련 데이터의 투명한 공유를 위해 데이터공유 프로토타입 개발을 의뢰했다. 영국의 탄소배출권 거래소 CTX(Cryptex Finance)의 경우, 개인 간 블록체인 기술을 활용한 탄소배출권 거래시스템에 대해 미국 블록체인 기반 기업인 클라이밋코인(Climatecoin)과 계약을 체결했다. 중국의 에너지 기업 스테이트그리드(State Grid) 계열사가 제안한 'P3218 블록체인 기반 탄소 거래 응용 표준(Standard for Using Blockchain for Carbon Trading applications)'은 세계 최초로 탄소배출권 거래 영역의 블록체인 국제표준으로 등록했다.

국내에서도 탄소중립 실현에 참여하고자 하는 지역민에게 출자 기회를 제공해 출자금은 신재생에너지 사업에 투자하고, 운용 수익이 발생하는 경우 블록체인상에서 투명하게 배분하는 플랫폼들의 구축 등이 추진되고 있다. 또한, 부산시의 '블록체인 활용, 부산항만 탄소중립 플랫폼 구축 사업'이 산업통상자원부 산하 한국에너지공단의 '지역에너지산업 활성화 지원 사업'에 선정됐다. 본 사업은 2023년 6월부터 2024년 12월까지 총사업비 30억 7,200만 원(국비·시비 각 7억 6,800만 원, 민간 15억 3,600만 원)을 투입해 추진되고 있다. 사업의 주요 내용은 첫째, 탄소크레딧 등록, 인증, 중개거래 사업화, 둘째, RE100(국제적인 비영리 단체 클라이밋그룹(Climate Group)이 2014년 출범한 자율적인 동참 캠페인으로, 기업이 사용하는 모든 전력을 2050년까지 전량 재생에너지 전력으로 구매하거나 자가생산으로 조달하겠다는 것) 추진 및 분산전원 기반설비 구축, 셋째, 부산 신재생에너지 통합관리시스템 고도화 등이다. 본 사업이 완료되면 부산 내 신재생에너지 공급 전력을 높이고, 잉여전력 및 탄소배출권 거래를 통해 부산의 탄소중립 경쟁력을 높이는 발판이 될 것으로 예상된다.

3 기대효과 및 향후 계획

앞서 설명한 바와 같이, 장기적인 환경정책 방향을 제시하는 국가계획 '제5차 국가환경종합계획(2020~2040년)'에서 환경정보화는 '과학적이고 효율적인 환경관리 기반 구축'을 위한 주요 수단으로 제시됐고 4가지 세부 목표가 설정됐다. 앞서 살펴본 환경정보화 추진 사례들은 '제5차 국가환경종합계획(2020~2040년)'의 환경정보화 세부 목표들과 부합하는 특징들을 갖고 있으며 관련 기대효과들을 보여준다.

첫 번째 사례인 '국토환경성평가지도 시스템'의 사업 목표와 기대효과는 '제5차 국가환경종합계획'의 환경정보화 세부 목표 '환경정보 플랫폼 고도화'[1]에 부합한다. 국토환경성평가지도는 국토를 친환경적·계획적으로 보전하고 이용하기 위해 환경적 가치를 종합적으로 평가해 환경적 중요도에 따라 5개 등급으로 구분하고, 색채를 달리 표시해 알기 쉽게 작성한 지도로 행정계획 및 환경영향평가 등에서 국토의 환경적 가치를 종합적으로 평가하고 환경공간정보를 효율적으로 활용해 국민에게 제공하는 기대효과를 갖는다. 본 시스템은 앞으로 수시, 분기, 반기, 연간 등 구축 주기를 고려한 자료제공서비스를 제공해 나갈 계획이며, 특히 환경계획에 필요한 환경공간정보의 내비게이터 역할로서 공간정보에 대한 가이드를 제공하고(보고서, 지침, 제공시스템 정보 등) 확대해 나갈 예정이다.

두 번째 사례인 '환경공간정보서비스'의 사업 목표와 기대효과는 '제5차 국가환경종합계획'의 환경정보화 세부 목표 '환경정보의 융합 및 활용 활성화'[2]에 부합한다. 환

---

1   국민이 쉽게 환경정보에 접근하고 활용할 수 있도록 환경정보 플랫폼 고도화, 사용자 맞춤형 정보 제공, 모바일 접근성 강화, 정보 시각화 등을 통해 국민의 환경정보 이용 편의성 증진, 민간의 환경정보 활용 촉진 및 새로운 환경 서비스 창출 지원 등.
2   환경정보를 다른 분야의 정보와 융합해 새로운 가치 창출, 다양한 분야에서 환경정보의 활용 활성화 등.

경공간정보서비스(EGIS)는 환경정보를 지리 정보와 결합해 공간적으로 시각화하고 분석하는 시스템으로, 기존의 환경공간정보서비스와 환경주제도를 통합해 환경부에서 보유하고 있는 다양한 환경공간정보를 쉽게 활용할 수 있도록 '통합지도서비스' 및 '환경주제도'를 서비스하고 있다. 이를 통해 환경정보의 융합 및 활용 활성화가 이뤄져 다양한 환경 문제 해결과 효율적인 환경 관리를 위한 필수적인 도구로 확대될 것으로 기대된다.

세 번째 사례인 '환경영향평가정보지원시스템'의 사업 목표와 기대효과도 '제5차 국가환경종합계획'의 환경정보화 세부 목표 '환경정보의 융합 및 활용 활성화'에 부합한다. 본 시스템을 통해 개발 사업들이 환경에 미치는 영향과 관련한 다차원적인 정보들을 분석·활용해 관련 영향을 사전에 예측하고 평가하는데 기여할 수 있다. 대규모 개발 사업이나 특정 프로그램을 비롯한 대상 사업들에서 유발될 수 있는 모든 환경영향에 대해 사전에 조사·예측·평가해 자연훼손과 환경오염을 최소화하는 방안을 마련하려는 전략적인 종합 체계로서 '환경영향평가'의 운영을 지원하는 효과를 거두고 있어서 향후 더욱 확대될 것으로 기대된다.

네 번째 사례인 '홍수위험지도 정보시스템'의 사업 목표와 기대효과도 '제5차 국가환경종합계획'의 환경정보화 세부 목표 '환경정보 플랫폼 고도화'에 부합한다. 본 시스템을 통해 중앙·지방정부 및 관계 기관들의 홍수 위험 지역 사전 파악, 침수 범위와 깊이 예측을 통한 피해를 최소화, 홍수위험 지역별 특성에 맞는 맞춤형 방재 대책 수립 및 예산의 효율적 배분 등의 기대효과를 갖는다. 또한 홍수 대응을 위한 정부 부처, 지자체, 관련 기관 간 협력 체계를 구축하고 정보 공유의 확대가 더욱 이뤄질 것으로 기대된다.

다섯 번째 사례인 '첨단 무인기 활용 멧돼지 개체 탐지시스템'의 사업목표와 기대효과는 '제5차 국가환경종합계획'의 환경정보화 세부 목표 '지능형 환경정보 관리체계 구축'[3]에 부합한다. 본 사례를 통해, 첨단 무인기(드론)를 활용해 우리나라 산지에 적합한 멧돼지 탐지 표준화 기법이 개발됐고, 라이다 센서를 활용한 3차원 서식공간이 구축

---

3   사물인터넷(IoT), 빅데이터, 인공지능(AI) 등 첨단 정보통신기술을 활용해 환경정보의 수집, 분석, 예측, 활용 능력 향상의 지능형 환경정보 관리체계 구축 등.

됐다. 앞으로 우리나라 산지에 적합한 첨단 센서를 탑재한 드론 기반의 멧돼지 탐지 표준화 기법으로 활용돼 멧돼지 통제 관리에 큰 효과를 낼 수 있을 것으로 기대된다. 또한, 향후 멧돼지 분포 측정(모니터링) 및 서식지 분석 연구에 박차를 가해 야생멧돼지 피해를 선제적으로 줄이는 방법을 찾아낼 계획이다.

여섯 번째 사례인 탄소배출권거래 활성화를 위한 블록체인 시스템의 사업 목표와 기대효과는 '제5차 국가환경종합계획'의 환경정보화 세부 목표 '환경정보화 기반 강화'[4]에 부합한다. 탄소배출권거래 활성화를 위한 블록체인 시스템 관련 국내 대표 사례인 환경부 온실가스종합정보센터의 '블록체인 기반 탄소배출권 이력 관리 시스템 구축 사업'은 시범 사업 단계를 마치고, 현재 고도화 사업 구축 단계로 진행될 예정이다. 본 사업의 기대효과로 우선 외부 사업 이력 및 인증서 등에 대해 블록체인 기술을 적용해 위변조 가능성을 제거하고 탄소배출권 거래 시 데이터의 신뢰성과 안정성을 확보할 수 있다. 둘째, 문제점으로 제기되는 이중 거래의 진위를 확인해 관련 비용을 절감할 수 있다. 구체적으로, 블록체인 특성을 이용한 진본 확인을 통해 데이터의 진위를 판별할 수 있도록 해 시스템과 데이터의 신뢰성을 제공하고 보안성을 높여 거래 시장 활성화에 기여할 수 있다. 셋째, 외부 사업 및 인증실적 발행 내역 등이 블록의 생성 순서에 따라 일렬방식인 체인 형태로 묶여서 입력 정보가 안전하게 보관되고, 거래 이력을 추적할 수 있게 됨에 따라 탄소배출권 거래에 대한 투명성 확보가 가능하다.

한편, 향후 관련 사업 사례들에서 보다 통합적인 기술 접근의 필요성이 대두될 것으로 예상된다. 예를 들어, 자발적 탄소시장(VCM)의 서로 엇나가는 신뢰성 문제를 해결하기 위해서 블록체인, 인공지능(AI), 사물인터넷(IoT)의 기술 통합을 고려할 수 있다. 이러한 통합적 기술은 탄소 상쇄 프로젝트의 전체 수명 주기 동안 단일의 신뢰성을 구축함으로써 자발적 탄소시장 전반의 투명성, 효율성, 무결성을 향상할 수 있다. 구체적으로, 자발적 탄소시장 End-to-End 프레임워크가 이상적인 해결책이 될 수 있다. 프로젝트 개발부터 측정, 보고, 검증(MRV)을 거쳐 등록 및 최종 거래에 이르기까지 탄소 크레딧 라이프 사이클의 모든 단계에 투명성을 제공할 수 있기 때문이다. 블록체인, AI,

---

4 환경정보화를 위한 전문 인력 양성, 정보시스템 보안 강화, 관련 기술 개발 등 환경정보화 기반 강화, 환경정보화의 지속적인 발전 도모 및 환경정보의 신뢰성과 안전성 확보.

IoT 기술의 통합으로 뒷받침되는 이러한 플랫폼은 모든 프로세스가 투명하고 검증 가능하며 효율적일 수 있도록 보장하는 역할을 할 것으로 기대된다.

참고 문헌

관계부처합동, 제5차 국가환경종합계획(2020-2040), 2020
관계부처합동, 2050 탄소중립 추진전략, 2020
관계부처합동, 디지털 전환을 통한 탄소중립 촉진방안: DX/GX(디지털전환/녹색전환)기반 탄소중립전략, 2023
송홍선, 2050 탄소중립과 배출권거래제의 활성화, 자본시장연구원 이슈보고서 21-23, 2021
자본시장연구원, 탄소배출권과 블록체인 기술 및 가상자산의 결합, 2022
조정훈, 탄소배출권 시장 블록체인 적용 방안에 관한 연구, 한양대학교 대학원, 2023
카이스트 문술미래전략대학원, 카이스트 미래전략 2024, 김영사, 2023
카이스트 문술미래전략대학원, 카이스트 미래전략 2025, 김영사, 2024
한국인터넷진흥원, 생활속의 블록체인: 블록체인을 활용한 공공·민간 시범 사업 사례집, 2020
한국전자통신연구원, 탄소중립시대의 ICT: 기회와 도전, 기술정책 이슈 2021-17, 2021
한국정보통신기술협회, 그린뉴딜 및 ESG 관련 ICT 표준화 전략보고서, 2021
해시드오픈리서치(HASHED OPEN RESEARCH), 떠오르는 탄소시장 블록체인 융합의 기회, 2024.
환경부, 탄소중립 지향을 위한 2050 LEDS 도전과 과제, 2020
환경부 보도자료, "첨단 무인기 이용한 생태 분석으로 멧돼지 피해 막는다", 2023
United Nations Climate Change, How blockchain technology could boost climate action, 2022.

참고 사이트

국토환경성평가지도 홈페이지(ecvam.neins.go.kr/contents/contents02.do)
국토환경성평가지도 자료제공서비스 홈페이지(data.neins.go.kr/Information)
농업환경뉴스 기사(www.agemnews.co.kr/news/article.html?no=27507)
연합뉴스 기사(www.yna.co.kr/view/AKR20230926072400530)
홍수위험지도 정보시스템 홈페이지(floodmap.go.kr/public/publicIntro.do)
환경공간정보서비스 홈페이지(egis.me.go.kr/intro/intro.do)
환경영향평가 정보지원시스템(www.eiass.go.kr)
환경영향평가 정보지원시스템 운영지침(www.law.go.kr/LSW/admRulLsInfoP.do?admRulSeq=2100000037486#AJAX)

제7장 기상정보화

1. 추진 개요

'기상정보화'란 기상청 및 유관 기관에서 기상업무를 수행하는 과정에서 생산 또는 수집한 기상정보를 다양한 기상정보시스템을 통해 산업 및 국민 생활에 활용할 수 있도록 가공·유통하는 것을 의미한다. 기상청은 기상정보화를 위한 중장기 정책 방향을 △지능형 정보기술 △정보자원 통합 도입·운영 △데이터 분석 및 운영 기반 △개발 기반 표준화 △의사 결정 지원 서비스 구현 △정보화 관리체계 내실화 등으로 정하고 주요 과제를 추진 중이다.

[표 2-7-1] 기상정보화 추진 목표 및 전략

구분	제공정보
중장기 정책 방향	**[정보기술]** 기상기술 한계를 지원하는 지능형 정보기술 실용화
	[인프라] 클라우드 활성화 및 정보자원 통합 도입·운영 체계 확립
	[응용개발] 개발 기반 표준화를 통한 정보시스템 품질 향상 도모
	[데이터] 데이터를 보다 쉽고 편리하게 활용하도록 하기 위한 기반 마련
	[서비스] 새로운 가치를 창출하는 기상정보 융합 서비스 구현
	[제도] 정보화 정책을 수립하고 주도할 정보화관리 체제 강화
추진 전략	**[첨단 ICT 기술 활용 증진, Enhancement]** 첨단 ICT 기술을 적극 활용하도록 지원함으로써 기상기술의 획기적 도약을 견인
	[정보자원 도입·운영 효율화, Efficiency] 정보자원 도입과 운영 업무를 전담부서에서 일괄 수행하도록 하여 조직 전체의 정보화 업무 효율을 개선
	[기상정보 융합 서비스 확대, Expansion] 정보기술 적용, 타 분야 정보와의 융합을 통해 수요자의 의사결정에 도움을 주는 서비스가 되도록 유도

[출처: 기상청, 2022년 국가정보화 시행계획, 2021]

2. 추진 현황

가. 안정적인 첨단 ICT 인프라 운영

1) 차세대 슈퍼컴퓨터 도입

기상청의 슈퍼컴퓨터 5호기는 초기분(두루)과 최종분(마루, 그루)으로 구성돼 있으며, 2019년 12월에 초기분 '두루' 시스템이 도입돼 2020년 2월부터 서비스를 시작했고, 한국형 수치예보모델을 현업 운영하고 있다. 최종분인 '마루'와 '그루' 시스템은 2021년 6월 도입이 완료됐고, 같은 해 8월부터 서비스를 시작했다. 지난 2024년 5월 독일 함부르크에서 개최된 슈퍼컴퓨터 국제학술대회(ISC)에서 발표한 전 세계 슈퍼컴퓨터 순위(TOP 500)에 따르면, 기상청 슈퍼컴퓨터 5호기 '마루'와 '그루'는 58위와 59위를 각각 기록했다.(네이버의 '세종' 25위, 삼성전자의 SSC-21 32위, 카카오의 카카오 클라우드 44위, 70위, KISTI의 '누리온' 75위 등 우리나라의 경우 총 13대 등재)

[그림 2-7-1] TOP 500이 발표한 슈퍼컴퓨터 1~3위

〈1위: Frontier(미국)〉

〈2위: Aurora(미국)〉

〈3위: Eagle(미국)〉

[출처: 기상청, 2024년 상반기 슈퍼컴퓨터 순위(TOP500) 분석보고, 2024]

하지만, 보다 상세한 기상정보에 대한 수요가 증가하고 있고, 이에 대응하기 위해서는 더욱 촘촘한 해상도의 수치예보모델이 필요하다. 해상도가 증가하면 슈퍼컴퓨터의 계산 시간이 급격하게 증가하기 때문에 수치예보모델 결과의 적시 생산을 위해서는 새로운 국가기상컴퓨터(6호기) 도입이 필요한 상황이다. 기상청에서는 전산 수요조사 및 기획연구를 통해 6호기 규모를 산출하고, 수치예보모델 수행 성능 기준 5~8배 이상의 계산 인프라 확보를 위해 계획 수립, 보안성 검토, 제안요청서 작성 등의 업무를 추진했으며 2025년 12월 초기분 도입을 목표로 하고 있다.

[표 2-7-2] 기상청 슈퍼컴퓨터(1~5호기 주요 사양)

구분	1호기	2호기	3호기	4호기	5호기
시스템기종	SX-5	CrayX1E	CrayXE6	CrayXC40	LENOVO SD650
도입완료	2000년	2005년	2010년	2015년	2021년
CPU(Core) 수	28개	1,024개	90,240개	139,392개	612,864개
이론성능	224 GF	18.5 TF	758 TF	5,800 TF	51 PF
메모리용량	224 GB	4 TB	120 TB	744 TB	2,064 TB
공유저장장치	3.78 TB	88 TB	3.9 PB	15.8 PB	24 PB

[출처: 기상청 홈페이지(kma.go.kr/kma)]

2) 미래 사회 변화에 맞는 정보시스템 구축 및 기술 개발

최근 다양한 분야에서 활발하게 활용되고 있는 빅데이터 및 인공지능 연구지원을 위해 고성능 전산자원(GPU)을 보강해 대규모 자료 분석 및 시뮬레이션이 가능하게 할 예정이며, 한국형 수치예보모델(KIM) 데이터를 활용한 AI 기반의 예측 모델 3종(Pangu-Weather, FourCastNet, Graphcast)에 대한 실시간 운영체계를 구축한다. 또한 양자기술의 급격한 발전에 따라 관련 기술의 국내외 현황 조사, 중장기 기술 확보 방안 마련 등 기상 분야에서 활용이 가능한 양자컴퓨팅 기술 확보 방안도 마련할 계획이다.

나. 기상정보의 신속 정확한 전달을 통한 기후변화 대응 및 국민안전 확보 지원
1) 기후변화 감시예측정보 서비스 확대

기후변화가 가속화되면서 국민적 관심도 증가하는 가운데 2023년 10월에는「기후 및 기후변화 감시 및 예측 등에 관한 법률」이 제정됐다. 이 법은 기후 및 기후변화에 대한 과학적인 감시 및 예측 등에 필요한 사항을 정해 기후변화에 대응하기 위해 마련됐다. 기상청은 기후위기 감시 및 예측에 대한 총괄 지원 기관으로서 한반도와 전 세계 지역을 대상으로 기후감시 현황과 기후예측모델 결과를 날씨누리 개편을 통해 6월부터 새롭게 제공하기 시작했다.

[그림 2-7-2] 날씨누리 개편 이전과 이후

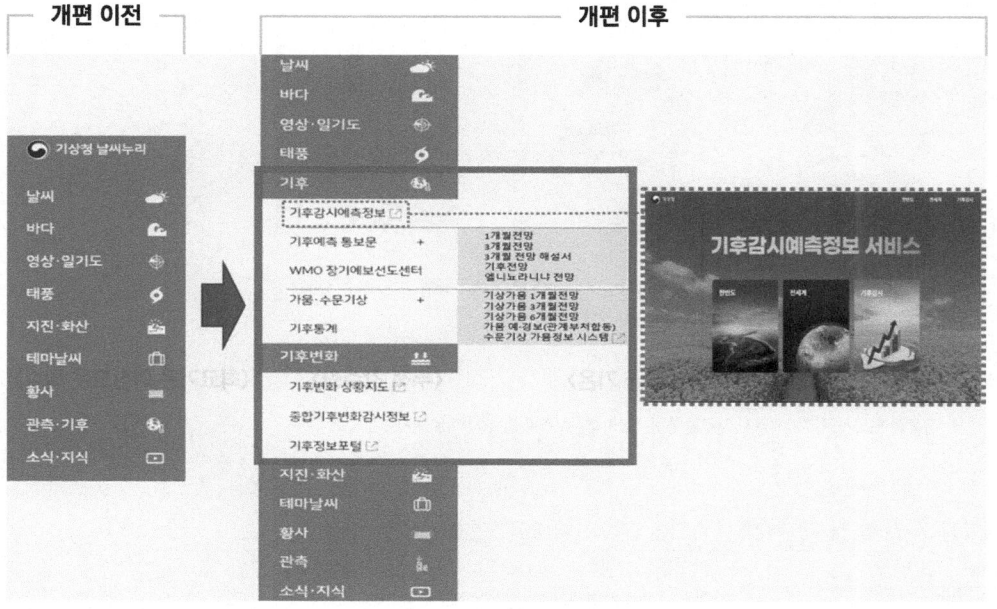

[출처: 기상청 보도자료, "기후감시 자료를 한눈에! 기후감시예측정보 서비스 개시", 2024]

본 서비스를 통해 기온, 강수량 등 기후 현황과 북극해빙, 해수면 온도 등 한반도뿐만 아니라 전 지구적인 기후감시 요소를 제공한다. 기후 요소의 변화 경향성 파악을 위해 일·주·월·계절·연별 시공간 평균, 편차(평균-평년)뿐만 아니라 이상고온·저온 현황 분포도 등을 제공해 사용자가 추세를 파악할 수 있도록 했다. 우리나라 기후는 북반구 중위도에 위치한 지리적인 특성으로 고위도 북극, 저위도 열대지역 해수면, 대륙 상태 등 다양한 변수에 의해 영향을 받으므로 이에 대한 이해도 높이고자 전 지구적인 진동(북극진동, 북대서양 진동)과 북극해빙, 엘니뇨, 라니냐 현황을 쉽게 확인할 수 있도록 했다. 이를 통해 국민이 직접 기후 현황을 확인하고, 기후변화에 대응할 수 있는 역량이 강화될 것으로 예상된다.

[그림 2-7-3] 한반도 관측자료 예시(2024년 5월 1일~31일)

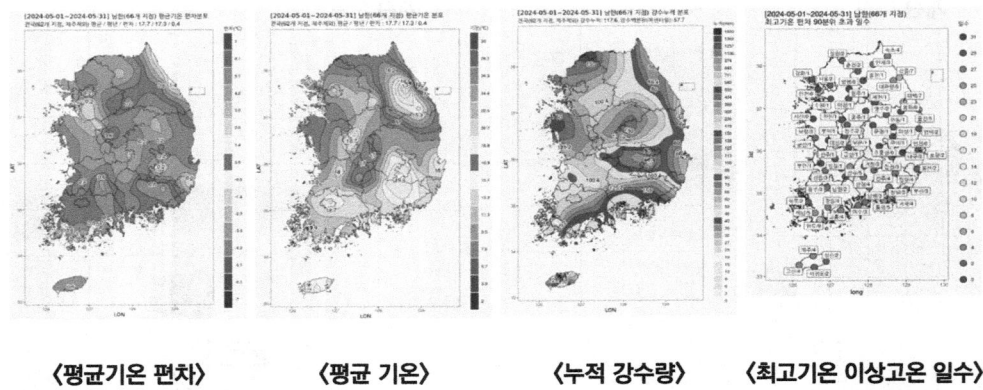

〈평균기온 편차〉   〈평균 기온〉   〈누적 강수량〉   〈최고기온 이상고온 일수〉

[출처: 기상청 보도자료, "기후감시 자료를 한눈에! 기후감시예측정보 서비스 개시", 2024]

[그림 2-7-4] 전 지구 기후예측모델 결과 예시(2024년 6월 10일~16일)

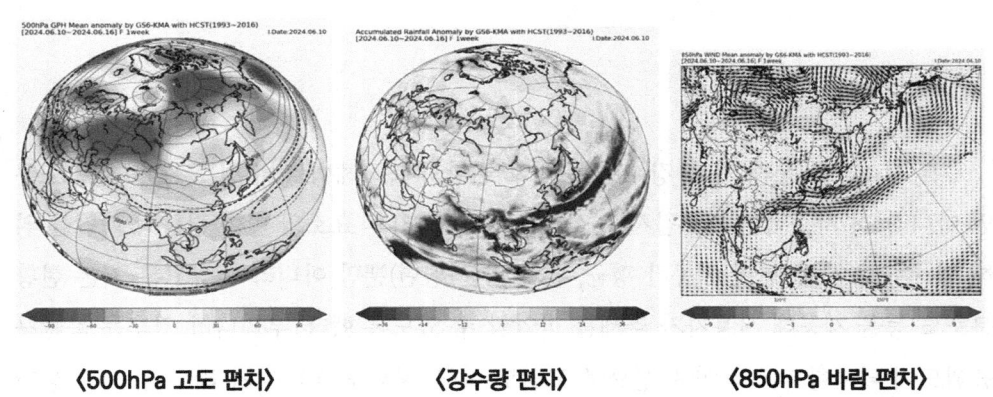

〈500hPa 고도 편차〉   〈강수량 편차〉   〈850hPa 바람 편차〉

[출처: 기상청 보도자료, "기후감시 자료를 한눈에! 기후감시예측정보 서비스 개시", 2024]

2) 기후변화 감시자료 국가통계 제공 확대

기상청은 기후변화 감시와 이에 대한 기초 정보 제공을 위해 1987년부터 이산화탄소 등의 기후변화 원인물질에 대한 관측을 시작했다. 2006년 안면도 관측자료를 통계청으로부터 기후변화 감시 공식 통계자료로 승인받은 이후 2022년 고산과 울릉도, 2023년 포항의 기후변화 관측값이 추가돼 국가통계정보로 제공하고 있다. 2024년에는 기존에 기후변화감시 31종 49개의 자료 외에 고산(5개), 울릉도(2개), 독도(1개) 자료가 지난 6월 국가통계 자료로 추가 승인돼 통계청 확인 절차를 거쳐 7월 31일부터 자료가 개방됐다. 특히, 독도 무인 기후변화감시소의 자료가 처음으로 추가돼 한반도 최동단 지역의 이산화탄소 자료를 제공한다. 이러한 기후변화 감시자료 개방 확대를 통해 과학적 근거에 기반한 기후변화 대응 정책 수립을 지원할 수 있게 됐고, 2026년까지 매년 단계적으로 기후변화 감시자료를 국가통계정보로 확대·제공할 예정이다.

3) 너울 예측정보를 통한 해안 안전 확보 지원

너울은 해안가에 직접 바람이 불지 않아도 멀리 있는 해역에서 발생한 강한 풍파의 에너지가 해안가로 전달되면서 발생할 수 있는 해양위험기상 현상이다. 기상청은 너울로 인한 피해 방지를 위해 2018년부터 너울이 주로 발생하는 동해안의 주요 해수욕장, 방파제, 해안도로 19개소에 대해 3일 후까지의 위험도를 4단계(관심-주의-경계-위험)로 구분해 제공해 왔다. 최근 5년간의 너울 발생빈도 분석과 관계 기관 의견 수렴을 통해 태풍이 근접하는 시기에 너울 발생 가능성이 높은 남해안과 제주 해안 지점을 신규로 선정했고, 9월 30일부터 총 45개소로 확대해 날씨누리(www.weather.go.kr)와 해양기상정보포털(marine.kma.go.kr)을 통해 너울 예측정보 제공을 시작했다. 너울 예측정보를 통해 주요 항만, 해안도로 등 해안가 지역에서 발생할 수 있는 인명 및 시설물 피해를 사전에 예방할 수 있을 것으로 기대된다.

[그림 2-7-5] 너울 예측정보 제공 지점(좌) 및 너울 예측정보 표출화면(우)

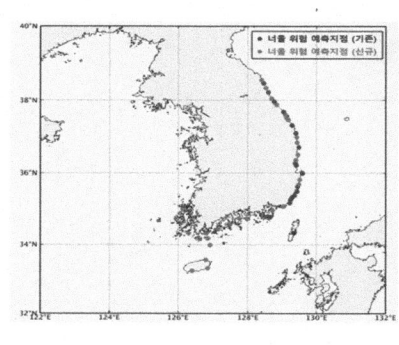
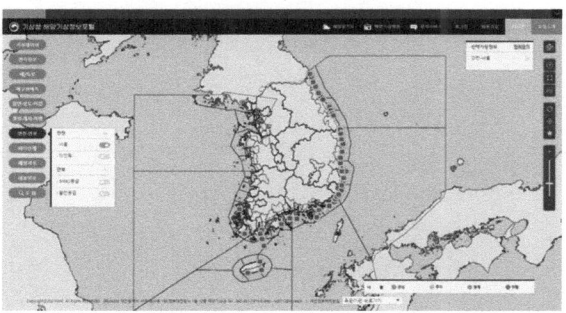

⟨너울 예측정보 제공 지점⟩　　　⟨너울 예측정보 표출화면⟩

[출처: 기상청, "해안을 위협하는 침묵의 파도, 빈틈없는 '너울 예측정보'로 대비하세요", 2024]

4) 지진재난문자 송출 기준 개선을 통한 맞춤형 지진정보 제공

기상청은 기존에 지진 발생 지점 기준 50~80km 반경에 포함하는 광역시·도에 일괄적으로 지진재난문자를 보냈으나(규모 4.0 이상의 경우는 전국에 긴급재난문자 송출), 앞으로는 진도(실제 흔들림 정도) 정보를 반영해 시·군·구 단위로 세분화된 정보를 제공할 예정이다. 2023년 11월 30일, 경주에 규모 4.0 지진이 발생하면서 기준에 따라 전국에 긴급재난문자가 발송됐는데, 수도권 등 거리가 먼 지역의 경우 지진동을 느끼지 못함에도 긴급재난문자로 과도한 불안감을 야기할 수 있는 점이 고려됐다. 반대로 일본에서 발생한 지진이나 규모가 작은 지진의 경우, 지진재난문자 대상이 아니지만 지진동을 느낄 수 있기 때문에 관련된 정보 제공이 필요하다는 의견이 있었다. 이에 관계 부처와 논의를 통해 개선 방안으로 △흔들림의 크기와 피해 가능성을 고려한 송출 기준 최적화 △지진재난문자 송출 범위를 시·군·구 단위로 세분화 △전국 송출 대상 지진 규모 상향, 안전 안내 문자 송출 기준 확대 △유감 가능한 국외 지진에 대해서도 안전 안내 문자 송출(12월 이후) 등을 마련해 시행한다. 이러한 개선을 통해 신속한 지진 발생 정보 제공으로 국민 안전을 확보하고, 과도한 재난문자로 인한 국민의 불편함이 줄어들 것으로 기대된다.

[그림 2-7-6] 과거 지진 사례에 대한 개선 전후 비교

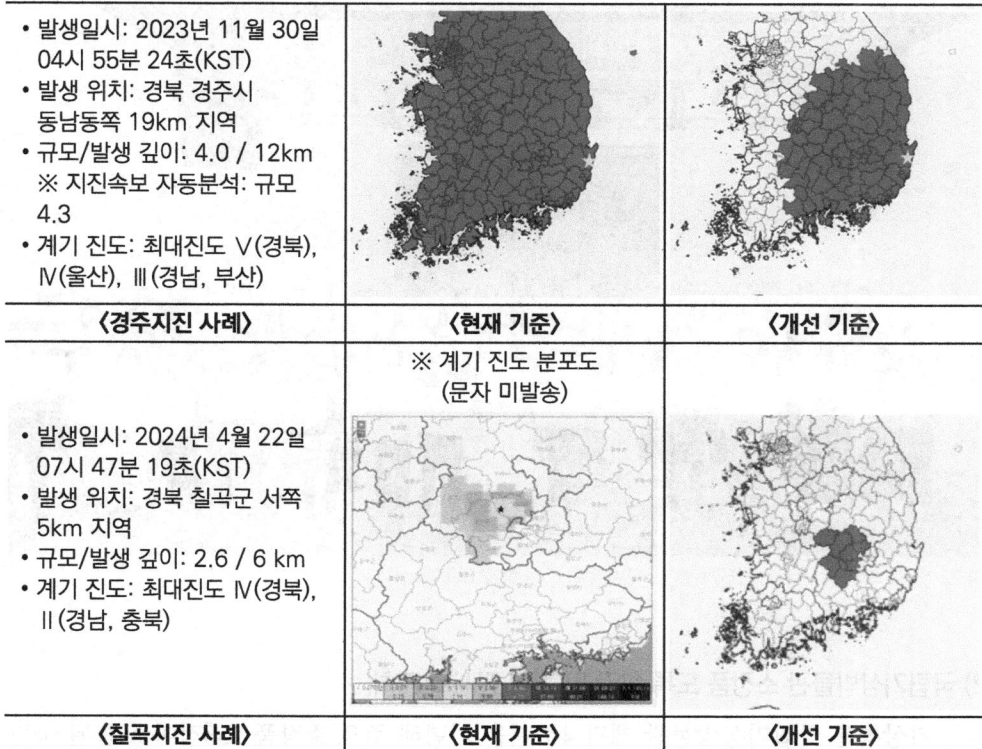

[출처: 기상청 보도자료, "지역별 흔들림에 따라 지진재난문자 받는다", 2024]

다. 기상정보 활용 활성화를 위한 대국민 소통

1) 날씨 빅데이터 콘테스트를 통한 국민 편익 증진 지원

기상청은 국민의 안전과 편리한 생활에 기여하는 '기상기후 융합기술' 아이디어 발굴을 위해 소방청, 한국전력공사와 함께 '제10회 날씨 빅데이터 경진대회'를 개최했다. 총 4개의 과제(△빅데이터 활용 수치모델 보정 △안개 발생 여부 진단 △화재 발생-기상 자료 상관관계 △기상에 따른 공동주택 전력수요)에 대해 132팀이 공모작을 제출했고, 1차·2차 심사를 거쳐 14팀이 수상작으로 선정됐다. 수상작들은 포상과 더불어 제12회 범정부 공공데이터 활용 창업경진대회에 추천돼 취업 연계와 창업을 지원받는다. 이번 콘테스트에서 발굴된 아이디어는 기상정보 정확도뿐만 아니라 신속한 화재 대응이나 효율적 에너지 관리 분야에서도 도움이 될 것으로 보인다.

[그림 2-7-7] 2024년 날씨 빅데이터 콘테스트 시상식

[출처: 기상청 보도자료, "국민 안전을 향한 길, 날씨 빅데이터와 함께", 2024]

2) 국립기상박물관 소장품 도록 발간 및 기획 전시회 개최

기상청은 국립기상박물관 개관 4주년을 기념해 주요 소장품 163점이 포함된 국립기상박물관 소장품 도록을 발간했다. 도록에는 대표 소장품인 국보 '공주 충청감영 측우기', '대구 경상감영 측우대'와 보물 '관상감 측우대'를 비롯해 국가등록유산인 '서울기상관측소', '목포측후소 기상관측 기록물' 등 우리나라 기상과학 역사를 한눈에 확인할 수 있는 주요 소장품들이 소개돼 있다. 개관 전부터 현재까지 이관·기증·구입 등 다양한 경로로 수집된 소장품이 '수집', '공유', '계승'이라는 3개의 주제로 분류돼 있으며, 기상과학의 역사를 이해하고 활용하는데 큰 도움이 될 것으로 기대된다. 발간된 도록은 국립기상박물관 공식 누리집(science.kma.go.kr/museum)을 통해 공개하고 있다.

[그림 2-7-8] 국립기상박물관 소장품 도록 표지 및 수록 내용

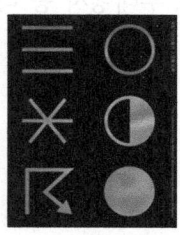 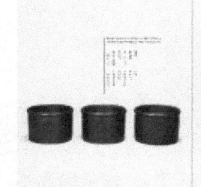   

〈도록 표지〉　　〈국보 공주 충청감영 측우기〉　　〈국보 대구 경상감영 측우대〉

[출처: 기상청 보도자료, "국립기상박물관 4년간의 발자취를 한 권에 담다", 2024]

국립기상박물관은 9월 10일부터 12월 10일까지 '손끝에 구름' 기획전을 통해 '구름'이라는 기상현상에 대한 이해를 돕고 문학·예술작품을 통해 구름의 상징적 가치를 전달했다. 이번 전시는 △정보: 구름 속으로 △문화: 찰나의 상상 △체감: 구름 너머에 등 3개의 주제로 구성해 남녀노소 부담 없이 쉽게 즐길 수 있도록 했다. 또한 전시 이해도를 높이기 위해 체험 활동지를 마련했고, 시·음악 등을 감상할 수 있는 감성 공간도 준비해 구름에 관한 새로운 시각을 제공하고자 했다.

[그림 2-7-9] 국립기상박물관 기획전 '손끝에 구름'

  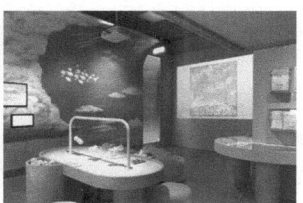

〈전시실 입구〉　　〈'찰나의 상상' 전시품〉　　〈전시실 전경〉

[출처: 기상청 보도자료, "일상 속 '구름', 손끝에서 친근하게 만난다", 2024]

3) 기후산업국제박람회 기상기후산업대전 개최

기상청은 국제적 기후변화 시대에 지속 가능한 발전을 위해 기상산업의 가치와 중요성을 알리고자 기후산업국제박람회 '기상기후산업대전'을 9월 4일부터 3일간 부산 벡스코에서 열었다. 기상기후산업대전은 범부처 공동(산업부, 환경부, 국토부, 해수부,

기상청 등)의 기후산업국제박람회에 통합·개최됐고, 무탄소 에너지, 미래 모빌리티, 해양, 기상 등 세계 기후산업 분야의 최신 기술과 정책을 전시, 콘퍼런스, 부대행사 등 다양한 프로그램을 통해 확인하는 자리가 됐다.

[그림 2-7-10] 기후산업국제박람회 주요 사진

〈개막식〉   〈전시회 투어〉   〈채용 설명회〉

[출처: 기후산업국제박람회 홈페이지(wce.or.kr)]

참고 문헌

기상청, 2022년 국가정보화 시행계획, 2021
기상청, 2024년 상반기 슈퍼컴퓨터 순위(TOP500) 분석보고, 2024
기상청 보도자료, "국민 안전을 향한 길, 날씨 빅데이터와 함께", 2024
기상청 보도자료, "기후감시 자료를 한눈에! 기후감시예측정보 서비스 개시", 2024
기상청 보도자료, "일상 속 '구름', 손끝에서 친근하게 만난다", 2024
기상청 보도자료, "지역별 흔들림에 따라 지진재난문자 받는다", 2024
기상청 보도자료, "해안을 위협하는 침묵의 파도, 빈틈없는 '너울 예측정보'로 대비하세요", 2024

참고 사이트

기상청 홈페이지(kma.go.kr/kma)
기후산업국제박람회 홈페이지(wce.or.kr)

제3편

국내 지역정보화 추진 현황

각 지방자치단체는 정보화 기본계획을 통해 디지털 역량을 강화하고,
지역주민을 위한 맞춤형 서비스를 제공하기 위해 노력하고 있다.
지역사회 발전을 위한 정보화는 주민 참여를 높이고,
투명한 행정 운영을 가능하게 하는 핵심적 요소로 자리 잡고 있다.
본 편에서는 서울특별시부터 제주특별자치도까지 각 지자체가 2024년 동안
수행한 정보화 사업 현황과 성과를 살펴보고,
이를 바탕으로 향후 지역정보화의 발전 방향을 모색한다.

제1장	서울특별시	제10장	강원특별자치도
제2장	부산광역시	제11장	충청북도
제3장	대구광역시	제12장	충청남도
제4장	인천광역시	제13장	전북특별자치도
제5장	광주광역시	제14장	전라남도
제6장	대전광역시	제15장	경상북도
제7장	울산광역시	제16장	경상남도
제8장	세종특별자치시	제17장	제주특별자치도
제9장	경기도		

제1장 서울특별시

1 | 추진 개요

가. 2024년도 정보화 추진 방향

2024년 서울특별시(이하 '서울시')는 '디지털 전환을 선도하는 미래 스마트 표준 도시, 서울'이라는 비전을 달성하기 위해 △미래 스마트도시 혁신 기반 조성 △사람 중심 스마트도시 구현 △시민 체감 도시서비스 제공 등 3개의 핵심 전략을 수립해 다양한 정보화 사업을 추진했다.

[그림 3-1-1] 스마트도시 및 정보화 기본계획 비전 체계도

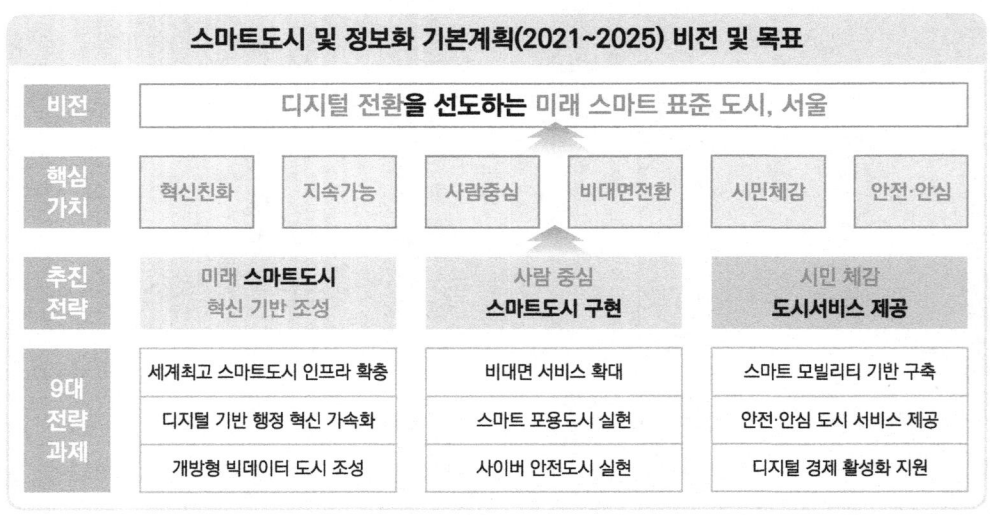

[출처: 서울특별시, 2024년 스마트도시 및 정보화 시행계획, 2024]

2 | 정보화 추진 현황 및 향후 계획

가. 서울 스마트라이프위크(SWL) 개최

서울시는 미래 스마트 라이프 비전을 제시하며 세계 도시·기업 간 첨단 혁신 기술을 상호 교류·협력하는 글로벌 플랫폼 '스마트라이프위크'를 개최했다. 스마트 선도 도시로서의 위상을 제고하고 국제적 리더십을 강화하고자 서울시는 스마트라이프위크 3개년 로드맵을 구축하고, '첨단기술이 바꾸는 도시 생활의 미래'란 주제로 2024년 10월 10일~12일 3일간 코엑스에서 제1회 스마트라이프위크를 진행했다. 스마트라이프위크에는 총 72개국 109개 도시 및 147개 기업이 참여했고 약 3만 명이 방문했다.

[그림 3-1-2] 스마트라이프위크 3개년 로드맵

SEOUL SMART LIFE WEEK	생태계 구축 (2024년도)	생태계 선도 (2025년도)	글로벌 도약 (2026년도)
	스마트라이프 모델 도시 서울	스마트라이프 리딩 도시 서울	스마트 라이프 허브 도시 서울
주제	첨단기술이 바꾸는 도시의 미래	도시 생활을 바꾸는 혁신기술	스마트 라이프의 미래
브랜딩 포인트	첨단기술을 기반으로 한 스마트한 서울시정과 관련 기업의 해외 판로 개척	첨단 혁신기술을 활용한 볼거리와 체험이 풍성한 미래기술 플랫폼	글로벌 기업들의 최신 스마트 기술과 제품 발표 (트렌드 선도 컨벤션)

[출처: 서울특별시, 디지털정책과 내부 자료, 2024]

기존 국내외 ICT 박람회가 기술 중심의 최신 기술을 소개하는 ICT 전시회라면, 스마트라이프위크는 사람 중심의 가치와 철학이 담긴 종합 ICT 박람회라 할 수 있다. '첨단기술이 바꾸는 도시생활의 미래'가 주제인 만큼 체험형 ICT 기술 및 제품소개를 통해 미래도시 생활을 체험할 수 있고, 전시 참가기업에 해외 판로 기회의 장을 열어 글로벌 세일즈 효과를 극대화했다.

전시관은 첨단 혁신 기술 기반의 일상생활을 체험할 수 있는 12개 체험형 쇼룸과 약자동행, 모빌리티, 혁신 기술 등을 주제로 하는 기업 전시관으로 구성됐다.

또한, 스마트라이프위크와 연계해 스마트도시와 첨단기술에 관한 민관협력 국제 포럼, 콘퍼런스를 마련했다. 공공 분야에서는 'Mayors 포럼', '스마트도시 성과공유 콘퍼런스' 등 주요 도시 정책결정권자들의 스마트도시 비전 및 경험을 공유하는 토론의 장을 마련했고, 민간 분야에서는 최신 첨단기술 관련 포럼과 도시 공간정보 국제포럼, 빅데이터 국제포럼 등을 열었다.

마지막으로 서울 '스마트도시 상' 시상식도 열었다. 이 상은 약자와의 동행 비전을 반영하고 시민 삶의 질을 개선하는 스마트도시 구현하는 데에 기여한 도시정부, 기관, 기업, 개인에 수여하는 상이다. 2025년 제2회 스마트라이프위크는 9월 30일부터 10월 2일까지 열릴 예정이다. 서울시는 2025년 행사를 200개 이상의 도시, 300개 이상의 혁신기업이 참여하는 글로벌 스마트도시 대표 플랫폼으로 발전시킬 계획이다.

나. 제로트러스트 기반 원격근무시스템 구축

인공지능(AI) 클라우드 등 차세대 기술 발전과 더불어 사이버 위협 또한 고도화됨에 따라 보안의 중요성은 나날이 증가하고 있다. 이에 따라 서울시는 고도화된 사이버 공격 기술 대응 및 취약점을 보완해서 원격근무 환경 보안을 강화하고자 지자체 최초로 제로트러스트 기반 원격근무시스템을 도입했다. 이를 통해 내부 정보보안을 강화하고, 대시민 행정서비스 신뢰성과 안정을 높이는 것이 목표다.

기존의 원격근무시스템은 업무망 접속 후 사용자 ID/PW 인증 방식으로, ID/PW 유출 시 내부망 침투 위험성이 있고, 접속한 네트워크 내 모든 서버의 IP 및 오픈된 서비스 포트가 노출되는 취약점이 있었다.

제로트러스트 기반 원격근무시스템은 사용자 ID/PW와 접속 장비의 선 인증 후 업무망에 접속하는 방식으로, ID/PW가 유출돼도 장비인증이 없으면 접속이 불가하고 접근권한이 있는 서버만 표출이 되도록 개선한 인증 방식이다. 2024년 하반기에 제로트러스트 보안 모델을 원격근무시스템에 시범 적용하고 2025~2026년 단계별로 사업소 및 25개 자치구 전 기관으로 확대 적용할 예정이다.

[그림 3-1-3] 제로트러스트 기반 서울시 원격근무시스템

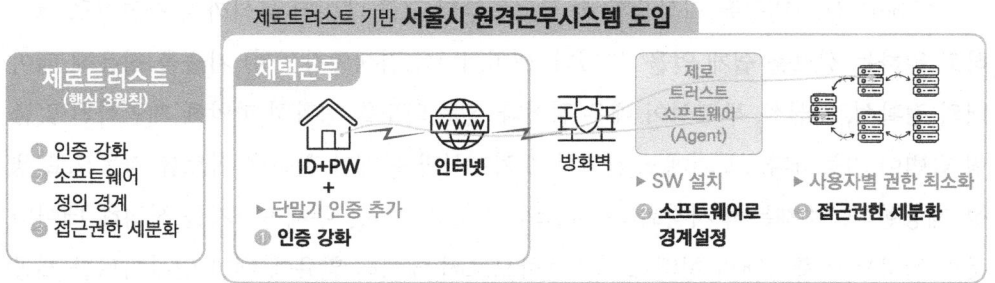

[출처: 서울특별시, 제로트러스트 기반 원격근무시스템 구축계획, 2024]

다. 빅데이터 서비스 플랫폼 구축 및 대시민 개방

서울시 데이터를 통합 관리함으로써 데이터 기반 의사결정 지원 및 데이터 활용 서비스 제공을 위해 빅데이터플랫폼을 구축했다. 구축 1단계(2019. 7.~2021. 6.)로서 서울시 전체 정보시스템 데이터를 수집 통합(5개 분야 91개 시스템)하고, 수집 저장할 수 있는 인프라를 구축했다.

2단계(2021. 9.~2023. 7.)에서는 내부 직원용으로 데이터 활용 및 검색서비스가 가능한 인공지능 기반 빅데이터 서비스 플랫폼을 구축했다. 서울시가 보유한 행정데이터와 외부 민간데이터를 융합, 활용도 높은 데이터셋을 도출해 핵심 '데이터300(데이터 마트)'을 개발하고, 이와 함께 서울의 가구와 인구변화에 대한 6개 분야, 69개의 지표의 인구데이터셋을 GIS 및 맵차트 등 시각화 서비스를 활용해 '인구관련 데이터'을 구축했다. 또한, 수집된 데이터를 활용해 R, 파이썬에서 AutoML(Automated Machine Learnin) 기능까지 다양한 분석 환경을 제공함으로써 서울시 직원 누구나 사용이 가능한 'AI 분석플랫폼'을 구축했다.

3단계(2023. 11.~2024. 9.)에서는 내부 직원용 서비스를 고도화하고 대시민 데이터 활용 서비스 부분을 구축해 2024년 11월 '서울 데이터 허브' 대시민용 서비스를 오픈했다. 대시민용 서비스는 생성형 기반 공공데이터 'AI 챗봇', '주제분석 시각화', '3차원 시각화', '데이터 맵' 등 초보자에서 전문가까지 다양한 사용자가 쉽게 이해하고 활용할 수 있는 웹서비스로 구현했다. 공공데이터 'AI 챗봇 서비스'는 지자체 최초 초거대언어모델(LLM) 기반으로 한국어에 특화된 초거대 AI를 활용해 자연스러운 검색과 일상대

화 형식의 답변을 제공한다.

　이에 따라 시민들은 일상생활 속 궁금증부터 고급 데이터 분석까지 자연어로 질문하고 원하는 정보를 쉽게 얻을 수 있다. 또한, RAG(검색증강생성) 기술을 적용해 데이터의 정확성, 최신성, 투명성이 매우 뛰어나 질문 의도를 정확히 파악해 개인화된 맞춤형 답변이 가능하다. 그 외에도 간단한 수치계산과 통계를 활용해 차트를 자동으로 생성·제공한다. '주제분석 시각화'는 시민의 관심도가 높은 주제 9가지를 선정해 데이터 분석 결과를 인포그래픽 형태로 서비스함으로써 데이터 활용에 대한 인사이트를 제공한다. 연도별, 자치구별 선택이 가능해 갱신되는 분석자료를 지속적으로 제공받을 수 있다. '3차원 시각화'는 데이터를 3차원 그래픽으로 제공하며 여러 개의 차트를 동시에 비교해 볼 수 있고, 실시간 채팅 등도 가능하다. 친근한 외모의 서울시 캐릭터 '해치' 등을 등장시켜 학생들의 시청각 자료로도 활용될 수 있을 만큼 흥미 요소를 추가했다. 거대 AI를 활용해 자연스러운 검색과 답변을 제공하며, 시민들은 일상생활 속 궁금증부터 고급 데이터 분석까지 자연어로 질문하고 원하는 정보를 쉽게 얻을 수 있다.

[그림 3-1-4] 공공데이터 AI 챗봇('자치구별 도서관 개수 비교 분석해줘' 답변 예시)

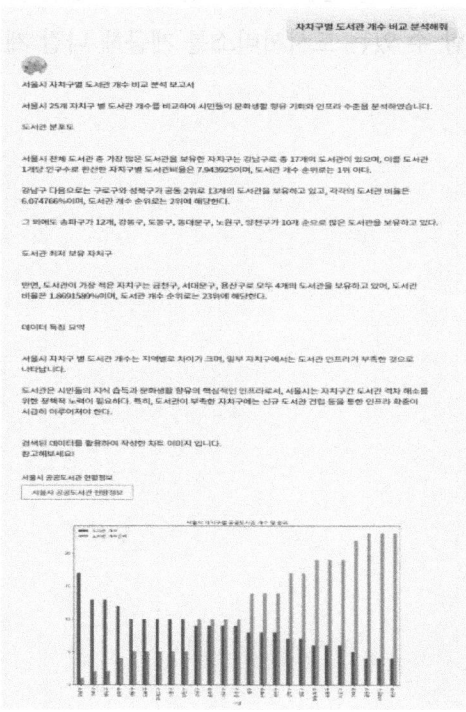

[그림 3-1-5] 주제 분석시각화-9개 주제(일자리, 같이 고민할까요? 분석 사례)

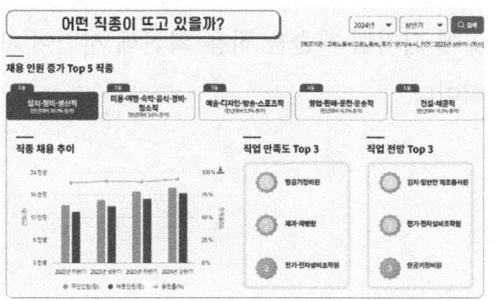

[그림 3-1-6] 3차원 시각화 -19개 지표(2개 차트 동시 보기 사례)

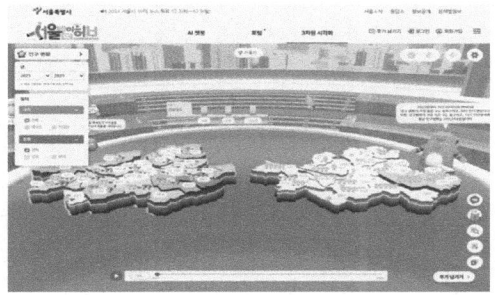

[출처: 서울데이터허브(data.seoul.go.kr/bsp/)]

앞으로 지속적인 수집 데이터를 기반으로 '주제분석 시각화', '3차원 시각화' 등의 시각화 콘텐츠를 추가하고 더 정확하고 자세한 답변이 가능하도록 'AI 챗봇' 기능 고도화 등 공공서비스의 표준이 올라갈 수 있도록 지속적인 개선과 사용자 만족도 향상에 노력할 예정이다.

3 향후 계획

AI·디지털 대전환 시대에 서울시는 앞으로 디지털 혁신 기술력 확보 및 적용으로 스마트 행정서비스 제공하는 미래 스마트도시 기반을 조성하고자 한다. 메타버스, 챗봇 등 비대면 서비스 확대로 지리적 한계를 극복하고 연결성을 강화해 사람 중심 스마트 도시를 구현하고, 교통, 환경, 보건 등 전 분야의 디지털 전환 노력을 통해 일상생활 곳곳에 디지털 기술을 적용·확산해 시민이 체감할 수 있는 도시서비스를 제공해 나갈 계획이다.

제2장

부산광역시

1. 추진 개요

2024년은 부산의 높아진 혁신 역량과 도시경쟁력을 바탕으로 대한민국 중추도시로서 역할을 위한 '글로벌 허브도시 부산'을 실현하는 원년이라 할 수 있다. 시민의 편안하고 안정된 삶을 보장하는 '시민행복 공동체 기반 조성'과 변화와 혁신의 도시역량 발휘를 통한 '지역활력 제고와 글로벌 성장'에 집중했다.

디지털플랫폼정부 실현계획, AI 일상화 정책 등 정부의 디지털 혁신 가속화에 선제적으로 대응했다. 부산광역시는 AI를 활용한 일하는 방식 개선 및 직원 AI 역량 강화를 추진하고, 전 시민을 대상으로 디지털 역량 강화 교육을 실시하는 등 '다시 태어나도 살고 싶은 시민행복도시 부산'을 실현하기 위해 노력하고 있다.

특히, ICT 신기술 기반의 산업인프라 조성, 디지털(AI, 클라우드, 빅데이터 등) 분야 인재 양성 및 취업연계, 기업 유치 강화, 스마트 교통플랫폼 구축 등 디지털 중심의 선도 도시로 도약하고자 힘썼다.

2. 추진 현황

가. 해상교량 중심의 스마트 교통플랫폼 구축

1) 사업(서비스) 개요

(가) 추진 배경 및 필요성

부산은 지형적으로 산과 바다가 둘러싸인 장방형의 기하구조로 인해 터널과 교량이 많고, 도심집중형 도로체계로 교통량 분산에 취약적인 도시 형태를 가지고 있다. 또한, 관광도시로서의 부산은 도로 인프라 부족과 통과 교통량의 상충으로 교통정체가 심각한 상태다.

따라서, 경제사회적 교통환경변화에 따른 스마트 교통분석 체계를 도입해 정책 수립과 교통운영 체계 마련이 시급하다. 스마트 교차로를 활용한 최적신호운영으로 도로 소통 개선이 필요함은 물론 이원화된 도로 관리체계에 있어 해상교량중심의 통합교통관리시스템을 구축해 돌발상황관리 등 교통운영 효율성 향상이 필요하다.

[그림 3-2-1] 부산 스마트 교통플랫폼 구축 배경

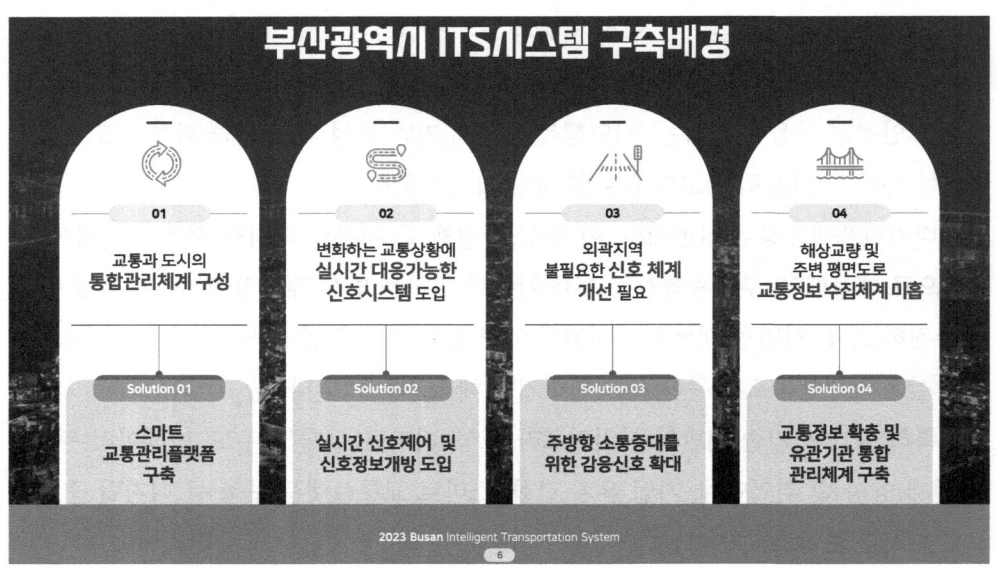

[출처: 부산광역시 내부 자료]

나. 사업범위 및 내용(서비스모델, 핵심기술 등)

[그림 3-2-1]과와 같이 교통 현안 문제점을 시공간적으로 진단 분석 대응하기 위한 스마트 교통플랫폼 기반의 생활권 단위 통합 교통분석 체계를 마련했다. 주요 해상교량 및 주변 평면도로에 대한 교통정보수집체계 및 기관 간 상황 공유 전파체계 도입으로 통일된 교통정보 제공과 교통안전 강화 및 도시부 도로 혼잡 완화에 목적을 두고 있으며 자율협력 주행 등 미래교통에 대비하고 있다.

세부 사항으로는 첫째, AI를 활용한 스마트 교차로 시스템 및 딥러닝 기반의 스마트 교차로를 구축해 안정적인 실시간 데이터 처리 성능을 확보했고, 향후 부산시 ITS 확장 사업, 외부 서비스와 연계 등 확장성이 높으며 전자지도 기반 UI/UX를 통해 시각화해 사용자들이 보기 편리한 화면을 구축했다. 또한 스마트 교통플랫폼을 활용해 차번인식 및 교통정보 생성, 축적된 데이터를 활용해 권역별 O/D분석, 도시공간 교통흐름 분석 등을 수행해 교통상황에 대응하고 있다.

[그림 3-2-2] 부산 스마트 교통플랫폼 구축(안)

[출처: 부산광역시 내부 자료]

둘째, [그림 3-2-3]과 같이 해운대 센텀시티에 설치된 장비를 통해 신호정보를 수집해 부산경찰청 신호센터 및 경찰청 도시정보센터와 연계하고, 서비스 사업자에게 신호정보를 제공해 실시간 신호정보 개방서비스를 실시했다. 또한, 해운대 해변로에 설치된 스마트 교차로 시스템을 통한 AI 분석, 정관읍 산단로 등에 설치한 스마트 감응신호 장비를 활용해 교통상황에 따른 효과적인 신호 대응 및 감응효과를 분석하고 있으며, 119와 연계된 교통정보서비스 센터 스마트 플랫폼을 활용해 긴급차량 SMS 서비스를 지원함으로써 긴급차량이 신속히 대처할 수 있도록 긴급차량 우선신호 시스템을 개선했다.

[그림 3-2-3] 실시간 신호정보 개방서비스 구축(안)

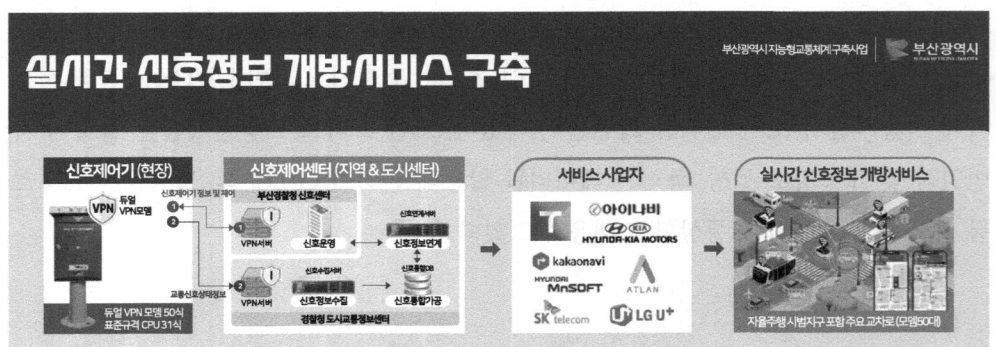

[출처: 부산광역시 내부 자료]

셋째, 해상교량 통합관제시스템을 통해 광안대교-가덕대교 등 주요 교통지점에 설치된 장비로부터 교통정보를 수집해 교통상황 모니터링, 유출입 교통량 및 속도 분석, 긴급 상황정보 기록 및 관리 보고서 자동 생성 등을 수행하고, 긴급상황전파 및 출동 지원 등의 대응을 원클릭 상황관리로 빠르게 처리해 교통운영 효율성을 향상하며 돌발상황을 관리하고 있다.

다. 사업 예산

[표 3-2-1] 스마트 교통플랫폼 구축 예산

(단위: 천 원)

구분	예산(비용)	세부 항목
순공사비	1,002,988	재료비, 노무비, 경비
주요 자재비	1,862,146	센터, 현장장비 등
응용소프트웨어	1,262,338	플랫폼개발 등
제경비	705,101	
관급 자재비	1,061,405	CCTV, 영상분석서버 등
사업 관리(감리)비	394,950	
기타	37,000	재해예방지도 및 조달수수료
합계	**6,325,928**	

라. 기대효과

스마트 교통플랫폼의 기대효과로는 첫째, 과학적인 교통 정책 수립 및 시행을 위한 자료 기반의 교통운영관리체계 마련과 시스템 확장성 및 호환성 확보로 예산 절감 효과를 볼 수 있다. 둘째, 돌발상황(재난, 사고 등) 발생 시 기관별 신속한 상황전파로 골든타임을 확보해 시민의 생명과 재산을 보호하고, 스마트 분석 체계와 실시간 최적 신호운영제어로 도로소통 개선 효과를 볼 수 있다. 셋째, 해상교량 통합관리체계를 통일된 스마트 교통플랫폼에 구축해 유관 기관과 정보공유를 통한 신속한 상황관리와 협업체계 마련으로 도로 이용의 효율성 향상 및 도로소통 상황이 개선될 것이다.

마. 향후 추진 방향(발전 방향)

차량종합정보 공공API와 스마트 교통관리플랫폼을 연계해 출발지-목적지(OD) 분석을 통해 과적 및 위험물 차량 단속, 탄소배출량에 따른 통행제한, 대중교통취약점 분석 등 교통수요관리 정책자료로 활용될 것이다.

또한 스마트 교통플랫폼데이터를 활용한 실시간 교통신호 운영으로 교통혼잡을 개선할 수 있으며, 향후 이동 패턴분석과 신호패턴을 최적화해 가장 빨리 갈 수 있는 경로를 제공함으로써 교통흐름의 분산과 교통혼잡 최소화를 할 수 있을 것이다.

제3장
대구광역시

1. 추진 개요

　대구광역시는 2016년부터 행정·공공기관의 선제적인 클라우드 시스템 도입 및 전환 가속화를 추진했고, 현재까지 업무시스템 182종 중 144종을 클라우드 시스템으로 전환했다. 타 지자체와 비교해 선도적으로 클라우드 정책을 추진해 온 결과, 그 전환율은 79%를 달성했다. 하지만 최근 몇 년간 발생한 대규모 통신망 장애와 데이터센터 화재, 전산망 마비 사태 등은 재해복구시스템(Disaster Recovery System, DRS) 구축의 시급성을 여실히 보여줬다. 이와 같은 대규모 장애는 국민의 일상생활과 국가 운영에 직접적인 영향을 미치며, 행정서비스의 지속적인 운영을 위한 '무중단시스템'의 필요성을 더욱 부각했다. 이에 대구광역시는 예측 불가능한 재난 및 재해에 대비한 무중단 환경을 조성하고, 시스템의 장애에 대한 신속한 복구 체계를 마련하는 것이 공공서비스의 업무 연속성 확보를 위한 핵심 과제로 판단해 2022년부터 D-클라우드의 무중단시스템 구축을 추진했다.

2. 추진 현황

가. D-클라우드 무중단시스템 구축
1) 추진 배경 및 필요성
　대구광역시에서는 2016년부터 꾸준히 자체 클라우드 사업을 추진해 왔는데, 기존 레거시 시스템의 약 80%를 클라우드로 운영하고 있다. 개별시스템 구축과 비교해 D-

클라우드 시스템 구축으로 약 50%의 투자 비용 절감 효과가 발생한 것으로 보고 있다.

[표 3-3-1] 2016~2021년 정보시스템 초기 구축 및 유지보수 비용 비교

구분	초기 구축비		유지보수비	합계
	H/W 도입비	S/W 도입비		
개별시스템	연 65.4억 원	연 7.3억 원	27.6억 원	100.3억 원
D-클라우드시스템	연 22.5억 원	연 14.0억 원	13.6억 원	50.1억 원

[출처: 대구광역시, D-클라우드 정보화전략계획(ISP), 2022]

[표 3-3-2] 연도별 사업비(재해복구 포함) 및 탑재 업무

구분		총계	~2018년	2019년	2020년	2021년	2022년	2023년
사업비(단위: 백만 원)		9,980	1,880	1,500	500	1,500	2,300	2,300
탑재 업무	시스템 수	139	37	14	16	14	18	40
	VM(Virtual Machine) 수	601	114	54	64	83	117	169

현재 D-클라우드 시스템으로 입주하는 정보시스템은 계속 증가하고 있다. 특히, 구·군 및 공사·공단에서도 입주하고 있어서 지속적인 클라우드 전환 대응과 재난·재해에 대비한 운영 안정성 강화가 절실히 필요함에 따라 재해복구시스템 구축 사업을 추진했다.

[표 3-3-3] 연도별 구·군 및 공사·공단 입주 현황

구분	총계	대구광역시	타 기관			
			소계	구·군	공사·공단	출자·출연
총계	148	121	27	15	11	1
2016~2020년	67	62	5	-	5	-
2021~2023년	72	53	19	13	6	-

2) 추진 경과

(가) 2015년: 클라우드 설계

클라우드 설계를 위한 사전 조사 및 기획이 시작됐다.

(나) 2016~2021년: IaaS(Infrastructure as a Service) 기반 구축 및 고도화

클라우드 인프라 구축이 본격적으로 진행됐으며, 이를 통해 안정적인 SW 및 하드웨어 기반을 마련했다.

(다) 2022~2023년: 무중단시스템 구축(1, 2단계)

2022년부터는 무중단시스템 구축을 본격적으로 시작했다. 이를 통해 재난이나 장애 발생 시에도 연속적인 서비스를 제공할 수 있는 안정적인 환경을 구축했다.

(라) 2024년: 무중단시스템 구축(3단계)

재해복구센터를 통한 이중화 서비스 환경을 마련하고, 이를 위한 SDN(Software Defined Network) 인프라가 구축되고 있다. 이를 통해 대구광역시는 클라우드 및 무중단 시스템을 안정적으로 구축 및 고도화해 공공서비스의 연속성을 확보하고 있다.

[그림 3-3-1] D-클라우드 시스템 구축 주요 추진 과정

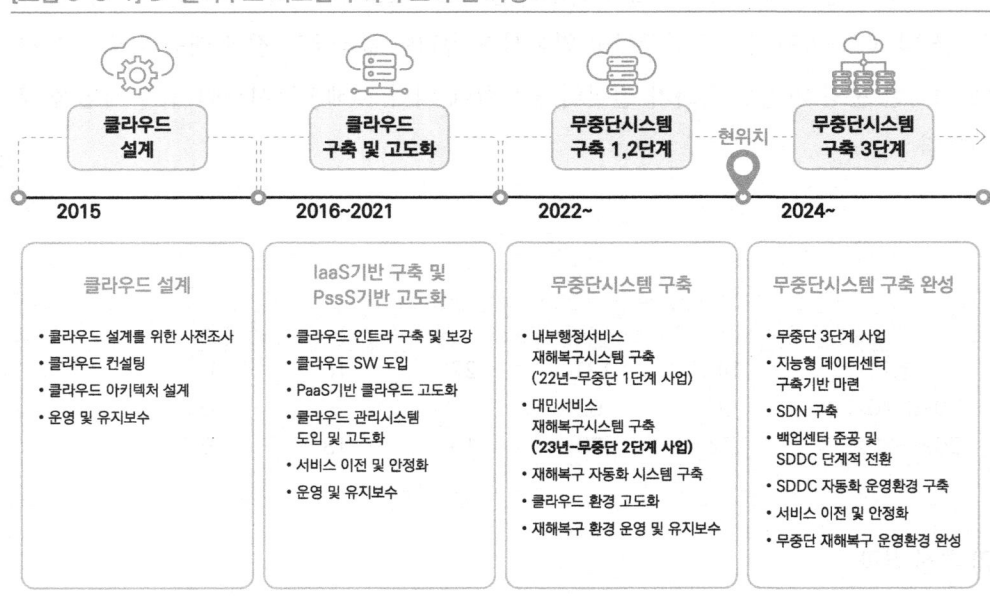

[그림 3-3-2] D-클라우드 무중단시스템 구축계획

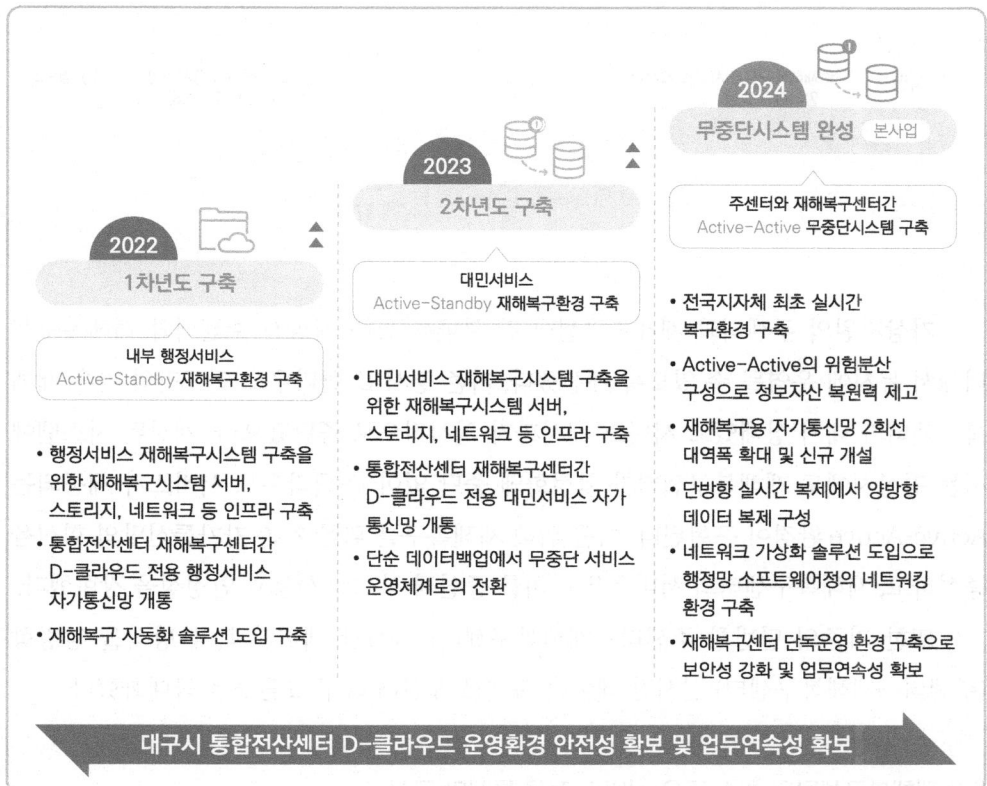

3) 사업 범위 및 내용

(가) 주센터-재해복구센터 동시 운영환경 구축

사업 내용 중 첫 번째는 주요 정보시스템의 정보자원을 분산해 안정성을 높이고, 주센터와 재해복구센터가 동시 운영되는 환경을 구축하는 것이다.

[그림 3-3-3] D-클라우드 정보자원 분산 환경 구축

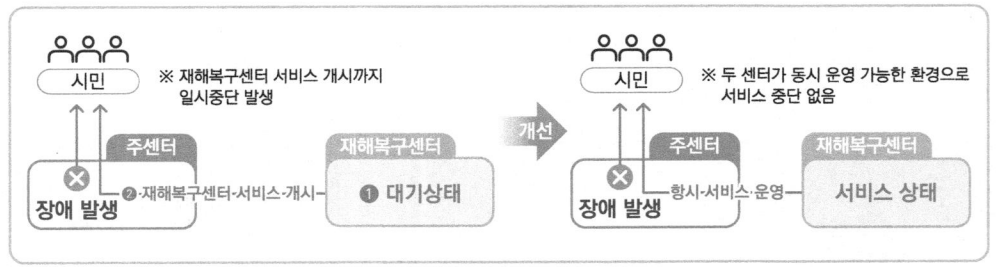

가상자원의 주센터와 재해복구센터 간 분배를 통해 평상시 주센터와 재해복구센터에서 동시에 운영될 수 있도록 개선했다. 기존 평시 D-클라우드 인프라의 경우 재해복구센터가 대기 상태였고 서비스 개시까지 일시적으로 중단됐으나, 개선된 시스템에서는 평상시에도 재해복구센터가 활성화돼 중단 없이 D-클라우드 서비스가 제공되는 Active-Active 환경이 구현된다. 이를 위해 재해복구를 위한 기존 자가통신망의 회선을 증설하고, 재해복구센터의 서비스용 서버를 증설해 시스템 성능과 안정성을 강화했다.

또한 기존의 단방향(주센터→재해복구센터) 실시간 데이터 복제 방식을 양방향(주센터↔재해복구센터) 실시간 데이터 복제로 개선해 복구 효율성을 극대화했다.

(나) 재해복구센터의 최소 주요 서비스 전용 통신망 구성

두 번째는 재해나 재난으로 인해 D-클라우드 인프라뿐만이 아닌 네트워크 등 주센터의 모든 기능이 상실될 경우, 대체 통신망을 통해 최소한의 주요 서비스를 중단 없이 제공하는 환경을 구축하는 것이다.

[그림 3-3-4] 재해복구센터 최소·주요 서비스 제공

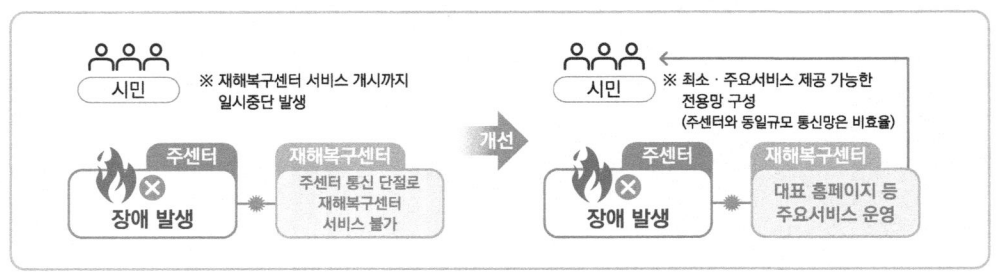

주센터 기능 상실 시에도 대구광역시 홈페이지 등의 주요 서비스가 중단 없이 제공될 수 있도록 재해복구센터에서 전용망을 통해 즉시 서비스를 제공할 수 있는 환경을 마련했다. 재해복구센터에 새로운 자가통신망이 구축되며, 이를 통해 통신망 안정성이 보장된다. 또한 백본 라우터와 보안장비(방화벽, 침입방지시스템, 웹 방화벽) 및 개인정보 필터링 소프트웨어가 추가 설치돼 보안 수준이 강화된다.

(다) 네트워크 가상화 프로그램 도입

세 번째는 D-클라우드에 보안성을 강화하고, 물리적 장비에 의존하지 않고 가상화 기술을 도입해 효율적인 네트워크 운영을 지원하는 것이다. 개인정보를 포함한 중요 데이터베이스가 모여 있는 행정망 서버팜에 네트워크 가상화(SDN)를 우선 적용해 클라우드 내 가상서버 간 통신을 제어해 보안을 강화했다. 또한 기존 수기 방식으로 관리되던 D-클라우드 시스템의 IP 자원 관리를 자동 관리 시스템으로 전환한다. 이를 통해 가상자원 증가로 네트워크 스위치 및 방화벽 장비가 필요할 경우, 물리적 장비 대신 가상의 장비를 생성해 비용과 공간을 절감할 수 있다.

(라) 행정망 신규 스토리지 보강

네 번째는 D-클라우드의 통합 저장장치가 노후화됨에 따라 이를 대체할 새로운 저장장치를 도입해 장기적인 성능 유지와 예산 절감을 꾀하는 것이다. 고비용, 고성능 디스크와 저비용 디스크를 혼합한 신규 저장장치를 도입함으로써 용량 증설과 유지보수 비용을 절감하면서도 기존의 업무 성능을 유지했다. 또한 D-클라우드 데이터에 대한 분리 저장을 통해 단일 장애에 따른 전체 데이터 손실 위험성을 제거해 안정성을 강화했다. 이 같은 사업 범위와 내용은 D-클라우드의 안정성을 강화하고, 재해복구 시스템을 통해 재난 상황에서도 중단 없는 서비스 제공을 보장하기 위한 필수적인 조치로 이뤄져 있다.

4) 사업 예산

[표 3-3-4] D-클라우드 사업 예산 및 구축 내용

구분	구축 범위	구축 내용
1차(2022년, 23억 원)	내부 행정서비스	• 재해복구센터에 동일한 데이터 복제·보관 • 주센터 장애 대비, 서비스 대기 상태 유지
2차(2023년, 23억 원)	대민 웹서비스	
3차(2024년, 23억 원)	무중단시스템	• 주센터-재해복구센터 동시 운영

5) 추진 과정의 문제점과 해결 전략

　　주센터와 재해복구센터의 동시 운영을 위한 Active-Active 환경을 구축하는 과정에서 복잡한 시스템의 이관 작업이 필요하며, 양방향 데이터 복제를 진행할 경우 데이터 동기화 지연이나 데이터 불일치 등의 문제가 발생할 수 있었다. 하지만 제조사와의 적극적인 업무연찬과 사전 모의 테스트를 통해 발생되는 문제점에 대한 원인 제거를 진행하면서 안정성을 유지했다. 또한 재해복구센터가 달성군청에 있어서 전용 통신망 구성이 가장 중요했는데, 대구광역시는 자가통신망의 인프라를 적극 이용함으로써 이를 해결했다. 아울러 최신 가상화 기술과 고성능 네트워크 장비를 활용해 가상화로 인해 발생할 수 있는 성능 저하를 최소화하고, 지속적인 모니터링을 통해 성능을 유지토록 했다.

6) 기대효과

　　대구광역시는 D-클라우드 무중단시스템을 구축하고, 주센터와 재해복구센터의 동시 운영(Active-Active)을 통해 재해나 장애 발생 시에도 중단 없이 서비스를 제공할 수 있는 환경을 구축했다. 이에 따라 갑작스러운 시스템 장애에도 신속한 대응이 가능해지고, 공공서비스 제공의 안정성이 획기적으로 향상될 것이다. 주요 정보시스템의 분산 운영으로 단일 장애에 따른 시스템 전체 마비를 방지하고, 업무 연속성을 보장해 공공기관의 운영 효율성을 크게 높인다. 또 네트워크 가상화 프로그램 도입을 통해 D-클라우드 내 보안성을 강화하고, 물리적 장비 도입 없이도 가상 방화벽을 통한 네트워크 보안을 제공해 효율적인 자원 관리가 가능해진다. 마지막으로 신규 스토리지 도입으로 데이터 손실 위험을 최소화하고, D-클라우드의 전체 데이터가 분리 저장돼 데이터 보

관 안전성 및 향후 관리 비용이 절감된다. 이러한 기대효과를 통해 D-클라우드는 재해 복구와 보안성 강화에 있어 선도적인 역할을 하며, 대구광역시의 디지털 행정서비스의 안정성 및 효율성을 높이는 데 중요한 기여를 할 것이다.

3 | 향후 계획

현재 대구광역시는 D-클라우드 입주 기관이 다양화됨에 따라 서비스 이용에 대한 합리적인 과금 정책과 정부의 클라우드 네이티브 정책 추진에 부응하고자 클라우드 네이티브 전환의 연도별 로드맵이 필요한 상황이다. 또한 D-클라우드의 대규모화에 따라 관리영역이 확대돼 기존의 관리 형태로는 물리적인 한계가 노출되고 있어 운영의 효율성을 높여야 한다.

D-클라우드 서비스 이용 과금 체계를 수립하기 위한 정보화전략계획(ISP)이 추진될 예정이다. 이 계획을 통해 입주 서비스의 현황을 분석하고, 공정한 과금 정책을 마련함으로써 정보자원의 증설 및 유지보수에 필요한 재원을 확보할 수 있게 된다. 그리고 범정부 차원의 클라우드 네이티브 전환 로드맵을 2030년까지 이행하기 위해 클라우드 네이티브 전환 기준과 연도별 이행 계획을 수립할 계획이다. 이를 통해 장기적인 클라우드 운영 전략을 구축해 보다 효율적인 디지털 전환을 달성하고자 한다. 또한 D-클라우드 시스템의 보안성을 강화하고 관리 체계를 고도화 하기 위한 방안이 추진된다. ITSM(IT Service Management) 시스템 도입, 구·군 및 공공기관 영역에 대한 클러스터 분리와 웹망의 네트워크 가상화 프로그램 확장이 주요 내용이다. 요컨대, D-클라우드 시스템의 보안과 관리 체계를 강화하고, 합리적인 과금 체계를 마련해 정보자원의 효율적인 운영 및 예산 관리가 가능케 하고, 클라우드 네이티브 전환을 통해 디지털 전환을 가속화하는 것이 향후 계획의 주요 목표다.

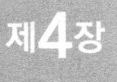

인천광역시

1. 추진 개요

인천광역시는 '제6차 지능정보화 기본계획(2024~2026년)'에 따라 '디지털로 실현되는 인천의 꿈, 모두가 누리는 플랫폼 인천'이라는 중장기 정책목표를 달성하기 위해 △지능화로 확장되는 똑똑한 행정 △혁신으로 준비하는 넉넉한 경제 △디지털로 안심하는 쾌적한 생활 △데이터로 챙겨주는 따뜻한 포용 등 4개의 핵심 추진 전략을 설정하고, 다양한 정보화 사업을 추진하고 있다.

[그림 3-4-1] 인천광역시 지능정보화 비전 및 실행 과제

[출처: 인천광역시, 인천광역시 지능정보화 기본계획(2024~2026), 2023. 12.]

'지능화로 확장되는 똑똑한 행정' 분야로서 사이버 위협에 자동으로 대응하는 인공지능 기반 보안관리 체계를 구축했다. 지능정보기술이 탑재된 SOAR(지능형 위협 자동 차단시스템)을 도입해 시 및 공사·공단의 보안관제 사각지대를 최소화하고, 날로 지능화되는 사이버 위협을 인공지능 기반으로 탐지·학습해 자동 대응(차단)하는 인공지능 사이버 보안관제 기틀을 마련했다. 사이버침해대응센터 보안관제의 기술적 고도화를 지속적으로 꾀하고, 대민서비스와 일하는 방식의 개선으로 행정업무의 효율성과 신뢰성을 향상해 기존의 경보탐지에서 침해자동대응(차단) 중심으로 보안관제 프로세스를 개선했다.

'디지털로 안심하는 쾌적한 생활' 분야로서 이동 인구가 밀집된 위험 상황에 인공지능이 최적의 대피경로를 안내하는 피난안내시스템을 구축·운영한다. 재난 발생 시 신속한 피난은 생존율을 높이는 가장 중요한 요소다. 인공지능 기반 피난안내시스템은 실시간으로 불꽃·열·연기의 확산 등 변화 상황을 감지한 후 데이터를 종합적으로 분석해 최대한 안전하고 최적·최단의 대피경로 안내를 통해 골든타임을 확보한다. 인공지능 기반 피난안내시스템은 재난 대응 과정의 효율성을 극대화하고, 인적 실수 가능성을 줄여 더욱 안전하고 효과적인 재난 대응을 가능케 할 것이다.

2 | 추진 현황

가. SOAR를 활용한 인공지능 기술 기반 자동 대응(차단) 보안관제 체계 구축

디지털 전환의 가속화로 사이버상의 공격과 범죄가 해마다 증가하고 지능화되면서 기존 외부 침입을 차단하는 네트워크 경계 기반의 빅데이터 보안관제 방식으로는 사이버 위협에 대한 실시간 대응에 한계가 있었다. 이에 인천광역시는 시와 군·구뿐만 아니라 공사·공단까지 운영 중인 보안장비 및 정보시스템에 대한 정보보안 강화를 위해 SOAR(지능형 위협 자동 차단시스템)를 도입하고, 기존 사이버침해대응센터 보안관제와 연계해 인천광역시 환경에 적합한 자동 대응(차단)시스템을 구축했다.

[그림 3-4-2] 시스템 목표 구성도

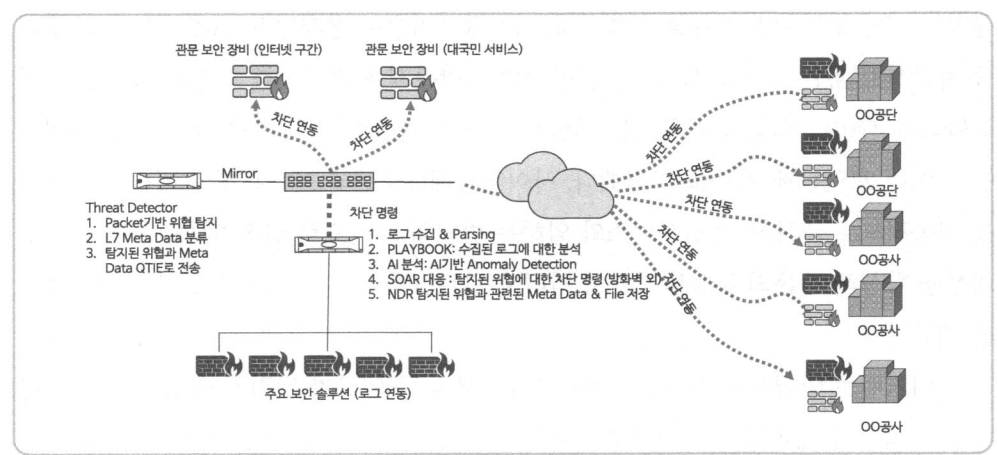

[출처: 인천광역시 사업 완료보고서, 2024. 6.]

[그림 3-4-3] SOAR 이벤트 처리 흐름도

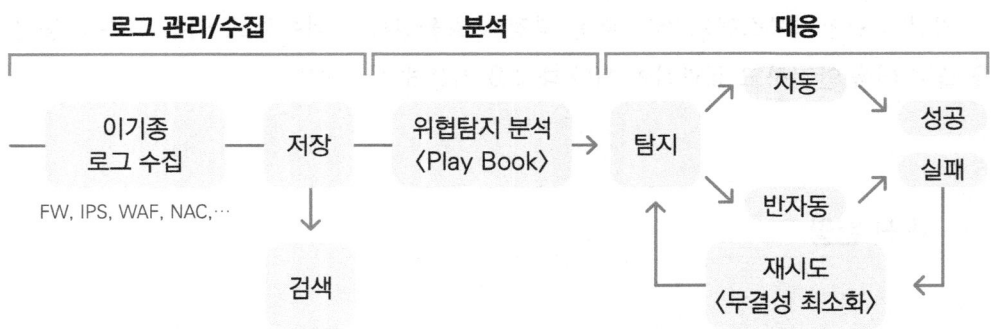

[출처: 인천광역시 사업 완료 보고서, 2024. 6.]

인천광역시는 대응(차단) 워크플로(workflow)를 정형화한 470여 개의 플레이북(Playbook)을 SOAR에 적용했다. 단순 반복적인 업무 처리에서 벗어나 분석 업무와 같이 보안 전문가의 판단이 요구되는 중요도 높은 업무에 집중해 보안관제의 효율성을 극대화할 수 있도록 했다. 알려지지 않은 고위험의 사이버 위협은 알고리즘을 통한 분석기술로 예측·처리함으로써 보안관제의 가장 중요한 과제인 신속한 초동대응과 해결시간 단축으로 보안관제의 효율성을 높였다. 기존의 경보탐지와 수동 조치에서 침해 자동 대응(차단) 중심으로 보안관제 프로세스를 개선했다.

[표 3-4-1] 기존 보안관제와 SOAR 기반 보안관제의 비교

관제유형	SIEM	SOAR
감지	시그니처 기반 단일위협 탐지의존	APT와 같은 복합적 지속적 공격 대응 가능
이벤트 처리	독립적 동작으로 탐지 결과 중복 및 대량 이벤트 발생	중복 탐지 제거로 이벤트 간소화 및 대응 절차 일원화
	대량 발생 보안 이벤트 처리 어려움	대량 발생 보안 이벤트 자동화 예측 처리
	복수 솔루션의 탐지 결과 모두 검증 필요	한 번의 검증으로 이벤트 처리 가능
대응	운용 인력의 기술력에 따라 대응 수준 상이	운용 인력의 기술력 격차에 따른 오대응 감소
	변화 없는 동일 수준 관리	지속적 학습과 피드백으로 신뢰성 지속적 향상

[출처: 정보통신기획평가원 주간기술동향 2099호, 2023. 7.]

인천광역시 사이버침해대응센터는 2007년 개소 이래 사이버 위협 및 침해사고 예방을 위해 24시간·365일 운영으로 약 14만(2024년 9월 말 기준)의 사이버 위협을 탐지·대응하고 있다. 아울러 실전 같은 모의훈련과 보안 취약점 진단을 통해 최고 수준의 사이버 보안관제 분석·대응과 예방 활동을 지속적으로 추진하고 있다. 특히, 빅데이터 분석을 통한 지능형 위협 정보식별 및 자동 대응체계는 방대한 보안 로그를 통합적으로 다중 분석하고 빠른 시간에 선제적으로 대응한다. 이는 보안관제 효율성과 행정서비스의 안정성 확보를 더욱더 끌어올릴 것이다.

[그림 3-4-4] 자동 대응(차단)체계 구축

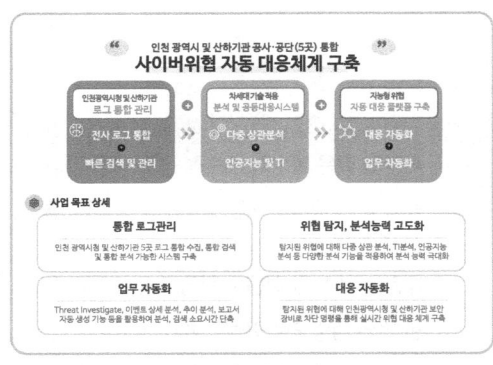

[출처: 인천광역시 사업 완료 보고서, 2024. 6.]

나. 인공지능(AI) 기반 다중이용시설 피난안내시스템 구축

인천광역시는 유동 인구 밀집도·혼잡도가 높은 곳이나 지하 공간 등 제한된 공간에서 화재가 발생할 시 많은 인명피해가 우려됨에 따라 정확한 화재지점을 신속히 파악해 소규모 화재 조기 진압 등 초동대처 지원이 필요했다. 이에 인천지하철에 대한 사고 대비가 시급하고, 화재 발생 시 발생 위치와 확산 정도 등에 따라 신속하고 최적화된 피난 경로 안내를 위해 본 사업을 추진하게 됐다.

[표 3-4-2] 인천1호선 연도별 누적 이용객 수 매년 증가

(단위: 천 명)

연도	2020년	2021년	2022년	2023년
이용객 수	77,808	81,547	91,568	97,668

[출처: 인천광역시 사업 계획서, 2024. 6.]

2023년 인천지하철 2개 역사에서 실증과 시범운영을 통해 나타난 문제점을 보완하고 2024년부터 2025년까지 인천지하철 18개 역사에 개선된 인공지능 기반 피난안내시스템을 구축·운영한다. IoT 화재감지기를 통해 최적의 피난 경로를 산정하는 인공지능 기반 알고리즘을 탑재하는 등 통합운영프로그램 고도화도 함께 진행한다. 인공지능 기반 피난안내시스템으로서 다목적 대피 유도 생성 장치인 'IoT 화재감지기'는 불

꽃·열·연기를 신속하게 탐지하고 빠른 초동 조치를 이뤄 시설 피해를 줄인다. 또한 각각의 '피난 안내기'가 화재·연기 확산 등 변화 상황을 감지하고 실시간 최적·최단 대피 경로를 송출함으로써 골든타임을 확보해 인명피해를 최소화한다.

[그림 3-4-5] 피난안내시스템 개념도

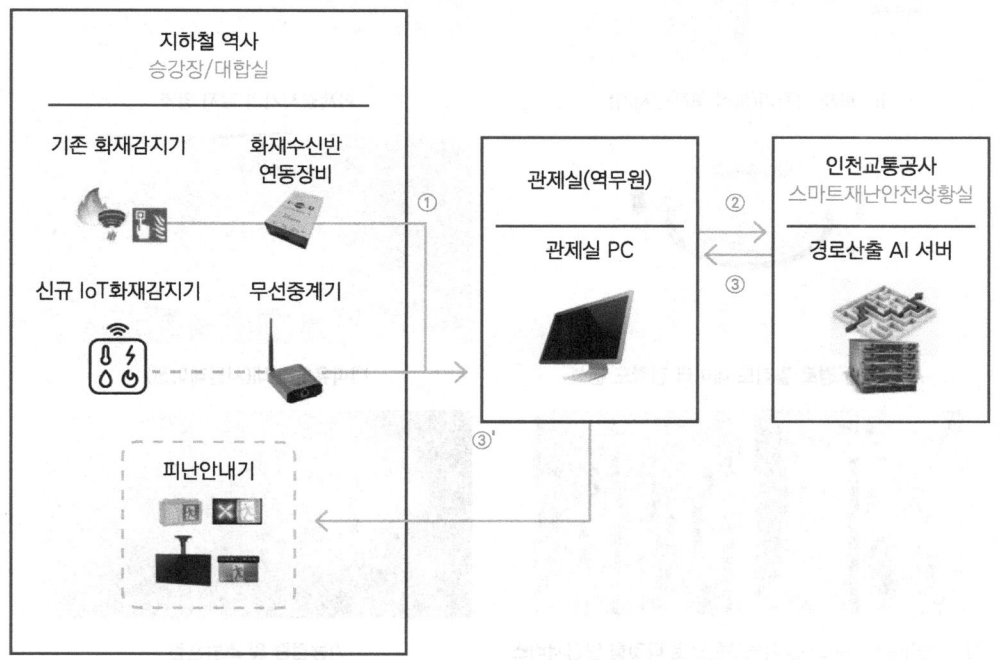

[출처: 인천광역시 사업 계획서, 2024. 6.]

인공지능 기반 피난안내시스템을 통해 각종 재난 및 사고에 최적화된 대응 방안을 제시할 수 있다. 이러한 대민서비스는 고령층과 사회적약자를 포함해 인천지하철을 이용하는 모든 시민의 안전과 지하철 운영 효율성 향상에 크게 기여할 것이다.

[그림 3-4-6] 피난안내시스템 구성 및 운영

피난안내기	피난안내기기

IoT화재 감지기(복합 화재감지기)	화재감지기의 감지 영역
	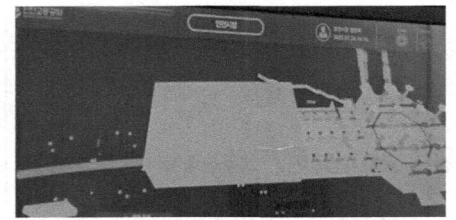
AI 융복합 경로·밀집도 데이터 정확도 분석	대피유도 안내(시뮬레이션)
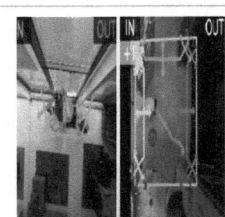	
지오펜싱(Geo-Fencing) 기능구현으로 타깃형 알림서비스	기능검증 및 소방훈련

[출처: 인천광역시 사업 계획서 등, 2024. 6.]

3 | 향후 계획

　인천광역시는 '제6차 인천광역시 지능정보화 기본계획'을 기반으로 정부의 '디지털플랫폼정부 실현 계획'과 '대한민국 디지털 전략' 등 상위계획과 연계해 '디지털로 실현하는 인천의 꿈, 모두가 누리는 플랫폼 인천'을 3개년간 추진해 나갈 예정이다.

　새로운 디지털전환 서비스 요구에 대응하고 지능정보 기반의 맞춤형 공유 행정서비스를 지원하기 위해 △자동화 기술(RPA)과 인공지능 기술을 활용해 디지털로 수행이 가능한 행정업무를 꾸준히 확산시키고 △시정 현안 해결을 위해 필요한 정보 데이터를 수집·분석하고 데이터에 근거한 신속한 주요 정책 결정 등 데이터 기반 행정혁신 활성화를 추진할 예정이다.

　이를 통해 AI 융합 산업을 육성하고 그 기반 위에 시민이 필요로 하는 재난·안전·산업 및 복지 분야까지 디지털화를 전폭적으로 확대할 계획이다. 나아가 시민이 원하는 정보를 알아서 챙겨주는 맞춤형 서비스를 다양하게 제공함으로써 누구나 디지털 혜택을 누리고 새로운 가치를 창출하도록 힘쓰고자 한다.

제5장 광주광역시

1. 추진 개요

가. 추진 방향

광주광역시는 '제6차 정보화 기본계획(2020년~2024년)'의 5차 연도(2024년)에 '내일이 빛나는! 지능정보사회 구현'의 정보화 비전에 따라 △지능형 행정구현 △창의 문화·관광 도시 △신성장동력 산업육성 △시민참여 공유와 소통 △안전한 시민 생활 조성 등의 추진 전략을 설정하고, 데이터 기반 행정 역량 강화를 위해 노력했다.

성공적인 민간 클라우드 전환을 통해 행정정보의 연속성·신뢰성·행정업무의 효율성을 확보했고, 인공지능(AI) 보안관제시스템 고도화를 통해 날로 지능화되는 사이버 위협을 인공지능 기반으로 학습하고 체계적으로 대응·방어하는 인공지능 사이버 보안관제 기틀을 마련했다. 또한, 디지털 이용 환경 조성을 통해 전 직원 디지털 역량을 강화하고, 디지털 기술을 활용한 행정서비스 개선 방안을 마련해 데이터 기반 의사결정을 통한 데이터 기반 행정 추진 체계를 수립하는 등 데이터 중심 디지털 행정혁신의 확산을 추진하고 있다.

2. 추진 현황

가. 디지털 행정혁신을 위한 디지털 전환 추진

1) 사업 개요

(가) 추진 배경 및 필요성

광주광역시는 빠르게 변화하는 디지털 신기술의 발달에 직원들의 접근권을 확보하고, 디지털 역량 강화를 통해 신기술의 유연한 활용이 가능한 문화를 조성하기 위해 '디지털 신기술 이용 환경 조성'을 추진했다. 새로운 기술을 두려워하지 않고 적극적으로 익히는 디지털 마인드셋 함양을 위해 우선 디지털 신기술, 서비스 등에 관한 정보를 공유하며, 직접 체험해 볼 수 있는 공간인 디지털 실험실(D-Lab)을 구축했다. 직원들이 디지털 실험실(D-Lab)에서 ChatGPT, CoPilot, 뤼튼 등을 직접 사용할 수 있도록 유료 디지털 서비스 이용료를 지원함으로써 노하우를 축적하고 업무 적용을 확대할 수 있도록 하고 있다. 또한 단순 반복 업무의 자동화를 위해 개발한 특근매식비 산출, 교육훈련 실적 자동화 등 RPA(업무자동화) 대상 업무를 지속적으로 발굴하면서 디지털 기술을 활용한 일하는 방식 정착으로 새로운 디지털 시대를 본격적으로 준비하고 있다.

[그림 3-5-1] 디지털 실험실-온라인 체험 공간

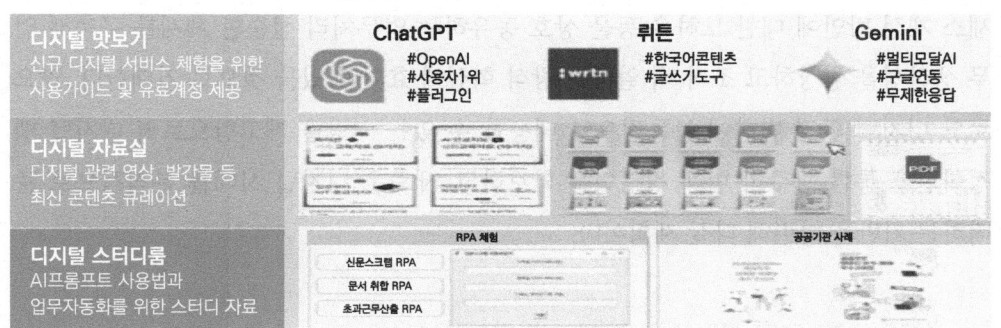

(나) 사업 예산

[표 3-5-1] 디지털 신기술 이용 환경 조성 사업 예산

(단위: 천 원)

구분	예산	세부 항목
디지털 실험실 구축	15,000	웹페이지 구축
	5,000	교육용 콘텐츠 구입
디지털 신기술 이용료 지원	12,000	디지털 신기술 서비스 이용 지원
업무 자동화 확대	10,000	RPA 용역개발

2) 추진 과정의 문제점과 해결 전략

광주광역시는 단순 반복 업무에 자동화를 도입해 직원들의 업무 부담을 경감하고

프로세스를 개선해 일하는 방식을 혁신하고자 RPA(업무자동화) 대상 업무를 발굴·도입했다. 전 부서를 대상으로 수요를 조사하고 타 시·도 사례 분석, 실무자 면담 등을 통해 총 32건의 과제 중 △교육훈련실적 관리 자동화 △교육훈련 실적 자동 입력 △특근매식비 자동 산출 업무 자동화 프로그램을 자체 개발해 운영했다. 이 과정에서 새로운 기술에 대한 조직 내 두려움으로 RPA 수요가 저조했는데, 빠르게 변화하는 디지털 기술을 상시 공유하는 소통 채널 구축의 필요성을 절감했다. 이에 따라 직원들의 역량을 강화하고 참여를 더욱 확대할 수 있는 디지털 문화를 만들기 위해 디지털 이용 환경 조성계획을 수립·추진했다.

3) 기대 효과 및 향후 계획

디지털 이용 환경 조성을 통해 전 직원이 직접 신기술을 체험하고 업무처리 프로세스 개선 방안에 대한 노하우 등을 상호 공유하는 업무처리 선순환 체계를 구축해 업무 생산성을 향상하고 조직 내 일하는 방식 혁신에 효과가 있을 것으로 기대한다. 앞으로도 디지털 환경 변화에 능동적으로 대응할 수 있는 역량을 제고함으로써 디지털 행정혁신을 통한 광주의 미래 경쟁력을 확보하고, 새로운 디지털 시대를 본격적으로 준비하는 기반을 마련해 나갈 계획이다.

나. 데이터 기반 행정 실현을 위한 데이터 활용 확대

1) 사업(서비스) 개요

코로나19를 거치며 예측 가능하고 효율적인 행정에 대한 사회적 요구가 증가했다. 이에 국가적으로는 디지털플랫폼 정부 출현으로 범정부적 데이터 통합 및 활용 확대를 추진 중이며, 지자체 역시 데이터 기반 행정에 관한 관심이 증가하고 있다. 이에 우리 시는 데이터 활용 일상화를 위해 2023년부터 전국 최초로 '데이터 기반 의사결정 사전진단제'를 도입했다. '데이터 기반 의사결정 사전진단제'는 전 부서를 대상으로 정책 의사결정에 필요한 '데이터 존재 유·무', '데이터 수집·활용 방안', '데이터 분석 필요성', '분석 결과 활용계획'에 대해 사전에 자체진단을 실시하는 방식으로, 데이터에 관한 관심 제고와 적극적인 데이터 활용을 유도하고자 전국 최초로 시행하게 됐다.

[표 3-5-2] 데이터 기반 의사결정 사전진단제

단계	핵심 사안	세부 내용
준비	• 필요성 검토	• 데이터 기반 의사결정 필요성(내·외부요인) 검토
	• 추진 방법 결정	• '데이터 기반 의사결정' 세부 추진 방안 도출
실행	• 필요데이터 정의 및 수집	• 필요데이터 정의, 수집방안 확인(관련 부서 협조)
	• 데이터 활용	• 데이터 활용(시각화 등) 방안 검토 ※ 필요시 데이터 분석 실시
	• 정책 수립	• 데이터(또는 분석 결과) 활용
성과관리	• 성과모니터링	• 추진성과 분석(만족도, 예산 절감 등)
	• 홍보	• 언론, 홈페이지 활용 정책홍보
	• 환류 및 확산	• 성과공유, 공감대 형성

2) 추진 과정의 문제점과 해결 전략

현재 '데이터 기반 의사결정 사전진단제'는 국장급 이상 내부 결재 단계에만 적용되고 있어 모든 의사결정에 적용할 수 없을 뿐 아니라 내용상 단순 반복적이거나 일회성인 경우 과도하게 업무 부담이 늘어나는 문제점이 있다. 이에 따라 형식적인 '결재 단계(국장급)에 적용'보다는 '의사결정 내용에 따른 적용' 방식으로의 전환과 단계적으로 모든 의사결정에 확대 해나가는 방안을 추가적으로 고려할 필요가 있다.

3) 기대 효과 및 향후 발전 방향

경험, 관례 또는 현황 위주 통계자료에 주로 의존하던 기존 의사결정 방식에서 탈피해 단편적 데이터가 아닌 다양한 데이터의 결합을 통한 시계열(추이) 분석, 대조군 비교, 최적 입지 도출 등 적극적인 데이터 활용을 통해 데이터 기반 의사결정을 일상화함으로써 예측 가능하고 효과적인 정책 실현이 가능할 것으로 기대된다. 다만, 현재처럼 결재 단계(실·국장급)에 적용하는 방식이 아닌 정책 의사결정 내용에 적용하는 방식으로 전환과 점진적 확대 적용을 통해 사전진단제의 실효성 확보가 필요할 것이다.

다. 빅데이터 분석·활용센터 운영을 통한 시정 현안 대응

1) 사업(서비스) 개요

(가) 추진 배경 및 필요성

기존 행정 형태의 문제로는 단순 현황(통계) 위주의 데이터 활용과 경험·직관에 의존한 업무수행, 각 실·국의 직원들의 데이터 활용 의지 및 분석 역량 부족, 다양한 지역 특화 데이터 및 지역 기관 간 데이터 협력 부재 등이 있었다. 이에 데이터 분석을 통한 시정 현안 해결, 행정의 과학적이고 객관성 지원 강화(데이터 컨트롤타워), 광주형 특화데이터 관리 및 운영 그리고 데이터 역량 강화 등 시정 주요 현안 및 지역문제 해결에 과학적인 빅데이터 분석을 활용하며 의사결정의 객관적 근거 마련을 통해 최적의 정책 결정을 지원하고자 했다.

(나) 사업 범위 및 내용(서비스모델, 핵심기술 등)

빅데이터 분석 활용센터에서는 포트홀 데이터 분석, 불법주정차 분석 등 19건의 데이터 기반 행정 중점과제를 선정하고, 분석된 데이터에 기반한 정책 추진을 지원하고 있다. 포트홀, 연령별 대중교통 이용, 불법주정차, 통합 돌봄 대상 선정, 새빛콜 배차 분석, 폭염 대비 그늘막 입지 분석, 광주 관광행태 분석 등 7건의 중점과제에 대한 분석을 추진했으며, 광주 생활인구분석, CCTV 입지 분석 등 부서에서 수시로 요청하는 과제에 대한 데이터 분석을 통해 정책 활용 자료로 제공하고 있다. 또한 데이터 분석의 컨트롤타워 기능 확립을 위해 직원 대상 데이터 분석 교육을 진행해 기술을 공유하는 등 시민 체감 데이터 분석을 본격 수행하고 있다.

[그림 3-5-2] 광주 새빛콜 차량 운행 현황 분석

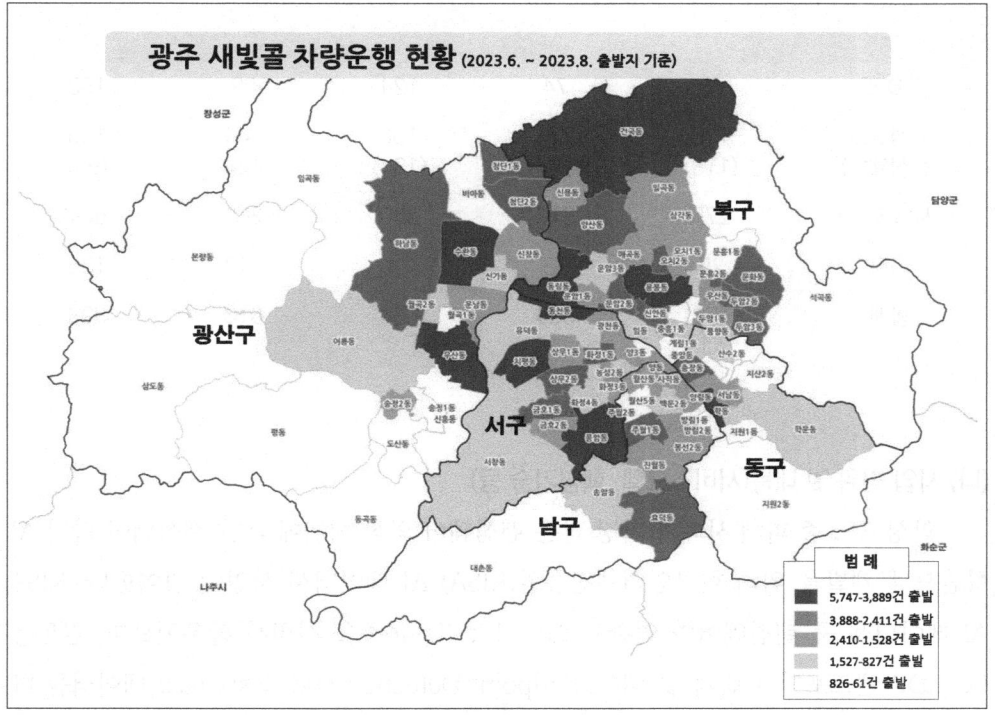

라. 빈틈없는 정보보안 및 사이버 위협 대응 강화
1) 사업(서비스) 개요
(가) 추진 배경 및 필요성

랜섬웨어(Ransomware)는 시스템 내 파일을 암호화해 공격자에게 복구를 대가로 한 금전을 지불할 경우만 복호화가 가능하도록 제작된 악성코드의 일종이다. 한국인터넷진흥원의 유형별 침해사고 신고 현황을 보면 악성코드 감염의 약 90% 이상을 랜섬웨어 신고가 차지하고 있다. 점점 진화되고 있는 다양한 신·변종 랜섬웨어는 빠른 확산과 사용자 피해를 증가시키고 있다. 이러한 신·변종 랜섬웨어 등 내부 위협에 효과적으로 대응하고자 AI를 활용한 랜섬웨어 학습모델을 개발해 업무용 PC에 신·변종 랜섬웨어 탐지·대응체계를 구축했다.

[표 3-5-3] 유형별 침해사고 신고 현황

연도 구분	2022년 상반기	2022년 하반기	2023년 상반기	2023년 하반기	2024년 상반기
DDoS	48	74	124	89	153
악성코드 (랜섬웨어)	125 (118)	222 (207)	156 (134)	144 (124)	106 (92)
서버 해킹	275	310	320	263	504
기타	25	63	64	117	136
합계	473	669	664	613	899

[출처: 한국인터넷진흥원, 2024 상반기 사이버 위협 동향 보고서]

(나) 사업 범위 및 내용(서비스모델, 핵심기술 등)

악성코드 중 피해 사례가 가장 많은 랜섬웨어 의심 행위에 대한 랜섬웨어 탐지 AI 학습모델 개발을 위해 한국인터넷진흥원(KISA) AI 데이터셋 사업에 참여했다. KISA AI 데이터셋 중 랜섬웨어와 연관된 데이터 T-ID 46종을 선별해 활용했으며, 업무용 PC EDR(엔드포인트 탐지 및 대응, Endpoint Detection and Response) 데이터를 바탕으로 이상 행위(반복적, 특정행위 등)를 10분 단위로 그룹화해 약 36만 5,000여 건의 데이터를 가공(라벨링)했다.

[그림 3-5-3] 랜섬웨어 AI 학습모델 EDR 데이터 가공(라벨링) 과정

» 그룹화 기준 필드

#	그룹화 필드	설명
1	evt10m	• 이벤트 발생시간(event_time)을 10분 단위(0~9분, 10~19분 등)로 변환 후 동일 시간대의 데이터를 그룹핑
2	pid	• 프로세스 ID가 동일한 데이터를 그룹핑 • 프로세스 시작/종료 기준 생성되는 임의의 id값으로, 동일한 프로세스명이라도 종료 후 재시작 시 pid는 다를 수 있음
3	user_ip	• 사용자 IP가 동일한 데이터를 그룹핑
4	proc_name	• 프로세스명이 동일한 데이터를 그룹핑 • 프로세스명: svchost.exe, cmd.exe등
5	label_mitre	• T-ID로 작성된 label이 동일한 데이터를 그룹핑

» 그룹화를 통한 데이터 변환

[라벨데이터]

event_time	evt10m	pid	user_ip	proc_name	laber_mitre	...	cmd_line
2022-10-24 8:40:01	2022-10-24 8:40	8936	10.XX	pip.exe	T1486	...	pip install
2022-10-24 8:41:09	2022-10-24 8:40	8936	10.XX	pip.exe	T1486	...	pi install -r requirements.txt
2022-10-24 8:42:17	2022-10-24 8:40	3584	10.XX	cmd.exe	T1486	...	"C:\Windows\system32\cmd.exe
2022-10-24 8:51:17	2022-10-24 8:50	7784	172.XX	net.exe	normal	...	"net.exe" stop BMR Boot Service /y

≶ Group화를 통한 데이터 가공 ≶

[학습데이터]

evt10m	pid	s_ip	proc_name	label	...	동일 Group의 cmd_line에 pip 설치를 수행하는 경우
2022-10-24 8:40:00	8963	10.XX	pip.exe	anomalies	...	1
2022-10-24 8:40:10	3584	10.XX	cmd.exe	anomalies	...	0
2022-10-24 8:50:10	7784	172.XX	net.exe	normal	...	0

위와 같이 정의된 라벨데이터를 바탕으로 파일 확장자를 변경하거나 암복호화를 수행하는 대표적인 랜섬웨어 행위를 정의해 1만 5,000여 건의 학습데이터를 추출했으며, 이를 AI 보안관제시스템에 적용해 랜섬웨어 의심 행위를 탐지하는 AI 학습모델을 개발했다.

[그림 3-5-4] 랜섬웨어 AI 학습모델 학습데이터 생성 과정

» 랜섬웨어 대표행위 정의 및 관련 피처생성

#	피처유형	설명
1	파일 확장자 변경	파일의 확장자를 변경하는 행위를 탐지
2	암복호화 명령어	커맨드라인에서 암복호화 명령어를 실행하는 행위를 탐지
3	파일 변경 관리	파일 생성, 삭제, 이동 등 파일 변경 관련 행위를 탐지
4	레지스트리 조작	공격 행위를 위하여 레지스트리 값을 변경 및 조작하는 행위를 탐지
5	이상 이벤트 타입	특정 프로세스가 비정상적으로 수행될 때 등장하는 타입의 행위를 탐지
6	스크립트 실행	스크립트 명령어를 실행시키는 행위를 탐지
7	모듈 로드	특정 모듈을 로드하는 행위를 탐지
8	다른 프로세스 실행	다른 프로그램을 설치하거나 명령어를 실행할 수 있는 다른 프로세스를 실행하는 행위를 탐지
9	정상 프로세스	정상 프로세스의 행위

» 학습데이터 생성

label_mitre	label	라벨데이터	학습데이터
T-ID 46종 해당	anomalies	224,364	6,959
normal	normal	140,598	7,389
합계		364,962	14,798

[학습데이터 생성 과정]

또한 KISA 데이터셋으로 학습된 AI 탐지모델의 랜섬웨어 행위 탐지 여부를 검증하기 위해 실제 사고사례가 존재한 것으로 알려진 랜섬웨어 17종과 알려지지 않은 랜섬웨어 7종 등 총 24종의 랜섬웨어로 모의 공격을 수행했다. 그 결과, 알려진 랜섬웨어 17종의 경우 EDR과 AI 학습모델에서 랜섬웨어로 모두 탐지됐으며, 알려지지 않은 랜섬웨어 7종의 경우 AI 학습모델에서만 랜섬웨어로 탐지돼 기존 보안장비에서 탐지하지 못하는 알려지지 않은 랜섬웨어를 AI 학습모델을 통해 효과적으로 대응할 수 있는 유의미한 결과를 도출할 수 있었다.

2) 추진 과정의 문제점과 해결 전략

랜섬웨어 모의 공격 결과 알려진 랜섬웨어 17종, 알려지지 않은 랜섬웨어 7종 총 24종의 랜섬웨어를 AI 학습모델로 탐지하는 데 평균 약 16분이 소요됐다. AI 학습모델은 사용자 및 프로세스 명을 10분 단위로 그룹핑해 예측하는 방식으로, 랜섬웨어 실시간 탐지 부분에서는 단점이 존재한다. 이를 해결하기 위해 10분 단위 그룹핑을 5분, 1분으로 단축하는 방안과 AI 학습모델로 탐지된 랜섬웨어는 위협대응 자동화 솔루션(SOAR)을 통해 다중 검증 절차를 거치는 랜섬웨어 대응 프로세스를 수립했다.

3) 기대 효과 및 향후 추진 방향

AI 보안관제와 EDR 연계를 통해 랜섬웨어 AI 학습모델을 적용해 업무용 PC에 알려지지 않은 랜섬웨어 탐지 대응체계를 마련했으며, 랜섬웨어 AI 모델을 기존 보안장비와 상호보완적으로 활용해 신·변종 랜섬웨어에 대응하는 등 보안 사각지대를 최소화할 수 있을 것으로 기대된다. 앞으로도 랜섬웨어뿐만 아니라 AI 신기술을 활용해 지능화 고도화되고 있는 사이버 위협으로부터 행정서비스의 안정성 확보를 위해 보안관제 역량을 강화해 나갈 계획이다.

3 | 향후 계획

광주광역시는 디지털 전환 서비스에 대한 새로운 요구에 부응하고, 지능정보 기반의 맞춤형 행정서비스를 지원하기 위해 인공지능과 정보기술을 활용해 데이터 기반 행정을 추진할 계획이다. 새로운 디지털 신기술과의 통합을 통해 혁신적인 서비스를 발굴하고, 업무처리의 효율성을 향상해 행정서비스의 질을 적극적으로 개선할 예정이다. 또한, 데이터분석센터를 통해 시정 현안 해결을 위한 정보를 수집하고 분석함으로써, 데이터 기반의 정책 결정을 신속하게 지원하고자 한다. 이를 통해 우리 시의 현안 분석 과제를 발굴하고 체계적으로 분석할 것이다.

아울러 공공데이터 활용을 활성화할 수 있는 기반을 조성하고 역량을 강화하며, 지역 내 데이터 공유·활용 협력체계를 구축해 나갈 계획이다. 전 직원의 데이터 마인드를 강화하고 데이터 기반 정책 추진의 성과를 평가하는 등 데이터 중심의 정책 추진 역량을 확대하는 데 주력함으로써 시정의 모든 분야에서 디지털 역량 강화를 위한 지속적인 기반을 구축해 나가고자 한다.

제6장 대전광역시

1. 추진 개요

　대전광역시 소방본부는 '시민 중심의 스마트 의료정보 서비스 구현'을 위해 카카오톡 기반의 병원 안내 시스템을 기획·추진했다. 이 시스템은 병원·약국 운영 정보 실시간 업데이트로 정보의 신뢰성을 확보하고, GPS 기반으로 현재 위치에서 가까운 의료기관을 즉시 찾을 수 있는 서비스를 제공한다. 또한, 응급 의료체계 효율화를 위해 비응급 상황에서 시민들이 적절한 의료기관을 선택할 수 있도록 유도하고, 119구급대원이 환자 이송 시 신속하게 진료가 가능한 병원을 파악할 수 있도록 지원한다. 특히, 자동심장충격기(AED) 위치정보를 제공해 응급상황 대응능력을 강화할 수 있는 기반을 구축하고자 했다.

2. 추진 현황

가. 카카오톡 기반 병원·약국 정보 조회시스템 개발

1) 추진 배경 및 필요성

　그간 119 신고 전화 통계를 보면, [표 3-6-1]처럼 긴급하지 않은 신고가 절반 이상(53%)을 차지했다. 비긴급 신고는 긴급 구조 서비스의 효율성을 저해할 뿐만 아니라 진정한 응급 환자들이 제때 도움을 받지 못하는 문제가 생길 수 있다. 더구나 전공의 집단 파업으로 환자들은 물론 119구급대원조차 진료 및 이송이 가능한 병원을 찾는 데 어려움을 겪고 있는 실정이었다. 비긴급 상황에서는 적절한 병의원, 약국 등을 직접 찾아갈 수 있도록 안내함으로써 긴급한 119 신고접수 처리를 집중화할 필요성이 있었다.

[표 3-6-1] 2023년도 119 신고 전화 통계

(2023년 통계)	(총 신고건수) 22만 1,182건
	(비긴급 신고건수) 11만 8,306건(총신고의 53% 수준)
	(구급출동 중 환자 미이송 출동건수) 2만 9,270건(27%)

이 같은 온라인 서비스와 관련해 별도의 설치가 필요한 기존의 앱(App)이나 PC 기반의 웹(web)에서 수행하는 병의원, 약국 정보 안내는 접근성 차원에서 불편했다. 즉, 고령층이나 디지털 기기 활용이 어려운 계층은 앱 사용에 어려움이 있었고, 웹은 사용자 인터페이스가 직관적이지 않거나 접근성이 낮아 활용도가 높지 않았다.

[그림 3-6-1] 기존 병의원, 약국 정보 안내 방법의 접근성 불편

구 분	App(앱) / E-Gen	Web(웹)
복지부 응급의료 포털		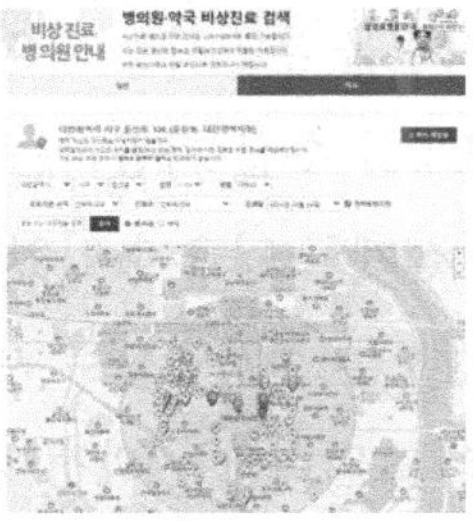
제약사항	별도의 앱 설치 필요	PC 기반 위치기반 서비스 제약
	디지털 격차 심화: 고령층이나 디지털 기기 활용이 어려운 계층은 앱 사용에 어려움	접근성 및 사용성 문제: 사용자 인터페이스가 직관적이지 않거나 접근성이 낮아 활용도가 저하

2) 추진 내용

'카카오톡기반 병의원, 약국 정보 조회시스템 개발' 사업은 2023년 대전시의 AI, 데이터 행정서비스 개발 공모과제 선정을 통해 본격적으로 추진됐다. 사업 금액은 총 7,500만 원으로, 대전시 전략사업추진실 바이오헬스산업과 사업비 지원을 통해 진행됐다.

[그림 3-6-2] 카카오톡 기반 병의원·약국 정보 조회시스템 추진 과정

수요조사	→	지원기업 모집	→	지원기업 선정(협약)	→	사업 수행(개발)
2023년 3월		2023년 4월~5월		2023년 5월		2023년 7월~2024년 1월

병의원·약국 정보 카카오톡 서비스는 △병의원(응급실, 야간진료 소아과) 및 약국 정보 안내 △자동심장충격기(AED) 정보 안내 △일반 응급처치 및 심폐소생술(CPR) 및 AED 사용법 안내 등을 제공한다. '병의원·약국 정보 안내'를 위해 위치 기반 서비스(사용자 현 위치를 기반으로 가까운 병의원과 약국 안내), 카카오맵 연동(현 위치에서 가장 가까운 병의원·약국을 지도에 표출 및 길 안내), 실시간 정보제공(진료과목, 전문의 여부, 운영 시간, 전화번호, 주소 등 안내) 등을 추진했다. 또한, 사용자의 현재 위치를 기준으로 가장 가까운 AED(자동심장충격기) 위치정보와 일반 응급처치 및 심폐소생술(CPR) 및 AED 사용법도 안내할 수 있도록 했다.

3) 추진 과정 및 문제 해결

본 사업을 추진하는 과정에서 나타난 첫 번째 어려움은 신뢰성 있는 병의원과 약국 정보 DB를 수집·가공하는 작업이었다. 사용자 요구에 맞는 맞춤형 정보를 재구성하고 DB를 설계할 필요가 있었다. 병원 정보의 실시간 신뢰성 확보가 어렵고, 병원·의료기관의 정보를 실시간으로 수집·업데이트하는 데에도 한계가 있었다. 또한, 수작업으로 데이터를 입력하는 과정에서 오류가 발생할 소지도 있었다. 아울러 위치정보법, 개인정보 보호법 등 관련 법규 준수가 필수적이었고, 이에 따른 제약사항이 많았다. 데이터 보안을 위해 수집된 개인 위치정보의 보안(데이터 유출, 무단 접근 문제 등)을 유지하는 것이 중요했다.

[표 3-6-2] 병의원·약국 데이터 연계

구분	병원 정보		약국 정보	자동심장충격기 정보
정보제공	국립중앙의료원	건강보험심사평가원		국립중앙의료원

이러한 문제를 해결하고자 신뢰성 있는 병의원과 약국 데이터를 수집·관리하는 프로세스를 자동화했다. 공공데이터포털 정보와 연계해 '데이터 표준화 및 정제 자동화'를 진행했다. 관련법상 개인위치정보를 서버로 전송하는 경우, 사업자 신고 대상이기 때문에 위치기반서비스사업자 신고수리(방통위)를 완료했고(2023.11.27.), 사용자 개인위치정보는 암호화해 내부에 안전하게 보호하는 조치를 취했다.

4) 주요성과 및 기대효과

'카카오톡 기반 병의원, 약국 정보 조회시스템' 개발을 통해 쉽고 간편하게 필요한 의료정보를 시민들에게 제공할 수 있게 됐을 뿐만 아니라, 전국적으로 확산할 수 있는 기술적, 행정적 기반을 마련했다고 평가한다. 특히, 병의원, 약국 정보를 국민 메신저라 불리는 '카카오톡 플랫폼'(전국 4,500만여 명 사용)을 통해 제공함으로써 시민들의 의료정보 접근성과 편의성을 크게 향상했다. 요컨대, 카카오챗봇 및 모바일웹 기반의 정보제공을 통해 사용자 접근성을 높였다.

[표 3-6-3] 카카오톡 기반 병의원, 약국 정보 조회시스템 이용 현황

구분	가입자	병원 안내	약국 안내	자동심장충격기(AED) 안내
실적 (2.20~5.31)	2,830명	3,783회	995회	713회

[표 3-6-4] 병의원, 약국 정보 조회시스템 활용 사례

일시	내용
2024. 3. 23.	대구 소재 뇌경색 환자 → 대전 관내 시술 가능한 병원 안내
2024. 3. 27.	외항선박 승선 중인 화상환자 → 1차 응급처치 지도 → 소방청 중앙119구급상황센터 연결
2024. 3. 30.	극심한 통증호소 임산부(36주) 의료지도 및 병원 이송
2024. 4. 11.	교통사고(응급수술 필요)로 대전 관내 수술 가능 병원 안내

2024년 6월 5일부터 7일까지 실시한 이용자 만족도 조사 결과(조사 대상: 2,806명/ 응답자: 527명), 전체 서비스 만족도는 5점 만점에 평균 4.6점(92%)으로 나타났다.

97%가 계속 사용 의사가 있다고 답했고, 76%는 지인에게 추천 의사가 있다고 응답했다.

앞으로 비응급 119신고 전화가 감소해 119의 긴급상황 대처 능력이 강화되고, 1·2차 의료기관 이용 활성화로 응급실 과밀화도 완화될 것으로 기대된다. 3차 의료기관의 높은 진료비를 피하고, 필요한 경우 1차 및 2차 의료기관에서 적절한 진료를 받을 수 있게 함으로써 전체적인 의료 비용이 절감될 것으로 전망된다. 또한 가까운 병의원을 통해 신속한 진료가 가능해 환자 만족도도 향상될 것으로 보인다.

[그림 3-6-3] 접근성 향상을 위한 카카오챗봇 및 모바일웹 기반 정보제공

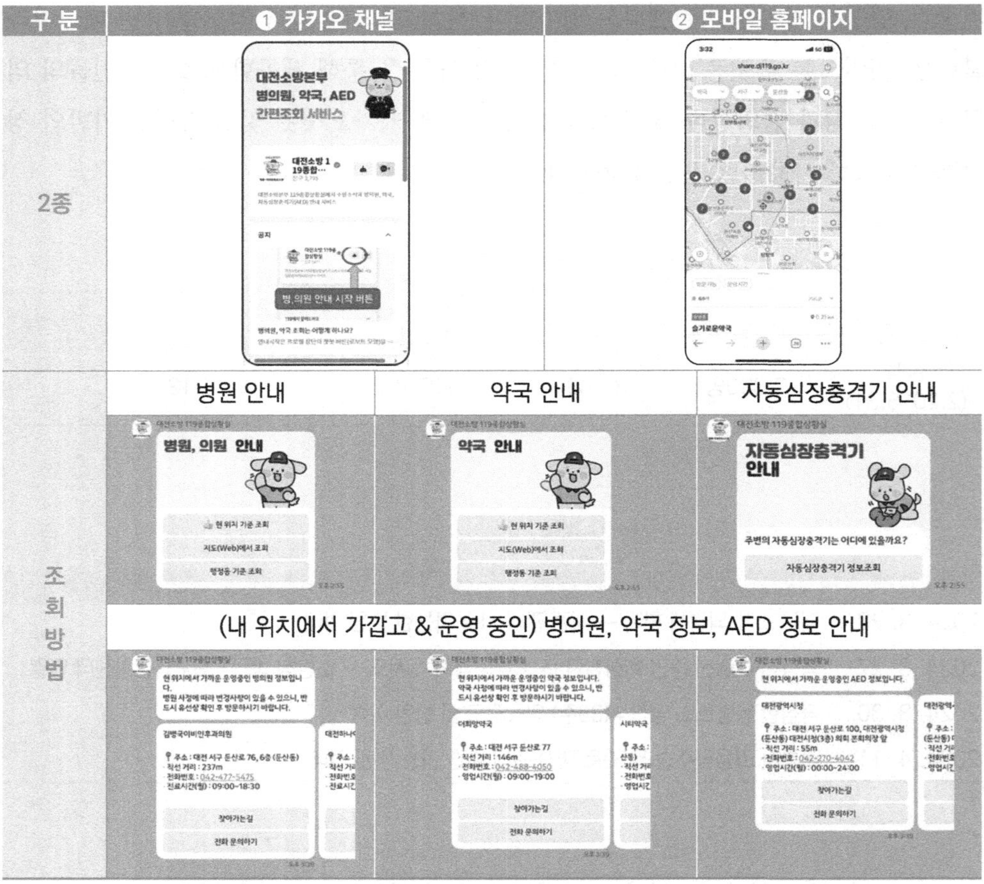

3 | 향후 계획

앞으로 본 서비스의 고도화를 위해 '응급실 실시간 가용 병상 정보 연계'를 우선 추진하고자 한다. 진료과목별 전문의 현황 정보를 실시간으로 제공하고, 야간·공휴일 운영 의료기관 정보를 특화해 제공함으로써 시민들의 의료서비스 이용 편의성을 높이고자 한다. 또한 외국인을 위한 실시간 의료통역 서비스와 청각장애인을 위한 수어 안내 서비스도 연계해 취약계층의 의료서비스 접근성을 강화할 계획이다.

데이터 연계 확대를 통해 포털(네이버 및 다음)과 보건소 등 공공의료기관 정보를 통합하고, 의료기관별 특수 진료 정보와 의료장비 보유 현황을 제공할 예정이다. 실시간 교통정보와 연계해 최적 이동 경로를 안내함으로써 의료서비스 접근성을 향상할 것이다.

시민 참여형 서비스 구축을 위해 의료기관 이용 경험을 공유할 수 있는 플랫폼을 마련하고, 서비스 개선을 위한 시민 의견수렴 창구도 운영하고자 한다. 의료기관과 협력해 서비스 품질을 지속 향상하고, 시민들의 의견을 적극 반영한 맞춤형 서비스를 제공할 예정이다.

이러한 계획들을 통해 대전광역시는 시민들의 의료서비스 접근성을 높이고, 응급의료체계의 효율성을 증진함으로써 데이터 기반의 스마트 의료정보 서비스를 선도적으로 구축해 나가고자 한다. 119 구급 서비스의 효율적 운영과 시민들의 의료서비스 이용 편의성 향상이라는 두 가지 목표를 동시에 달성할 수 있을 것으로 기대한다.

제7장 울산광역시

1. 추진 개요

울산광역시(이하 '울산시')는 정보화 정책의 추진 목표를 '미래지향 지능형 스마트 행정 구현'으로 설정하고, △디지털로 신뢰받는 행정 구현 △혁신으로 성장하는 디지털 경제 기반 조성 △안전하고 편리한 지능정보도시 구현 △디지털 포용 및 시민 편의 서비스 증진 등 4개 분야 81개 과제로 구성된 '2024년 정보화 시행계획'을 수립해 추진했다.

4대 분야별 세부 내용을 살펴보면, '디지털로 신뢰받는 행정 구현' 분야로서 행정전화 지능형(스마트) 알림서비스 구축, 사이버침해대응센터 및 정보보호지원센터 운영, 중요 비전자기록물 데이터베이스(DB) 구축, 노후 암호화 장비 및 네트워크 스위치 교체 등 20개 사업을 추진했다.

'혁신으로 성장하는 디지털 경제 기반 조성' 분야는 지능화 혁신 인재 양성 사업, 산업관광 콘텐츠 개발, 인공지능(AI) 기반 중량화물 이동체 물류 온라인 체제 기반(플랫폼) 실증, 지능형(스마트) 관광도시 조성 등 15개 사업을 추진했다.

'안전하고 편리한 지능정보도시 구현' 분야는 AI와 공간정보 융합 검색서비스 구축, 거점형 지능형도시(스마트시티) 조성, 지능형(스마트) 어린이 보호 구역(스쿨존) 보행안전시스템 구축, 재난 영상 공동 활용 체계구축, 인공지능(AI) 결핵영상분석 시스템 구축, 실시간 119 출동 정보 알림 서비스 구축 등 28개 사업을 추진했다.

'디지털 포용 및 시민 편의 서비스 증진' 분야는 디지털 역량 강화 교육 지원, 장애인 정보통신 보조기기 보급, 공공와이파이(Wi-Fi) 품질 개선, 스마트폰 과의존 예방, 공공시설 예약서비스 이용 활성화, 인터넷 웹진 운영 등 18개 사업을 추진했다.

2. 추진 현황

가. AI와 공간정보 융합 검색서비스 구축
1) 추진 배경

울산시는 현 정부의 디지털플랫폼 정부 구현 목표에 부합하는 지역 맞춤형 데이터 기반 행정체계를 마련하고, 이를 통해 지역 특성에 맞는 효율적인 행정서비스 제공 및 데이터 활용 극대화를 위해 노력하고 있다. 시민들의 눈높이와 요구에 부응하는 디지털 행정서비스를 구현하기 위해 최신 기술 도입의 필요성 강조되고 있고, 공공데이터 개방 및 활용 실적도 꾸준히 증가하고 있다. 그럼에도 시민들이 실질적으로 체감할 수 있는 서비스가 부족하다는 점에서 이를 보완할 구체적인 활용 방안 마련이 필요했다.

[그림 3-7-1] AI와 공간정보 융합 검색서비스 구축 사업 추진 배경

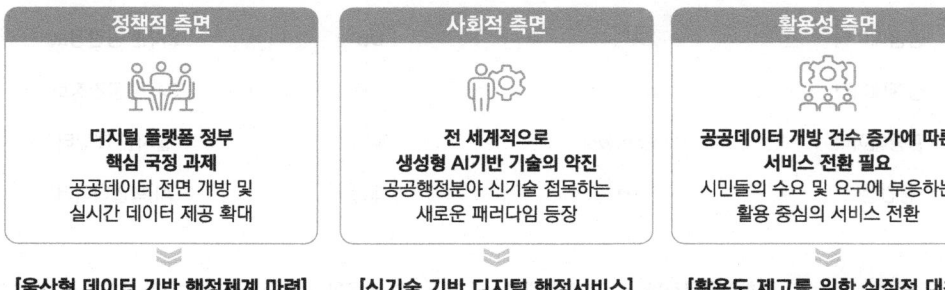

출처: 울산광역시 내부 자료

2) 사업 내용
(가) 디지털 트윈 국토 기반 데이터 구축

디지털 트윈에 기반한 생성형 AI의 대화형 기술 활용 및 서비스 제공을 위해 울산광역시, 구·군, 산하 공공기관에서 보유 중인 공공데이터, 통계 및 관광데이터 등을 연계·수집해 생성형 AI 학습데이터를 구축했다. 또한, 국토교통부 및 국토지리정보원의 K-Geo플랫폼, 국가공간정보포털, 도로명주소, 세움터, 브이월드 등에서 보유하고 있는 수치지도, 수치표고자료 등 공공 DB 위치기반 2차원, 3차원 공간정보 데이터의 수집, 분석 및 가공을 통해 디지털 트윈 국토 기반 데이터를 구축했다.

[그림 3-7-2] 생성형 AI 활용을 위한 데이터 구축

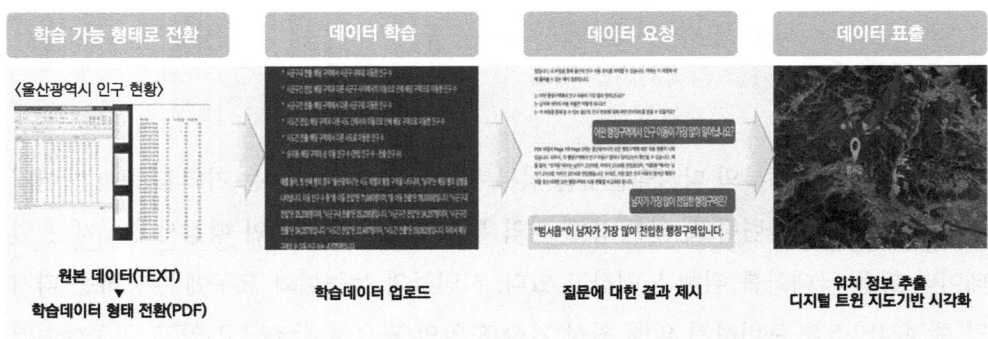

[출처: 울산광역시 내부 자료]

[그림 3-7-3] 디지털 트윈 기반 데이터 구축 절차

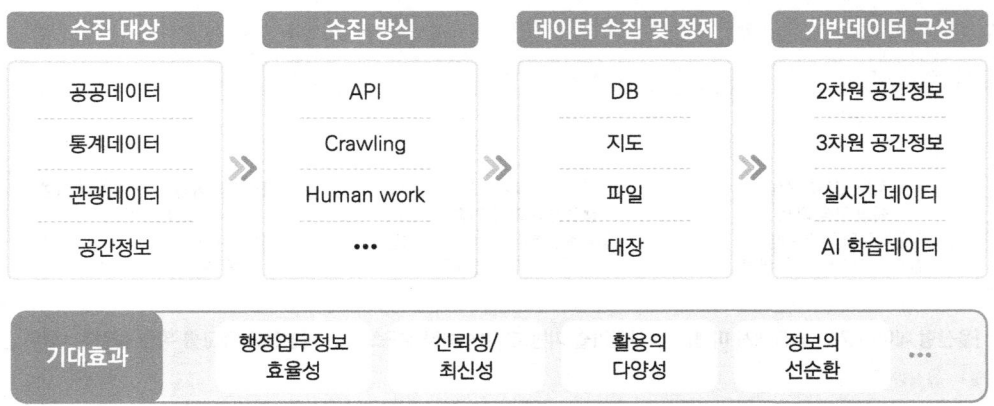

[출처: 울산광역시 내부 자료]

(나) 디지털 트윈 국토 플랫폼 구축

인공지능 기술을 활용해 공공·통계·관광·공간데이터 분야의 행정정보 및 위치정보를 시민들에게 대화형으로 제공하는 서비스를 구축하고자 위치정보와 속성정보를 생성형 AI에서 학습 가능한 학습데이터로 자동 변환하는 '울산형 ChatGIS' 활용모델 알고리즘을 개발했으며, 데이터 주기에 따른 실시간 자동 데이터 제작 시스템을 구축했다.

[그림 3-7-4] 공간정보 및 행정정보 기반 학습데이터 제작

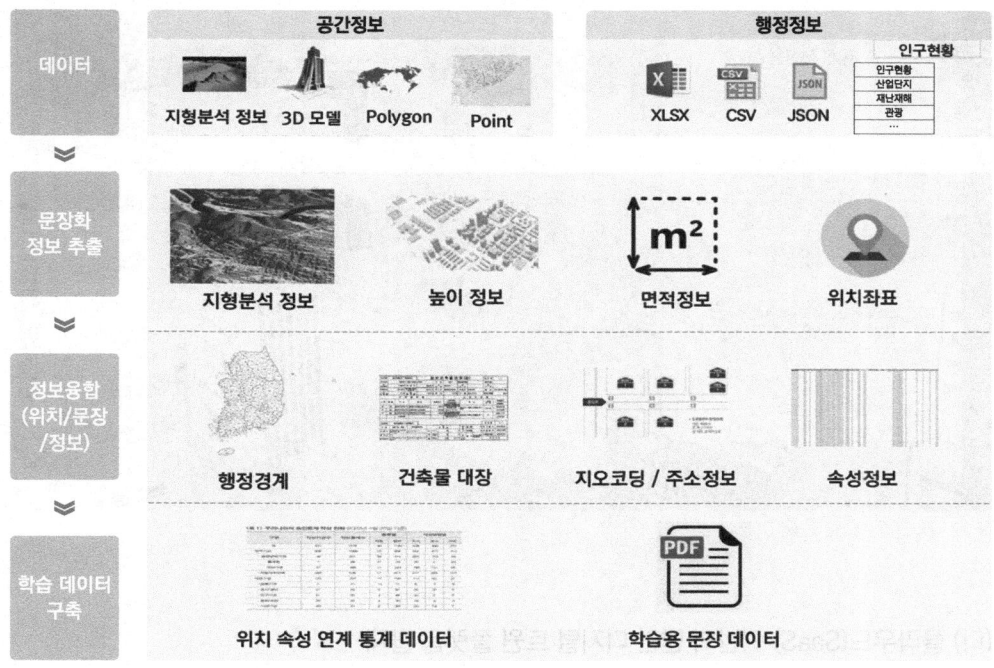

[출처: 울산광역시 내부 자료]

또한, 학습된 데이터를 기반으로 한 생성형 AI 답변 결과의 위치정보를 추출했고, 지오코딩 변환 등의 방법으로 공간정보를 전환했다. 이를 디지털 트윈 지도 기반으로 시각화함으로써 울산광역시 행정 관련 정보를 대화형으로 질문하고, 해당 답변을 디지털 트윈 플랫폼에 가시화하는 양방향 서비스를 구축했다.

[그림 3-7-5] 공간정보 기반 디지털 트윈 서비스 플랫폼

[출처: 울산광역시 내부 자료]

(다) 클라우드(SaaS) 기반의 민간 디지털 트윈 플랫폼 탑재

클라우드 기반의 디지털 트윈을 활용해 신기술을 실증하고 행정서비스에 적용할 수 있는 안정적이고 빠른 공간정보 서비스를 제공하는 것을 목표로 울산광역시 디지털 트윈 플랫폼과의 호환성을 확보하고, 데이터 활용성을 극대화하기 위해 SaaS(Software as a Service) 기반의 민간클라우드를 사용했다. 또한, 보안 문제를 해결하기 위해 한국인터넷진흥원의 보안인증을 받은 플랫폼을 활용했다.

아울러 공간정보 표준을 기반으로 사용자 맞춤형 생성형 AI 데이터를 손쉽게 제작할 수 있는 도구를 개발해 울산광역시 상황에 맞춘 커스텀 데이터를 빠르게 생성할 수 있도록 하고, 이를 통해 다양한 분야에서 AI 에이전트가 활용될 수 있도록 사용자 중심 인터페이스를 반영한 서비스를 제공한다.

[그림 3-7-6] 클라우드(SaaS) 기반의 디지털 트윈 생성형 AI 서비스 구성도

[출처: 울산광역시 내부 자료]

3) 기대 효과

하나의 플랫폼에서 검색, 분석, 활용은 물론 위치정보와 융합한 가시화 서비스를 제공해 시민들이 실질적으로 체감할 수 있는 공공데이터 활용 플랫폼을 구축·서비스함으로써 시민들이 더욱 편리하게 공공데이터를 활용할 수 있게 됐다. 특히, 사용자가 제기한 질의에 대한 통계 데이터를 현실과 동일한 가상 세계에 반영하고, AI 학습을 통해 지능형 관광 서비스모델을 제시함으로써 울산광역시의 관광산업에도 새로운 활력을 불어넣고 관광객에게 향상된 경험을 제공할 것으로 기대한다. 또한, 울산형 데이터 기반의 행정체계를 마련하고, 생성형 AI를 활용한 행정서비스를 도입함으로써 디지털 혁신을 가속화하고, 더욱 효율적인 행정서비스를 제공할 수 있을 것으로 보인다.

나. 장소와 사람을 잇는, 공간이음 플랫폼 구축

1) 추진 배경

급격한 인구 변화와 도시개발로 인해 공간 변화가 빠르게 진행되고 있다. 이러한 변화에 따라 주민들에게 정확하고 신속한 공간정보를 제공하는 것이 중요해졌으나 기존 포털사이트에서 제공하는 자료는 한계가 있어, 주민들이 편리하게 활용할 수 있는 시각화된 정보 제공의 필요성이 대두됐다. 이에 부서별로 분산돼 있는 공간정보와 공공데이터를 통합함으로써 효율적인 행정 운영과 협업 기반을 마련하고, 사용자 중심의 콘텐츠 마케팅 시대에 시설, 문화, 먹거리 등 지역 정보를 누구나 쉽게 파악해 방문할 수 있도록 다양한 지역 정보의 효과적 전달 수단이 필요했다.

2) 사업 내용

이번 사업은 공공데이터의 통합과 공유를 통한 정보화 체계 구축, 공무원의 역량 강화 및 대민서비스 확대를 목적으로 진행됐으며 단계별 주요 추진 사항은 다음과 같다.

(가) 공간정보 공공데이터의 통합 및 기반 조성

각 부서에서 관리 중인 다양한 공공데이터를 통합하고, 이를 관리할 수 있는 시스템적 기반을 구축하는 데 중점을 뒀다. 내·외부 공공데이터 조사 및 목록화, 공간정보 매뉴얼 제작 및 배포, 기구축 플랫폼(K-Geo) 활용을 통해 부서 간 데이터 단절을 해소하고 상호 협력과 공유를 촉진했다.

[그림 3-7-7] K-Geo 플랫폼 활용한 공간정보 분석·활용 매뉴얼 제작

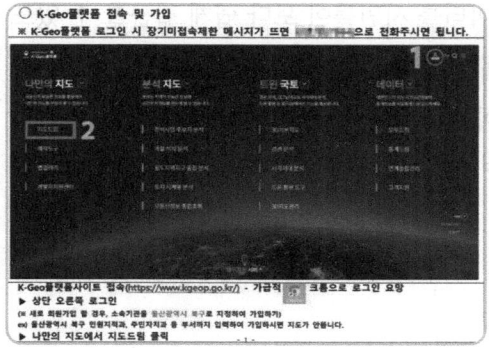 

[출처: 울산광역시 내부 자료]

(나) 공간정보 활용 역량 강화 및 내부 공유

공무원들의 공간정보 활용 역량을 강화하고, 데이터를 분석하고 활용할 수 있는 능력을 배양하기 위해 직원들이 업무에서 직면하는 공간분석 과제를 해결할 수 있도록 지원하는 '공간분석 기획·제안·협업제'를 운영했다. 이를 통해 각종 업무 관련 요구에 대한 맞춤형 지도를 제작·지원했으며, 직원들의 공간정보 이용·분석 역량 강화를 위한 전 직원 교육을 진행해 공공데이터 기반 행정서비스의 과학화에 기여했다.

[표 3-7-1] '공간분석 기획·제안·협업제'를 통한 분석 지원 내역

기획 분석	공간정보담당자가 이슈를 파악해 자체 분석 진행 • 공간정보 기반 민원 빅데이터 분석 • 보행환경 개선을 위한 분석 • 빈집의 효율적 활용을 위한 공간분석
제안 분석	아이디어는 있으나 분석에 익숙하지 않은 업무담당자가 공간분석 요청해 분석 진행 • 농업 진흥(보호)구역 현황 분석 • 도서관 입지 분석 • 폭염 대비 그늘막 설치 우선 지역 공간분석 • 카페 로드 조성 관련 현황 공간분석
협업 분석	여러 부서와 데이터 및 분석 방법을 논의해 분석 진행 • 효율적인 불법주정차 단속 구간 관리를 위한 분석 • 자동차세 체납 영치 운영 효율화를 위한 분석 • 공간정보를 활용한 공유재산 관리 맵 제작 • 산불 감시 자원 배치 및 운영 최적화를 위한 분석

[출처: 울산광역시 내부 자료]

(다) 맵갤러리 구축을 통한 대민서비스 확대

행정 내부에서만 활용되던 공간정보 데이터를 시민들이 보다 쉽게 접근할 수 있도록 18개의 분야별 공공데이터를 지도화하고, 맵갤러리를 구축해 홈페이지 및 키오스크를 통해 시민들에게 서비스했다. 맵갤러리 이용자 대상 설문조사 결과, 응답자의 92%가 정보 전달의 편의성에 만족했으며, 88%가 서비스 자체에 만족하는 것으로 나타났다.

[그림 3-7-8] 맵갤러리 서비스

홈페이지 제공

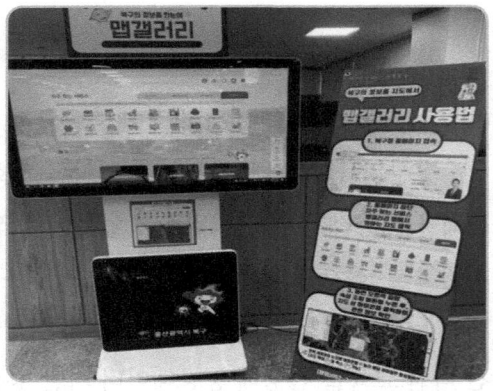
키오스크 제공

[출처: 울산광역시 내부 자료]

3) 기대 효과

이 사업을 통해 공간정보의 통합과 공유가 가능해짐에 따라 행정 효율성이 크게 향상됐으며 부서별로 산발적으로 관리되던 공공데이터가 통합 관리되면서 데이터 활용성이 높아졌다. 특히 시민들에게는 시각화된 정보 제공으로 정보 접근성을 높이고 만족도를 높였다. 또한, 맵갤러리를 통해 주민들은 더욱 쉽게 공공 정보를 활용할 수 있게 됐으며, 대부분의 시민들이 정보 전달의 편리성에 만족하는 등 행정서비스에 대한 긍정적인 반응을 이끌었다. 앞으로 데이터 기반 행정이 한층 과학적이고 효율적으로 시민들에게 다가가는 데 큰 역할을 할 것으로 기대된다.

다. 스마트관광 플랫폼 '왔어울산' 구축

1) 추진 배경

기존의 관광 정보 제공 방식은 단순 정보 나열에 그쳐 이용자에게 매력적인 경험을 제공하지 못하는 한계가 있었다. 이에 도시 내 관광자원을 AI, ICT 등의 디지털 기술과 결합해 관광산업을 활성화하기 위해 스마트관광 플랫폼 '왔어울산'을 구축해 관광객의 여행 경험을 개인화하고, 나아가 울산 관광의 편의성과 흥미를 동시에 증진코자 했다.

2) 사업 내용

스마트 관광도시 조성을 위한 이번 사업은 울산의 다양한 관광자원을 기반으로 한 스마트 관광 플랫폼을 구축하고, 이를 통해 지역 관광산업의 디지털 전환을 이루는 데 중점을 뒀으며 주요 내용은 다음과 같다.

(가) 스마트관광 플랫폼 '왔어울산' 구축

'왔어울산'은 AI와 ICT 기술을 적용한 모바일 앱 및 웹 서비스로, 반려 고래와 함께하는 독특한 여행 경험을 제공한다. 이 플랫폼은 사용자 개인의 성향을 분석해 맞춤형 관광 코스 및 상품을 추천하며, 사용자가 울산의 다양한 관광지를 쉽게 탐색할 수 있도록 도와주고, 여행 성향 테스트를 통해 사용자에게 맞는 관광 코스를 추천하는 기능을 포함해, 실시간 관광지 안내, 맛집 추천, 지역 상품 구매 등의 다양한 서비스를 제공한다.

[그림 3-7-9] '왔어울산' 플랫폼 구축

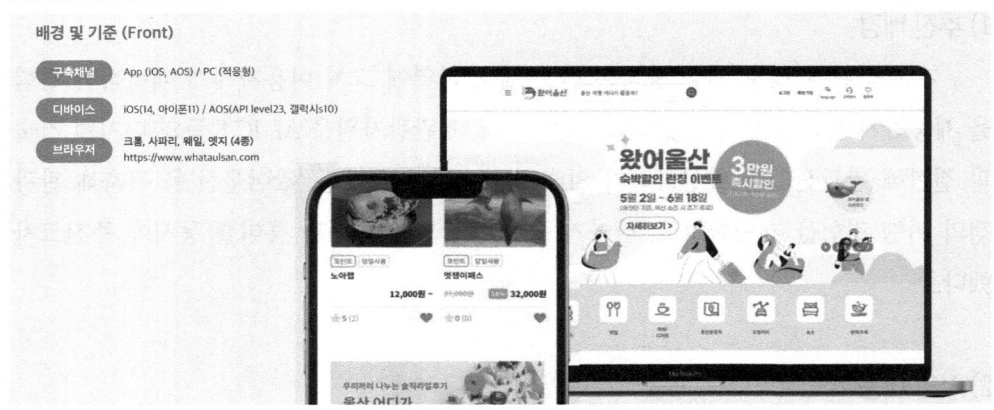

[출처: 울산광역시 내부 자료]

(나) 디지털 전환 및 관광 편의성 증대

플랫폼 내에서 스마트오더 서비스를 제공해 지역 내 카페나 맛집을 예약하고 결제할 수 있는 기능을 도입했으며, 울산 주요 관광지와 숙소를 연결한 바우처 패스(고래패스) 등을 통해 관광객들이 편리하게 이용할 수 있도록 했다. 이러한 서비스는 울산 지역 경제 활성화와 관광객 편의성 증대에 이바지했다.

[그림 3-7-10] 디지털 관광상품 온라인 플랫폼

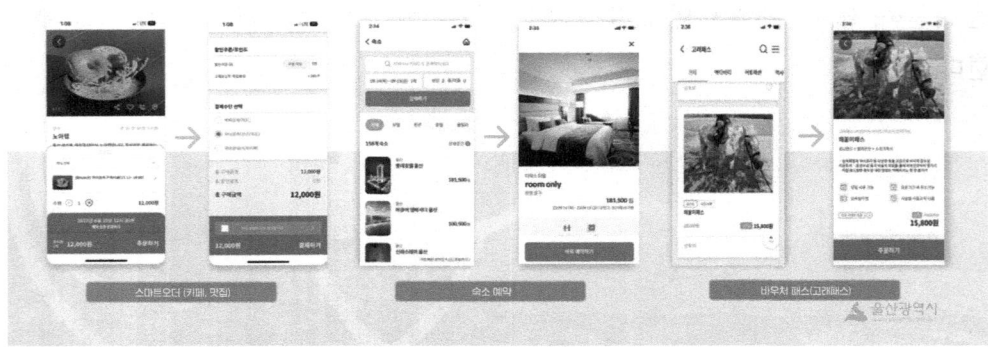

[출처: 울산광역시 내부 자료]

(다) 통합 교통 연계 시스템

관광지와 교통수단을 연계한 통합 교통 연계 플랫폼도 구축했다. 관광객은 플랫폼을 통해 최적의 이동 경로를 추천받고, 다양한 교통수단(버스, 전기차 등)을 예약하고 결제할 수 있다. 친환경 모빌리티를 활용해 탄소중립도시로서 울산의 이미지를 강화하고, 이용자에게 탄소 절감 포인트를 지급해 친환경 여행을 장려하는 체계를 마련했다.

[그림 3-7-11] 통합 교통 연계 플랫폼

[출처: 울산광역시 내부 자료]

(라) 반려 고래 게임 및 울산 관광 홍보

'왔어울산' 플랫폼 내에서는 사용자가 반려 고래 캐릭터를 키우고 꾸미는 반려 고래 게임을 통해 재미 요소를 더했다. 또한, 울산의 핫플레이스를 3D 일러스트로 시각화해 관광객들에게 정보를 제공하고, 관광지에서 직접 찍은 사진을 공유하는 등의 기능으로 관광지에 대한 흥미를 돋웠다.

[그림 3-7-12] 반려고래 게임

[출처: 울산광역시 내부 자료]

3) 기대 효과

스마트 관광 플랫폼 '왔어울산'의 구축을 통해 울산시는 관광산업의 디지털 전환을 이루고, 나아가 지역 경제 활성화와 지속가능한 관광 모델을 구축할 수 있었다. 플랫폼을 통해 제공되는 맞춤형 관광 정보와 통합 교통 연계 서비스는 관광객의 만족도를 높이고, 울산을 더욱 매력적인 관광도시로 자리매김하게 했다. 또한, 울산의 고유한 관광자원을 디지털화해 새로운 관광 콘텐츠를 창출했고, 이를 통해 울산의 관광 경쟁력을 높이는 데 기여했다. 특히, 반려 고래 캐릭터와 같은 재미 요소는 관광객의 흥미를 유도하고, 지속적인 관심과 방문을 유도하는 데 긍정적인 역할을 했다.

3 | 향후 계획

2022년 11월 ChatGPT 공개 이후, 인공지능(AI)이 산업 경제는 물론 일상생활까지 변화시키는 'AI 공존 사회'로 진입했다. 이에 직원들이 AI를 잘 이해하고 활용하게 함으로써 AI를 접목한 행정혁신으로 시민 편의와 직원 업무 효율을 높이고 조직의 역량을 강화하고자 직원 대상의 특강, AI 심화 교육, 연구모임 등을 운영하고, AI 기술과 산업이 융합해 시너지 효과를 낼 수 있도록 AI 기반 중량화물 이동체 물류 플랫폼 실증, 제조업 AI 융합 기반 조성 등의 사업을 지속 추진해 나갈 계획이다.

아울러, 2023년에 수립한 '정보화 기본계획(2024~2028년)'의 '디지털 전환을 선도하는 대한민국 혁신수도, 위대한 울산!'이란 정보화 비전을 목표로, 디지털로 신뢰받는 행정 분야(14개 과제), 혁신으로 성장하는 경제 분야(9개 과제), 안전하고 쾌적한 시민생활 분야(7개 과제), 모두가 누리는 디지털 복지 분야(7개 과제) 등 네 가지 추진 전략도 지속 추진해 나갈 계획이다.

제8장 세종특별자치시

1. 추진 개요

세종특별자치시(이하 '세종시')는 창조와 도전의 미래 전략을 주도하는 지능형 미래 수도로 발전하기 위해 △사이버보안 선도 도시 조성 △디지털플랫폼정부 구현 △세계 최고의 스마트시티 조성에 정보화 역량을 집중하고 있다. 2024년에는 '제3회 핵테온 세종 국제 사이버보안 위크'를 개최해 사이버보안 선도 도시로의 위상을 공고히 했고, 생성형 AI, 마이데이터 및 RPA 기술을 활용해 행정업무 간소화 등 행정업무를 혁신하는 디지털플랫폼정부 구현을 위해 노력했다. 특히, 스마트시티 분야에서 인공지능(AI), 로봇 등 최첨단 기술을 활용한 서비스가 본격 시행되는 등 의미 있는 성과를 내고 있다.

2. 추진 현황

가. 자율주행 방범 순찰 로봇(스팟)을 활용한 방범서비스 제공

1) 추진 배경 및 필요성

세종 5-1생활권 스마트시티 국가시범도시 내 적용 예정인 안전 분야 혁신 기술의 사전 실증을 위해 행복도시(신도심) 지역에서 '도시(공원 등) 범죄예방 및 긴급대처 서비스'를 구축하고 있다. 지능형(AI) 영상기술을 활용해 사람 감지, 쓰러짐, 화재 등 현장 상황을 조기 식별해 긴급 대처함으로써 시민 안전망을 강화하는 데 힘을 쏟고 있다. 세종시는 안전 분야 혁신 기술의 사전 실증 사업을 통해 방문객이 급증하고 있는 이응다리(금강보행교)를 관광 명소화(랜드마크)하고, 시설물 파손, 자살 등 각종 사건·사고에 선제적으로 대처하기 위해 주간·야간 자율주행 순찰이 가능한 첨단 로봇(스팟)을 도입 및 실증을 추진했다.

- 이응다리 개통(2022. 3.) 이후 방문객(약 210만 명) 지속 증가(출처: 세종엔)
- 금강변 연쇄방화(2022. 2.), 이응다리 투신소동(2022. 7.) 등 사건·사고 발생

[그림 3-8-1] 순찰 중인 로봇(스팟)

[출처: 세종특별자치시 내부 자료, 2024]

로봇 '스팟'은 미국 보스턴다이내믹스사가 개발한 사족보행 로봇으로 세계 최고 수준의 인공지능 순찰 로봇이다. 장애물을 감지하고 회피하는 자율주행 기능과 원격 운영, 자동 충전 기능 등을 보유하고 있다. 스팟의 사이즈는 1100×500×840mm며, 평균 운영 속도는 5.7km/h이다.

2) 사업 내용(추진 내용)

세종시는 국토교통부, 한국토지주택공사와의 협업을 통해 인공지능(AI), 5G, 최첨단 로봇 기술 등 4차 산업혁명 기술이 접목된 자율주행 방범 순찰 로봇(스팟) 서비스를 구축(2023. 9.~2024. 3.)했다.

(가) 로봇 자율주행 인프라 구축

광범위한 공간의 자율주행을 위해 3D 라이다(LIDAR)가 적용된 EAP2 Kit, 보행자

인식 및 화재 감시를 위한 카메라, 열화상 카메라, 주행 중 안내를 위한 음향 장치 등을 로봇(스팟)에 적용했다. 또한 충전 및 휴식을 위한 로봇(스팟) 하우스에는 자동문 개폐, 실내외 조명 제어, CCTV 모니터링, 온·습도 조절, 냉방·난방 기능을 적용했다.

[그림 3-8-2] 로봇(스팟) 하우스

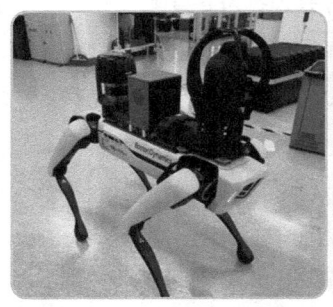
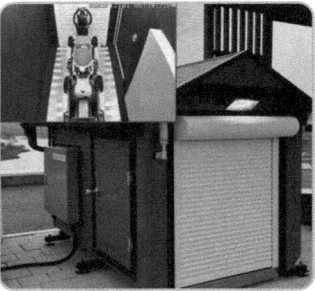

[출처: 세종특별자치시 내부 자료, 2024]

로봇(스팟)에 설치된 이동형 지능형(AI) CCTV와 EAP2는 외부에 설치된 딥러닝 서버를 통해 스스로 학습데이터를 구축할 수 있다. 보행자 쓰러짐 및 화재(고열) 감지 기능을 통해 이응다리(금강보행교) 내에서 발생할 수 있는 비상 상황을 조기에 식별하고, 로봇통합관제시스템과 연계해 세종시 도시통합정보센터 시스템 관리자에게 즉각 통보 및 초기 대응할 수 있도록 했다.

[그림 3-8-3] 순찰 중인 로봇(스팟) 인공지능 기술

[출처: 세종특별자치시 내부 자료, 2024]

3D LIDAR와 연계된 SPOT Autowalk 솔루션 기반으로 장애물을 포함한 보행자 인식 및 회피가 가능한 자율주행 경로를 구축해 이응다리(금강보행교)를 주간·야간 관계없이 자유롭게 순찰하고, 보행자 등 돌발상황에 대응할 수 있도록 했다.

[그림 3-8-4] 순찰 중인 로봇(스팟) 자율주행 기술

[출처: 세종특별자치시 내부 자료, 2024]

(나) 로봇(스팟)을 활용한 주요 시설물 홍보 및 안내

세종시의 대표 명소인 이응다리(금강보행교) 12개 구역에 설치된 시설물, 이벤트 공간을 이용해 관광객을 대상으로 시설물 이용 및 위급상황 발생 시 대응 요령을 안내할 수 있도록 했다. 안내 멘트는 로봇통합관제시스템을 통해 실시간 적용이 가능하다.

3) 사업 예산

[표 3-8-1] 자율주행 방범 순찰 로봇(스팟)을 활용한 방범서비스 사업 예산

구분	예산(비용)	세부 항목
국비	495백만 원	• 로봇 자율주행 인프라 구축 • 인공지능 모델 기반 로봇 감시 순찰 구축 • 로봇 통합관제시스템 구축

4) 기대효과

자율주행 기반 순찰 로봇(스팟) 서비스 도입과 실시간 스트리밍 등 도시통합정보센터 연계를 통해 초동대처 능력 향상 등 긴급상황에 대해 빠르게 대처할 수 있게 됐다. 특히 야간 순찰 등에 적극 활용함으로써 야간 출입이 금지된 도시공원의 방범 기능에 효과가 있을 것으로 기대된다.

나. 2024 핵테온 세종 국제 사이버보안 위크 개최

1) 추진 배경 및 필요성

세종시에는 정부 청사, 국책 연구기관 등 다수의 공공기관이 있다. 특히, 인근 지역에 3군 본부가 위치하고 있어 사이버보안이 무엇보다 강조되고 있는 도시 특성을 갖추고 있다. 이러한 여건을 발판으로 사이버보안 산업 생태계를 조성해 사이버보안 거점도시로 발돋움하고자 '핵테온 세종(HackTheon Sejong)'을 2022년부터 매년 개최하고 있다. 핵테온 세종은 해커(Hacker), 판테온(Pantheon), 세종(Sejong)의 합성어로 '사이버보안 인재가 세종에 모인다'는 의미다.

2) 추진 내용

행사 3년 차인 2024년에는 미국 실리콘밸리사이버보안협의회(SVCSI), 한국정보보호학회와 협력해 5일간 '핵테온 세종 국제 사이버보안 위크'로 확대해 개최했다. 국제 대학생 사이버보안 경진대회, 국제 사이버보안 연합 콘퍼런스, ICT 기업전시회, 청년인재 채용매칭데이, 실리콘밸리 사이버보안 콘퍼런스(SVCC 2024), 한국정보보호학회 하계학술대회, 과학기술정보보호협의회, 스마트시티 전국 지자체 협의회 등 다양한 프로그램을 성공적으로 마무리했다.

[그림 3-8-5] 2024 핵테온 세종 사이버보안경진대회

[출처: 세종특별자치시 내부 자료, 2024]

메인 행사인 국제 대학생 사이버보안 경진대회에는 지난해 19개국 106개 대학 256팀 898명이 참가한 데 이어 2024년에는 25개국 171개 대학, 393팀, 1,352명 참여해 참가자 수가 53% 증가했다. 국제 연합 콘퍼런스 행사에는 실리콘밸리사이버보안협의회, 한국정보보호학회, 세종특별자치시, 고려대학교, 벨파스트시(퀸즈대) 등 수많은 보안 인재가 참석한 가운데 인공지능(AI), 양자컴퓨팅(양자보안), 사이버보안 등을 주제로 발표·토론을 진행했다.

[그림 3-8-6] 2024 국제 사이버보안 연합콘퍼런스

[출처: 세종특별자치시 내부 자료, 2024]

[그림 3-8-7] ICT 기업전시회 및 청년인재 채용매칭데이

[출처: 세종특별자치시 내부 자료, 2024]

3) 사업 예산

[표 3-8-2] 2024 핵테온 세종 사이버보안경진대회 사업 예산

구분	예산(비용)	세부 항목
일반운영비	306백만 원	• 사이버보안 경진대회 및 콘퍼런스 행사 운영비 • 사이버보안 경진대회 대행 용역 원가계산 • 제안서평가위원회, 자문 수당 등

4) 기대효과

'2024 핵테온 세종 국제 사이버보안 위크' 국제대회의 성공적인 개최로 사이버보안 인재 발굴 및 보안 인력 양성을 위한 글로벌 등용문으로 자리매김했고, 세종시가 준비 중인 사이버보안 기회발전특구 지정을 위한 추진 동력도 확보했다.

다. 세종시 통합 교통 플랫폼 '이응패스' 구축
1) 추진 배경 및 필요성

세종시는 행정수도 위상에 맞게 버스·수요응답형 버스·자전거·택시 등 다양한 교통수단 활성화를 위해 다각적인 대책을 추진하고 있으나, 버스 수송 분담률이 7.9%로 전국 최저를 기록하고 있다. 세종시의 승용차 분담률은 50%에 육박해 대전, 청주, 공주 등 인근 도시로의 광역교통 체증이 나날이 증가하고 있다. 이에 대중교통 이용 활성화를 통한 대중교통 혁신을 달성하기 위해 통합 교통 플랫폼 '이응패스' 플랫폼을 구축하게 됐다.

[표 3-8-3] 세종시 인근 도시 교통수단 분담률

구분	세종	서울	대전	인천	울산	대구	부산	광주
버스 분담률(%)	7.9	23.8	14.0	19.0	15.7	13.9	20.2	16.3
승용차 분담률(%)	46.9	20.5	42.0	37.5	44.8	38.1	31.7	45.5
인구 대비 외부 통행량(%)	45.6	34.4	21.6	30.6	14.3	20.0	14.0	17.8

2) 사업 내용(추진 내용)

세종시는 통합 교통 플랫폼 '이응패스' 플랫폼 구축을 위해 전문성과 기술력을 갖춘 개발 및 운영사를 선정했고, 월 정액권 잔여금액, 대상 지역, 자격 검증 및 관리 등 사용의 편의성(사용자) 확보와 타 서비스 연계 등 확장성에 중점을 두고 추진했다. 국내 최초의 특화된 대중교통 월 정액권과 Level 3 수준의 마스(MaaS) 도입에 따른 성공적 환승 체계 마련을 위해 카드사와 연계한 정산시스템 개발에 집중했다. '이응패스' 2만 원 정액권 결제 시 최대 5만 원까지 다양한 대중교통 혜택을 누릴 수 있도록 했고, 당초 2만 원 미만 사용 시 차액은 환불되지 않았으나 대중교통 활성화를 위해 미사용 정액권에 대해서는 환불할 수 있도록 개선했다.

[그림 3-8-8] 이응패스 이용 안내

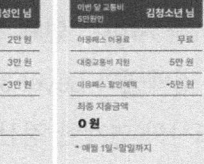

[출처: 세종특별자치시 내부 자료, 2024]

3) 사업 예산

[표 3-8-4] 세종시 통합 교통 플랫폼 '이응패스' 사업 예산

구분	예산(비용)	세부 항목
일반운영비	700백만 원	• 사용자용 모바일 앱(이응패스) 개발 • 정산시스템, 정액권 카드 발급·조회 시스템 개발 • 고객센터 구축 운영비 등

4) 기대효과

통합 교통 플랫폼 '이응패스' 플랫폼 구축·운영을 통해 대중교통 이용 시민의 수(월 15만 명 → 20만 명)와 대중교통 이용 금액(월 인당 1.2만 원 → 2.4만 원)이 대폭 증가해 대중교통 운송수익금 증가와 손실보전금이 감소할 것으로 기대된다. 특히, 국내 최초 특화된 월 정액권 및 Level 3 수준의 마스(MaaS)가 도입돼 공유자전거(어울링), 도심형 DRT(이응버스), 마을버스(두루타), 대전 지하철 등 다양한 모빌리티를 환승할

수 있게 됨에 따라 대중교통을 이용하는 시민의 이용 편의가 크게 향상됐다.

3 | 향후 계획

세종특별자치시는 데이터·인공지능 기반의 디지털플랫폼정부 구현을 통해 국민에게 선제적인 맞춤형 서비스를 제공하는 디지털 행정 혁신을 위해 인공지능, 마이데이터, 클라우드 등 디지털 혁신을 전담할 디지털행정팀을 신설하고, 시민 체감형 디지털 행정서비스를 강화해 나갈 예정이다.

[그림 3-8-9] 구비서류 제로화 선도 도시 조성 발표

[출처: 세종특별자치시 내부 자료, 2024]

특히, 세종시는 행정안전부와 '구비서류 제로화, 디지털 혁신'을 위한 선포식(2024. 3.) 개최하고, '디지털플랫폼정부' 실현 계획의 핵심과제 중 하나인 구비서류 제로화를 선도적으로 추진 중으로 2025년에는 디지털 민원 혁신 도시로 발돋움할 수 있도록 역량을 집중할 계획이다.

제9장 경기도

1. 추진 개요

가. 추진 방향

2024년 경기도는 지능정보화 추진 방향을 새롭게 수립하면서 추진 비전('지능정보사회를 선도하는 디지털 경기')을 달성하기 위해 3대 추진 전략(△지능형 행정혁신을 위한 선제적 디지털 기반 마련 △혁신주도 성장을 위한 디지털 기반 산업 혁신 △모두가 누릴 수 있는 도민 중심 디지털 서비스 제공) 및 10대 중점과제를 수립해 지능형 행정혁신을 위한 선제적 디지털 기반을 마련했다.

[그림 3-9-1] 비전 및 추진 전략

비전	지능정보 사회를 선도하는 디지털 경기!		
목표	지능형 서비스 및 인프라 확충	지속가능한 디지털 기반 생태계 조성	디지털 기술 접목으로 도민 삶의 질 증진
3대 추진전략	지능형 행정 혁신을 위한 선제적 디지털 기반 마련	혁신주도 성장을 위한 디지털 기반 산업 혁신	모두가 누릴 수 있는 도민 중심 디지털 서비스 제공

[출처: 경기도 내부 자료]

[표 3-9-1] 비전 및 추진 전략

지능형 행정혁신을 위한 선제적 디지털 기반 마련	• 인공지능, 블록체인, 5G 등 디지털 신기술 활용 • 행정데이터, 민간데이터의 수집-저장-가공 활용 • 지능형 기술 활용 행정절차 간소화 및 비대면 서비스 • 도·시군 공통 인프라 정보자원 활용 및 서비스 제공
혁신주도 성장을 위한 디지털 기반 산업 혁신	• 산업단지 시설 노후화 및 안전·에너지 조성, 단지 간 격차 해소 • 이색 문화·관광 서비스 및 비대면 문화·예술 활동 지원 • 산업현장 및 중소기업 디지털 신기술 전문인력 양성
모두가 누릴 수 있는 도민 중심 디지털 서비스 제공	• 장애인, 고령자 등 사회적 약자 대상 교육과 체험 기회 제공 • 해양쓰레기 및 탄소중립 실현과 자연재해 선제적 대응 • 지역사회 문제 해소를 위한 도민 협치 디지털 기반 조성

2. 추진 현황

가. 대표 사례(수도권 출퇴근 불편 제로를 위한 광역버스 노선별 혼잡률 분석)

1) 사업 개요

(가) 추진 배경

경기도는 현재 1,400만 명이 사는 최대 규모의 광역지자체다. 신도시 개발, 부동산 가격, 일자리 등 다양한 사유로 타 지자체에서 경기도로 인구 전입은 점점 더 늘고 있는 추세다. 이 때문에 경기도민의 최대 애로사항은 출퇴근 시간이라고 할 수 있다. 출퇴근 교통지옥, 출퇴근 교통난 등 경기도에서 출퇴근 불편은 사회적 문제로 등장했다. 경기연구원 연구 결과, 경기도에서 서울로 출퇴근의 대부분은 승용차이며, 다음은 버스, 지하철 순으로 광역버스는 경기도민의 주요 출퇴근 교통수단이다.[1]

하지만 광역버스 출퇴근은 경기도민에게 많은 불편을 주고 있다. 사당역, 강남역 등 주요 광역버스 정류소에서 길게 늘어선 대기 줄은 흔하게 볼 수 있는 광경이다. 광역버스는 서울 접근시간이 빠른 편리함에도 불구하고, 배차시간 간격, 혼잡률 등으로 도민에게 많은 불편함을 주고 있다. 민선 8기 2년 차를 맞아 도민 대상 '경기도지사에게

---

[1] 경기도민의 출퇴근 통행 비율(2019~2021년): 승용차(70.5%, 버스 18.6%, 지하철 10.9%)
[출처: 경기연구원, 포스트 코로나 시대의 통근행태 변화]

바란다' 의견 청취 결과, 경기도민 최대 불편 사항 역시 대중교통 문제를 꼽고 있다.

이러한 문제를 해결하고자 경기도와 대도시권광역교통위원회(대광위)에서는 매년 광역버스 증차, 신설 등 대책을 추진하고 있으나, 실질적으로 광역교통 문제를 해결하기 위해서는 경기도 전체 319개 광역버스 노선에 대한 신속하고 체계적인 혼잡률 분석 등이 무엇보다 시급한 사항이었다. 하지만 자체 운영 중인 버스운송관리시스템(Bus Management System)에서는 혼잡률 분석 기능이 부재해 담당자가 월별 일부 노선에 한해서만 자료를 내려받아 일일이 수기 분석을 하고 있었고, 전체 노선에 대한 총괄 분석은 이뤄지지 못하고 있을 정도로 효율적 분석에 한계가 발생하고 담당자 업무 부담도 매우 과중한 상태였다.

경기도는 이와 같은 문제를 해결하기 위해 RPA(로보틱 프로세스 자동화)를 활용해 광역버스 노선별 혼잡률 분석시스템을 구축, 319개 광역버스 노선별 초과 탑승 인원을 효율적으로 분석할 수 있는 체계를 구축했다.

(나) 사업 내용
- 서비스명: 광역버스 노선별 혼잡률 분석시스템
- 주요 기능: RPA 기술을 활용해 경기도 319개 광역버스 노선 분석 자동화

2) 추진 과정

행정안전부에서는 국정과제와 정부혁신 방향을 담은 '공공부문의 일하는 방식 개선 종합계획'(2023. 04.)을 통해 일하는 방식 개선 추진 방향을 제시했고, 기존 관례대로 하던 업무수행 방식에서 벗어나 행정 효율성을 높이고 속도감 있는 행정 구현을 위해 일하는 방식 혁신 추진을 위한 '2024년 행정기관의 일하는 방식 및 조직문화 개선 추진계획'을 수립했다.

경기도도 정부의 일하는 방식 개선 및 행정 효율화를 위한 업무 자동화 도입을 위해 전 부서를 대상으로 업무 자동화 과제 수요조사 등을 통해 적극적으로 과제 발굴을 추진했다. 그 결과, 광역버스 노선별 혼잡률 분석 등 25개 과제를 발굴했다.

⟨경기도 업무자동화 과제 발굴 수요 조사⟩

- (조사 기간) 2023년 3~4월
- (발굴 과제) 12개 부서, 총 25개 과제
  - 광역버스 노선별 혼잡률 분석, 환경오염물질 배출시설 인허가 대장 관리 등

수요조사를 통해 과제 중 하나로 선정된 광역버스 노선별 혼잡률 분석 도입 검토를 위한 성능검증(POC)을 2023년 실시했고, 현업담당자 인터뷰, 업무프로세스 분석·재설계를 통한 RPA 적합 여부 검증, 향후 도입 시 검토 사항 도출 등 업무자동화 효용성 및 도입 가능 여부를 검증했다.

[그림 3-9-2] 성능검증 단계별 추진 현황

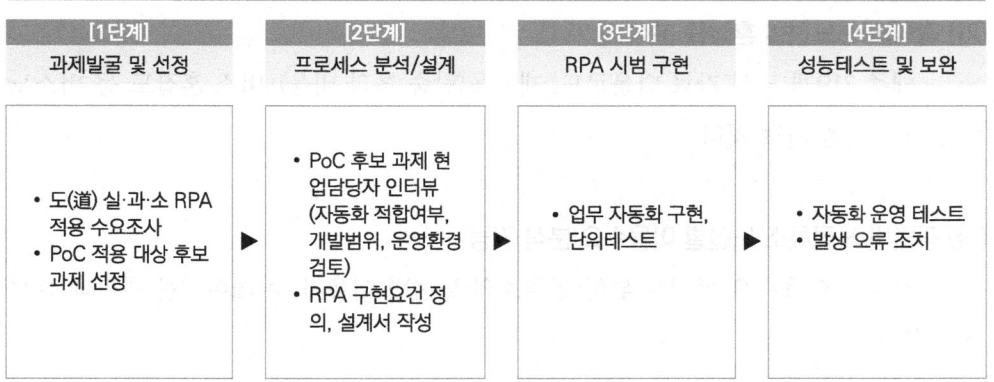

광역버스 노선별 혼잡률 분석 성능검증(POC) 적용 결과, 단순 반복 업무('노선별 재차 인원 다운로드 → 엑셀 가공, 피벗 생성' 총 319회 반복)의 RPA 수행을 통해 연 1,382시간 절감이 가능한 것으로 나타났으며, 업무처리 소요 시간은 85% 단축돼 기존 주 26.5시간에서 주 4시간으로 업무시간이 획기적으로 단축되는 것으로 분석됐다.

[표 3-9-2] 광역버스 노선별 혼잡률 분석 RPA 도입 효과 구체화

업무명	활용 시스템	업무 정보				절감 시간
		수행 인원	빈도 (횟수/기간)	처리 건수	소요 시간	
광역버스 노선별 혼잡률 분석	• 경기도 버스운송 관리시스템 • Excel	1	1회/주	319건	건당 5분	[(5분×319건)×52주]/60 = 1,382시간(年)

　　분석 결과를 근거로 광역버스 노선별 혼잡률 분석시스템 과제를 포함해 2024년 업무자동화시스템 구축 추진 사업을 추진했다.

3) 주요 기능

(가) 광역버스 노선별 혼잡률 분석
　　- 매주 319개 노선 자료 다운로드, 재차율(탑승 초과 비율)·버스 혼잡도 등 버스노선 평가를 위한 자료 처리

(나) 광역버스 정류소 노선별 이용수요 분석 기능
　　- 정류소 이용수요 분석을 위한 정류소의 노선별 이용자 수 데이터를 취합해 분석 자료화

(다) 혼잡률 분석 결과 보고서 자동 생성
　　- 취합된 데이터를 엑셀분석보고서용 마스터 시트(Sheet)에 업로드하고, 피벗테이블 기능을 통한 분석보고서 자동 작성
　　- '지역명, 노선번호, 재차율 최대값, 재차율 95%이상 건수, 재차율 최다 시간대, 재차율 최대 발생 정류소' 등의 '혼잡률 분석 항목 도출 보고서'를 자동으로 작성

[그림 3-9-3] 광역버스 노선별 혼잡률 분석 프로세스

BMS
- 로그인

▼

노선목록 조회/수집
- (메뉴) 기초 정보〉노선〉노선 목록
  1) 노선 상태: '정상' 선택
  2) 운행 형태: 3가지 중 선택
     ① 광역 급행형 시내버스
     ② 직행 좌석형 농어촌버스
     ③ 직행 좌석형 시내버스

▼

노선별 재차인원 조회 등
- (메뉴) 노선 분석〉수요 분석〉노선별 재차 인원
  1) 운행 기간: 전주 월~일요일
  2) 업체명 입력
  3) 노선명 입력
  4) 조회 후 엑셀 다운로드

▼

엑셀 Data 가공
- Master File에 Data 적용 및 가공
- 노선별 피벗 테이블 생성
- 재차율(탑승 초과 비율) 음영 표시

[그림 3-9-4] 광역버스 노선별 혼잡률 분석 자동화 업무 절차

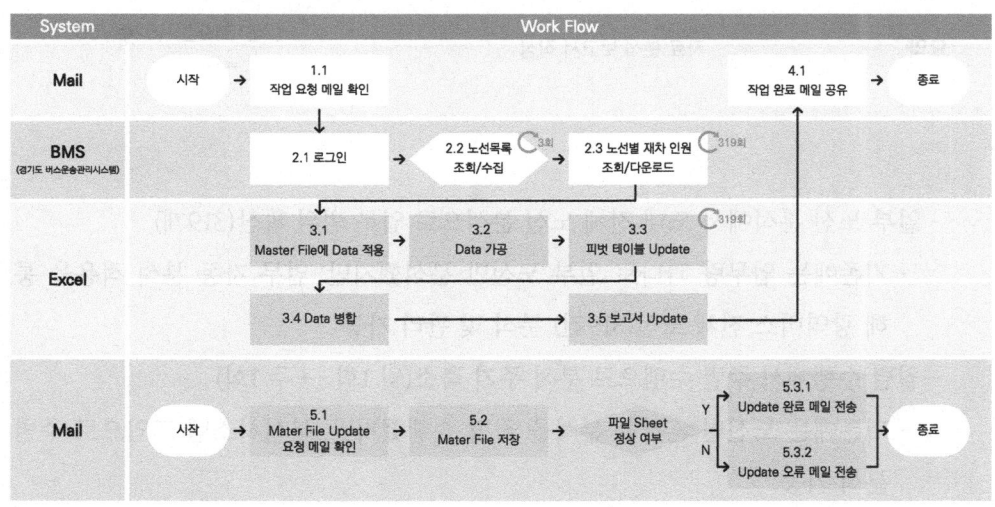

[출처: 경기도 내부 자료]

4) 추진성과

(가) 정량적 효과

- 광역버스 노선별 혼잡률 분석 업무 처리시간 절감
  · 노선별 재차 인원 다운로드 → 엑셀 가공, 피벗 생성을 319회 단순 반복한 업무를 RPA 수행으로 연 2,127시간의 소요 시간 절감 가능

[그림 3-9-5] RPA를 활용한 광역버스 업무시간 감축 결과

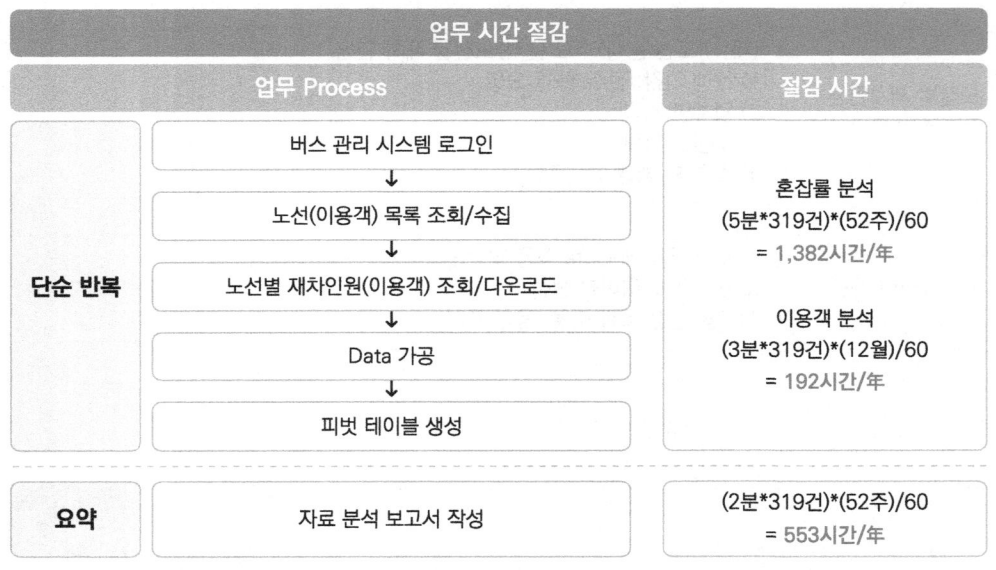

[출처: 경기도 내부 자료]

- 일부 노선 분석에서 도내 전체 노선 분석으로 업무 범위 확산(319개)
  · 기존에는 업무량 과다로 일부 노선만 분석했지만, 업무 자동 분석 적용을 통해 광역버스 전체 노선(319건) 분석 및 관리 가능
- 월별 수행에서 주별 수행으로 분석 주기 축소(월 1회 → 주 1회)
  · 기존에는 노선별 혼잡률 분석을 월별 수행했지만, 분석시스템 도입으로 주별 분석 가능
- 업무시간 절감으로 인건비 절약 가능(인력 1명)
  · 연간 2,127간의 소요 시간 절감으로 인원 1명 충원 효과(2,080시간/1년 기준)

(나) 정성적 효과

- 업무담당자 업무 부담 대폭 경감 및 업무 효율성 향상
  · 광역버스 노선별 혼잡률 시스템 도입으로 노선 분석 담당자의 업무 부담이 대폭 경감되고, 업무 효율성이 향상됐다. 반복되는 수작업 업무를 자동화함으로써 광역버스 노선 정책 건의 등 고부가가치 업무에 집중할 수 있게 됐다.
- 업무 품질 및 관리 효율성 향상
  · 또한 데이터의 정확성을 높여 인적오류로 인한 손실을 줄이고, 업무의 품질을 향상했다. 업무 프로세스를 표준화해 일관성을 유지하고, 관리 효율성을 제고했다.

(다) 기타 파급효과 및 확산 가능성

- 도내 28개 시·군으로 광역버스 노선별 혼잡률 분석 서비스 확산
  · 광역버스 노선별 혼잡률 분석 자료를 28개 시·군(여주, 동두천, 과천 제외) 대상으로 확산 적용. 해당 시군 관할구역 내 노선 혼잡률 분석 자료를 맞춤형으로 생성, 시·군 담당자에게 자동 제공해 업무에 활용하도록 확산 가능
- 도내 시내버스, 마을버스 혼잡률 등 분석 분야 및 타 시·도 확산 가능
  · 광역버스 노선별 분석 업무 효과성이 검증됨에 따라 유사 업무인 도내 시내버스, 마을버스 혼잡률 분석 등으로 분석 분야 확대 가능

5) 향후 계획

최근 발전한 AI 등 신기술을 접목하면, 향상된 광역버스 정책 결정 지원을 할 수 있다. 경기도는 향후 AI 등 신기술을 접목해 기존 수행했던 노선별 혼잡률 분석 자료를 AI 분석을 통해 증차 및 폐지 노선, 배차시간 조정 등의 정책 결정 보고서를 자동으로 생성해 과학적인 광역버스 정책 운영에 활용할 계획이다. 또한 혼잡률 분석 자료의 대민 개방을 적극적으로 검토해 도민들이 광역버스 노선 운영 정책 결정에 관심을 갖고 참여할 수 있는 기반을 마련하고, 효과적으로 활용해 창의적으로 새로운 서비스를 창출할 수 있도록 지원할 예정이다.

제10장

강원특별자치도

1. 추진 개요

가. 추진 방향

강원특별자치도는 민선 8기 '새로운 강원! 특별 자치시대!' 도정 비전과 '혁신으로 만드는 새로운 시대, 디지털 글로벌도시 강원!'의 정보화 비전 아래 △지능화로 누리는 편리한 행정 △디지털로 선도하는 신산업 생태계 △모두가 안심하는 포용 도시 △누구나 공감하는 도민 생활 등 추진 전략을 중심으로 디지털플랫폼 강원도정 실현과 디지털경제 기반 조성 및 복지 실현, 안전한 디지털 사회 조성을 위해 노력해 왔다.

특히, 2024년 '제5차 강원특별자치도 정보화 기본계획' 수립을 완료해 향후 5년간 강원특별자치도 정보화 중장기 전략을 정리해 디지털 전략 전환을 위한 기점을 마련했다. 또한 XR 기반 강원 메타버스 플랫폼 구축 및 시범운영을 통해 '2024 강원 동계 청소년 올림픽'을 성공적으로 지원했다. 정밀 의료 빅데이터 플랫폼 실증 등 디지털트윈 융합 의료 혁신 선도 사업을 시작했고, 공공마이데이터 기반 디지털 행정서비스를 통해 육아 기본수당, 농어업인수당, 신혼부부 주거자금 대출이자 지원 등 디지털 행정서비스 6종을 제공했다. 창업·벤처기업 21개 사를 발굴·육성하고 SW융합클러스터 2.0 특화산업 지원 10개 사, 가상융합기술 기반 콘텐츠 서비스 개발 기업 46개 사를 지원하는 등 디지털 기반 혁신기업 육성을 지원했다.

2024년은 국내외 여건 및 물가 상승으로 인한 사회 전반의 경기 침체가 가중됐고, 이를 회복하기 위해 '강원더몰' 온라인 판로 확대, 간편 온라인 상점 확대 보급, 전자상거래 거점센터 구축 등 다양한 사업을 통해 도민 소득향상을 도모했다.

디지털 복지 지원체계 구축을 위해 전 도민 디지털 역량 강화 및 정보 취약계층 정보화 교육을 실시하고, 정보취약계층을 대상으로 중고 PC 및 정보통신보조기기를 보급했다. 또한, 강원특별자치도민의 보안 의식 강화와 개인정보보호를 위해 강원정보보호지원센터를 통한 지역 내 정보보호 역량 강화를 추진하고 강원정보보호협의회를 적극 운영했다.

안전한 사회구현을 위해 AI 딥러닝 기술을 활용한 산불 조기 감지 및 확산 예방 플랫폼을 구축하고, 재난 발생 시 통화권 확보를 위한 TVWS 활용 휴대폰 무선중계시스템 개발을 지속 추진했다. 특히, 2024년에는 치매노인·아동·장애인 등 사회적 약자의 실종 시 AI 기술을 활용해 실종자의 인상착의를 검색할 수 있는 AI 융합 실종자추적 지원 서비스를 신규 구축해 실종자에 대한 신속 대응 기반을 마련했다.

2 | 추진 현황

가. 디지털플랫폼 도정 구현을 위한 정보화 전략 수립

1) 제5차 강원특별자치도 정보화 기본계획 수립

강원특별자치도는 정부의 디지털 정책 등과 연계하고, 민선 8기 도정 목표에 부합하는 정보화 비전 및 중장기 발전 전략 수립을 위해 제5차 강원특별자치도 정보화 기본계획 수립을 추진했다. '혁신으로 만드는 새로운 시대, 디지털 글로벌도시 강원!'이라는 정보화 비전 아래 △지능화로 누리는 편리한 행정 △디지털로 선도하는 신산업 생태계 △모두가 안심하는 포용 도시 △누구나 공감하는 도민 생활 등 4개 추진 전략과 41개 이행과제를 선정했다.

[그림 3-10-1] 강원특별자치도 정보화 비전 및 전략

비전 및 전략 정의

비전
혁신으로 만드는 새로운 시대, 디지털 글로벌도시 강원!

정의
- '새로운 시대'는 고도의 자치권과 특례를 부여하여 특별자치도가 된 강원도의 새로운 지방분권 시대를 의미
- '글로벌도시'는 강원특별자치도의 미래비전으로, 규제혁신을 통한 자유로운 경제활동과 환경자원의 효율적인 관리를 통해 도민의 복리증진과 국가발전에 이바지하는 도시를 의미
- '디지털'은 윤석열 정부의 주요 정책인 '디지털플랫폼정부'를 대표하는 것으로, 디지털을 토대로 행정, 산업, 복지 등 강원특별자치도 전반의 디지털 전환을 도모하고자 하는 의지를 내포
- '디지털 글로벌도시 강원'은 주요 부문에 디지털 기술이 접목되어 지역 경쟁력을 확보하고 도정비전 및 달성을 통해 도약하여 새로운 시대로 나아가고자 함을 의미

전략 1 지능화로 누리는 편리한 행정	전략 2 디지털로 선도하는 신산업 생태계	전략 3 모두가 안심하는 포용 도시	전략 4 누구나 공감하는 도민 생활
행정부문에 지능정보기술 접목을 통해 대민서비스와 일하는 방식을 혁신하여 행정업무 효율성과 만족도, 신뢰성 등을 제고	기존 산업의 디지털 전환과 첨단 기술 개발 및 실증, 전문 인력 양성 지원 등을 통해 신(新) 성장 동력을 확보하고, 핵심 산업 육성 및 거점화하여 미래산업 글로벌도시로 도약	빈틈없는 사회복지망 구축을 통해 편리하고 안전한 도민 생활을 보장하고, 도민 누구나 차별없이 정보화 혜택을 누릴 수 있도록 정보 접근성 개선	교통, 문화, 관광 등 도민 일상생활 전반에 데이터 기반의 선도적인 스마트 서비스를 제공하여 도민 중심의 지능형 서비스 제공 추진

2) 도민 편익 중심의 디지털 행정서비스 제공

강원특별자치도는 도민들에게 행정, 복지, 경제 등 각종 수혜 서비스를 제공했다. 기존에는 도민들이 수당, 지원금 등을 신청하려면 실물 신분증과 구비서류를 지참해 관할 읍면동 행정복지센터를 직접 방문해 제출하는 등 번거로운 행정절차를 거쳐야 했다. 구비서류를 준비하기 위해 각 발급 기관을 찾아 서류를 직접 발급 받는 등 개인 시간을 많이 소비하지만, 애써 구비서류를 갖추고 읍면동 행정복지센터를 방문하더라도 착오 또는 서류가 미비하거나 신분증을 미처 소지하지 못하는 경우 재방문해야 하는 등 불편함이 컸다.

이에 강원특별자치도는 한 번의 인증으로 도정 수혜 서비스를 통합·제공함으로써 도민들이 기관을 방문하거나 서류를 제출하지 않아도 편리하게 수혜 서비스를 누릴 수 있도록 디지털 행정서비스를 제공했다. 그 결과, 육아 기본수당, 농어업인수당, 신혼부부 주거자금 대출이자 지원 등 디지털 행정서비스 6종을 제공했으며 약 16만 건의 서비스가 활용됐다.

[그림 3-10-2] 강원특별자치도 통합 서비스 플랫폼 공공 마이데이터 유통 체계

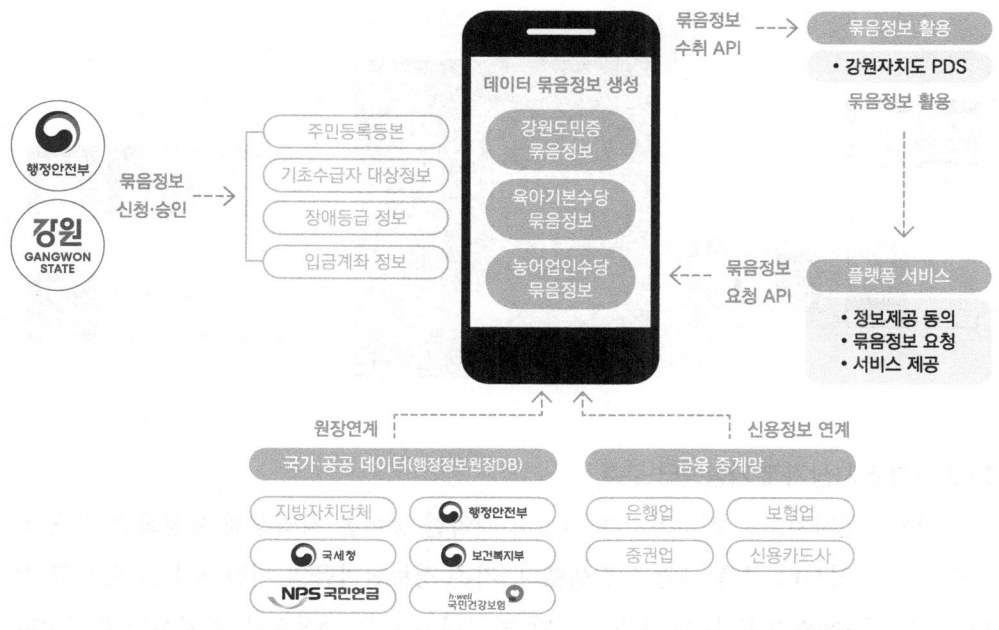

나. 디지털 경제기반 조성 및 디지털 복지 실현

1) 강원더몰 온라인 판로 확대를 통한 도민 소득향상 도모

강원특별자치도는 물가 상승 등 외부 여건으로 인한 경기 침체를 극복하고 도민의 소득향상을 위해 강원특별자치도 온라인 쇼핑몰 '강원더몰'의 온라인 판로 확대를 추진해 930개의 입점 기업을 확보했다. 라이브커머스 원더라이브, 정기구독 등 다양한 서비스와 시즌별 기획전을 통해 2024년 매출 193억 원을 달성했으며, 메인페이지 리뉴얼을 통해 가독성 및 접근성을 향상했다.

[그림 3-10-3] 강원특별자치도 온라인 쇼핑몰 '강원더몰' 추진 현황

2) 강원형 전자상거래 거점센터 구축

강원특별자치도는 전자상거래 기반이 취약한 농어촌 지역경제 활성화를 위해 전자상거래 거점센터 구축 사업을 진행했다. 기존 정보화마을의 기반 시설을 활용해 해당 시군의 농어촌 마을 특화 상품을 개발·발굴하는 것을 중심으로, 전자상거래 활성화와 지역 경제 발전을 목표로 추진했다.

강원형 전자상거래 거점센터에서는 마을 주민을 대상으로 전자상거래 교육을 진행하고, 농·특산품 판매와 홍보를 강화하며, 지역 경쟁력 제고 및 소득향상을 위해 다양한 시책을 추진했다. 2024년에는 신규로 거점센터 2개소를 추가 구축해 총 7개소를 운영했으며, 이를 통해 지역 내 전자상거래 환경을 지속 개선할 예정이다.

[표 3-10-1] 강원특별자치도 강원형 전자상거래 거점센터 현황

구분	선정 마을
전자상거래 거점센터 구축 (7개 마을)	• 기(旣)지정: 삼생마을(홍천), 토고미마을(화천), 효자열녀마을(영월), 두루미평화마을(철원), 하추마을(인제) • 2024년 신규 지정: 솔바우마을(춘천), 화진포마을(고성)

3) 디지털 역량 강화 및 디지털 복지 실현

강원특별자치도는 전 도민의 디지털 역량 강화 및 정보격차 해소, 디지털 역기능 방지 등 디지털 복지를 실현하기 위해 디지털 배움터 45개소를 운영해 도민 2만여 명

에게 디지털 역량 강화 교육을 제공했다. 정보 취약계층 정보접근권 보장을 위해 장애인정보화교육, 중고PC 및 정보통신보조기기 지원 사업을 추진했고, 올바른 디지털 사용 문화 확산을 위해 인터넷·스마트폰 과의존 예방 교육을 추진했다.

다. ICT 융합기술 기반 신성장 산업 육성 추진
1) 디지털 융합 인공지능(AI) 서비스 혁신 선도

강원특별자치도는 도가 구축한 정밀 의료 데이터 플랫폼을 활용해 의료 인공지능 실증과제 개발부터 상용화까지 지원을 목적으로 '데이터 활용 의료·건강 생태계 조성 사업'을 추진하고 있다. 인공지능 의료솔루션 8건 및 의료기기 7건의 실증과제 사업화는 물론 인공지능 암 치유센터를 강원대학교 병원에 구축 중이며, 의료 데이터를 안전하게 사용하기 위한 데이터 안심존을 마련했다.

[그림 3-10-4] 데이터 활용 의료·건강 생태계 조성 사업 구성도

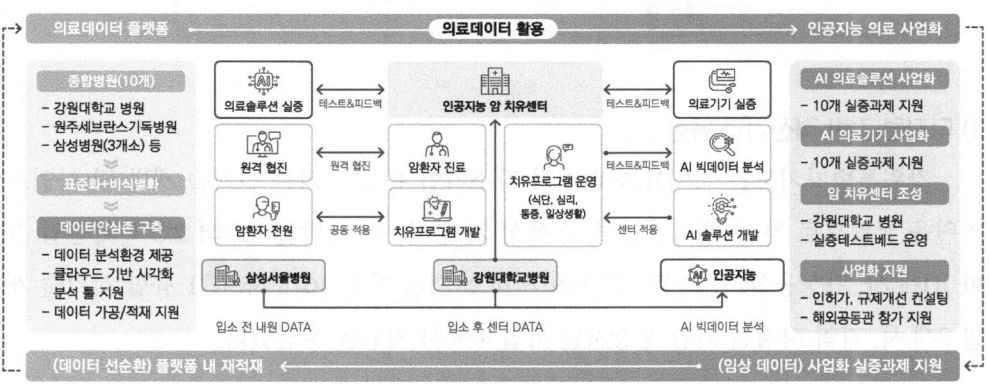

또한, 디지털 트윈 기술을 적용해 비용 절감과 기간 단축을 통한 의료기기 산업의 디지털 대전환을 위해 올해부터 '디지털 트윈 융합 의료혁신 선도 사업'을 시작해 디지털 트윈 통합플랫폼(의료 혁신 기반 4개 분야, 의료기기 검증 4개 분야)을 구축하고 있다.

[그림 3-10-5] 디지털 트윈 융합 의료혁신 선도 사업 구성도

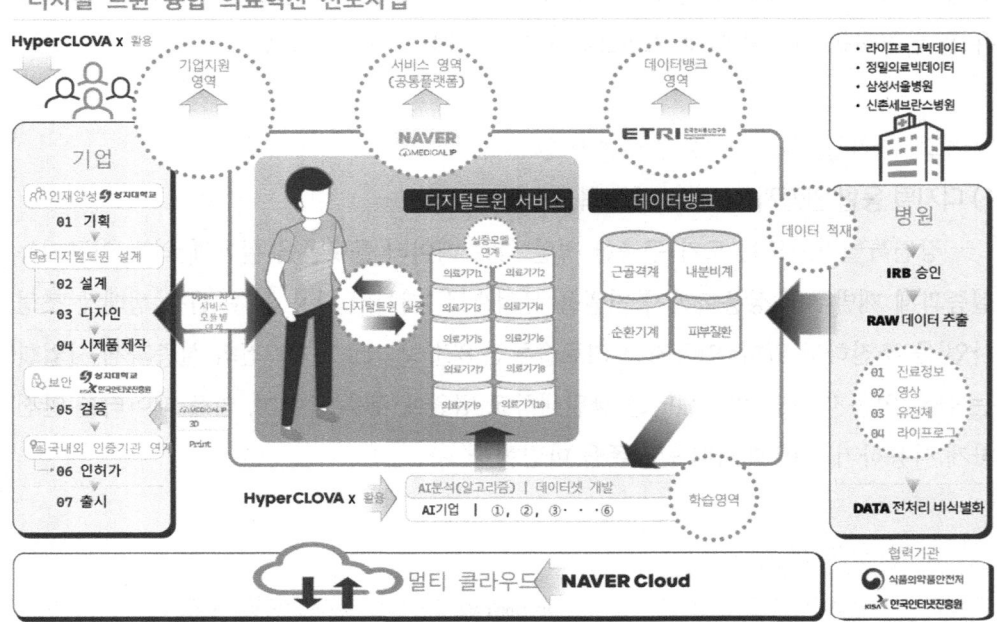

2) 디지털 기반 혁신기업 육성

강원특별자치도는 지역특화 디지털 강소기업 육성을 위한 신기술 개발 및 사업화 지원을 목적으로 창업·벤처기업 발굴 육성 21개 사, SW융합클러스터 2.0 특화산업 강화 10개 사, 가상융합기술 기반 콘텐츠·서비스 개발 지원 46개 사, ICT 융합 신기술 개발 2개 사, 지역 디지털 기업 성장지원 사업 4개 사 지원을 추진했다.

[그림 3-10-6] 단계별 기업지원 로드맵

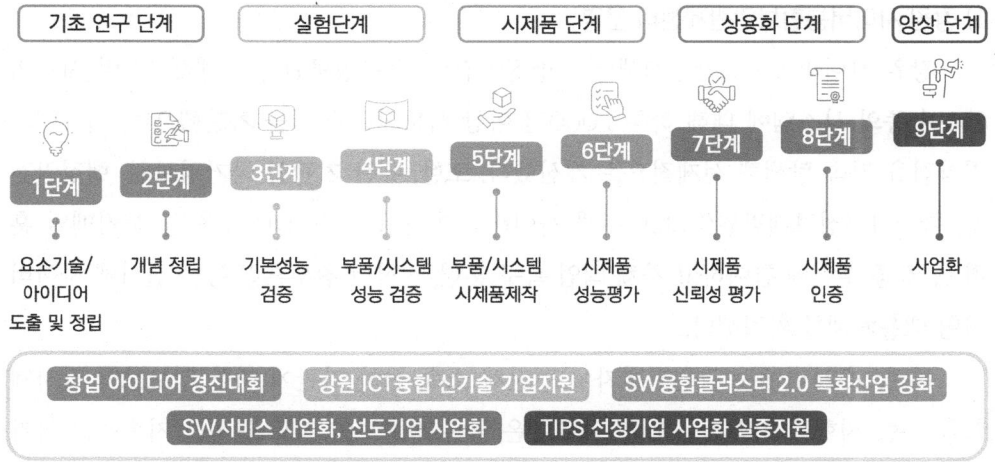

3) 디지털 융합 핵심 인재 양성

강원특별자치도는 'SW미래채움', 'SW중심대학', 'ICT이노베이션스퀘어확산', '지역지능화 혁신 인재양성', '융합보안대학원', '빅데이터 메디컬 대학원' 사업을 통해 석·박사급 전문 인재 68명, 청소년 SW교육생 1만 2,956명, 지역산업 특성 기반 디지털 교육생 1,901명, 기업 연계 인턴십 39명, 외국인 학생 4명 유치 등 다양한 분야의 핵심 인재를 양성했고, SW강사 양성 고용을 통한 일자리 창출에도 기여했다. 또한 SW교육 소외지역에 '채움버스'를 운행하며 맞춤형 SW교육을 제공했고, 2023년 'SW미래채움'과 'ICT이노베이션스퀘어확산' 사업 연차 평가에서 우수 등급을 받아 2024년 국비 약 1.1억 원을 추가 확보했다.

[그림 3-10-7] 핵심 인재 양성 프로그램

라. 정보보안 및 개인정보보호 강화 추진

1) 강원 사이버통합보안관제센터 운영

강원 사이버통합보안관제센터는 행정안전부, 국가정보원과 연계해 도 및 시군의 850여 종의 시스템에 대해 하루 1,000건 이상 시도되는 공격을 차단했으며, 시스템의 취약점을 지속 탐색해 선제적으로 개선했다. 또한, 유관 기관인 국가정보원, 행정안전부, 한국지역정보개발원(KLID) 주관 사이버공격 대응 훈련, DDoS 훈련, 해킹메일 훈련 등 각종 훈련에 참여하고 자체 백업 복구 훈련, 전산망 침투훈련 등을 실시해 사이버 위협 대응체계를 확립했다.

특히, 2024년에는 강원특별자치도 전체 소속·산하 기관에 대한 정보보안 감사계획을 수립·시행해 취약점을 개선 조치함은 물론 정보보안 지도 활동을 지속하고 국가정보원과 합동으로 출자·출연 기관에 대한 정보보안 상태를 점검했다.

[그림 3-10-8] 전산망 침투훈련 및 출자·출연 기관 정보보안 감사

2) 개인정보보호 강화

강원특별자치도에서는 개인정보보호 및 도민의 자유와 권리 보호를 위한 「개인정보보호에 관한 조례」를 운영했으며, 개인정보의 체계적 관리를 위해 「개인정보 내부지침」의 사용자 가독성을 제고하고 개인정보 보호법 개정 사항 반영을 위해 새롭게 개정했다.

특히, 2024년에는 개인정보 처리시스템을 통한 개인정보 유·노출 사고 예방과 안전성 확보를 위해 노후 된 '홈페이지 개인정보 필터링 시스템'을 교체했고, 효율적인 개인정보보호 정책 도출을 위해 시군 및 개인정보 관련 전문가로 구성된 '개인정보보호

관계 기관 협의회'를 신규 구성·운영했다. 이를 통해 홈페이지 내 개인정보 업로드 차단은 물론 이미지 파일에 포함된 개인정보 탐지가 가능해져 개인정보 유출 사고 발생 가능성이 현저히 낮아졌으며, 개인정보 협의회 운영을 통해 개인정보 정책 및 제도개선 방안 도출 등을 추진해 개인정보 보호 수준이 한층 더 높아질 전망이다.

아울러, 개인정보 보호의 중요성 및 필요성에 대한 인식 제고를 위해 개인정보보호 취급자, 담당자, 책임자 등 대상별 맞춤형 교육을 진행했고, 강원특별자치도 대표홈페이지, SNS, 전광판을 활용해 개인정보보호 실천 수칙 등 다양한 내용의 홍보 영상을 게시해 개인정보 유·노출 사고 사전 예방에 힘썼다.

3) 강원 정보보호지원센터 운영

강원특별자치도는 중소기업의 원활한 기업활동을 위해 한국인터넷진흥원과 협력해 2019년 강원 정보보호지원센터를 개소했으며, 도내 중소기업의 정보보안 역량을 강화하고 지역 내 정보보안 인식의 확산을 위해 정보보안 컨설팅, 정보보안 솔루션 공급, 정보보안 교육 등을 수행했다. 특히 2024년에는 비교적 규모가 큰 중소기업을 대상으로 정보보호 활동, 네트워크, 정보보안 장비 등에 대한 종합 점검과 개선 방안을 제시하는 한편 방화벽 등 정보보안 장비를 공급했고, 규모가 작은 중소기업에는 클라우드형 보안서비스(SECaaS)를 공급해 수혜기업의 만족도가 높은 지원 사업으로 평가받았다.

또한 기관·기업의 재직자 중심 맞춤형 교육과 지역 소재 고등학교 및 대학의 수요를 반영한 11개 교육과정을 운영했고, 지역 내 학생, 군인, 기업 재직자 등을 대상으로 사이버보안 해킹방어대회와 정보보호 컨퍼런스를 개최했다. 이 외에도 정보교류 기회를 제공하고 역량을 강화하기 위한 강원 정보보호협의회, 강원지역 정보보호 최고책임자(CISO) 협의회를 개최하고 교육을 진행했다.

[그림 3-10-9] 강원지역 정보보호 최고책임자(CISO) 협의회 포럼

4) 강원가명정보활용지원센터 운영

강원특별자치도는 의료, 행정 등 민감 데이터 가명화를 통한 데이터의 안전한 활용으로 의료기기 개발, 사회문제 해결, 지역 정책 발굴 등 산업적·사회적 가치 창출을 도모하고자 2021년부터 개인정보보호위원회와 협력해 '강원가명정보활용지원센터'를 개소해 운영하고 있다. 강원가명정보활용지원센터는 가명정보가 필요한 기관과 가명정보를 제공해 줄 수 있는 기관의 가교역할뿐만 아니라 가명정보 관리 절차에 대한 컨설팅 및 기술교육 추진 등 가명정보 활성화를 위한 다양한 사업들을 추진 중이다.

2024년에는 기저질환자 복약 정보와 백신 부작용에 대한 가명 데이터 결합을 통해 '기저질환자의 백신 부작용 상관관계'를 분석하고 있으며, 이는 향후 백신 개발에 중요한 정보로 활용될 예정이다. 이 외 성과로 가명정보 활용 컨설팅 19건, 가명처리 적정성 검토지원 14건, 가명정보 활용 인식 제고 교육 500명, 기술 세미나 4회 등이 있다.

[그림 3-10-10] 강원테크노파크, 개인정보의 안전한 활용을 위한 가명정보 기술 세미나

[출처: 강원도민일보, "강원테크노파크, 개인정보 빅데이터 가명정보 처리 활용 방안 모색", 2024. 4. 18.]

마. 정보통신서비스 안정화·선진화 추진

1) TVWS를 이용한 휴대폰 무선중계시스템 개발

강원특별자치도는 대형 산불로 인한 이동통신 기지국 전소에 대비해 TVWS를 이용한 휴대폰 무선중계시스템 개발을 추진했다. 2019년 강원 고성 산불로 이동통신 기지국 96개 국소가 전소해 산불피해 이재민의 긴급전화(119 신고 등) 사용 제한으로 응급구조, 산불지휘에 많은 어려움이 발생한 바 있다. 이에 2022년 시제품 개발을 완료하고, 2023년까지 동해안 6개 시군(강릉·삼척) 4개소에 고정형 무선중계기를 구축했으며, 소방지휘차량 및 산림청 지휘차량 등 이동형 소형기지국 10대를 제작했다. 2024년에는 동해안 4개 시군(동해, 속초, 고성, 양양)에 고정형 무선중계장치 4개소 및 이동형 소형기지국 6대를 추가 제작했으며, 산불 등 재난상황 발생 시 긴급통신수단으로 활용할 계획이다.

[그림 3-10-11] TVWS를 이용한 휴대폰 무선중계시스템 설치 사진

2) 인공지능(AI) 딥러닝 기술을 활용한 산불 조기 감지 및 확산 예방 플랫폼 구축

강원특별자치도는 산불로 인한 도민의 인명·재산 피해를 최소화하기 위해 최신 ICT 기술이 적용된 산불 조기 감지 시스템 구축을 추진했다. 기후변화 등의 원인으로 국내외에 산불 발생이 증가하고, 산불이 시간의 흐름에 따라 진화 난이도가 기하급수적으로 늘어나는 특성에 착안해 조기 발견 및 진화를 목적으로 인공지능(AI) 기술을 CCTV에 접목해 연기·화염 등을 조기 발견, 진화 인력에게 신속히 알려주는 실증 사업을 추진했다. 인력 중심의 감시(모니터링)체계에서 탈피해 취약 시간인 야간에도 중단없이 감시할 수 있는 체계를 마련함으로써 인력·예산을 획기적으로 절감할 것으로 기대된다.

2023년에 노후 영상정보처리기기 고도화, 인공지능 학습에 필요한 지역 데이터 구축, 서버자원 도입 등을 추진한 데 이어 2024년에는 추가 지역 데이터셋을 구축하고 산불 조기 감지 솔루션 및 의사결정시스템을 개발 완료해 산불방지센터 및 18개 시군 산림 관련 부서에 배포했다.

[그림 3-10-12] 강원특별자치도 AI 산불감지체계

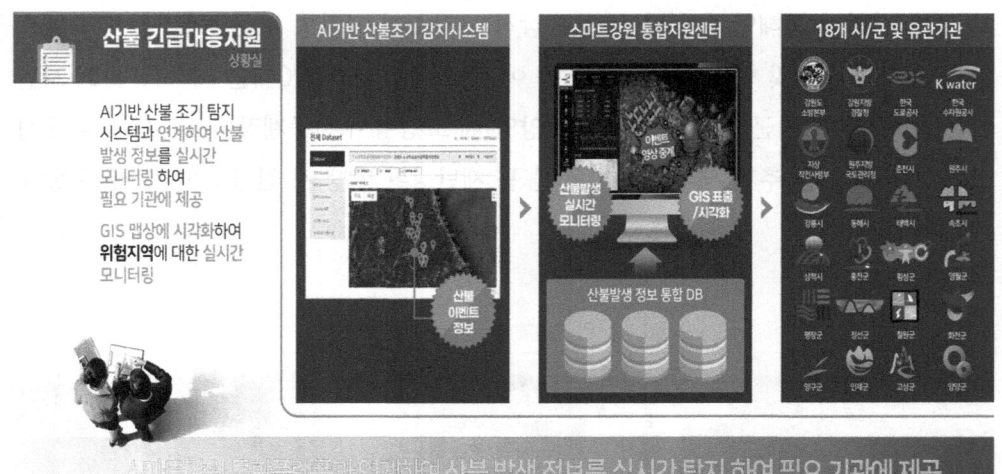

3) 광역 기반 스마트 도시안전서비스 지속 운영

강원특별자치도는 광역 기반의 단일 스마트시티 통합플랫폼을 구축해 소방, 경찰, 해경, 군부대, 법무부 등 국민의 생명과 재산을 보호하는 기관에 영상을 실시간 공유하는 광역형 도시안전서비스를 운영했다. 도내 시군 및 유관 기관 등 100여 개 기관·부서에서 활용했으며, 구조·구급, 재난대응, 범죄예방, 수사 활용 외에도 군 훈련 및 실제 작전 상황을 지원하고, 산불 및 폭우 발생 시 대국민 재난방송을 제공하는 등 강원특별자치도만의 특성화된 도시안전서비스를 안정적으로 운영했다.

2024년에는 법무부 전자감독시스템과 스마트 강원 통합플랫폼 연계 고도화를 진행했으며, '강원안심이' 앱을 통해 감독대상자 위치 이탈 안내 기능을 도입했다. 또한, AI 기반 광역형 실종자추적시스템 구축을 통해 사회적 약자 실종자 추적지원 서비스를 확대하는 등 도민 안전 서비스 발굴을 위해 노력했다.

[그림 3-10-13] 스마트 도시안전서비스 운영 현황

4) AI융합 실종자추적 지원 서비스 신규 구축

강원특별자치도는 치매노인·아동·장애인 등 사회적 약자의 실종사건 발생 시 지자체 CCTV를 활용한 실종자의 인상착의 지능형 검색 기능을 포함한 AI융합 실종자추적 지원 서비스를 개발했으며, 지자체 CCTV통합관제센터 관제사의 실종자 추적 지원 및 경찰청 신고시스템 연계 등 실종자에 대한 광역적 대응 기반을 마련함으로써 국민 안전망을 더욱 촘촘하게 확보할 수 있게 됐다.

[그림 3-10-14] AI실종자추적시스템 운영 시나리오 및 검색 화면

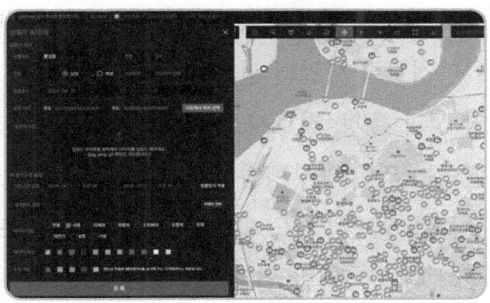

제11장 충청북도

1. 추진 개요

충청북도는 디지털 기술과 행정의 융합을 통한 편리한 디지털 서비스를 제공하기 위해 '디지털 플랫폼 서비스 확산으로 혁신 도정 구현'을 목표로 첨단정보기술을 활용한 지능정보사회 선도, 디지털 기반 업무시스템 서비스 품질향상, ICT 기반 통신융합 서비스 제공, 안전하고 신뢰받는 정보보호체계 강화 등 이행과제를 선정해 추진했다.

전국 최대 규모의 실내 전파 시험시설인 '전파플레이그라운드-충북'을 구축 완료해 지역 중소·벤처기업 성장을 지원하고, 도민 디지털 교육을 강화해 도민의 정보활용 능력을 제고했다. 장애인 정보통신 보조기기와 사랑의 그린컴퓨터 보급을 통해 취약계층 정보 이용환경 개선에 노력했으며, 스마트폰 과의존을 예방하고 도민 미디어 활용역량 강화를 위한 각종 지원 사업도 추진했다.

정보화 사업의 성과 제고 및 클라우드 전환 구축 기반 조성을 위해 정보시스템 운영 성과 측정, 정보시스템 클라우드 통합·전환 추진 도 시군 협의회를 운영했고, 업무 편의를 위한 내부행정시스템 기능개선, 시스템 상시 모니터링, 장애 복구 모의훈련 등 무중단 행정서비스 제공에 힘쓰고 있다. 또한 업무자동화 확대, 웹오피스 도입 운영을 통해 디지털 기반 업무환경을 구축해 행정 생산성 향상을 도모하고, 통합 누리집 운영과 누리집 정보의 품질관리를 통한 맞춤형 도정 서비스 제공으로 디지털 소통을 강화했다.

도민 생활편의 증진을 위해 농촌 통신망 고도화 사업 추진, 시내버스 공공와이파이 설치 운영 등 공공 정보통신시설을 확대 구축했으며, 정보통신공 사업 신규등록, 자가전기통신설비 설치 신고 등 도민이 만족하는 행정서비스를 제공하는 한편, 정보통신

기술을 기반으로 IPTV 행정방송 운영, 영상회의 등 사용자 편의를 위해 스마트한 행정통신서비스를 제공하고 있다.

안전하고 신뢰받는 정보보호체계 강화를 위해 사이버 공격에 대비한 모의훈련과 보안관제를 통한 예방활동으로 사이버침해 대응체계를 확립하고, 노후 인터넷망 네트워크 장비 교체 추진과 중부 정보보호 지원센터 운영 등을 통해 내부 정보보호 기반 강화는 물론 민간분야 지원에도 심혈을 기울이고 있다. 또한 전 직원 대상 개인정보 및 정보보안 교육을 통해 정보보호 역량 강화에도 힘쓰고 있다.

2. 추진 현황

가. 전국 최대규모 실내 전파시험장 '전파플레이그라운드-충북' 구축·운영

서울특별시 용산구에 전파플레이그라운드가 2020년 5월 개소돼 자유로운 전파실험이 가능했으나 지방 기업들은 접근성의 이유로 이용이 어려웠다. 또한, 전파를 활용한 다양한 융복합 서비스의 출현으로 전파시험 수요가 증대함에 따라 전파시험을 위한 지역 인프라 확대에 대한 필요성이 대두됐다.

과학기술정보통신부는 지방 중소기업의 편의성과 접근성을 고려해 '지역거점 전파플레이그라운드 구축·운영' 공모 사업을 추진했다. 이에 충청북도는 충북대학교와 협업해 청주(자율주행차 지역테스트베드), 충주(수송기계 부품산업 인프라 구축), 세종(자율주행 특화도시 조성) 등 주변 인프라와 연계해 중부내륙권 자율주행차 산업 클러스터를 육성할 수 있고, 용산 전파플레이그라운드에서 테스트할 수 없는 대형버스, 도심항공교통(UAM) 등을 위한 대형차폐시설을 구축해 자율주행차 전파시험 및 도로주행 실증시험을 원스톱으로 진행할 수 있는 '전파플레이그라운드-충북' 구축을 추진했다. 이 계획은 과학기술정보통신부 공모에 선정돼 2022년부터 3년간 국비 63억 원을 확보했다.

충청북도는 청주시 청원구 오창읍 충북대학교 자율주행차 테스트베드 내에 중부권 기업이 지역 혁신기관과 연계해 자유롭게 실험 개발할 수 있도록 전파시험 시설 부지를 확보하고, 2022년부터 3년간 국비 및 지방비 127억을 투입했다. 내·외부 전파 차단 국제 표준 규격(IEEE 299) 이상의 전파 간섭이나 피해 없는 시험시설을 구축했다. 또한 자율주행차 및 전장품, 드론, 5G 등 다양한 융합제품의 전파 적합성 및 성능 시험을 위한 레이다 타깃 시뮬레이터, 신호발생기, 스펙트럼 분석기, 네트워크 분석기 등 장비를 구축해 전자파 차폐 시험시설 1,345㎡, 제품보완을 위한 지원시설 578㎡ 규모의 전파플레이그라운드-충북을 2024년 6월 개소했다.

[그림 3-11-1] 전파플레이그라운드-충북 시설

[그림 3-11-2] 전파플레이그라운드-충북 주요 사업

[출처: 청주시 내부 자료, 2024]

[그림 3-11-3] 전파플레이그라운드-충북 개소식

[출처: 청주시 내부 자료, 2024]

[그림 3-11-4] 주요 보유장비

01 신호발생기

- 주파수 범위 8kHz~6GHz
- 최대 +33dBm의 고출력
- 최대 1GHz의 내부 RF 변조 대역폭

02 전자파 테스트 리시버

- 주파수 범위 1Hz~26.5GHz
- 모든 관련 표준에 부합함
- FFT 기반 시간 영역 스캔 (TDS)을 사용한 측정

03 스펙트럼 분석기

- 주파수 범위 2Hz~43.5GHz
- 최대 8.3GHz 내부 분석 대역폭
- 800MHz 실시간 분석 대역폭 (240만 FFT/s, 0.46μ POI)

04 전도 내성시험 시스템
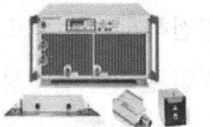
- 주파수 범위 10kHz~400MHz
- 11452-4 Bulk current injection
- 현대 기아, GM, 르노 외 OEM규격 시험 가능

05 네트워크 분석기

- 주파스 9kHz~8.5GHz
- 짧은 스위프 시간(예: 401 포인트의 경우 4ms)
- 98 dB의 넓은 전력 스위프 범위

06 방사 내성시험 시스템
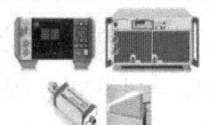
- 주파수 범위 146MHz~6GHz
- 11452-9 Portable transmitters
- 현대 기아, GM, 르노 외 OEM규격 시험 가능

07 레이더 타겟 시뮬레이터

- 주파수 범위 76GHz~81GHz
- 최대 4GHz 내부 분석 대역폭
- 최대 IF 경로 수: 최대 4개(개별 방위각, 거리, RCS, 도플러)

08 GNSS Simulator
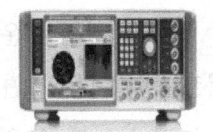
- 주파수 범위 100kHz~44GHz
- 최대 +18dBm의 고출력
- 최대 1GHz의 내부 RF 변조 대역폭

[출처: 청주시 내부 자료, 2024]

'전파플레이그라운드-충북' 구축은 국내 전파 기반의 다양한 융합산업(5G, 자율주행, 자동차, 드론 등)의 기술 개발 성과를 정량적으로 평가하고, 기술 고도화를 검증하기 위한 국내 최고 수준의 시험평가 기반이다. 주파수 대역, 물리적 크기, 평가 장비의 한계 상황을 극복하고 다양한 전파 관련 융합기술 성능평가가 가능하다. 충청북도는 풍부한 연구·개발 경험을 가진 전문인력을 채용해 전파 차폐 시험시설 및 기업 맞춤형 기술지도, 시험·인증·평가 연계 기술지원 등 지역 중소기업을 대상으로 기술지원하고 있으며, 전파 성능평가 및 적합성 검증을 위한 전문인력 양성 교육과 산·학·연 연계 전파 관련 시설·장비 교육 등 맞춤형 전문인력 양성에도 힘쓰고 있다.

나. 32년 만에 충북 역사를 새로 쓴 '충북 아키비움'

충청북도는 풍부한 역사와 문화유산을 보유하고 있지만, 종이 문서나 물리적 자료는 일반 도민들이 접근하기가 쉽지 않다. 또한 역사적 문서나 유물은 시간이 지남에 따라 물리적으로 손상될 수 있는 위험이 있다. 디지털 기술의 발전으로 대량의 데이터를 신속하게 전송하고 보유하는 것이 가능해졌고, 하드 디스크·클라우드 스토리지 등 데이터 저장 비용이 크게 감소하면서 대량의 자료를 저장하고 관리할 수 있게 됐으며 원본자료를 디지털화하면 재난·재해로부터 자료를 안전하게 보관할 수 있게 됐다. 보다 안전하게 보존하고 쉽게 접근할 수 있는 디지털 정보의 양이 급증하면서 자료의 효율적인 관리와 접근성도 중요해졌다.

도지(道誌)는 도의 역사·정치·산업·사회·문화 등 전 분야에 걸친 생활사를 종합하는 책으로 1954년 초판, 1975년 1차 개정, 1992년 2차 개정 이후 중단됐다. 충청북도는 변화한 도의 시대상을 반영해 지역환경, 인문환경, 선사, 고대 등 32년 만에 새 도지를 발간했다. 충청북도는 새로 발간한 도지를 효율적으로 관리하고 도민들이 쉽게 접근할 수 있도록 기존에 운영해 오던 '충북 문화유산 디지털 아카이브'에 이번에 발간한 충청북도지의 내용과 편찬 과정에서 발생한 자료를 추가하고, 충북의 문화유산과 역사를 한눈에 살펴볼 수 있도록 시스템을 재구성해 온라인 기록저장소 '충북 아키비움'을 구축했다.

[그림 3-11-5] 충북 아키비움 누리집

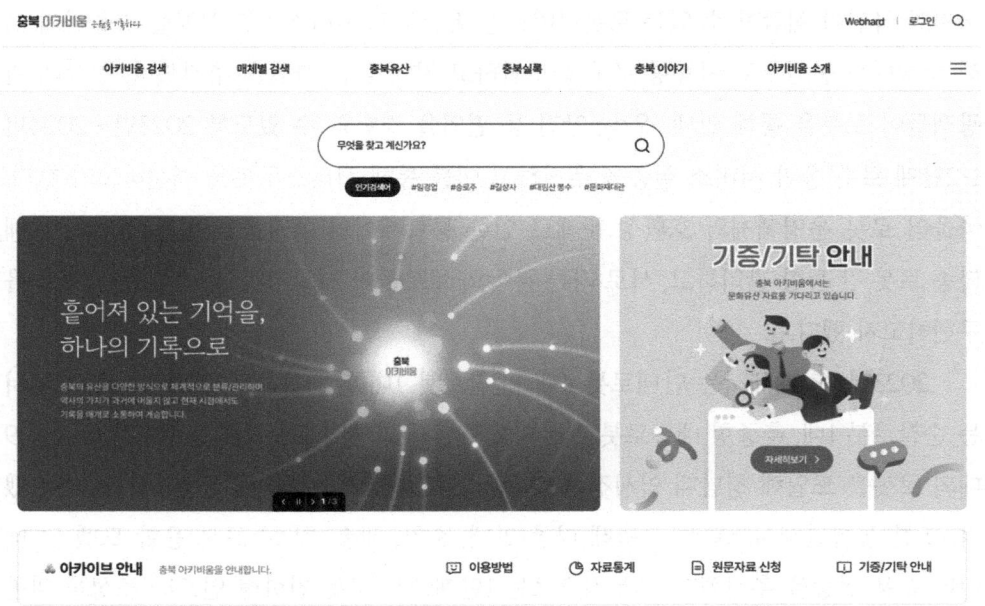

[출처: 충북 아키비움 누리집(https://archive.chungbuk.re.kr/)]

'충북 아키비움' 자료들은 전문 집필진을 통해 상세한 설명을 추가, 대중의 이해를 증진하고 자료의 활용성을 높였다. 자료의 위치정보와 시기별 변화를 파악할 수 있도록 '실록지도'와 '디지털 연표' 등을 제공하고, 검색엔진을 도입해 충북의 역사와 문화유산 자료를 보다 손쉽게 찾을 수 있도록 기능을 강화했다. 또한 별다른 절차 없이 누구나 쉽게 자료를 내려받기할 수 있으며, 원문자료 신청 서비스를 통해 고화질 디지털 자료를 받아볼 수 있도록 서비스하고 있다. 도지(道誌)를 기반으로 한 온라인 기록저장소를 구축한 것은 전국 최초이자 유일한 사례로 충청북도는 충북 아키비움에 기록된 자료들의 전문성과 활용성을 더욱 높일 계획이다.

다. '안내, 운송, 안전을 책임지는' 청남대 관광객을 위한 다종 서비스로봇 실증

청남대는 연 80만 명이 방문하는 국민 관광지로 가족 단위, 고령층 관광객의 비율이 높은 편이다. 다양한 볼거리와 인프라가 있음에도 불구하고, 많은 방문객이 대통령별장 본관 위주로 방문하는 경우가 많아 충청북도는 신축 건물 등(대한민국임시정부기

념관 등)에 대한 홍보를 강화하고자 했다. 또한 충청북도의 로봇산업 환경은 열악한 편이지만 국민이 체감할 수 있는 로봇서비스를 확산하고 서비스로봇 시장을 창출하기 위해 청남대를 중심으로 지능형 로봇을 도입하고 지역 실증 사업을 추진했다. 청남대 관광객들이 로봇을 통해 안내, 운송, 안전 등 편익을 경험할 수 있도록 2023년~2024년 1·2단계 로봇 융합 서비스 실증을 추진하고 이를 통해 서비스로봇을 개선하고자 했다. 아울러 로봇 운영체제의 호환성 문제로 인한 통합제어의 어려움을 실증 사업을 통해 다종 로봇 간 통합 관리하고, 서로 다른 분야의 로봇들이 서로 협력할 수 있는 서비스를 구현하고자 했다.

2023년 1단계에서는 안내로봇 4대, 순찰로봇 1대를 도입하고, 2024년 2단계에서는 순찰로봇 1대, 추종형 배송로봇 2대, 자율주행 옥외 청소로봇 1대 등 2년간 총 4종 9대의 로봇을 도입해 청남대 임시정부기념관 및 대통령기념관에서 실증 사업을 추진했다. 또한 통합관제시스템을 구축해 다종(안내, 순찰, 배송, 청소) 로봇 융합 모델 및 데이터 활용 실증을 추진했다. 세부적으로는 1단계에서 로봇 친화형 인프라 조성을 위한 사업대상지 환경개선 공사를 시행하고, 개별로봇 실증, 로봇 하드웨어, 소프트웨어 커스터마이징, 통합관제시스템의 인프라 환경조성을 진행했다. 2단계에서는 다종(안내, 순찰, 배송, 청소) 로봇의 개별 실증 및 통합관제시스템 고도화 다종로봇 연계 융합실증, 데이터 수집·활용 방안을 도출했다.

[그림 3-11-6] 청남대 관광객을 위한 다종 서비스로봇 실증-추진 목표 및 추진전략

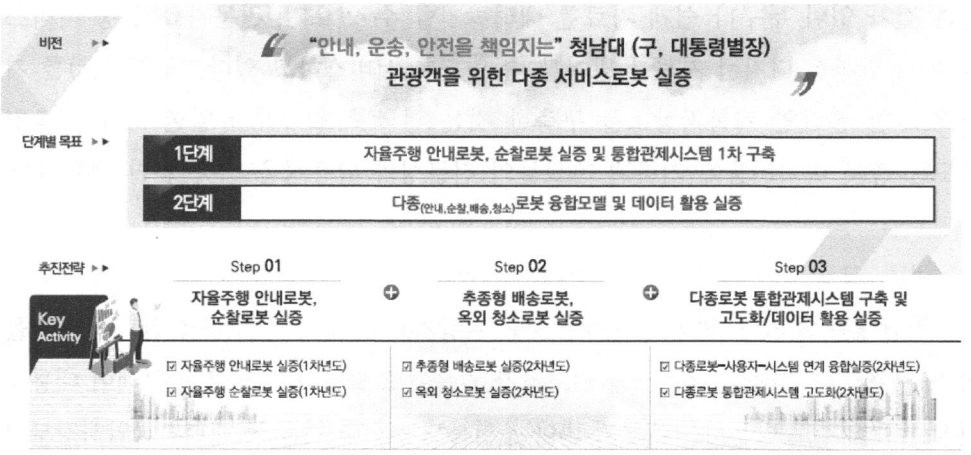

청남대 관광객 및 직원을 대상으로 로봇 이용 만족도 조사를 시행한 결과, '근로환경 개선' 부문과 '전반적인 만족도' 부문에서 2023년과 대비해 만족도가 상승했다.[1]

청남대 서비스로봇 실증 사업을 통해 관광객 서비스 만족도 제고와 임직원 업무 효율성 향상을 확인했다. 서비스로봇 도입을 통한 청남대 관광객 증가가 기대되며, 도내 기업이 실증 사업에 참여함으로써 도내 부족한 로봇산업 육성 및 활성화 기반을 마련했다.

[그림 3-11-7] 단계별 도입 실증 로봇

		로봇서비스 소개	
1단계	무인 안내	**안내로봇** • 제품 용도: 이동, 시설물 안내 • 제품 적용 기술: 라이다, 스피커 등 ☞ 방문객 최초 접점지점에서 시설물 안내를 통해 방문객의 편의 증진 ☞ 내장형 사이니지 기반 주요 공지/홍보사항 송출	
	무인 순찰	**순찰로봇** • 제품 용도: 시설물 순찰, 경비, 보안 • 제품 적용 기술: 영상떨림장치, 무선충전 등 ☞ 야간시간 방법 순찰, 환경감지 등 ☞ 이상소음 추적, 화재 감시 등 임무 수행	
	물류 배송	**추종형 물류 배송 로봇** • 제품 용도: 물류 운송 • 제품 적용 기술: 라이다 기반 대상 추적 주행 ☞ 시설관리자의 작업 도구를 적재하여 사용자를 따라 주행하는 추종형 배송로봇 실증	

1　관광객: (2023년) 83.1점 → (2024년) 87.4점, 임직원: (2023년) 77.1점 → (2024년) 90.5점.

로봇서비스 소개		
2단계	**순찰로봇** • 제품 용도: 시설물 순찰, 경비, 보안 • 제품 적용 기술: 영상떨림장치, 무선충전 등	
	무인 순찰	☞ 야간시간 방범 순찰, 환경감지 등 ☞ 이상소음 추적, 화재 감시 등 임무 수행
	옥외청소로봇 • 제품 용도: 차량통행이 제한되어 있는 장소 청소 : 주차장 등의 넓고 한정된 공간에서 활용 • 제품 적용 기술: 라이다, 자율주행학습, 청소유닛 등	
	무인 청소	☞ 낙엽, 쓰레기, 토사까지 청소 ☞ 자율주행 및 복귀기능으로 관리시간 최소화 ☞ 수시운행으로 깨끗한 환경유지

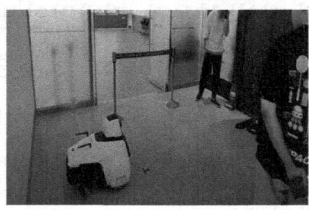

[출처: 충청북도 내부 자료]

3 | 향후 계획

충청북도는 AI, 클라우드 등 디지털 신기술을 활용한 행정혁신으로 미래 경쟁력을 확보하고 신뢰받는 디지털 행정서비스를 제공하기 위해 '지능화로 확장되는 디지털 도정 구현'을 목표로 첨단정보기술 활용 디지털 행정혁신, 디지털 업무시스템 안정성 강화 및 서비스 품질향상, ICT 기반 통신융합서비스 제공, 사이버보안 기반 확충으로 안전한 정보보호체계 확립 등의 이행과제를 선정해 추진할 계획이다. 공공서비스 분야 사업 발굴, 디지털격차 해소 사업, 정보시스템 클라우드 전환, 신기술 대비 보안관리체계 구축 등 다양한 사업을 추진하고, 전국 최대 규모의 실내 전파 시험시설인 '전파플레이그라운드-충북' 고도화 사업을 추진해 관련 기업의 성장환경 조성 등 전파산업 활성화를 위해 노력할 계획이다.

제12장

충청남도

1. 추진 개요

가. 추진 방향

충청남도는 '지능정보화 D.N.A(Data, Network, Application)가 넘치는 똑똑한 충남 구현'이란 비전 아래 정보화 사업을 추진하고 있다. 'D.N.A'는 각각 Data: 스스로 진화하는 고품질의 데이터 생태계 조성, Network: 사회적 가치를 창출하고 안전한 지능정보화 서비스 체계 구축, Application: 도민의 생활 저변까지 확대되는 지능화된 공공서비스를 의미한다.

'SMART' 추진전략 및 주요 추진과제로 'S'는 Synergy Administration으로 시너지가 넘치는 협력적 지능정보 거버넌스 구축, 'M'은 Manpower-Oriented Informatization으로 사람 중심의 지능 정보화 역량 상향 평준화, 'A'는 Appropriate Technology Society로 지역성을 발굴·창조하는 지역 특화형 과학 행정 선도모델 구현, 'R'은 Regional Balanced Development로 도민 모두가 행복한 디지털 기반 수요 맞춤형 공공서비스 개발, 'T'는 Turing Point of Data Policy로서 데이터 보호와 활용이 균형 잡힌 디지털 청정지역 구현을 목표로 하고 있다.

2024년에는 정보격차 해소를 통한 디지털 포용 사회 실천, 디지털 환경변화 대응을 위한 정보통신 인프라 확충 및 디지털 균형 발전, 스마트 도정 구현을 위한 디지털 행정서비스 지원, 안전한 정보보안 체계 확립으로 사이버 위협 대응 및 개인정보보호 강화, 데이터 생태계 활성화를 위한 지원 강화 및 과학적 행정 활성화 등을 주요 과제로 삼아 정보화 사업을 추진했다.

[표 3-12-1] 2023년 충청남도 정보화 사업 추진 성과

추진 과제	2024년 성과
정보격차 해소를 통한 디지털 포용 사회 실천	• 정보 취약계층 디지털 역량 강화 및 인터넷·스마트폰 과의존 예방 • 장애인 디지털 접근성 확대를 위한 수준별 정보화 교육 • 장애 유형별 장애인 정보통신 보조기기 보급 • 4차산업 교육환경 불균형 해소를 위한 ICT이노베이션 충남스퀘어 운영
디지털 환경변화 대응을 위한 정보통신 인프라 확충 및 디지털 균형 발전	• 범죄 예방 및 주민 생활안전 불안 해소용 방범용 CCTV 설치 • 정보격차 해소를 위한 농어촌 마을 초고속인터넷망 인프라 구축
스마트 도정 구현을 위한 디지털 행정서비스 지원	• 가상융합세계 기반 충남도정('메타버스 도청') 구축 추진 • 도민의 행정수요를 기반으로 한 '충남형 디지털 통합 플랫폼' 구축 • 클라우드 전환 환경 조성을 통한 디지털플랫폼정부 대응 • 수요자 중심의 행정정보시스템 개선 및 백업시스템 강화
안전한 정보보안체계 확립으로 사이버 위협 대응 및 개인정보보호 강화	• 사이버침해 위협에 대한 대응체계 구축 및 보안관리 수준 제고 • 정보보호 인프라 개선을 통한 안전한 업무 환경 지원 • 도내 중소기업 정보보안 수준 제고 및 안전한 개인정보 관리
데이터 생태계 활성화를 위한 지원 강화 및 과학적 행정 활성화	• 충남데이터포털 '올담' 이용 활성화로 도민의 데이터 접근성 강화 • 민간의 초거대 인공지능(AI) 서비스를 활용해 업무 효율성 향상 • 데이터 산업 혁신을 위한 기업지원, 정부 공모 대응

[출처: 충청남도 내부 자료, 2024]

2. 추진 현황

가. 디지털 트윈 기반 문화재 보존 지원시스템

1) 사업 개요

국정과제 '국토 디지털화'와 연계한 디지털 트윈 확산 및 디지털 트윈 국토[1] 활용 모델 도출을 위한 국가 주도의 시범 사업 지원으로 디지털 트윈과 공간정보를 활용한 문화재 보존 지원시스템을 구축한다. 이를 통해 문화재 입지·특성에 따른 현상 변경 인

---

1 디지털 트윈 국토: 국토와 동일한 가상 세계를 3차원으로 구현하는 국가 위치 기반 플랫폼

허가 등의 합리적 의사결정을 지원하고, 디지털 신기술의 행정 활용을 선도함으로써 행정서비스 혁신을 도모한다.

문화재 보존·관리 등 의사결정은 문화재위원 등 전문가의 경험과 직관에 의한 주관적 판단에 주로 의존하고 있다. 주관적 판단을 뒷받침할 객관적·과학적 데이터 및 시스템 부재로 인해 이 사업을 추진하게 됐다. 민족문화의 계승을 위해 문화재 및 주변 지역은 마땅히 보존돼야 하지만 문화재 주변 지역에 대한 재산권 행사 요구도 지속되고 있다. 문화재 주변 지역에 대한 개발과 보존의 갈등이 증대하게 됨에 따라 문화재 입지 지역과 특성에 따라 합리적 규제가 이루어질 수 있도록 지능적 정보기술을 활용해 행정서비스를 혁신할 필요가 있다. 혁신적으로 발전하고 있는 디지털 기술을 활용해 문화재 보존을 지원하고, 국정과제 대응을 위한 실행 과제를 발굴하고 국가공모에 적극 참여하고자 했다.

[그림 3-12-1] 사업 가이드라인

[출처: 충청남도 내부 자료, 2024]

2) 사업 내용

(가) 충청남도 지정문화재 및 역사문화환경 보존 지역 디지털 트윈 구축

[그림 3-12-2] 문화재(보호구역) 및 역사문화환경 보존 지역

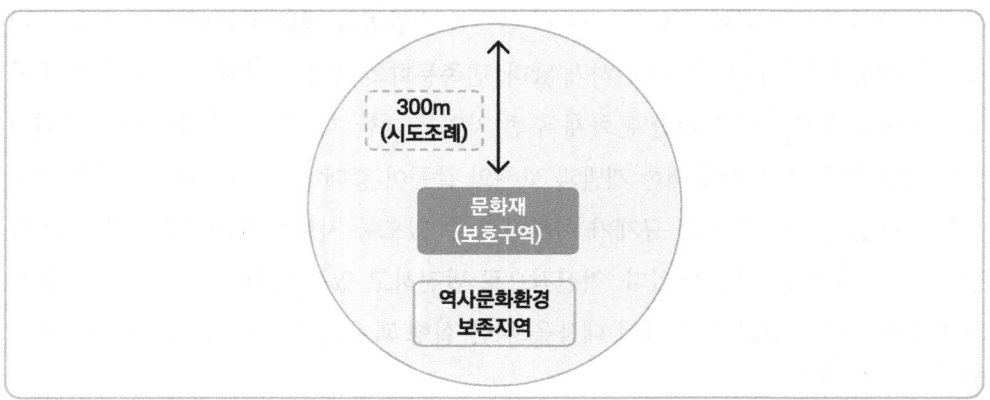

[출처: 충청남도 내부 자료, 2024]

도(道)지정문화재(부동산) 지정구역 및 주변 300m 지역에 대한 3차원 가시화 모델을 구축했다. 개발 제한 심의 및 인허가 적법성 평가를 위한 공간·행정데이터를 연계하고, 국토정보공사(LX) 디지털 트윈 플랫폼을 활용해 클라우드서비스를 구축한다.

(나) 문화재 주변 개발 제한 심의 지원 체계 등 구축

경관 및 조망 시뮬레이션을 통한 현상 변경 인허가 의사결정을 지원한다. 건축행위 등에 따른 문화재 주변 경관·조망 시뮬레이션을 통해 현상 변경 관련 영향을 분석한다. 건축행위 등으로 인한 가시권 침해 분석, 스카이라인 변화 분석, 일조침해 분석 등 '역사문화환경보존지역 내 건축행위 등 허용기준' 조정 업무를 지원한다. 3차원 모델상에서 허용기준 조정 시뮬레이션을 통해 높이 제한 규제 등의 합리적·객관적 관리 및 개선을 지원한다. 허용기준 가시화 및 임의조정, 건물 등 임의 배치 및 높이 조정, 경관·조망 상호비교 시뮬레이션이 가능하다.

문화재 주변 화재 확산 시뮬레이션이 가능하고, 가시화됐다. 기상 및 지형 데이터를 활용한 수치모델 기반의 화재 시뮬레이션을 통해 문화재 주변 화재 대비 방재 정책 수립을 지원한다.

[그림 3-12-3] 시뮬레이션 및 가시화

[출처: 충청남도 내부 자료, 2024]

(다) 문화재 주변 토지이용행위 적법성 자동 평가 모델 개발

　토지이용규제 관련 법규 등 제 기준 논리 규칙 모델을 구성할 수 있다. 자연어로 작성된 법규 등을 시스템에서 실행 가능한(또는 실행언어로 변환이 용이한) 논리언어로 작성된 규칙으로 변환한다. 특정 위치에서 특정 토지이용행위 가능 여부를 해당 논리모델과 공간 분석을 통해 자동으로 평가해 인허가 처리 의사결정을 지원한다.

[그림 3-12-4] 토지이용행위 가능 여부 처리

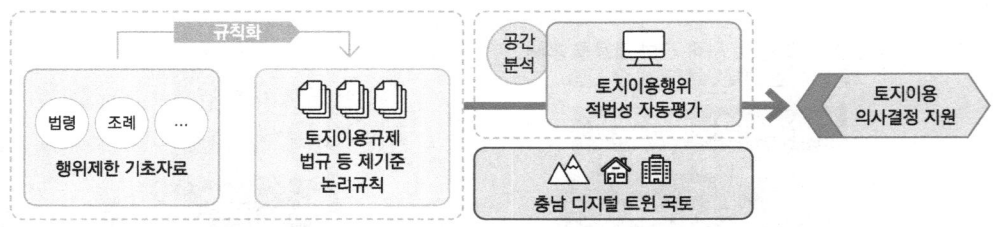

3) 기대 효과

(가) 정책 품질 향상

데이터 기반의 합리적·객관적 의사결정에 의한 정책 품질이 향상될 것이다.

(나) 개발·보존 갈등 완화

개별 지역·특성에 따른 적정 행위규제를 통해 개발·보존 등 갈등이 완화될 것이다.

(다) 신기술 활용 촉진

디지털 트윈과 공간정보 활용을 선도해 신기술 활용이 촉진될 것이다.

2024. 9. 11.(수) 행정안전부 주최 제41회 지역정보화 우수사례 발표대회에서 충남도의 '디지털트윈 기술을 활용한 문화재 심의 시스템'이 '대통령상'을 수상했다.

3 | 향후 계획

향후 2025년 충청남도는 '도민 중심의 디지털 혁신 가속화 선도'란 비전 아래 정보격차 해소를 통한 디지털 포용사회 실현, 디지털 환경변화 대응을 위한 정보통신 인프라 확충 및 디지털 균형 발전, 스마트 도정 구현을 위한 디지털 행정서비스 지원, 안전한 정보보안체계 확립으로 사이버 위협 대응 및 개인정보보호 강화, 데이터 생태계 활성화를 위한 지원 강화 및 과학적 행정 활성화 등을 주요 과제로 삼아 추진할 계획이다.

[표 3-12-2] 2025년 충청남도 정보화 사업 추진 방안

추진 과제	추진 방안
정보격차 해소를 통한 디지털 포용사회 실현	• 도민 디지털 역량강화 교육 등 정보격차 해소를 위한 환경 마련
디지털 환경변화 대응을 위한 정보통신 인프라 확충 및 디지털 균형 발전	• 도민의 안전과 편의를 위한 정보통신 서비스 확대 • 4차 산업혁명 기술의 도농 격차 감소 및 디지털 균형 발전 도모
스마트 도정 구현을 위한 디지털 행정서비스 지원	• 클라우드 환경에 맞도록 시스템 재설계 등 중장기 용역 추진 • 이용자의 신규 개발 수요 및 불편사항 등 업무시스템 개선 • 노후화에 따른 장해 예방 등 노후 환경 개선 및 정보통신망 고도화 • 행정 업무용 PC 등 정보자원 적시 지원을 통한 원활한 도정업무 추진
안전한 정보보안체계 확립으로 사이버위협 대응 및 개인정보보호 강화	• 사이버침해 위협에 대한 신속한 대응체계 구축 및 운영 등 대응능력 제고 • 개인정보의 유·노출 사고로 인한 직원 손해배상책임 지원
데이터 생태계 활성화를 위한 지원 강화 및 과학적 행정 활성화	• 충남데이터포털 '올담' 기능개선 및 무중단 서비스 제공 • 도민 생활과 밀접한 데이터를 발굴·개방해 공공데이터 이용 활성화 • 민간데이터 도-시군 공동구매를 통해 과제 분석 등 활용성 제고 및 예산 절감

[출처: 충청남도 내부 자료, 2024]

참고 문헌

충청남도, 2024년 지방자치단체 시행계획, 2024
충청남도, 2024년 지자체 지능정보 사회 실행 계획 보고서, 2024
충청남도, 지역정보화 연구과제 보고서, 2024

제13장 전북특별자치도

1. 추진 개요

전북특별자치도는 포용적 디지털 서비스 이용 환경 조성과 정보격차 해소를 위해 정보통신보조 기기 구매지원과 그린PC 지원 사업을 추진하고, 인터넷 중독 예방 상담과 교육으로 인터넷 중독의 확산을 억제해 건전한 정보문화 정착을 위해 노력해 왔다. 또한, 데이터 분석 및 데이터 활용 능력 향상을 위한 교육과 데이터 개방을 통해 데이터 기반 행정의 조기 실현과 정보공유 환경을 조성하고 도민의 데이터 수요에 부응했으며, 행정·공공기관 정보시스템의 공공·민간 클라우드 전면 전환으로 정보자원의 공유 확대 및 정보시스템 안전성 강화를 위해 노력했다.

한편 사이버 위협 예방을 위한 선제적 대응을 위해 지능형 보안관제 및 취약점 진단, 개인정보보호 역량 강화를 위해 노력했으며, 개인정보보호와 지능정보호기술의 고도화 및 활용 확산에 중점을 둔 개인정보접속기록 관리시스템 구축, 침입차단시스템 보강 사업을 진행했다. 또한 지역 전통산업 현장에서 AI·빅데이터를 활용할 전문가 및 데이터 전문인력 양성을 통해 디지털산업으로 전환을 지원했으며, 기업의 데이터 구매·가공 지원 사업 강화로 기업 경쟁력 제고 사업을 추진했다.

2. 추진 현황

가. 업무자동화(RPA) 시스템 도입

1) 사업 배경

디지털 전환 시대에 일하는 방식의 개선과 행정업무 효율성 향상을 위해 단순하고 반복적인 수작업 업무를 자동화하는 것이 필요했다. 업무의 신속성과 정확성을 향상하는 업무자동화(RPA) 시스템을 도입함으로써 직원들이 고유 업무에 집중할 수 있는 환경 구축 필요성이 제기됐다. 디지털 행정업무 환경 구축과 기존 업무의 효율성 향상을 위해 업무 자동화를 시범적으로 적용하고, 향후 확대할 계획으로 본 사업을 추진했다.

2) 추진 내용

먼저, 수요조사 및 업무 분석을 통해 시범 적용 대상 업무를 선정했다. 출장여비 지출과 급량비 지급 업무는 전 부서에서 공통적으로 수행되고 있으며, 자동화 시나리오를 통해 효율성을 극대화할 수 있는 반복 업무이다. 이는 직원들이 출장 시 발생하는 비용을 관리·지급하고, 직원들에게 지급하는 급량비 업무로서 단순하고 반복적인 성격을 갖고 있어 RPA를 통해 자동화하기에 적합한 업무로 파악했다.

이를 위해 업무자동화 상용 솔루션을 도입했다. 반복적인 수작업 업무를 자동화할 업무 시나리오를 개발해 실제 업무에 적용했다. 업무 적용 효과를 분석한 뒤, 안정화하는 방향으로 진행했다. 자동화 시나리오 개발 완료 후 담당자 교육 및 실·과 요구사항 반영, 오류 대응, 안정화 후 최종 서비스를 개시했다.

[그림 3-13-1] 업무자동화(RPA) 시스템

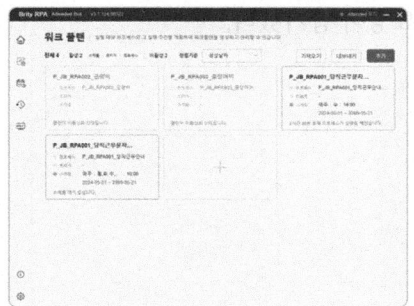
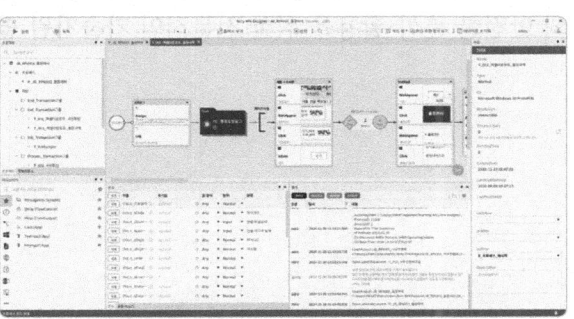

3) 기대효과

단순·반복적이고 정형화된 업무를 자동화함으로써 신속하게 업무를 처리하고, 수작업에 따른 오류를 예방하는 등 일하는 방식 개선했다. 업무 프로세스 개선을 통해 절약된 시간1을 정책개발 등 고부가가치 핵심 업무에 역량을 집중함으로써 업무성과의 질적 향상을 이룰 수 있게 됐다. 앞으로 운영 성과분석(만족도 설문조사)을 비롯해 2025년도 인사이동 사항 반영, 시간 외 근무 수당 산출 등의 업무를 자동화할 계획이다.

나. 가명정보활용 지원센터 구축

1) 추진 배경

(가) 데이터 산업 중요성 부각

정부는 데이터 3법 개정과 함께 데이터 안심 구역, 빅데이터 플랫폼, 마이데이터, 가명정보 결합전문기관 등을 통해 보건·교통·금융 등 산업간 데이터 결합을 추진해 데이터 경제로의 전환을 가속화하고 있다. 데이터 활용을 통해 현안 해결 및 신사업모델 개발 등 다양한 가치 창출이 가능하며, 국내 데이터 산업 또한 가파르게 성장하고 있는 등 데이터 산업의 중요성이 날로 높아지고 있다.

(나) 가명정보 활용 중요성 증가

세계 주요국은 4차 산업혁명 시대에 데이터를 디지털 전환의 핵심 동인으로 인식하고 데이터 산업 활성화를 위해 경쟁 중이다. 국내에서도 데이터 경제로의 전환을 위해 2020년 8월 「개인정보 보호법」 개정 및 가명정보의 결합 및 반출 등에 관한 고시(2021. 10.) 등 개인정보 가명처리 및 결합에 관한 법적 근거를 신설해 정보주체의 동의 없이도 법·제도적으로 개인정보를 안전하게 활용할 수 있게 됐다. 이에 따라 가명정보의 안전한 분석·활용을 위한 전문적인 기술지원 필요성이 증가했다.

---

1   7,320시간 = 305(본청 269팀, 직속·사업소 36과) × 2개 업무 × 월 1회 × 1시간 × 12월.

[표 3-13-1] 전북 데이터산업 핵심 역량 현황

구분	주요 사업

전북 특화 데이터 분석센터	• 국민연금공단 금융혁신 빅데이터센터(데이터 안심구역)
	• 한국국토정보공사(LX) AI 빅데이터 분석센터
	  (국토 분야 빅데이터 분석, 도시문제 해결 등 의사결정 지원)
	• 김제 스마트팜 혁신밸리 내 빅데이터센터 조성·운영
	  (스마트팜 생육과 환경정보 등 데이터 수집 분석 서비스 지원)
	• 전북대병원 내 전북빅데이터센터 운영
	  (암 특화 임상데이터 수집축적, 정밀의료진단, 치료제 개발활용)
	• 통계청 전북 통계 데이터센터 운영(2023년 4월)

가명정보 결합기관	• 한국국토정보공사(LX) 가명정보 결합전문기관 지정(국토부)
데이터 시각화 서비스 기술 경쟁력	• 수집·분석 데이터를 사용자가 쉽게 이해할 수 있도록 데이터 시각화가 가능한 특화 자원 보유 ※ 익산 홀로그램 서비스지원센터, 전북VR·AR제작거점센터, 공간정보연구원 등

(다) 전북특별자치도 데이터 산업 고도화 기반 마련 필요

전북특별자치도는 데이터산업 혁신 생태계 조성을 위한 웰케어, 공간정보 분야의 가명정보 활용을 중심으로 데이터를 체계적으로 가명 처리 및 관리 가능한 컨트롤타워 구축과 전북지역 가명정보 활용 활성화를 위해 △데이터, 개인정보 보유 현황 △가명정보 결합사례 공유 △가명정보 활용 지원센터 협력사항 검토 및 협업 체계 구축이 필요했다. 하지만, 전북지역 데이터 사업체, 공공기관, 수요기업은 가명정보·결합·활용 등의 인프라, 전문인력, 역량 등이 부족한 상황이었다. 이에 가명 처리 관리·활용을 위한 지원체계 마련 등 신사업 모델(신부가가치) 창출, 전문 인력양성, 인력의 역량 강화 등을 위한 데이터 산업 고도화 기반 마련이 필요했다.

2) 사업 여건 및 목표

(가) 가명정보 활용 여건

전북특별자치도는 전체 인구 중 65세 이상 인구가 24.2%로 전남, 경북에 이어 전국에서 세 번째로 고령인구 비율이 높다. 이에 따라 고령화라는 사회적 문제를 디지털 융합과 고도화를 통해 식품-의료-복지 분야에서 다각적으로 문제를 해결할 필요성이 제기됐다.

전북특별자치도의 공간정보 사업체는 257개이다. 전통 측량업 영위 사업체가 235

개(91.4%), SW 및 IT 융·복합 사업체 22개(8.6%)로, LX 공간정보연구원, 농촌진흥청, 자동차융합기술원에서 보유 중인 다양한 공간정보와 데이터는 가명 처리·결합·활용 여건이 충분한 것으로 확인됐다.

(나) 전북특별자치도 가명정보 활용 수요 기관 현황

가명정보 활용 수요와 관련해 웰케어 분야에서 국민연금공단(가입자, 수급자, 사업체 등) 데이터, 대학병원 양·한방 진료 데이터 및 식품 데이터(식이, 질병, 유통 등) 등과 연계된 174개의 수요기업(공기업 12, 산업체 162)이 존재한다. 공간정보 분야에서는 한국국토정보공사의 토지정보, 농촌진흥청 농가·농민정보, 자동차융합기술원 자율주행기록 정보 등과 관련한 71개 사의 수요기업(공기업 11, 산업체 60)이 있다.

가명정보 처리·결합 수요조사(2023. 11. 29.~12. 13.) 및 기업 방문을 통해 공공기관, 대학, 병원 등 10개 사가 기업의 데이터 분석과 연구에 필요한 데이터 결합 대상 정보 활용을 희망했다. 이에 가명정보 활용 지원센터 내에 협의회를 구성해 가명정보 활용 데이터 발굴 지원을 협의토록 했다.

[그림 3-13-2] 가명정보 활용 지원센터 구축 공모(왼쪽), 전북도-LX 업무협약(오른쪽)

(다) 사업 목표

전북특별자치도는 가명정보 활용 수요와 기관 현황을 바탕으로 전북자치도 지역 가명정보 활용 지원센터 구축·운영을 통해 가명정보 기반 데이터 산업을 고도화하고, 신가치를 창출해 호남권으로 가명정보 활용을 확산할 계획이다. 이를 위해 센터 구축을 추진하고, 개인정보보호위원회 2024년 가명정보활용지원센터 신규 구축 공모에 응모해 선정되는 결과를 얻었다.

[그림 3-13-3] 가명정보 지원·활용·협력체제 구축 및 확산

3) 사업 내용

공모 사업에 선정된 전북특별자치도 가명정보활용 지원센터는 가명정보 분석·처리·활용지원 인프라(시설·장비·인력) 구축을 통해 가명정보 종합지원 원스톱 현장 컨설팅 및 온 오프라인 지원을 진행했다. 가명정보 처리 활용이 필요한 기관(기업)에 맞춤형 가명정보 서비스 및 컨설팅 지원을 추진하는 등 산업 맞춤형 가명정보 활용 종합지원을 위한 원-스톱 서비스를 구축했다.

또한 데이터 중점 산업 기반 협력체계를 강화하고 가명정보 활용 사례를 발굴함은 물론, 교육 운영을 통해 가명정보 활용 인식을 제고하며 교육 커리큘럼 개발·운영으로 전문 인력양성 및 역량을 강화했다. 도내 기업에서 보유하고 있는 개인정보를 연구·사업 발굴 등에 활용하기 위해 가명처리를 위한 데이터 전처리, 효과적인 내·외부결합에 대한 컨설팅 지원을 받을 수 있도록 했다.

[그림 3-13-4] 전북 가명정보 활용 지원센터 협력 네트워크

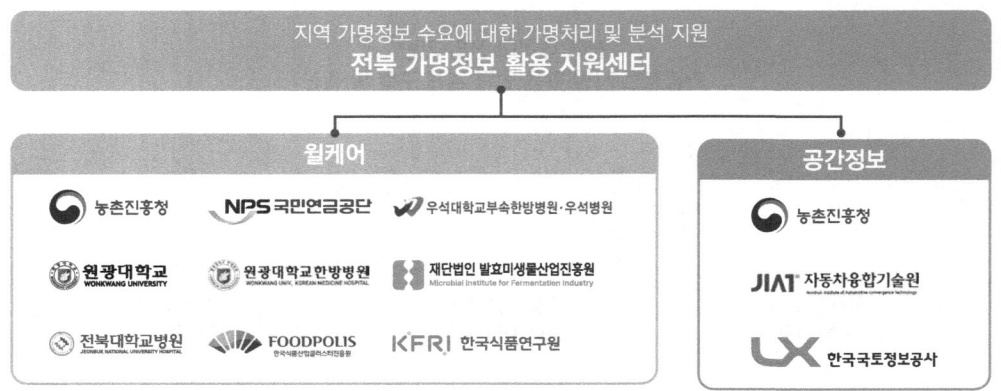

4) 기대효과

　　가명정보 활용 지원센터의 협력 네트워킹, 전문기업 육성, 분석 인프라 제공 등을 통해 전북특별자치도의 데이터 산업을 활성화하고 인재를 육성하고자 노력했다. 가명정보 활용 원스톱 서비스 및 종합 컨설팅 지원으로 도내 영세 데이터 기업의 자생역량 강화 기여 및 고부가가치의 데이터 생산·유통 활성화를 추진하며, 행정·공공·민간 네트워크 기반 가명정보 활용 지원 협의회 구축·운영으로 기술지원 및 성과를 확산할 수 있게 됐다. 또한 특화산업 분야 기관 및 기업 전문가로 구성된 협의회를 운영했다. 협의회는 가명정보 활용·결합 사례 및 과제 발굴 추진으로 신부가가치 창출 기여, 가명정보 활용 인식 확산 등 가명정보 및 데이터 활용으로 기업의 신비즈니스 모델을 창출할 것으로 기대하고 있다.

3 향후 계획

　　2025년 전북특별자치도는 급격한 디지털 환경 변화에 대응하고, 도민 삶의 질 향상을 위해 행정 전 분야에 정보화 중장기 기본계획을 수립하고 디지털 혁신 사업을 추진할 계획이다. 이를 통해 앞으로 행정의 효율성 증대, 정보보호 강화, 디지털 격차 해소 등의 목표를 달성해 나가고자 한다.

5개년 정보화 기본계획을 수립해 종합적이고 체계적인 디지털 전환과 데이터 기반 행정 추진으로 각 부문별 디지털화를 촉진하며, 스마트 행정, 데이터 개방 및 활용, 정보시스템 안전성 강화 등 도민들이 디지털 기술을 쉽게 활용할 수 있도록 교육 및 인프라 확충이 함께 이뤄지도록 할 계획이다.

업무 생산성 향상을 위한 생성형 AI 구독과 오픈소스 기반 생성형 AI 시스템 구축으로 공공 부문 내 업무 효율성을 획기적으로 개선할 수 있는 기반을 마련해 행정의 스마트화를 추진할 계획이다.

또한 노후 네트워크 장비 교체를 통해 빠르고 안정적인 정보통신 환경을 구축하고, PC 보안점검 프로그램과 암호화통신장비(VPN) 교체를 통해 안전한 정보통신 환경을 보장하고자 한다. 홈페이지 개인정보 노출차단 시스템 교체를 통해 개인정보보호 및 보안 강화를 지속적으로 추진해 도민들의 개인정보를 안전하게 관리할 수 있도록 하고, 사이버침해 대응을 위한 24시간 보안관제 운영으로 실시간으로 사이버 공격을 모니터링하고 대응할 수 있는 체계를 마련할 계획이다.

한편 디지털 격차를 해소와 전북 도민들의 디지털 역량을 강화하기 위해 전 도민 디지털 역량강화 교육 및 장애인 정보화 교육을 확대하고, 정보통신보조기기 보급과 사랑의 그린 PC 보급 사업을 지속적으로 추진한다. 아울러 스마트폰 과의존 예방·해소 사업을 통해 디지털 기기의 과의존 문제를 해결하며, 건강한 디지털 사용 문화를 정착시킬 계획이다.

전북특별자치도는 이러한 정보화 사업을 통해 디지털 전환을 촉진하고, 도민들에게 보다 안전하고 효율적인 정보 서비스를 제공하는 데 최선을 다할 것이다. 공공기관의 디지털 인프라를 지속적으로 개선해 지속 가능한 디지털 포용 사회구현을 위해 노력해 나가고자 한다.

제14장 전라남도

1. 추진 개요

2024년 전라남도는 '도민이 행복한 지능사회 전남 실현'을 달성하기 위해 △지능형 도정 서비스 제공 △데이터 기반 과학 행정 추진 △신기술 디지털 서비스 제공 △신뢰받는 안전한 정보보호 체계 강화 등 4개의 추진 전략을 수립해 실행했다.

ChatGPT의 전 세계적인 돌풍을 계기로 AI에 대한 막연한 기대감이 높은 효용성으로 증명되고 있고, 누구나 쉽게 AI를 활용하는 AI 대중화가 촉발되고 있다. 이에 생성형 AI가 제공하는 전라남도 관련 정보가 부족한 상황을 해소하고, 새로운 방법으로 전라남도를 널리 홍보하기 위해 생성형 AI를 활용한 글로벌 홍보방안을 마련했다. 또한, 정보화 인식확산 사업을 통해 도민 디지털 역량 강화와 ICT 신기술 체험 및 인식확산을 추진하고, 매년 전라남도 빅데이터 분석 사업을 추진해 빅데이터를 활용한 효과성 비교 분석으로 정책 및 시책 추진 방향을 개선하고 있다.

아울러 IoT 기반 기술의 활용 확대를 위해 '나주시 스마트 악취 통합관제센터'를 구축하는 등 AI, 빅데이터, IoT 관련 사업을 중심으로 정보화 활용확산을 추진했다.

2. 추진 현황

가. 생성형 AI 업무 활용 확대

1) 사업 개요

전라남도는 생성형 AI를 실제 업무에 활용할 수 있도록 직원 대상으로 실습과 사례 중심의 교육을 진행했고, 생성형 AI 활용 능력 함양 및 동기 부여를 위한 '생성형 AI 정책 콘테스트'를 개최했다. 또한, 생성형 AI 점유율 세계 1위인 ChatGPT를 활용한 전남도정 특화GPT를 제작해 AI 사용자에게 최적의 도정 정보를 제공했다.

2) 사업 내용

(가) 생성형 AI 업무 활용 직원 교육

실·국장을 포함해 상반기 6회 456명, 하반기 5회 282명을 대상으로 업무 활용 실습 교육을 실시하고, 전라남도인재개발원에 신규자과정, 미래인재양성과정 등 20개 과정에 강의를 신규 개설·운영했다. 그 활용 사례로서 신성장산업과에서 전남 우주산업 허브 조성 계획 조감도를 제작해 1,000만 원의 예산을 절감했고, 총무과에서는 광복절 행사를 위해 AI를 활용해 독립열사 영상을 제작했다. 그 밖에도 번역, 요약, 기획서 작성, 노래 작곡 등 다양한 분야에서 활용이 가능하고, 업무 소요 시간 감소 등 업무 효율성을 향상할 수 있다.

(나) 생성형 AI 정책 콘테스트

업무 활용 실습 교육을 통해 직원들의 AI 활용 마인드를 함양하고 실제 활용 사례를 확산하고자 '민선 8기 공약 관련 정책 기획'을 주제로 한 콘테스트를 2024년 10월에 개최했다. 생성형 AI 활용 능력, 독창성, 완성도, 업무활용도 등을 고려해 우수작 9명을 선정하고 총 250만 원을 시상했다.

(다) 전남 특화 GPT 제작

분야별 특화 GPT를 제작하고 GPT 스토어에 게시해 글로벌 전남 홍보를 추진했다. 우선 관광 분야부터 시범 추진해 2024년 8월 관광GPT(OK 전남 관광) 챗봇을 만들었고, 이후 도정 전반(미래첨단산업, 농수축산업, 복지, 문화 등)에 대한 도정홍보GPT를 추가로 제작했다. 전라남도는 앞으로 AI와 결합한 업무자동화서비스를 도입하는 등 다각적인 활용 정책을 추진할 계획이다.

[그림 3-14-1] 'OK 전남 관광' ChatGPT 이용화면

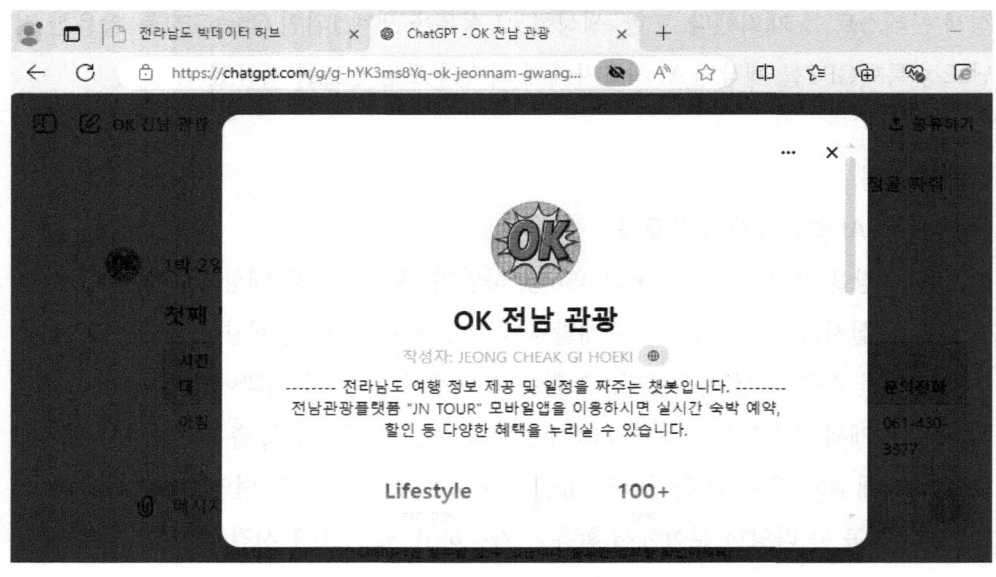

[출처: 전라남도, https://chatgpt.com/g/g-hYK3ms8Yq-ok-jeonnam-gwangwang, 2024]

[표 3-14-1] 도정 업무 AI 적용안

주요 도정 업무 AI 적용안

	GPTs	AI Assistant	pLLM
기획 및 정책	정책 동향 분석 보고서 작성 보고서, 회의록, 보도자료 등 다양한 행정 문서의 초안	정책 회의 지원 회의 내용 실시간 요약, 주요 결정사항 기록 및 과제 생성	민감 데이터 기반 의사결정 지원 개인정보, 기밀 문서 등을 활용한 고도의 정책 분석 및 제안
안전 및 재난 관리	재난 상황별 시민 행동 요령 생성 재난 유형별 맞춤형 시민 행동 지침 제공	시민 안전 신고 접수 및 초기 대응 가이드 제공 신고 우선순위 설정 및 초기 대응 안내	복합 재난 시나리오 생성 및 대응 전략 수립 다양한 재난 상황 시뮬레이션 및 대응 전략 도출
인구, 청년, 이민 정책	인구 유치 캠페인 콘텐츠 제작 타겟 그룹별 맞춤형 홍보 자료 및 캠페인 내용 생성	청년 일자리 매칭 서비스 지역 기업과 청년 구직자 간 최적 매칭 지원	정책 시나리오 시뮬레이션 다양한 정책 조합에 따른 인구 변화 시뮬레이션
교육 및 인재 육성	평가 문항 개발 지원 학습 목표에 부합하는 다양한 형태의 평가 문항 제작	학습 분석 및 리포팅 학습자의 진척도, 강점, 약점 등을 분석하여 정기적으로 보고	지역 특화 교육 모델 개발 전라남도의 특성을 반영한 최적의 교육 모델 설계
전략 산업 육성	정책 브리핑 자료 작성 산업 육성 효과 분석 및 개선안 도출	실시간 경영 자문 재무, 마케팅, 인사 등 경영 전반에 대한 AI 기반 자문 제공	지역 특화 산업 육성 모델 전라남도 특성을 고려한 최적 산업 육성 전략 설계

[출처: 전라남도, 전라남도 특화GPT 제작용역 보고서, 2024]

나. 정보화 인식확산 사업(융합보안 ICT 콘퍼런스 등) 실시

1) 사업 개요

도민 디지털 역량 강화를 위해 정보화 인식확산 사업을 매년 실시하고 있으며, 2024년에는 사이버 공격 대응 역량을 높이고 정보보안의 중요성을 알리기 위해 '전라남도 융합보안 ICT 콘퍼런스 및 ICT 신기술 체험(6. 27.)' 행사를 동신대학교(나주시 소재)에서 개최해 1천여 명이 참석했다. 행사에는 인공지능 음악 제작, 가상현실 체험존 등 다양한 신기술을 체험하는 전시관과 웹 취약점 경진대회, 정보보안학회 학술대회, 클라우드 네이티브 전환 동향 설명회, 참가자들을 위한 스탬프 투어 등 다양한 프로그램이 진행돼 방문객들의 큰 호응을 얻었다.

웹 취약점 경진대회에서는 대학부와 중고등부에서 총 12팀이 수상했고, 정보보안학회에서는 총 76편의 논문을 접수해 학회주관으로 '제어시스템 내 데이터 은닉공

격식별을 위한 순열 엔트로피 활용방안 연구' 등 10개 팀을 선정했다. 또한 ICT 관련 기업들이 참여해 신기술을 선보였으며, 특히 '영인모빌리티'는 4족 보행 로봇을 선보여 많은 관심을 받았다. 또한, 최신 ICT 신기술을 직접 체험할 수 있는 장을 마련해 도민들이 최신 기술 트렌드와 보안 문제에 대한 인식을 높이고 실질적인 경험을 쌓을 수 있었다.

다. 빅데이터 분석 과제 발굴 및 분석 활용
1) 사업 개요
전라남도는 과학 행정을 구현하고자 전남도와 시·군, 유관 기관 등이 보유한 260여 종의 분야별 데이터와 96건의 공공데이터 응용프로그램 인터페이스(API)를 수집·저장해 2021년에 '전라남도 빅데이터 허브 플랫폼'을 구축했다. 이후 포털을 통해 각종 현황과 빅데이터 분석 결과를 그래프 또는 차트 등의 이미지를 활용해 도민이 이해하기 쉽도록 제공하고 있으며, 매년 빅데이터 분석 과제를 발굴해 선제적인 정책 수립과 실효성 있는 정책 개발을 도모하고 있다.

2) 사업 내용 및 분석 활용
2023년에 사업비 1억 5,900만 원을 투입해 4개 과제를 발굴 분석했다.
첫째, '전라남도 방문의 해'와 연계해 주요 관광지 입장객 현황 및 소비 행태, 방문의 해 효과성 및 코로나 전후 관광 비교 분석, 관광지에 대한 방문객 인식 및 트렌드 분석 등을 통해 홍보방안을 도출하고 이에 대한 개선 방안을 제시했다. 차박·캠핑 중심의 문화복합공간 조성, 코로나 이후 관광객 회복 및 증가에 따른 관리비 지원(최근 3년간 평균 이용객 상위 관광지, 최근 관광객 증가 관광지, 인구 유입 효과가 높은 축제), 갯벌·조개 잡기 등의 특색을 가진 관광지의 경우 선호 인구의 특성(연령대, 성별) 등을 고려한 연관 상품 개발 등을 추진했다. 아이를 동반한 30~40대 관광객 비중이 높음에 따라 해당 인구가 선호하는 활동(체험활동, 캠핑 등)을 연계한 관광지 특색을 강조했다. 관광지 상권(식음료, 숙박, 편의점, 마트 등) 마을 구성을 지원하며, 추후 이주민에게 '관광지 상권 마을 구성' 사업 지원을 통해 인구 유입과 경제 활성화를 유도했다. 관광 부서에서는 △시·군 캠핑장 조성 시 놀이시설 등 복합문화공간 조성 독려 △야영장 안전 및 활성화 지원 시 복합문화공간 조성 여부 확인 △관광 약자를 위한 시설·동선 개선 및 관광 콘텐츠 개발 지원 △노후 편의시설 개보수 지원, 보행로·편의시설 개선, QR코드 관광지 해설 및 음성정보 제공 등의 정책 개선을 추진했다.

둘째, 도내 많은 시·군이 안고 있는 비효율적 노선 운행, 운송 수입 감소로 인한 손실보조금의 지속적 증가에 따른 세금 지원 문제 등에 대응하기 위해 시내버스 운영 현황과 시내버스 노선구간 중복도 및 운행 빈도분석을 통해 버스 이용량, 유동 인구, 배차 현황 등을 고려한 배차 조정 필요 노선을 도출했다. 또한 도민 교통 이용 편익을 위해 전라남도 5시 17군 대상으로 시내버스 노선의 인구 유동 인구 밀집 지역 및 시내·농어촌 버스 이용 현황을 분석해 일상·출근 이동 활발 지역, 일상 이동 절제 지역을 도출하고 시내버스 노선 운행 변경 및 증차 등을 제언했다. 2024년 도로교통부서에서는 시내·농어촌버스 노선 개편 관련 정책적 판단 및 DRT 등 타 교통수단 연계를 위한 정책 수립 등의 기초자료로 활용했다.

[그림 3-14-2] 전라남도 시군별 버스노선 분석 현황

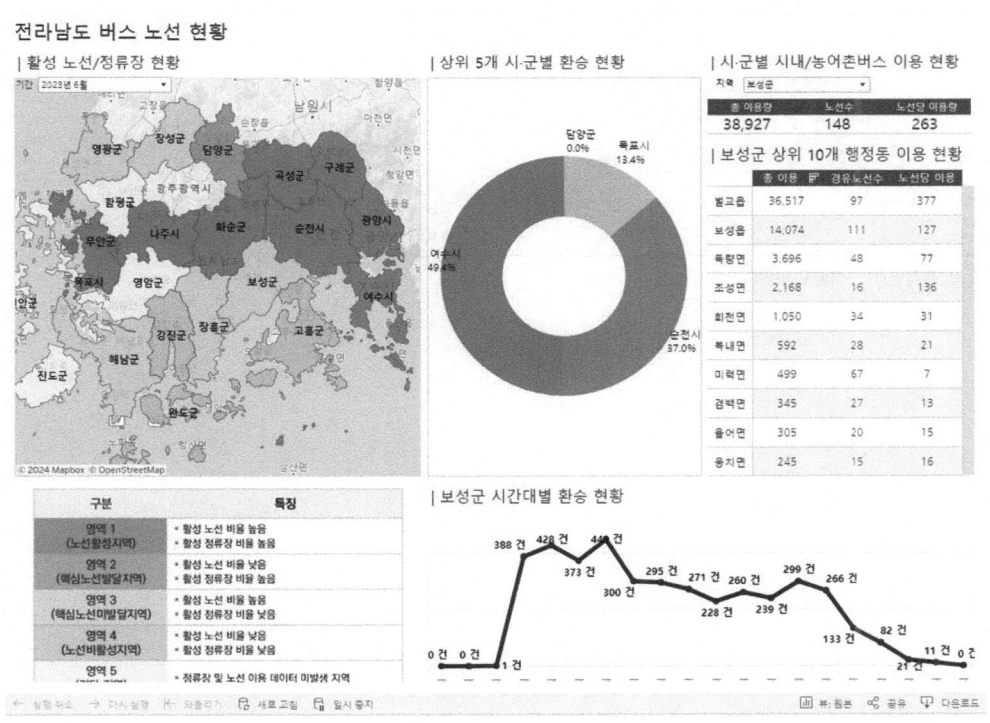

[출처: 전라남도, 전라남도 빅데이터허브(data.jeonnam.go.kr), 2023]

셋째, 교통안전 취약계층 분석을 통해 신규·우선 관리 지역을 추천하고 보호구역 안전 관리 방안을 도출하는 한편, 신규 노인 보호구역 및 마을주민 보호 구간 후보지를 제시했다. 2024년 안전정책 부서에서는 △노인 및 마을주민 보호 구간 후보지 보호 구간 지정 검토 △교통약자 교통사고 발생(위험) 구역 교통시설물 개선 사업 검토 △종합적 분석 기반 마을주민 보호 구간 신규 구역 도출에 활용했다.

[그림 3-14-3] 노인 보호구역 / 마을주민 보호구간 추천 구역

노인보호구역/마을주민 보호구간 추천 구역

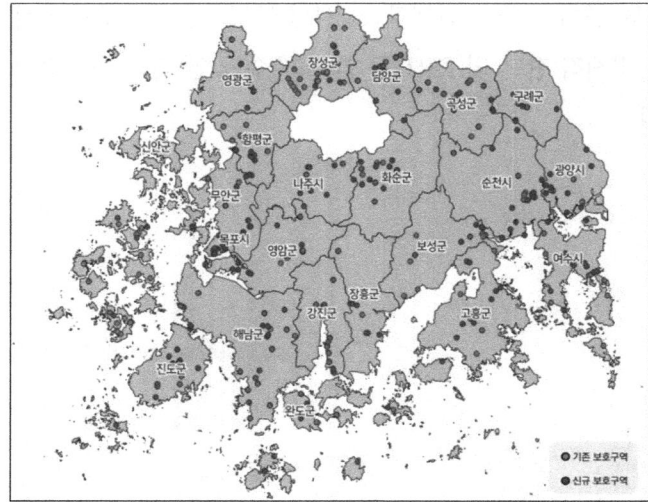

시군구	노인 보호구역	마을주민 보호구간	기존 보호구역 개수	계 신규추가	기존대비 증가율
강진군	0	8	8	14 (+6)	75%
고흥군	5	1	6	16 (+10)	167%
곡성군	2	8	10	15 (+5)	50%
광양시	4	0	4	13 (+9)	225%
구례군	1	2	3	8 (+5)	167%
나주시	2	2	4	10 (+6)	150%
담양군	1	7	8	15 (+7)	88%
목포시	4	0	4	11 (+7)	175%
무안군	2	2	4	11 (+7)	175%
보성군	8	2	10	16 (+6)	60%
순천시	7	2	9	20 (+11)	122%
신안군	16	5	21	27 (+6)	29%
여수시	9	0	9	19 (+10)	111%
영광군	1	1	2	10 (+8)	400%
영암군	4	2	6	14 (+8)	133%
완도군	3	2	5	13 (+8)	160%
장성군	20	0	20	26 (+6)	30%
장흥군	3	1	4	9 (+5)	125%
진도군	0	4	4	16 (+12)	300%
함평군	9	0	9	16 (+7)	78%
해남군	2	14	16	23 (+7)	44%
화순군	4	3	7	15 (+8)	114%

[출처: 전라남도, 전라남도 빅데이터허브(data.jeonnam.go.kr), 2023]

[그림 3-14-4] 신규 노인 보호구역 로드맵

[출처: 전라남도, 전라남도 빅데이터허브(data.jeonnam.go.kr), 2023]

넷째, 전라남도 빅데이터에 기반해 민원(국민신문고 1만 4,196건, 소셜데이터 현안 53만 9,148건)을 시기별·분야별·지역별 민원 및 키워드 등으로 분석해 주요 민원, 키워드, 화제어 제시에 따른 현안 업무 참고 및 관심도 제고 방안을 제시했고, 2024년 민원 소통부서는 민원 행정 및 제도 개선 추진계획에 반영했다.

3) 2024년 빅데이터 분석 과제 추진

2024년 사업비 1억 6,100만 원을 투입해 다음의 4개 과제를 발굴해 분석하고 있으며, 결과는 향후 관련 업무 정책 추진에 활용 예정이다.

① (이민정책과) 이민정책 개발을 위한 외국인 빅데이터 분석
 - 지방소멸 위기에 대응해 지역 활성화 방안으로 외국인 유입 필요
② (청년희망과) 청년 맞춤형 일자리 지원 빅데이터 분석
 - 청년층 일자리 선호도 및 인식 트렌드 분석을 통한 맞춤형 직무 추천모델 개발

③ (환경정책과) 쓰레기 무단 투기 방지를 위한 빅데이터 분석
  - 무단투기 주요 발생 지역의 특성 파악을 통한 방지 시설 실효성 파악
④ (교통행정과) 대중교통 벽지 노선 조정을 위한 수요응답형 교통 분석
  - 벽지 지역 공영버스 도입 우선순위 선정을 통한 도민 교통 복지 향상

4) 공공·빅데이터 활용 아이디어 공모전 개최

공공·빅데이터를 창의적으로 활용하거나 공공데이터와 민간데이터를 융복합해 행정서비스 개선과 신규 비즈니스 창출 등 데이터 경제를 활성화해 도민 생활의 질을 높이고, 공공서비스 혁신을 도모하는 창의적 아이디어를 발굴하고자 매년 공모전을 개최하고 있다. 2024년에는 △아이디어 기획 △제품 및 서비스 개발 등 2개 분야에 총 34명이 지원했으며, 이 가운데 공공데이터의 효과적 활용 방안을 제시하고 실현 가능성과 사회적 기여도가 높은 5개의 우수 아이디어를 선정했다. 대상작으로 전남의 풍부한 섬 자원을 효과적으로 활용할 수 있는 섬 여행 종합 플랫폼 구축을 제시한 '다도해를 품고 있는 전남, 섬 여행은 어디로?'가 선정됐다.

라. IoT 기반 기술 활용 확대를 위한 '나주시 스마트 악취 통합관제센터' 구축

1) 사업 개요

전국 가축사육 현황 중 전라남도는 전국 4위이고, 나주시는 전라남도 내 1위로 축산업 규모가 전국 최고 수준이다. 그만큼 사육장에서 배출되는 분뇨 등으로 인한 악취 민원이 많아 이에 대응하기 위해 2023년 11억 7,500만 원(도비 5억 원, 시비 6억 7,500만 원)을 투입해 '나주시 스마트 악취 통합관제센터'를 구축했고, 2024년 악취관리 운영을 통해 악취 민원 감소 효과를 거두고 있다.

2) 사업 내용

'스마트 악취 통합관제센터'는 IoT 기반 악취측정시료채취 시스템과 인프라 26개소를 갖추고 있다. 기상 상황 모니터링 통합 기상측정기 5개소, 배출원 환경 감시 CCTV 2개소를 연결해 빅데이터 기반 악취 확산 모델링을 개발했고, GIS 기반 스마트 환경통합관제 플랫폼을 통해 관리하고 있다.

3) 기대 효과

악취전담팀을 신설하고 관제시스템을 통해 체계적으로 악취를 관리하게 돼 악취 민원이 30% 이상 감소할 것으로 예상되며, 시스템의 객관적인 지표를 통해 환경오염 발생 원인을 파악하고 악취 민원에 대응함으로써 현장 투입 담당자 업무 효율이 50% 이상 상승할 것으로 기대한다. 또한, 반응형 웹 기반 대민서비스를 활용한 악취 민원 접수, 이력 관리, 처리 상황 안내 등으로 악취 민원의 소통과 신뢰 확보를 통해 주민 만족도 향상이 기대된다.

[그림 3-14-5] 나주시 악취통합관제센터

[출처: 전라남도 나주시, 지역정보화 우수사례, 2024]

참고 문헌
전라남도, 전남관광특화 GPTs 제작보고서, 2024
전라남도, 빅데이터 분석용역 완료 보고서, 2023

참고 사이트
전라남도 빅데이터허브(data.jeonnam.go.kr)
OK 전남 관광 ChatGPT(https://chatgpt.com/g/g-hYK3ms8Yq-ok-jeonnam-gwangwang)

제15장 경상북도

1. 추진 개요

가. 추진 방향

경상북도는 '지능형 행정으로 행복한 도민, BEST 경상북도'란 비전 아래 2021~2025년간 사람·정보·기술이 어우러진 행복경북을 완성하고자 4개의 추진 전략으로 지역정보화 업무를 추진하고 있다. △맞춤형 서비스를 통한 도민이 행복하고 건강한 삶을 영위할 수 있는 생활 정보화 △도민과 소통하고 공무원 간 협업을 통하여 스마트 행정정보화 △사회적 약자를 배려하고 모두를 포용하는 따뜻한 사회구현을 위한 사회 정보화 △지능형 스마트정보 서비스 기반 도시 건설을 위한 스마트 인프라 구축 등을 추진 전략으로 하고, 5대 중점 추진 분야를 선정해 경상북도의 정보화 업무를 성공적으로 수행하고 있다.

2. 추진 현황

가. 소통과 협업의 K-Talk(경상북도 소통 플랫폼)

1) 추진 배경 및 목적

뉴노멀(New Normal) 시대, 급격하게 변화하는 경제·사회 환경 변화에 효율적으로 대응하기 위한 민첩하고 능동적인 '혁신 플랫폼'으로서 사회적 난제를 민관이 협력해 공동으로 해결하는 민간 참여 플랫폼이 증가추세에 있다. 또한, 4차 산업혁명 시대에 맞는 공유·네트워크형 행정혁신 모델의 구축과 각 행정기관에서 주류로 떠오르고 있는 MZ세대 공무원들의 디지털과 네트워크로 대변되는 일하는 방식 변화에 대한 업무 플랫폼이 필요한 시점이다. 정부의 디지털플랫폼정부 실현을 위해 민관이 함께 사회문제를 발굴·해결하는 협업 플랫폼을 구축·운영하고자 경상북도에서는 클라우드 기반 협업 플랫폼을 기획했다.

2) 추진 방향

첫 번째는 도정 소통 공간의 구현으로 부서, 직급, 세대 간의 장벽을 없애고 그룹별, 주제별 프로젝트를 공유하며, 최상의 협업 환경을 제공해 클라우드 기반 업무 협업 공간을 마련하는 것이다. 둘째는 정책 참여 확대를 위한 정책 발굴 플랫폼을 구축하는 것으로, 경상북도에서 운영하는 전문가그룹 '넷북연구단'과 부서별로 운영되는 각종 위원회 등 외부 전문가들과의 소통으로 정책 발굴을 추진하는 것이다. 셋째는 도민 제안에 대한 효과적 도정 반영을 위한 부서 검토와 전문가 의견 등을 수렴하고 공론화할 수 있는 도정 현안 문제해결의 역할이다. 넷째는 클라우드 기반의 유연한 업무시스템을 구축해 각계각층 및 내외부 시스템과의 상호 소통으로 사용자의 편의성을 높이고, 중복 업무의 최소화로 효율성과 내부 만족도를 높이는 것이다.

[그림 3-15-1] 네트워크 경북(넷북) 개요

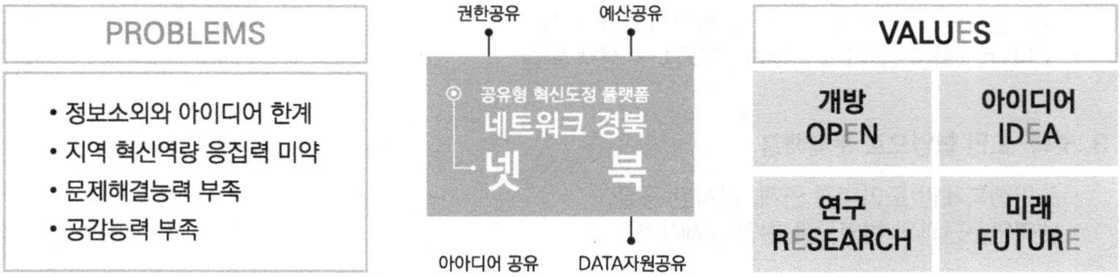

3) 현황과 문제점

2022년 12월 31일 바로톡 서비스 종료에 따른 민간 메신저 활용으로 정보보안과 공사의 업무 구분이 모호해졌다. 이에 행정기관에서는 내부 직원 전용의 안정적인 업무용 메신저가 필요했다. 내부 행정 시스템의 높은 메일 의존도 및 소통의 비효율, 업무보고 지연, 자료취합 시간의 지속적인 상승 등 업무량의 지속적인 증가와 더불어 업무

비효율도 증가하는 문제가 많았다.

또한, 행정기관과 민간기관과의 소통을 위해 민간 메신저를 활용하는 반면에 자료 송수신은 통합 메일을 활용하는 번거로움으로 체계적인 프로젝트 진행에 어려움이 있었다. 소통과 공동작업 및 공동 편집 등 정보 환류 방식을 보완해 안정적인 업무 자료 관리 공간이 필요했다. 이러한 프로젝트 관리시스템으로 업무 협업을 위한 표준 시스템을 도입해 업무 효율을 높이고 프로젝트의 완성도를 향상하고자 했다.

4) 추진 개요

K-Talk(경상북도 소통 플랫폼) 사업은 2023년 시작해 2024년 시범운영을 거쳐 정식 운영을 시작했다. 총사업비는 4억 9,000여만 원으로 내부 클라우드 인프라 및 외부 웹 환경을 조성하고, 웹·앱을 기반으로 하는 소통·협업 플랫폼을 구축했다.

[그림 3-15-2] 경상북도 소통 플랫폼 주요 내용

1. 넷북-도민 소통 공간 구현
- 그룹별 대화방, 화상대화, 주제별 자료 공유, 설문
- 정책 아이디어 의견 공유, 프로젝트·일정 공유

2. 외부인사 정책참여 확대
- 넷북연구단, 위원회 등 전문가그룹과의 소통·공유
- 오피니언(화공 등)과 소관부서 그룹핑 → 정책 발굴

3. 넷북-도민 협업으로 문제해결
- 도민행복제안·도민의견 연계, 실시간 공유
- 넷북연구단과의 협업으로 현안 문제해결

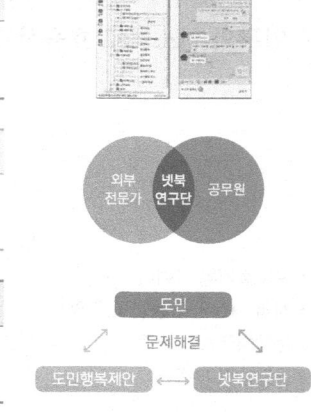

[그림 3-15-3] 시스템 목표 구성도

5) 주요 특장점

소통 플랫폼은 외부 민간 전문가 초대를 통한 프로젝트 운영 및 협업에 초점이 있다. 네트워크 경북 인력풀 구성으로 수시 자문을 수행하고, 프로젝트 피드와 메신저를 통한 실시간 위원회 구성으로 지방자치단체 위원회 정비 기능(120대 국정과제)도 겸할 수 있다. 요컨대, 상설기구가 아닌 프로젝트 단위 자문위원회 구성으로 프로젝트에 맞는 유연한 위원회 운영이 가능하다.

두 번째로 경북형-ESG, 페이퍼리스 회의 기반 구축이다. 각종 자료의 실시간 취합과 공동 편집으로 자료의 공유와 소통이 가능하다. 기존 문서 출력이 아닌 앱을 통한 내부 자료의 실시간 공유로 언제 어디서나 사무실 업무환경과 동일한 협업이 이뤄질 수 있다. 또한, 주요 국책 사업과 보조 사업 등의 진행 상황, 외부 민간 전문가 자문을 위한 업무 회의와 일정 등 주요 사항에 대해 프로젝트 단위의 관리가 가능해 별도의 업무보고 없이 언제든지 중요 프로젝트에 대한 업무 현황을 파악하고 관리할 수 있다.

6) 주요 기능

(가) 모바일 앱과 웹의 연동

　　소통 플랫폼은 내부 웹 플랫폼과 모바일용 앱의 기능을 상호 연동하고 웹 표준을 준수하는 모든 브라우저와 IOS, Android 기반 모바일 등 멀티 디바이스 접근을 지원하고 있다. 웹 플랫폼은 내부에서만 접근이 가능해 파일 전송과 내부 자료의 게시가 가능하지만, 앱에서는 파일의 열람만 가능하고 자료 보안을 위해 화면 캡처 방지 등의 기능을 추가해 내부 자료를 보호하고 있다. 또한 앱 배포 시 기관 서버를 통한 비공개 배포로 미인증 외부 사용자의 설치를 차단하고 있다.

[그림 3-15-4] 소통 플랫폼 웹 및 모바일 화면

(나) 시스템 연계

　　소통 플랫폼에 시·도 행정정보시스템의 직원 편의 기능을 연계하고, 프로젝트와 회의자료 관리, 캘린더, 메신저 등을 보강한 모바일 통합 플랫폼을 구축해 직원들이 언제 어디서든 사무실과 같은 업무 환경이 되도록 구축했다. 시·도 행정의 공지 사항과 보도자료, 경조사와 사이다 게시판, 구내 식단 등을 연동해 직원들이 주로 많이 사용하는 기능들을 통합해 모바일로 제공하고 있다.

(다) 조직도 연동과 외부 사용자

LDAP(Lightweight Directory Access Protocol)을 통해 조직도 및 사용자 정보를 연동하고, 2Factor(2단계 보안) 인증으로서 모바일 간편 번호, 패턴, 생체인식으로 로그인해 조직 및 직원 간의 소통과 협업이 가능하다. 외부 사용자는 부서 및 관리자 등록을 통해 초대가 가능하며, 외부 사용자의 앱 설치와 접속으로 프로젝트에 참여해 소속 프로젝트 회원들만의 메신저와 일정 공유 등 프로젝트 추진이 가능해진다.

(라) 협업과 소통 기능

경상북도에서 추진하는 국책 사업 및 대내외적 의견수렴과 진행 상황에 대한 관리가 필요한 사업은 소통 플랫폼의 프로젝트 기능으로 활용이 가능하다. 프로젝트는 대시보드를 통해 자신이 수행할 업무를 한눈에 확인하고, 프로젝트를 누구나 목적에 따라 자유롭게 개설해 프로젝트 참여자들과의 소통과 협업이 가능하다. 프로젝트는 단위 업무로 구성되며 업무별로 참여자들의 작업 내용을 공유하고 댓글을 통해 소통하고 진행 상황을 파악할 수 있다. 또한, 게시글의 해시태그를 통해 검색과 모아보기 기능을 제공하고 있다.

(마) 메신저 기능

조직도 기반의 메신저 서비스로 기존 민간 메신저의 사용자 검색과 자료 보안에 대한 불편·불안을 해소하고, 웹과 연동된 앱 메신저로 언제 어디서든 조직 및 사용자 검색을 통한 개인·그룹 채팅이 가능하다. 사용자의 접속 상태 정보를 확인하고 자신의 접속 상태 정보를 제공하며, 메신저로 내·외부의 파일 송신과 출장 및 외지에서도 파일 뷰어 기능을 제공하고 있다. 대화 내용 등은 모두 서버에 저장돼 단말기에는 별도 저장되지 않아 완전 삭제와 검색이 용이하다. 또한, 보안 메시지와 메시지 발송 취소 기능으로 안전한 메신저 사용이 가능하다.

(바) 자료취합 및 공동편집·자료관리

업무 커뮤니티와 드라이브를 통한 공동 편집을 통해 업무보고와 주·월중 업무 등 매번 반복되는 자료취합과 게시가 한 번에 가능하다. 이렇게 등록된 게시글과 파일은 파일 보관함으로 보관되고 커뮤니티 및 카테고리별로 분류돼 언제든지 자료 검색과 활용이 가능하다.

(사) 업무 지식화로 쉬운 인수인계

업무자료가 뉴스피드, 메신저, 파일 보관함, 드라이브에 저장되고, 지식검색 등으로 파일 등 업무자료를 한 곳에서 검색할 수 있다. 기존 개인 PC의 자료 보관과 저장 방식의 차이로 업무 담당자 변경 시 인수인계에 다수의 시간이 소요됐지만, 소통 플랫폼을 활용하면 업무 이력과 저장자료의 간편한 인수인계로 업무 연속성 유지와 효율적인 업무의 실현이 가능하다.

7) 기대 효과

소통 플랫폼 도입으로 인사이동 및 컴퓨터 교체로 인한 소요 시간이 60% 정도 줄어든다는 정량적 통계 결과가 나왔다. 또한, 문서취합에 주 2.5시간, 회의 및 출장으로 인한 월 3시간, 종이 인쇄로 인한 연 7만 6,800장, 잔여 업무 감소로 인한 야근을 주 2시간 정도 줄일 수 있어 소모적 업무를 줄이고 생산적 업무에 집중할 수 있는 효과가 있다. 특히, 소통 플랫폼을 통한 소통과 협업이 데이터로 축적돼 '민선 8기 도민과 소통하는 네트워크 경북행정'을 실현하는 기반이 될 것으로 기대된다.

8) 향후 추진 방향

경상북도에서는 본청과 소속 기관으로 한정됐던 소통 플랫폼의 범위를 확대하고, 산하 출자·출연 기관 및 시군 단위까지 플랫폼을 확산해 협업과 소통의 범위를 넓힐 계획이다. 또한, 축적된 데이터를 기반으로 행정업무용 AI 서비스를 구축해 직원들이 언제 어디서나 업무 지식을 활용해 업무계획서 작성, 회의록 생성과 요약 등의 다양한 업무에 적용할 수 있도록 구현해 나갈 예정이다.

[그림 3-15-5] 소통 플랫폼 AI 서비스 도입

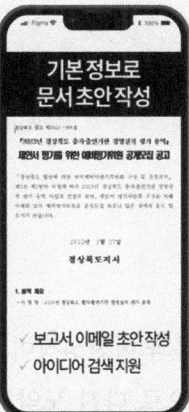

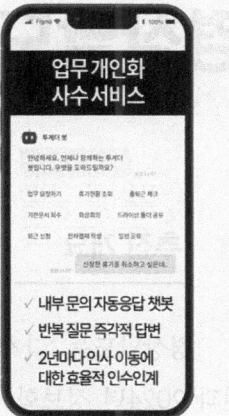

3 | 향후 계획

경상북도에서는 주민들의 디지털 역량 강화와 정보격차 해소를 위해 정보 소외 계층이 없도록 지속적으로 교육 및 지원 사업과 정보통신 인프라 확대 사업을 펼치고 있다. 이와 더불어 안전하고 효율적인 행정서비스 제공을 위해 클라우드 업무시스템 전환과 K-Talk(경상북도 소통 플랫폼) 및 RPA(업무자동화)를 구축하고 24시간 사이버 보안체계를 가동해 우수한 디지털플랫폼 기반 행정서비스를 제공하고자 노력하고 있다.

앞으로도 지역의 인구감소와 고령화로 인한 지역문제 해결을 위해 스마트 도시 조성 및 디지털 안전망 확충 등으로 도민들의 생활 편의성 및 삶의 질 제고에 노력할 것이다.

제16장 경상남도

1. 추진 개요

경상남도는 '디지털 대전환으로 도민 행복과 혁신성장이 실현되는 경남'이라는 비전과 2024년 정보화 추진 목표 '혁신과 성장으로 다시 도약하는 디지털 경남 구현'을 위해 △도민 안전 △산업경제 △문화복지 △소통행정 4대 분야의 정보화 사업 추진에 노력했다.

가. 도민안전 분야

도민 일상이 안전한 사회안전망 확대를 위해 '범죄 예방 환경설계 기법 도입 안심 골목길 조성', '지능형·방범용 CCTV 설치', 'AI 기반 119 신고접수 시스템 구축' 등 22개 부서 54개 사업을 추진했다.

나. 산업경제 분야

스마트 제조혁신 및 첨단 정보통신기술(ICT) 신산업 육성을 위해 '스마트공장 보급 확산', '부유식 해상풍력시스템 개발', '제조 로봇 적용 뿌리산업 공정개발' 등 18개 부서 82개 사업을 추진했다.

다. 문화복지 분야

다 함께 누리는 스마트한 디지털 세상을 위해 '스마트빌리지 보급 확산', 'ICT 연계 인공지능 통합돌봄', '벽오지대응 수요응답형 대중교통 플랫폼 구축' 등 19개 부서 51개 사업을 추진했다.

라. 소통행정 분야

소통과 공감으로 지능형 행정서비스 확산을 위해 '민원 콜센터 운영', '디지털 지방의정 플랫폼 구축', '차세대 지방세정보시스템 운영' 등 17개 부서 56개 사업을 추진했다.

2 | 추진 현황

가. AI 기반 119 신고접수시스템 구축(계속)

1) 추진 배경 및 필요성

상황 근무자 개인의 능력과 경험에 의존한 119 신고접수의 한계로 출동 지령 지연 및 핵심 요소 누락 등 휴먼 에러의 가능성이 존재함에 따라 복잡·다양화되는 재난 대응을 위해 인공지능에 의한 신고 내용 분석 및 재난 유형에 따른 유관 기관 목록 자동 표출, 신고자 위치 반경 의료기관 정보 자동 표출 등 상황 근무자 정보지원 강화 필요성이 대두됐다.

2) 사업 내용 및 성과

인공지능(AI) 기반 119 신고접수시스템은 음성 통화로 이뤄지는 119 신고를 음성 인식을 통해 문자로 전환해 모니터에 표출한다. 도민의 신고 음성 인식률을 높이기 위해 실제 경남지역의 사투리와 억양을 반영한 119 신고접수 녹취데이터 기반의 인공지능 학습을 실시해 지역적 특성을 고려한 재난정보를 상황실에 제공한다.

[그림 3-16-1] 인공지능(AI) 기반 신고접수시스템 운영 모습

2022년 일부 접수대에 119 신고의 음성인식 기반을 마련하고, 화학물질 대응 지침서 표출 기능을 구축했다. 2023년 인공지능 신고접수시스템을 전 접수대로 확대하고, 위치인식 및 지도 표출, 공동 대응 필요 기관 표출 등 신고 내용 분석 기능을 강화했다. 또한 웹 기반 콜백시스템을 구축해 접수되지 못한 신고 목록을 조회할 수 있게 됐다. 2024년 다문화가정 등 외국인의 신고 시 실시간 양방향 번역 서비스를 제공하고, 신고 폭주 시 음성인식을 통한 긴급도 구분형 콜백시스템으로 고도화했다.

[그림 3-16-2] 서비스 개념도

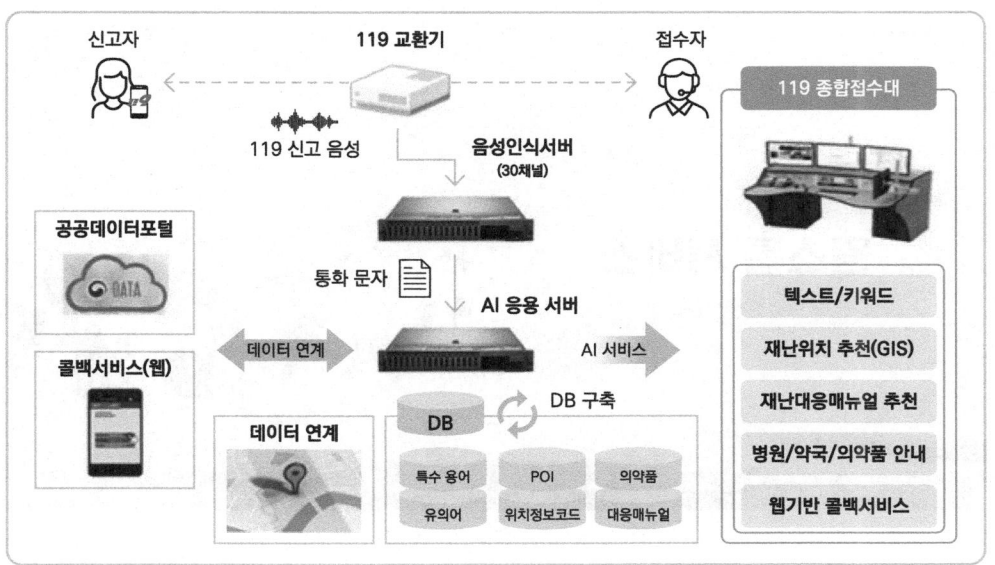

2024년 5월 5일 휴일 심야 취약 시간 폭우로 합천군 대양면 양산마을과 신거리마을 일대 4만 6,000여㎡가 침수되고 노약자 등 주민이 고립돼 자칫 대형 인명피해가 발생할 수도 있는 긴박한 상황이었다. 이에 경남소방본부는 인공지능(AI) 기반 신고접수시스템을 활용해 신속·정확한 현장 상황을 파악하고 유관 기관과 협력해 주민 40명을 전원 구조했다.

나. 경남바로서비스 구축(계속)

1) 추진 배경 및 필요성

코로나19를 거치며 직접 기관에 방문하지 않고 비대면 온라인으로 행정서비스를 신청할 수 있는 시스템이 필요했고, 다양한 지원 정책정보를 기관 및 사이트를 일일이 찾아서 확인하는 번거로움을 해소할 방안이 필요했다.

2) 사업 내용 및 성과

'경남 바로서비스'(https://www.gyeongnam.go.kr/baro)는 지원 정책이 있는지 몰라서 혜택받지 못하는 도민이 없도록 도의 지원 정보를 한 곳에서 확인하고 온라인 신청까지 할 수 있는 통합 플랫폼이다.

[그림 3-16-3] 경남바로서비스 접속화면

경남도는 2024년 하반기 도정 운영 방향인 '복지·동행·희망'에 발맞춰 도민 편의 기능을 강화하는 데 중점을 두고 서비스를 개편했다. 도민들이 정책 신청을 놓치는 일이 없도록 관심 분야 등록 기능을 신설해 정책 신청 시기가 되면 미리 알림으로 알려주고, 회원 로그인으로만 접속할 수 있는 방식에서 소셜미디어 계정을 연동해 간편하게 로그인이 가능하게 했다. 또 행안부 보조금 안내 시스템 '보조금24'와 연계해 더 많은 수혜성 지원 정책을 안내하고, '국민비서' 앱을 통해서도 알림을 받을 수 있도록 했다.

[표 3-16-1] 경남바로서비스 사업 예산

구분	예산(억 원)	세부 항목
2022년	2.8	• 경남바로서비스 신규 구축 　- 비대면 온라인 신청 플랫폼, 12개 사업 신청 서비스 제공
2023년	0.5	• 공공마이데이터 연계 　- 행안부 공공마이데이터 연계, PDS 구축 　- 증빙서류 15종 마이데이터로 대체
2024년	1.15	• 경남바로서비스 고도화 사업 　- 도 지원정책 통합 안내 기능을 추가해 한 곳에서 지원 정책을 찾고 신청까지 가능한 서비스로 확대

'경남 바로서비스'는 2022년 처음 시작한 이래 현재 연간 10만 명이 넘게 이용하고 있으며, 도 정책정보를 찾기 위해 방문하는 도민이 하루 4,000명이 넘을 정도로 이용률이 높아 올해 경상남도 혁신 사례로도 선정된 바 있다.

3 | 향후 계획

정부는 인공지능과 디지털 대전환과 같은 혁신적인 도전을 통해 글로벌 과학기술 강국이자 디지털 모범국가로 도약하기 위한 준비를 꾸준히 이어오고 있다. 이러한 변화 속에서 경상남도는 도민의 일상 안전을 보장하는 사회안전망 확대, 스마트 제조혁신, 첨단 ICT(정보통신기술) 신산업 육성 등의 다양한 분야에서 '혁신과 성장으로 다시 도약하는 디지털 경남 구현'을 목표로 지속적인 노력을 기울여왔다.

이제는 인공지능(AI)의 일상화가 가속화됨에 따라 행정업무의 효율성을 높이고 도민의 편의성을 강화하기 위한 행정 분야의 인공지능 기술 도입이 필수적인 과제로 대두되고 있다. 경상남도는 디지털 포용서비스 및 데이터 기반 스마트 행정서비스를 제공하며, 미래 사회에서 도민들의 삶의 질을 향상할 수 있는 기반을 다지고자 한다. 또한 도민 누구나 디지털 혜택을 누릴 수 있도록 정보 접근성과 편의성을 강화하고, 행정의 투명성과 신뢰성을 한층 더 높여 '함께 여는 도민 행복시대'에 기여하는 것을 목표로 지능정보화 사업을 추진할 계획이다.

● 참고 문헌
경상남도, 지능정보화 시행계획, 2024

● 참고 사이트
경남바로서비스(baro.gyeongnam.go.kr)

제17장 제주특별자치도

1. 추진 개요

가. 추진 방향

제주특별자치도는 제5차 정보화 기본계획(2021~2025년)의 정보화 비전인 '지능정보로 실현되는 행복 제주, 글로벌 디지털 도시 제주'를 실현하고자 2024년에는 '디지털 혁신, 모두가 누리는 제주 디지털 플랫폼'을 목표로 설정했다. 이를 위해 △지역생태계 디지털 전환으로 경제 활성화 △사회문제 해결을 위한 디지털 안전·복지 서비스 △빅데이터·인공지능 기반의 디지털 행정서비스 제공 △업무능률 향상을 위한 디지털 플랫폼 구축 △전 도민 디지털 활용 능력 향상 및 디지털 인재 양성 등의 5대 전략 과제를 수립해 정보화 사업을 추진했다.

[그림 3-17-1] 2024년 정보화 정책 목표와 전략

비전 (기본계획)	지능정보로 실현되는 행복 제주, 글로벌 디지털 도시 제주

2024 목표	디지털 혁신, 모두가 누리는 제주 디지털플랫폼

전략과제	실행계획
지역생태계 디지털 전환으로 경제 활성화	• 제주농업 디지털 전환(DX) 기반 구축 • 스마트양식 클러스터 조성 사업 • 스마트 전통시장·상점가 R&D 지원 사업 • 한우 스마트팜 번식관리시스템 보급 사업
사회문제 해결을 위한 디지털 안전·복지 서비스	• 공공와이파이 서비스 개선 및 인프라 확대 • 어린이보호구역 신호·과속단속장비 확대 설치 • 지능형 CCTV 통합관제 시스템 운영 • 지역맞춤형 재난안전 문제해결 기술개발
빅데이터·인공지능 기반의 디지털 행정서비스 제공	• 2024 드론특별자유화구역 활성화 사업 • 월동채소 재배면적 드론 관측 사업 • 제주 빅데이터 플랫폼 데이터 및 시각화 • 지하시설물 전산화 사업
업무능률 향상을 위한 디지털 플랫폼 구축	• 행정정보시스템 클라우드 선도적 전환 • 지방공공기관 표준업무지원시스템 구축 • 사이버침해대응센터 운영으로 보안 강화 • 도 홈페이지 기능개선 및 민간협업툴 도입
전 도민 디지털 활용능력 향상 및 디지털 인재 양성	• 찾아가는 디지털배움터 및 온라인배움터 운영 • 소프트웨어 미래채움 사업 • 제주 ICT 전문인력 양성센터 운영 • 장애인 집합정보화 교육 지원

[출처: 제주특별자치도, 2024년 제주특별자치도 정보화 시행계획, 2024]

2. 추진 현황

가. 제주농업 디지털전환(DX) 기반 구축

1) 추진 배경 및 필요성

최근 국내외 농업 환경의 급격한 변화로 국내 농산물 생산 및 판매 시장의 변동성이 크게 심화하고 있고, 기후변화도 가속화되고 있다. 이에 대응하기 위해 드론, IoT 센싱, AI 등 4차 산업혁명 기술을 농업에 적용해야 할 필요성이 증가하고 있으며, 기존의 농정 및 농업 체계의 혁신을 위해 디지털 전환이 요구되고 있다. 이러한 요구에 부응하고자 제주특별자치도에서는 제주농업의 기초 데이터 생성, 수집, 통합, 연계 기반을 마련하고, 이를 통해 농정, 출하 조직, 농업인 등이 적절한 의사결정을 할 수 있는 데이터 기반 서비스를 구현했다.

2) 사업 범위 및 내용

제주특별자치도는 [그림 3-17-2]와 같이 내부, 생성, IoT, 외부 데이터를 포함한 30종 이상의 제주농업 관련 데이터셋을 통합하는 데이터 플랫폼을 구축하고 있다. 이를 기반으로 [그림 3-17-3]과 같이 농업 관측, 토양 및 병해충 정보 제공 등 8개의 데이터 기반 서비스를 구축하고 있으며, 사업 기간은 2024년 3월부터 2025년 3월까지다.

(인프라) 민간 공공클라우드 활용(SaaS, PaaS, IaaS) 및 농업 현장 토양 및 해충 IoT 센싱
(데이터) 오브젝트 스토리지(Object storage), 하둡(Hadoop) 기반의 데이터 플랫폼 구축
(서비스) 관측, 통계, 토양과 병해충 정보, 디지털 영농지도, 연구·지도, 사이트 통합, 정책 정보 제공

[그림 3-17-2] 제주농업 데이터허브 구축 체계

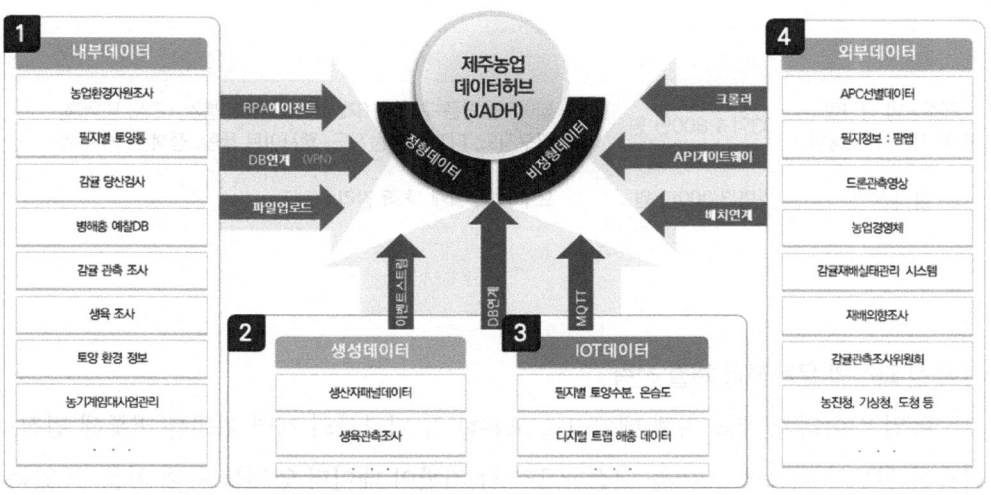

[출처: 제주특별자치도 내부 자료, 2024]

[그림 3-17-3] 데이터 서비스 구현 체계

내용적 범위 »	① 제주 농업 데이터베이스 구축 · 제주 농업 기초데이터 수집(생성) 시스템과 데이터 표준화,정제,가공 가능한 플랫폼	② 농업 관측 시스템 · 감귤 당근 생산량 및 가격 예측 시스템 개발	③ 토양 정보 구축 및 서비스 · 농지 자원 환경 관리 체계 구축 및 서비스 · 토양 센서 및 통신장비 설치를 통한 데이터 수집
	④ 병해충 예찰 및 예보 지원 서비스 · 병해충 예측 모형과 예찰 DB 구축을 통한 예보 및 대응 체계 마련	⑤ 제주 농업 통계 및 정책 정보 서비스 · 제주농업통계와 정책 정보 체계적 관리 제공	⑥ 농가 기술 지도 지원 서비스 · APC 관리 및 DB 구축 및 체계적 관리와 농가 필지별 품질관리 및 기술지도 지원 서비스
	⑦ 연구지도사업 운영 서비스 및 DB구축 · 연구 및 지도 사업 원데이터 검증 관리 및 농진청 시스템 연계	⑧ 데이터 및 GIS 시각화 · 목표관리 데이터 정책 부서 및 농가용 데이터 시각화	⑨ 농업기술원 웹사이트 통합 UI · 농업기술원 홈페이지 등 통합 UI 구현

[출처: 제주특별자치도 내부 자료, 2024]

3) 사업 예산

[표 3-17-1] 제주농업 디지털전환 기반 구축 예산 및 세부 항목

구분	예산(비용)	세부 항목
제주농업 디지털 전환 기반 구축 용역	33억 1,800만 원	• 데이터플랫폼 구축 및 8개 서비스(관측, 통계, 토양, 병해충, 연구지도, 디지털 영농지도, 웹사이트 통합, 정책 정보) 구현
감리 용역	2억 3,000만 원	• 요구정의, 설계, 최종 감리

[출처: 제주특별자치도 내부 자료, 2024]

4) 추진 과정의 문제점과 해결 전략

농업 데이터 연계를 위해 데이터를 보유한 각 기관과의 개별 협의를 비롯해 법적·기술적 검토가 필요했다. 이를 해결하고자 각 기관이 데이터 연계를 통해 얻을 수 있는 혜택을 명확히 공유하고, 법적·기술적 문제에 대한 해결 방안을 제시하면서 데이터 수집 및 연계를 추진하고 있다.

5) 기대 효과

제주특별자치도는 농업 분야 디지털 전환의 핵심 플랫폼을 구축함으로써 농업 정책 수립 과정에서 데이터 기반 정보를 제공해 안정적인 수급 관리를 주도하고, 농산물 가격 안정을 도모할 것으로 기대한다. 또한, 농업인의 합리적인 영농 포트폴리오 수립에 대한 의사결정을 지원해 농업인의 소득 극대화를 실현할 수 있을 것으로 예상된다.

6) 향후 추진 방향

1단계 플랫폼 구축을 통해 광범위한 정보 인프라 기반의 농업 현장 활용 서비스를 개발하고, 데이터 플랫폼과 연계된 드론 조사·분석 시스템을 구축할 계획이다. 또한, AI 기술과 연계한 독자적인 전망 모형을 개발하고, 생육 조사 체계의 디지털화를 통해 기존 조사 체계를 전환해 나갈 예정이다.

나. 제주 빅데이터 플랫폼 데이터 및 시각화 서비스 구축

1) 추진 배경 및 필요성

데이터 기반 정책 수립과 빅데이터 산업 생태계 조성을 위한 인프라 구축 필요성이 대두됨에 따라, 행정 내·외부 데이터와 민간 데이터를 융·복합적으로 분석, 가공, 활용할 수 있는 플랫폼 구축이 요구됐다. 이에 도민의 관심과 행정 수요가 높은 분야의 데이터를 연계·수집해 분석 모델을 구축하고, 이를 활용할 수 있도록 제주 빅데이터 플랫폼을 구축했다.

[그림 3-17-4] 제주 빅데이터 플랫폼

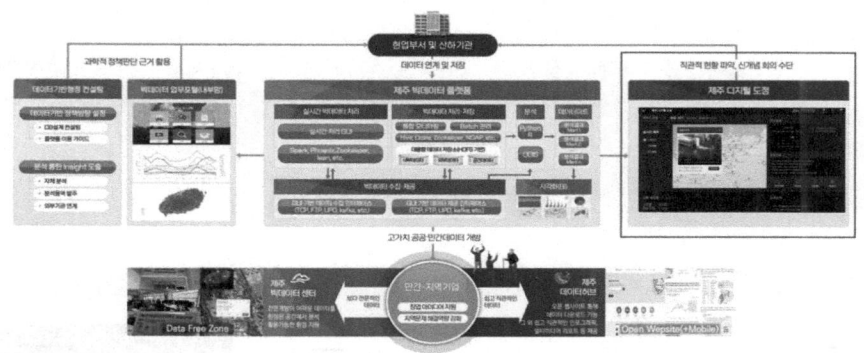

[출처: 제주특별자치도 내부 자료, 2024]

2) 사업 범위 및 내용

제주 빅데이터 플랫폼은 기관 내·외부의 다양한 데이터를 수집·분석해 체계적으로 관리하고, 활용할 수 있는 빅데이터 업무포털과 제주 디지털 도정을 통해 정책 수립 및 의사결정 시 빅데이터 분석 결과를 활용하는 등 과학적 행정 기반 체계 구축을 목표로 하고 있다.

빅데이터 플랫폼은 △'빅데이터 업무포털'을 통해 행정데이터, 민간데이터를 수집·분석하고, 시각화된 분석 결과를 제공하며, △'제주디지털 도정(다목적 디지털 상황판)'을 통해 각종 도정지표, 교통, 관광통계, 인구 현황 등을 확인할 수 있는 서비스를 제공함으로써 정책 결정에 활용토록 하고, △도민이 쉽게 데이터를 공유·활용할 수 있는 지역 밀착형 데이터를 '제주데이터허브'를 통해 개방하고 있다.

[그림 3-17-5] 빅데이터 플랫폼 시스템 구성

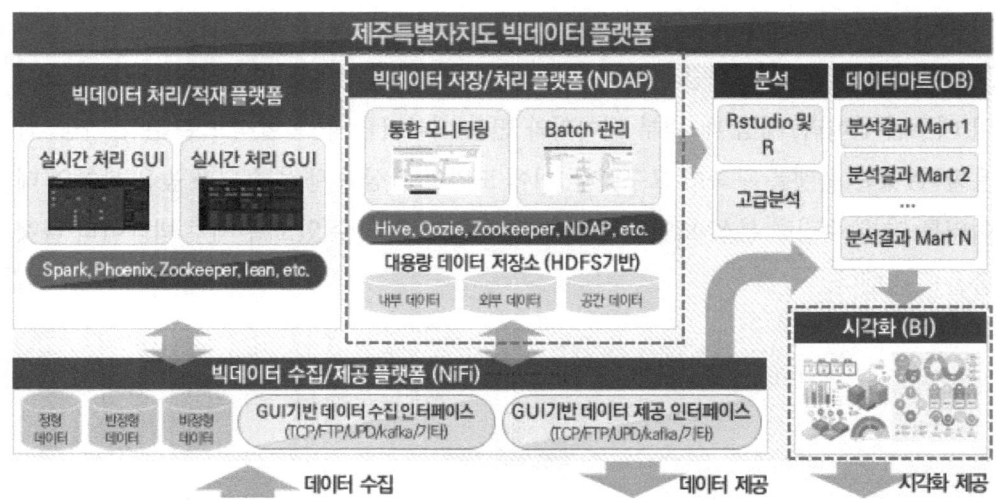

[출처: 제주특별자치도 내부 자료, 2024]

[표 3-17-2] 서비스 구축 결과

구분	제주 빅데이터 업무포털	제주 데이터 허브	제주 디지털 도정
운영 형태	행정 내부용 누리집	대외 공개용 누리집	행정 내부용 누리집
기능	• 6개 분야(교통, 관광, 환경, 일반행정, 재난안전, 1차산업) 데이터 총괄 수집·분석·시각화 • 데이터 분석·시각화, 데이터 개방 및 이기종 시스템 연계를 위한 핵심 기저 플랫폼 역할	• 1차산업 분야(농업 등) 데이터 시각화 자료 게시 • 지역 데이터 융합·가공을 통한 트렌드 리포트 게재 • 데이터 등록 및 개방 (API)	• 교통, 인구, 각종 도정 지표를 한눈에 확인할 수 있는 디지털 상황판 • 보도자료, 일정, 도정 소식 등 실시간 제공 • 업무 환경(보고, 회의 등)의 디지털 전환 촉진

3) 사업 예산

[표 3-17-3] 제주 빅데이터 플랫폼 데이터 및 시각화 서비스 사업 예산

구분	예산(비용)
사업명	제주 빅데이터 플랫폼 데이터 및 시각화 서비스 사업
사업비	3억 5,000만 원
사업 기간	2024. 1.~12.
수행 내용	• 기 구축된 빅데이터 분야 품질관리 및 안정화(교통, 관광, 환경, 행정, 재난, 1차산업 등) • 신규 빅데이터 수집 및 처리(반려동물 등록, 지진 발생, 인허가 현황 등) • 분석데이터 활용 융복합 시각화(농산물 가격 현황 등) • 신규 기능구현 및 기능개선(제주디지털 도정 신규 지표 연계 및 개선)

4) 기대 효과

기관 내·외부 데이터와 민간 데이터를 수집·분석·가공해 제공하는 플랫폼을 구축함으로써, 데이터 기반의 과학적 행정 결정을 지원하고 공공 업무의 효율성을 향상할 것으로 기대된다. 또한, 고품질 데이터의 개방을 통해 다양한 빅데이터 산업 활성화에 기여할 것으로 예상된다.

5) 향후 추진 방향

데이터 기반 정책 수립에 필요한 다양한 분야의 데이터를 추가로 발굴·수집해 활용할 수 있도록 지속 추진할 계획이다.

다. SaaS 기반 공공용 협업툴 도입 사업

1) 추진 배경 및 필요성

제주특별자치도에서 사용하던 기존 기관 메신저는 15년 전에 설계된 시스템으로, 노후화된 소프트웨어와 하드웨어로 인해 잦은 장애가 발생하고 업무 보조 기능에도 한계가 있었다. 이를 개선하기 위해 신규 협업툴 도입이 필요했다. 또한, 정부는 공공·행정기관에서 민간 SaaS 활용을 장려하기 위한 제도적 지원과 재정적 지원을 제공하고 있어, 제주특별자치도는 이를 활용해 기존 메신저 대신 민간 SaaS 기반 공공용 협업툴을 도입했다.

2) 사업 범위 및 내용

공공용 협업툴 도입 사업은 제주특별자치도를 비롯해 각 사업소, 직속 기관 등 산하 행정기관에 있는 직원 간 소통 방식을 다양화해 업무 효율성 개선을 목표로 했다. 협업툴은 스마트폰, 태블릿PC, 데스크톱 등 다양한 플랫폼에서 이용이 가능하며, 인공지능(AI) 기반 채팅 통번역, 캘린더, 게시판, 설문조사, 화상회의 등 여러 가지 기능을 통해 업무를 지원한다. 또한 기존 행정업무시스템(온나라, 인사랑, 지방재정)과 연계한 알림 기능과 IP전화 시스템과 연동해 클릭 한 번으로 상대방에게 전화하는 서비스 등 다양한 연계 기능을 제공함으로써 업무를 신속하게 처리할 수 있도록 지원한다.

[그림 3-17-6] 협업툴의 주요 기능

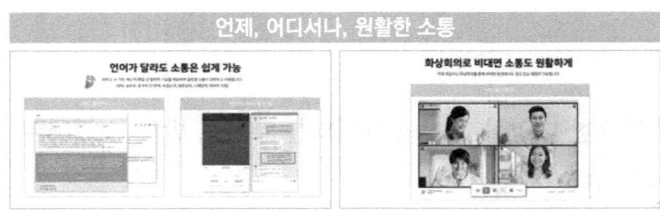
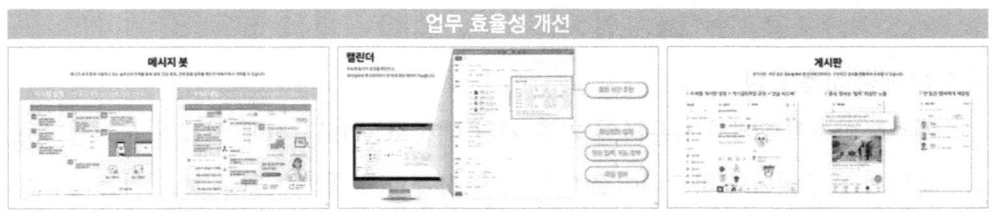

[출처: 제주특별자치도, 내부자료, 2024]

3) 사업 예산

[표 3-17-4] SaaS 기반 공공용 협업툴 도입 예산

구분	예산(비용)	세부 항목
국비	2,800만 원	• NIA의 공공용 민간 SaaS 이용지원 • 기관 공모 사업을 통해 SaaS 기반 협업툴 초기 시범 도입
도비	1억 8,900만 원	• 1회 추경 예산을 통해 도 전체 확대 도입

4) 추진 과정의 문제점과 해결 전략

신규 도입된 SaaS 기반 공공용 협업툴은 외부망을 사용함에 따라 내부 행정시스템과 연계가 어렵고, 정보 유출 위험이 있었다. 이를 해결하기 위해 정보보안 기관의 컨설팅을 받아 민간 클라우드와 내부망을 안전하게 연계했으며, 그 결과 보안성과 업무 효율성을 모두 확보할 수 있었다.

5) 기대 효과

기존 노후화된 시스템 이용으로 잦은 장애 발생 및 업무중단이 발생했으나, 공공용 협업툴 도입 이후 업무 연속성을 확보할 수 있었다. 또한 행정정보시스템과 연계한 알림 서비스, IP전화시스템과 연계한 Click to Call 서비스 제공을 통해 업무의 효율성도 크게 향상됐다.

[그림 3-17-7] 기존 메신저와 신규 메신저 비교

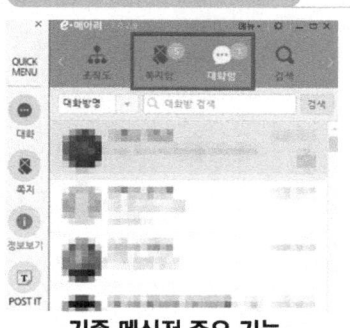
기존 메신저 주요 기능

신규 메신저 주요 기능

[출처: 제주특별자치도 내부 자료, 2024]

6) 향후 추진 방향

제주특별자치도는 민간 SaaS 도입 사업을 지속적으로 확대 발굴하고, 협업툴과의 연계를 통해 행정시스템을 통합 관리함으로써 조직의 생산성을 꾸준히 향상해 나갈 계획이다.

3 │ 향후 계획

제주특별자치도는 최근 인공지능(AI), 빅데이터 등 빠르게 발전하는 디지털 기술 혁신에 대응하기 위해 디지털 대전환 로드맵을 수립하고, 행정, 산업, 경제, 교육 등 여러 분야의 디지털 전환을 추진할 계획이다. 디지털 대전환은 행정혁신을 시작으로 지역사회와 산업 전반에 걸친 디지털 혁신을 촉진하고, 디지털 기술을 기반으로 한 스마트도시 구현, 공공 서비스 개선 그리고 산업 구조 고도화를 추진할 계획이다. 또한 글로벌 표준을 선점하고 혁신적 디지털 생태계를 구축하는 것을 목표로 하고 있다.

부록
APPENDIX

2025년 중앙부처 공모 사업 추진계획 안내

2024년 중앙부처 정보화 정책 보도자료 리스트

2024 지역정보화백서 표·그림 목차

2024 지역정보화백서 참여 집필진

| 부록 • 2025년 중앙부처 공모 사업 추진계획 안내 |

한국지역정보개발원 공모 사업

1 첨단 정보기술 활용 공공서비스 촉진 사업 안내(공모 사업)

1 | 사업 개요

- 사업명: 첨단 정보기술 활용 공공서비스 촉진
- 사업 목적: 국민생활과 밀접한 행정서비스에 최신 IT 기술을 적용하여 공공서비스를 혁신함으로써 국민의 편익 제고 및 행정효율성 향상
- 사업 기간: 2024년 1월~12월
- 총괄/전문: 행정안전부(지역디지털협력과)/**한국지역정보개발원**(지역서비스개발부)
- 추진 방식
    - 매년 공공서비스 확산과제를 선정, 이를 수행할 주관기관 공모
    - 외주용역 발주를 통해 IT 전문업체를 선정하여 과제 공동 수행

[첨단 정보기술 활용 공공서비스 촉진 사업 추진 과정]

8~9월	10~12월	차년도 1~5월	차년도 5월~11월	12월
차년도 후보과제 수요조사 및 선정	서류·발표심사 및 주관기관 선정 (사업검토위원회)	과제별 사업계획 검토, 발주 및 사업자 선정	과제 실행	성과 공유
			(착수/중간/완료보고회, 주/월간 업무보고)	

2 | 주요 추진 사례

- 스마트 민원서식 작성 도우미 서비스(2020~2023년, 제주도 등 4개 지자체)
    - 키오스크에서 본인 인증 시 마이데이터를 활용한 행정정보(이름, 주소 등) 연계 및 자동 입력으로 쉽고 빠르게 민원서식 작성 제출

- 지능형 119 신고 접수 및 재난대응 플랫폼(2021~2023년, 대전 경남 소방본부)
    - 119 신고내용의 재난 위치·상황 관련 키워드를 실시간 분석하여 유형별 추천 질의, 표준운영절차 제공 등 신속 정확한 접수 지원
    - 신고자, 출동대, 민간 지원인력(의용소방대원 등)이 사진, 동영상으로 현장 상황을 실시간 공유하고, 신속 대응할 수 있는 협업 플랫폼 운영

3 | 2025년 사업 주관기관 공모 안내

- 공모 대상: 중앙행정기관, 지방자치단체 및 공공기관(지방 공공기관 포함)
- 공모 기간: **2024. 10. 11.(금) ~ 11. 7.(목), 4주간**
- 지원 규모: **총 28억 원**(5개 과제, 과제당 5.6억 원 규모)
  ※ 자부담금은 제안기관이 자율적으로 편성하며, 사업검토위원회 검토·조정 후 사업비 확정
  ※ 사업비는 전문기관(개발원)에서 직접 집행(주관기관에 예산교부방식 아님)하며, 주관기관 자부담금이 있는 경우 국비·자부담금 비율에 따라 각각 지출
- 공모 내용: 행안부·과기정통부 사업 등에서 효과성이 검증된 서비스 확산과제*를 선정, 참여 희망 기관은 이를 수행할 사업제안서 제출

    * 2025년 확산과제(6개)는 수요조사, 사업검토위원회 의결을 거쳐 2024년 9월 선정

연번	분야	과제명	과거 사례
1	재난·안전 (4)	지능형 침수 대응 시스템	• 경남 양산시(2021) • 경기 고양시(2022~2024) • 충북 제천시(2024)
2		지능형 119 신고접수 및 재난대응 협업 플랫폼	• 경상남도(2021) • 대전광역시(2022~2023)
3		긴급차량 우선신호 시스템	• 경기 남양주시(2021) • 경기 여주시(2022) • 서울특별시(2023)
4		실시간 도로 위험정보 관리시스템	• 경북 김천시(2021) • 광주시 남구(2022) • 서울특별시(2023)
5	행정(1)	디지털 시민시장(구청장, 군수)실	• 전남 영암군(2024) • 경북 포항시(2024)
6	교통(1)	스쿨존 스마트 통행안전 서비스	• 서울 양천구(2021)

- 선정절차: 사업검토위원회를 통한 서류·발표심사를 거쳐 최종 선정

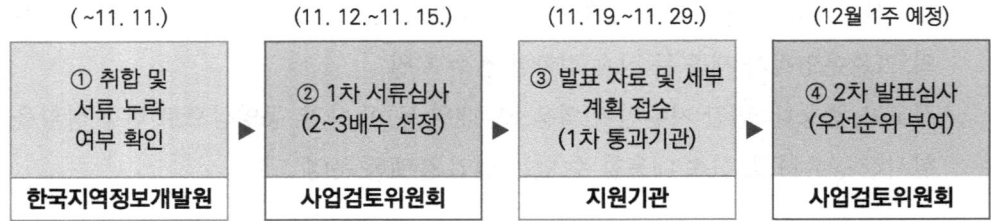

※ 추진 일정은 사정에 따라 변경될 수 있음

4 | 2022~2024년 수행 과제

연도	과제명	주관기관
2024년 (5개)	지능형 침수대응 시스템 구축	충북 제천시
	여수시 지능형 선별관제 시스템 구축	전남 여수시
	영암군 데이터 보좌관 구축	전남 영암군
	재난안전 중심 디지털 시정 및 대민서비스 구축	경북 포항시
	서산시 지능형 선별관제 전면 전환	충남 서산시
2023년 (5개)	스마트 민원서식 작성 도우미 서비스 고도화 사업	서울 성동구
	스마트 민원서식 작성도우미 서비스	경남 거제시
	실시간 도시 빅데이터 융합119 재난대응 플랫폼 구축	대전 소방본부
	빅데이터 기반 대기환경 대응 시스템 구축	경북 포항시
	지능형 선별 관제시스템	경북 경산시
2022년 (5개)	대기환경 측정망 구현 및 AI 기반 대응 시스템 개발	서울 도봉구
	스마트 민원서식 작성 시스템 구축	서울 성동구
	김해시 지능형 민원서식 작성 도우미 서비스 확산	경남 김해시
	AI 기반 지능형 119 신고접수 및 재난대응 협업 플랫폼 개발	대전 소방본부
	3D 위치기반 국립공원 통합 재난안전 스마트 플랫폼 구축	국립공원공단

2. 데이터 기반 지역문제 해결(공감e가득) 사업 안내(공모 사업)

1. 사업 개요

- 사업명: 데이터 기반 지역문제 해결(공감e가득*) 사업
  * 데이터를 기반으로 디지털 기술(e)를 활용하여 주민의 공감이 가득한 지역문제 해결을 통한 지역 활성화 도모를 지원하는 사업
- 사업 목적: **데이터를 기반으로 디지털 기술 활용을 통해 민관협업 활동을 지원함으로써** 주민 체감성 높은 문제해결 성과 창출 및 **맞춤형 지역 활성화 사례 발굴·확산**
- 사업 기간: 2024년 1월~12월
- 총괄/전담: 행정안전부(지역청년정책과)/**한국지역정보개발원**(지역서비스개발부)
- 추진 방식: 민간대상 공모**(지자체와 컨소시엄 구성 필수)**
- 지원 규모: 10개 내외 과제(과제당 1억 원 규모) ※ 심사를 거쳐 확정

공감e가득 사업 추진 과정

1~2월	3월	4월	5월~11월	12월
공모 공고/접수 (설명회, 오픈테이블)	서류심사 → (1차)발표심사 → 과제개선 컨설팅 → 최종 발표심사 → 선정		과제 실행 (킥오프/중간점검 워크숍, 현장점검 등)	성과 공유

2. 주요 추진 사례

- AI 분석 기술을 활용한 사회적 약자 안전 서비스 구축(경기도 동두천시)
  - 사회적 약자 및 지역 안전 관련 데이터 및 AI CCTV를 활용하여 통합관제 시스템 구축·연계를 통해 지역사회 신뢰성·안전성 확보
- 농기계 두레 서비스 플랫폼 구축(전라남도 함평군)
  - 데이터 기반 함평군 농기계 공유서비스 플랫폼(농기계 두레 서비스) 구축을 통한

농기계 임대인 소득향상 및 농업생산성 향상
- 빅데이터 기반 화성시 무장애 도시 환경 개선 및 구축(경기도 화성시)
  - 교통약자가 접근할 수 있는 무장애 점포 및 관련 데이터 수집을 통해 이를 교통약자가 활용 가능한 플랫폼을 개발·제공

3 | 2025년 사업 주관기관 공모 안내

- 공모 대상: 지방자치단체(민간기업*과 반드시 컨소시엄 구성 필수)
    * 데이터 및 디지털 기술을 활용한 문제해결 역량을 보유한 민간 기업
    ※ 과제실행비는 민간에서 직접 수령 및 집행하며, 단독 제안은 불가능
    ※ 과제추진 과정에 주민이 참여할 수 있는 '스스로해결단' 필수 구성
- 공모 기간: 2025. 1. 31.(금) ~ 3. 7.(목), 5주간
- 지원 규모: 총 10억 원 (5개 과제, 과제당 2억 원 규모)
    ※ 총 과제비의 10%는 지방자치단체가 자체적으로 부담(현금)
- 공모 내용: 데이터를 기반으로 디지털 기술을 통해 생활안전, 돌봄, 정보격차 등 지역의 현안을 해결*를 통한 지역 활성화 도모하는 과제 지원
    * 과제 수행을 통해 해당 현안을 해결하는 디지털 솔루션 및 서비스를 실제 구현
    ※ 과제종료 후에도 최소 1년간 평가 및 테스트 환경을 유지하고 서비스를 제공해야 하며, 성과관리 필요
- 선정 절차: 과제심의위원회를 통한 서류·발표심사를 거쳐 최종 선정
- 주요 공모 일정

구분		일시	장소 및 비고
접수 기간		1. 31.(금)~3. 7.(금)	한국지역정보개발원 홈페이지(www.klid.or.kr)
참여 신청	온라인접수 (e-mail)	3. 7.(금) 24:00까지	한국지역정보개발원 공모 접수 메일(기한 엄수) proposal@klid.or.kr
설명회	온라인	2. 11.(화)~2. 12.(수) 오전:10:00~11:00 오후:14:00~15:00	• 공공·민간부문 대상 설명회 개최 - 2.11.(화) 오전 : 지자체, 오후 : 민간 및 공공기관 - 2.12.(수) 오전 : 공통 ※1. 31.(금) ~ 2. 7.(금) 24:00까지 참가 신청

구분		일시	장소 및 비고
오픈 테이블	온라인	2. 19.(수) ~ 2. 20.(목)	• 현안을 가진 지자체와 기술력 등 문제해결 역량을 보유한 민간기업의 매칭 기회 제공 (참가 신청자 대상/신청 수요 검토 일정 조정) ※1. 31.(금) ~ 2. 14.(금) 12:00까지 참가 신청
공모 심사 및 컨설팅	서류심사	~ 3. 21.(금)	**2배수** 내외 ※결과발표: 2025.03.24.
	1차 발표심사	~ 4. 4.(금)	**1.3배수** 내외(대면) ※결과발표: 2025.04.07.
	과제개선 컨설팅	~ 4. 11.(금)	1차 발표심사 통과 과제
	최종 발표심사	~ 4. 18.(금)	**5개** 내외 선정(대면) ※결과발표: 2025.04.21.

4. 2022~2024년 수행 과제

연도	과제명	참여 지자체
2024년 (10개)	개인정보 침해 위험을 낮춘 지역 축제 밀집도 분석 안전 플랫폼 개발	서울 영등포구
	'사고 안고 달리는 전동휠체어' VR 안전교육 시스템 구축	광주 동구
	AI 분석 기술을 활용한 사회적약자 안전 서비스 구축	경기 동두천시
	전기 절약 실천을 위한 AI 기반 가전기기별 전력 사용량 실시간 조회 서비스	경기 고양시
	빅데이터 기반 화성시 무장애 도시 환경 개선 및 구축	경기 화성시
	스마트 미러를 이용한 노인케어시스템	강원 태백시
	농기계 두레 서비스 플랫폼 구축	전남 함평군
	IoT 및 QR 활용한 공중화장실 관리 디지털화	전남 구례군
	춘천형 디지털 도로 관리 혁신 : 도로 굴착 통합 플랫폼	강원 춘천시
	경북 농민과 소상공인을 위한 생성 AI 기반 SNS 마케팅 콘텐츠 솔루션	경상북도
2023년 (10개)	고령자 인지장애 및 근력감소 예방을 위한 디지털 통합시스템 구축	부산광역시
	육아정보 모아모아, 원스톱 돌봄-키움 플랫폼 개발	대구 수성구
	디지털 기술을 통한 유기견 실시간 포획 탐지 및 관리시스템 구축	경기 시흥시

연도	과제명	참여 지자체
2023년 (10개)	대중교통 효율 개선 사업(버스는 군민의 편리한 행복을 싣고)	경기 양평군
	"찰칵", 원스톱 불법 쓰레기 민원처리 및 분석시스템 구축	충북 청주시
	생활인구 확보를 위한 워케이션 플랫폼 개발	충남 부여군
	주민과 통하는 자율방범대 활동 지원 앱 서비스 개발	전라북도
	사회복지시설, 상시 비대면 전기안전 원격점검 디지털 전환 인프라 구축	전북 정읍시
	적수문제 해결을 위한 솔루션 개발	전남 영암군
	실시간 품앗이 매칭 및 원데이 클래스 참여 앱 개발	경남 하동군
2022년 (10개)	전기안전 AIoT를 활용한 취약계층의 전기생활안전 구축	서울 동작구
	AI 기반 비대면 아동 미술 심리 분석 플랫폼 "심(心)터" 개발	경기 고양시
	5070 고립 탈피를 위한 활동 유도 서비스 '진(Jin)이의 하루'	부산 부산진구
	종로구 저탄소 생활 리빙랩, 〈모여서 넷제로〉	서울 종로구
	탄소배출량 예측 기반 친환경축제 기획 플랫폼 구축	경남 통영시
	탄소중립 푸른 고양 나눔마켓 디지털 통합 플랫폼 구축	경기 고양시
	아동 비만 예방을 위한 하남시 맞춤형 건강 습관 형성 사업	경기 하남시
	중랑구 사장님께 지원 정보를 배달하는 소소하지만 확실한 앱 플랫폼 구축	서울 중랑구
	스마트 역사 관광 지역소상공인 활성화 프로젝트	부산 부산진구
	음식물쓰레기 감량·탄소중립을 위한 광진구 음쓰제로 플랫폼 구축	서울 광진구

한국지능정보사회진흥원

1. 스마트빌리지 보급 및 확산 사업 안내

1. 사업 개요

- 사업명: 스마트빌리지 보급 및 확산
- 사업 목적: 지능정보기술, ICT 기반의 스마트 서비스 도입을 지원하여 지역사회의 디지털 전환, 경쟁력 강화, 삶의 질 향상 및 균형발전 도모
- 예산: 지역균형발전특별회계 지역자율계정 시도자율편성사업(2023~)
  ※ 예산 규모는 광역시도별로 주어지는 총액 내에서 광역시도 예산부서가 결정
- 사업 기간: 2023년~ 계속
- 총괄/전담: 과학기술정보통신부(디지털사회기획과)
  한국지능정보사회진흥원(AI융합확산팀)
- 추진 방식: 지자체가 전담기관(NIA)에 수행계획서를 제출하여 사전심의를 득한 후 각 광역별로 예산 사업 편성
  ※ 지특회계 지역자율계정 사업의 절차 및 일정을 준수함

2. 추진 내용

- 지원 대상: 전국 지자체(기초, 광역 모두 신청 가능)
  ※ 사업 내용은 ICT 기반 스마트 서비스 사업, 지역격차해소라는 사업의 기본 성격에 위배 되지 않아야 함
- 지원 규모: 선도개발 사업과 보급확산 사업으로 구분
  ※ 국비 보조율: 선도 사업 80%, 보급 사업 70%

- 사업 내용: 지역별 현안 및 문제해결 등을 위해 필요한 스마트 서비스 보급 확산, 신규 서비스 개발 실증 지원

[스마트빌리지 보급 및 확산 사업 추진 과정]

① 사업 기획	② 과제 평가	③ 사업 확정	④ 사업 추진
• 사업 기획(지자체) • 사업 기획 지원 (NIA) ※우수사례 공유, 기획역량 제고 교육 등	• 과제 수행계획서 작성·제출 (지자체→NIA) • 과제 적부·우선순위 검토의견 제시 (NIA→지자체)	• 시도 예산·사업 확정(지자체, 4~9월) • 수행계획 보완 컨설팅(NIA, 10~12월)	• 사업 발주·관리 (지자체) • 성과관리(지자체) • 성과관리 지원 (NIA) ※성과지표 설정, 성과 확산방안 컨설팅 등
1~3월	3월 말	4~12월	차년도

3. 주요 추진 사례

- 드론 AI 기반 지능형 낙지자원 관리 고도화(신안군, 2021~2022)
  - 드론 인공지능을 활용해 갯벌어장의 낙지 자원량 산정 및 분포지도 작성하여 자원관리 효율성 제고
- 스마트경로당 구축(부천시, 대전 유성구, 2021 외 다수)
  - 비대면 화상 인프라를 구축하여 웃음 치료, 건강강좌 등 여가·문화·복지·교육 프로그램 제공
- 스마트 모빌리티 안전솔루션 확산 및 보급(예천군, 2021)
  - 농기계 전복 사고 발생 즉시 알림으로 골든타임 확보 및 관제시스템 제공
- 빅데이터 기반 1인 돌봄서비스(부산광역시, 2023)
  - 1인 가구 증가와 높은 고독사 비율에 대응하여, 도플러 신호와 IoT 기반의 원격 돌봄서비스를 통해 고위험군 발굴, 맞춤형 지원 제공

4 | 공모 계획(2026년 사업)

- 사업명: 2026년도 스마트빌리지 보급 및 확산 사업
  ※ 2026년도 사업을 2025년 초에 접수받아 심의를 거쳐 예산 편성
- 신청 대상: 전국 시·군·구(광역시도도 신청 가능)
- 제출 방법: 사업 수행 관리 지침의 수행계획서 양식을 작성하여 제출 기한까지 공문으로 제출
- 접수 기간: 1월 말~2월 말 예정
  ※ 정확한 일정은 2025년 1월 말경 안내되는 공지 참조(전국 지자체에 공문 발송, NIA 홈페이지 공지 사항에 안내 게재)
- 제출처: 한국지능정보사회진흥원(NIA) AI융합확산팀

5 | 2024년 지특회계 스마트빌리지 선정 사업 및 예산

- 총 99개 사업, 사업비 1,039억 원(지방비 별도)

연번	시·도	시·군·구	과제명	국비 예산 (백만 원)
1	강원	태백시	스마트경로당 구축 ㉓	1,785
		홍천군	데이터와 콘텐츠로 세대를 잇는 스마트경로당 ㉓	1,087
		정선군	스마트 CCTV활용 스마트 공유주차장 및 생활밀착 복지 기반 구축	800
		횡성군	이동약자 종합교통안전서비스	800
		강릉시	스마트농촌으로 진화하는 보편적 강릉형 스마트빌리지	800
2	경기	성남시	로봇 활용 주민생활시설 돌봄 및 교육 서비스 확산 사업	2,928
		파주시	농촌이동 활성화를 위한 AI 기반 수요응답버스 확산	1,298
		동두천시	동두천 행복 키움터	1,072
		안양시	디지털트윈 기반 스마트 인공지능 노약자 안심서비스	800
		광명시	다 함께 광명, 다 함께 스마트경로당 구축 ㉓	1,281
		연천군	다 함께 미래로 연천 스마트경로당 ㉓	1,344

연번	시·도	시·군·구	과제명	국비 예산 (백만 원)
3	경남	거제시	건강 100세 스마트경로당 구축 사업 ㉓	1,106
		함안군	스마트 행복동행경로당 구축 사업 ㉓	694
		남해군	스마트 경로당시스템 구축 사업 ㉓	826
		함양군	VR 기반「오지마을 치매 안심케어」서비스	960
		의령군	매일매일 가고 싶은 스마트 마실 터 만들기 ㉓	840
		합천군	동네방네 스마트를 품은 경로당 ㉓	1,057
		사천시	스마트경로당 구축 사업 ㉓	1,159
		통영시	스마트 IOT생활안전서비스 구축	1,190
		밀양시	IOT 활용 스마트헬스케어 복합 쉼터 구축	1,000
		의령군	찾아오게 만드는 메타버스 의령	840
		거창군	골목길 안심콜 설치 사업	560
4	경북	본청(경북)	메타버스 어린이집 합동수업	240
		안동시	인공지능 기반 비접촉 한우발정탐지시스템 보급 및 확산	500
		안동시	안동 스마트 학습지원 서비스 구축	540
		구미시	구미의 미래를 여는 스마트 지역아동센터	500
		영천시	인공지능 기반 비접촉 한우발정탐시 시스템	250
		경산시	스마트경로당 구축	250
		영양군	시니어 디지털 공감 스마트경로당 구축 사업 ㉓	500
		고령군	맘편한 스마트 금천마을 조성	250
		성주군	스마트한 리사이클, 클린 성주	492
		칠곡군	칠곡군 AI 범죄분석플랫폼 구축	500
		본청(경북)	경북형 메타버스 실버시스템 구축	240
5	광주	동구	동구 인문도시 온라인기록관 메타버스 환경조성	1,000
		남구	남구 스마트한 지역아동센터 구축	488
		북구	북구 AI 활용, 어르신몸&마음케어플랫폼 구축 ㉓	1,000
		북구	북구드론-ICT 기반산불관리플랫폼 구축	696
6	대구	수성구	스마트주차정보시스템 구축	1,120
		달서구	디지털가족체험공간플랫폼 구축	1,000

연번	시·도	시·군·구	과제명	국비 예산 (백만 원)
6	대구	군위군	스마트축산악취저감체계 구축	1,000
7	대전	본청(대전)	스마트선별관제시스템 구축	1,050
		동구	대청호 자연생태관 스마트화사업	770
		서구	찾아가는 스마트 자원순환 교육서비스	300
		유성구	공적 돌봄의 신화, 스마트돌봄체계 구축	1,192
8	부산	본청(부산)	오시리아관광단지 자율주행셔틀 운송서비스 구축	6,580
		본청(부산)	부산 어린이 복합 문화 공간 스마트 디지털사이니지 구축	1,015
		본청(부산)	교통사고 없는 스마트 횡단보도 조성	800
		본청(부산)	IoT 기반 스마트 신발을 적용한 사회적약자 지원서비스 사업	1,100
		본청(부산)	광역형 스마트시티통합플랫폼구군 확대 구축	2,681
		본청(부산)	해양데이터 활용 현안 해결형 스마트해양서비스 개발	2,105
		본청(부산)	시설하우스일사량감응스마트LED시스템 구축	300
		본청(부산)	취약계층 청소년 근골격계 질환예방 및 맞춤형 건강관리	300
9	서울	관악구	관악구 스마트경로당 조성 ㉼	1,000
		구로구	구로구 스마트빌리지 조성	1,050
		동대문구	동대문구 스마트빌리지 조성	1,568
10	세종	본청(세종)	5G 특화망 기반 서비스 로봇 상용화 실증·확산 사업	1,000
		본청(세종)	AI기반 디지털헬스케어 서비스 실증 사업	800
11	울산	본청(울산)	스마트 보행안전 기반 사업	1,000
12	인천	옹진군	스마트경로당구축 ㉼	1,386
		강화군	보행자복합인지 기반 실종, 범죄, 안전사고예방 환경구축	1,155
		본청(인천)	스마트빌리지솔루션 보급 및 확산 사업	2,793
		계양구	계산삼거리일원스마트타운 조성	1,393
		남동구	원도심스마트휴게공간 조성	630
		남동구	구월3동스마트마을 조성	1,393
		본청(인천)	AI기반다중이용시설대피유도안내시스템보급·확산	2,793
		본청(인천)	인천광역시스마트디자인특구개발	2,359
		미추홀구	지속가능한친환경스마트'수봉'빌리지	1,393

연번	시·도	시·군·구	과제명	국비 예산 (백만 원)
12	인천	본청(인천)	인천형스마트경로당구축 ㉓	2,590
		중구	율목 스마트공원화사업	1,050
		중구	친환경 스마트 도로 열선시스템 구축	1,050
13	전남	본청(전남)	스마트기술 활용 취약지역 어르신 통합돌봄 플랫폼 구축	286
		본청(전남)	안전하고 스마트한 섬 만들기 프로젝트	500
		목포시	목포시 스마트경로당 구축 ㉓	131
		담양군	담양 향촌 복지 스마트헬스케어 ㉓	500
		강진군	스마트 마을회관 구축 사업 ㉓	131
		완도군	신성장산업 기반 청정바다수도 완도 구현	600
		신안군	도서지역교통안전스마트시스템 구축	600
		광양시	스마트경로당 구축 ㉓	393
		진도군	군민 편익 증진을 위한 소통플랫폼 구축	560
14	전북	전주시	전주시 스마트경로당 구축 ㉓	1,120
		무주군	무주군 스마트경로당 구축 ㉓	656
		익산시	자율주행 유상운송 스마트플랫폼 구축	2,355
		남원시	남원시 스마트경로당 구축 ㉓	2,335
15	제주	제주시	스마트재활용도움센터및AI재활용품 회수보상기	1,000
		제주시	친환경 자동차 충전소 스마트관제플랫폼 구축	861
		서귀포시	스마트모빌리티 안전솔루션 보급	744
16	충남	부여군	머물고 싶은 일상 속 스마트빌리지 부여! 프로젝트	1,200
		아산시	시민이 즐거운 생활 속 스마트 라이브러리	300
		보령시	보령시 스마트경로당 조성 ㉓	280
		공주시	공주시 스마트빌리지 경로강 건강! 행복! 플랫폼 ㉓	1,050
		당진시	당진시 스마트경로당 구축 ㉓	787
		부여군	외국인 계절 근로자 관리시스템	400
		예산군	스마트주차장 조성 및 온라인 전통시장 픽업스테이션 구축	2,450
		논산시	지역주민과 소통, 힐링하는 실감형 테마거리 조성	2,226
		홍성군	스마트 버스정류장 및 횡단보도 구축	273

연번	시·도	시·군·구	과제명	국비 예산 (백만 원)
16	충남	아산시	AI 기반 소류지 안전관리 시스템	300
17	충북	청주시	VR · AR 기반 발달장애인 디지털재활서비스 구축	665
		제천시	농촌중심지활성화 지역안전, 교통, 복지 분야 스마트서비스 구축	840
		괴산군	복지시설의 실용성 중심 스마트환경 구축 ㉓	992
합 계				103,924

| 부록 • 2024년 중앙부처 정보화 정책 보도자료 리스트 |

2024년 중앙부처 정보화 정책 보도자료 리스트

no	월	일	제목	출처(기관)
1	1	8	2024년도 디지털 기반 사회현안 해결 프로젝트 공모 실시	과학기술정보통신부
2	1	11	공공부문 데이터 분석활용 우수사례집 발간	행정안전부
3	1	16	어디서나 편리하고 안전하게 사용할 수 있는 디지털 신원 인증 시대 개막	행정안전부
4	1	19	보건의료데이터 가명처리 방법 개선, 개인정보 보호하고 데이터 활용 활성화한다	보건복지부
5	1	21	차세대 지방재정관리시스템 전면 개통으로 건전하고 책임있는 지방재정 운영	행정안전부
6	1	24	정부와 민간, 안정적인 디지털행정서비스 제공을 위한 협력 방안 모색	행정안전부
7	1	29	2024년 성인 대상 기초 문해교육 및 무인안내기·금융앱 활용 등 생활밀착형 디지털 문해교육 실시	교육부
8	1	30	국민 권익 위한 디지털 혁신… 인감증명 사무 82% 정비하고, 게임이용자는 두텁게 보호, 비대면진료는 활성화	보건복지부
9	1	30	2025년 인공지능 디지털교과서 도입 대비, 수학·영어·정보 교과 교수·학습 방안 논의	교육부
10	1	30	디지털헬스 산업 생태계 조성을 위한 4대 정책방향 제시	산업통상자원부
11	1	31	디지털행정서비스 안정성 확보를 위한 「디지털행정서비스 국민신뢰 제고 대책」 발표	행정안전부
12	1	31	정부, 디지털행정서비스 장애재발 방지와 재도약 기반 마련	과학기술정보통신부
13	2	1	민간 우수 인재 영입을 통해 디지털행정서비스 안정성 확보 나선다	행정안전부
14	2	2	공공데이터를 활용하여 창업한 기업에 대한 지원 박차	행정안전부
15	2	6	정부 표준·인증 정보, 빅데이터 플랫폼에서 캔다	산업통상자원부
16	2	7	관계부처 합동, 제2차 데이터기반행정 활성화 기본계획 (2024~2026년) 수립	행정안전부

no	월	일	제목	출처(기관)
17	2	8	설 연휴 동안 아파도 걱정마세요. 문 여는 병·의원 및 약국 정보는 여기에서!	보건복지부
18	2	12	우리 동네 최신 위성지도, '국토정보플랫폼'에서 확인하세요	국토교통부
19	2	14	청년 맞춤형 연말정산 안내, 과다의료 이용 개선 등 데이터기반 행정으로 국민 생활 변화	행정안전부
20	2	16	기업 수요 기반의 디지털 인재양성으로 디지털 혁신 가속화와 인공지능 일상화를 뒷받침한다	과학기술정보통신부
21	2	21	관행적 버스노선, AI를 통한 과학적 기준 마련해 실효성 중심으로 개편	행정안전부
22	2	22	법률·생활안전·창업 관련 20개 분야 데이터를 국가중점데이터 개방 사업 통해 공공데이터포털에 개방	행정안전부
23	2	22	공교육 중심 에듀테크 생태계 조성을 위해 에듀테크 소프트랩을 9개소로 확대한다	교육부
24	2	27	주민이 직접 묻고 답하는 인터넷 공론의 장 "주민생각" 서비스 개시	행정안전부
25	2	27	2023년 공공데이터 제공 운영실태 평가에서 '우수' 등급 기관 36.2%	행정안전부
26	2	28	2월 28일(수), 2024년 상반기 정보화담당관협의회 개최	행정안전부
27	2	28	우리동네 환경정보, 한곳에서 한눈에 본다	환경부
28	3	3	공공행정협력단, 3개국 방문해 디지털플랫폼 정부 협력 강화하고 기업 해외진출 지원	행정안전부
29	3	4	초등생에 도로명주소, 인공지능(AI) 활용한 디지털교과서로 알려주세요	행정안전부
30	3	6	이상민 행안부 장관, 중동진출 교두보인 두바이에서 디지털정부 세일즈 행보 이어가	행정안전부
31	3	11	EBS와 협력하여 인공지능(AI) 디지털교과서 개발을 지원하다!	교육부
32	3	12	이상민 장관 디지털정부 수출길 넓히고, 한국형 공공행정 이탈리아 진출 발판 마련	행정안전부
33	3	13	메디컬코리아(Medical Korea) 2024, 디지털 의료기술로 장벽 없는 세상을 꿈꾸다	보건복지부
34	3	13	찾아가는 디지털 문해교육 프로그램 '한글햇살버스' 사업 신청하세요	교육부
35	3	14	전산망 개선대책의 신속한 이행으로 디지털행정서비스 안정성 확보 추진	행정안전부
36	3	14	제22대 국회의원 선거 대비한 시스템 준비 상황 점검	행정안전부

no	월	일	제목	출처(기관)
37	3	14	과기정통부, 지역 정보보호 산업 육성 전방위 지원 나선다	과학기술정보통신부
38	3	20	모바일 신분증 민간 앱에서도 편리하게 사용, 지갑 없는 시대 열린다	행정안전부
39	3	20	과기정통부, 민간 표준화 활동 지원 통해 디지털 혁신 분야 표준 주도권 확보	과학기술정보통신부
40	3	20	관광 빅데이터 분석해 지역 방한 관광객 유치 전략 모색	문화체육관광부
41	3	21	1시간 분량 회의도 AI가 5분 만에 회의록으로 뚝딱	행정안전부
42	3	25	「누구나 쉽게, 데이터 챌린지」로 현장의 문제를 해결한다	행정안전부
43	3	27	공무원 교육에도 인공지능(AI) 적용 논의 활발	행정안전부
44	3	27	공공기관 협력하여 보건의료 분야 공공데이터 안전하고 신속하게 제공한다	보건복지부
45	3	27	디지털 시대의 핵심가치와 원칙 담은 「디지털 교육 규범(시안)」 논의	교육부
46	3	28	2023년 디지털 정보격차·웹 접근성·스마트폰 과의존 실태조사 결과 발표	과학기술정보통신부
47	4	3	정부, 우리기업과 손잡고 디지털정부 해외진출 총력	행정안전부
48	4	10	클라우드 네이티브 기술로 대국민 서비스 중단 없이 빠르게 제공한다	행정안전부
49	4	11	4월의 추천 공공서비스 민간앱에서 KTX · 국립수목원 예약을 한 번에	행정안전부
50	4	14	환경 정보로 국민의 삶을 안전하고 편리하게	환경부
51	4	15	디지털 기반 수업혁신 이끌 교사 역량 강화에 올해 3,818억 원 투입	교육부
52	4	16	데이터 기업의 싹을 틔우는 제12회 공공데이터 활용 창업 경진대회 개최	행정안전부
53	4	17	보건의료 분야 공공데이터 연계·활용으로 디지털 헬스케어 연구 지원 강화	보건복지부
54	4	17	건축서비스산업 통합 정보 플랫폼 "건축HUB" 새 단장 오픈	국토교통부
55	4	18	올해 공간정보 우수 사업 … 드론·AI 이용한 디지털 갯벌 사업 등 3건	국토교통부
56	4	24	부처별 흩어진 행정데이터 연계, 사회보장 행정데이터 구축 사업 보고회 개최	보건복지부
57	4	25	공공행정, 디지털정부 혁신을 위한 한국-덴마크 간 장관급 협력	행정안전부
58	4	30	종합소득세·지방소득세 모두채움 대상자 700만 명, ARS·모바일로 편리하게 신고하세요	행정안전부

no	월	일	제목	출처(기관)
59	4	30	복잡한 공장 인허가, 디지털 트윈으로 똑똑하고 간편하게	국토교통부
60	4	30	복잡한 공장 인허가, 디지털 트윈으로 똑똑하고 간편하게	산업통상자원부
61	5	1	데이터를 활용한 재난안전 서비스, 국민 아이디어 찾는다	행정안전부
62	5	1	행안부-과기정통부, 상호 긴밀한 협력으로 공공 정보시스템 혁신 추진	행정안전부
63	5	2	지난해 시범 시행 이어 이달부터 5개월 정규과정으로 '전문인재 양성과정' 운영	행정안전부
64	5	2	첨단 해양 이동수단 및 연관 서비스(모빌리티) 육성 등 해양 분야 디지털 혁신 위해 부처 간 협업한다	과학기술정보통신부
65	5	8	디지털 기술과 문화데이터 활용한 혁신 아이디어와 우수사례 찾는다	문화체육관광부
66	5	9	인공지능 기반, 문화 디지털로 K-컬처 산업 경쟁력 강화	문화체육관광부
67	5	10	지자체 CCTV 지능형 관제체계로 전환, 현장에서 답을 구한다	행정안전부
68	5	13	행안부 차관, 차세대지방세입시스템 운영상황 점검	행정안전부
69	5	14	인공지능 디지털교과서 본격 도입 대비, 학교 디지털 인프라 질적 개선에 총력	교육부
70	5	16	정부24 등 전산사고 재발방지 대책 이행상황 점검 및 향후 계획 논의	행정안전부
71	5	16	유보통합에 대비한 보육통합정보시스템 준비 상황 점검	보건복지부
72	5	20	응급의료포털(E-Gen) 통해 지역, 질환, 지원치료별 암 진료협력병원 정보 확인 가능	보건복지부
73	5	21	지능형 CCTV로 지자체 재난안전관제 역량 높인다	행정안전부
74	5	28	정보시스템의 안정적 운영을 위해 민간 전문가와 합동 토론회 개최	행정안전부
75	5	28	관광데이터 분석과 관광기술 연구개발 필요성 논의하다	문화체육관광부
76	5	30	전 국민 모바일 주민등록증 시대 열린다	행정안전부
77	5	30	한·미 디지털헬스(원격의료) 분야 협력	산업통상자원부
78	5	30	국산 인공지능(AI)·디지털 소프트웨어(S/W)로 소재개발 앞당긴다	산업통상자원부
79	6	3	불편한 주민생활 "데이터와 디지털 기술"로 해결한다	행정안전부
80	6	3	주요 디지털 정부서비스 제공하는 공공 웹 사이트 이용 편의성 높인다	행정안전부
81	6	4	데이터 기반의 재난안전관리 체계를 강화한다	행정안전부

| 부록 • 2024년 중앙부처 정보화 정책 보도자료 리스트 |

no	월	일	제목	출처(기관)
82	6	5	디지털 기반 교육혁신을 위한 공공-민간 협력 강화	교육부
83	6	10	장애인과 고령자의 정보접근성 개선을 위한 「지능정보화 기본법 시행규칙」 개정안 입법예고	과학기술정보통신부
84	6	10	교육부와 디지털 교육 관련 주요 학회가 공동으로 세미나·토론회 개최	교육부
85	6	12	9곳에 흩어진 물정보, 한곳에서 쉽게 본다	환경부
86	6	17	'여권 재발급 신청', '책이음서비스' 민간앱으로 이용하세요	행정안전부
87	6	17	인공지능(AI) 디지털교과서 개발에 대해 학교 현장의 의견을 듣는다	교육부
88	6	19	정부 클라우드 전용 데이터센터, 대구센터 개청	행정안전부
89	6	25	디지털플랫폼정부 성과 공유·확산을 위한 '제7회 전자정부의 날' 기념식 개최	행정안전부
90	6	26	운전면허적성검사, 탄소중립실천포인트 조회 등 디지털서비스 26종 추가 개방	행정안전부
91	7	2	산재 업무처리에 인공지능(AI) 의학자문 활용한다	행정안전부
92	7	2	제4차 한-유럽연합(EU) 디지털 통상협정 협상 열려	산업통상자원부
93	7	3	안전하고 편리한 '모바일 신분증', 재외국민도 이용 가능하다	행정안전부
94	7	11	누구나 쉽게 이용하는 디지털정부 서비스 구현을 위한 '범정부 디자인시스템' 제공	행정안전부
95	7	14	전기차 보급부터 배터리 순환이용까지 모든 정보 한 곳에… 통합환경정보센터 구축	환경부
96	7	16	디지털 복제(디지털 트윈)과 인공지능 기반 폐쇄회로 텔레비전으로 산업은 육성하고, 민생은 안전하게!	과학기술정보통신부
97	7	17	디지털 기반 지역 경제·사회 혁신을 위한 지역 자율형 디지털 신서비스 실증 사업 추진	과학기술정보통신부
98	7	18	환경 데이터로 국민 생활 안전하고 편리하게	환경부
99	7	22	인공지능 시대의 핵심 데이터, '법원 판결문' 활용 논의를 위해 민·관이 한자리에	행정안전부
100	7	22	국민이 체감하는 "디지털플랫폼정부 인공지능 혁신서비스" 민관협력으로 개발 시작	과학기술정보통신부
101	7	23	한국 디지털 전환과 공공행정 혁신경험, 베트남 하이퐁시 고위공무원에 전수한다	행정안전부
102	7	24	홍수 위험 알림 서비스, 국내 내비게이션 6개 사에서 모두 이용 가능	환경부

no	월	일	제목	출처(기관)
103	7	24	'스마트 건설신기술'로 건설산업의 디지털 전환 가속화	국토교통부
104	7	25	민-관 합동 '산업 공급망 탄소데이터 플랫폼' 구축 추진	산업통상자원부
105	7	26	전문가와 국민이 함께 모여 국가건강정보 제공 체계 구축 및 정책 발전 방안 모색	보건복지부
106	7	29	공공데이터를 활용한 사업화, 창업 준비부터 해외진출까지 지원합니다	행정안전부
107	7	31	세계 최고 수준 디지털정부, 초연결시대에 맞는 근본적 혁신 방안 찾는다	행정안전부
108	8	1	226만 명 암환자 빅데이터 확대 개방	보건복지부
109	8	6	국민의 아이디어와 공공의 데이터가 만나 재난안전 서비스를 찾아낸다	행정안전부
110	8	8	'양질의 일자리'와 '지속가능 도시' 실현을 위해 국내외 학생들이 협력해 개발한 '앱' 선보여	교육부
111	8	19	디지털 정부 혁신의 주역은 당신! UI/UX 국민평가단 300명 모집	행정안전부
112	8	26	아시아태평양경제협력체(APEC) 역내 인공지능(AI)·디지털 및 공급망 협력, 산업부가 주도한다	산업통상자원부
113	8	27	모바일로 재난·안전정보를 더욱 쉽고 빠르게 이용할 수 있도록 개편한다	행정안전부
114	8	27	건설현장 안전관리, 우리 디지털기술로 스마트하게 챙긴다	국토교통부
115	8	28	의료데이터 연구 활성화로 첨단의료 혁신 촉진	보건복지부
116	8	28	민간위원회, '산업데이터 활성화, 산업 인공지능(AI) 플래그십 프로젝트' 제언	산업통상자원부
117	8	29	'기관 맞춤형 공공부문 클라우드' 전환을 위한 실제 도입사례 공유	행정안전부
118	9	9	공공데이터로 262대1 경쟁률 뚫고 유니콘기업 꿈꾼다	행정안전부
119	9	10	한-유럽연합(EU) 디지털통상협정 협상 가속화	산업통상자원부
120	9	11	각양각색 지자체 디지털플랫폼정부, 특색있는 우수사례 소개된다	행정안전부
121	9	11	지자체 CCTV, 인공지능 기술로 관제 기능을 고도화한다!	행정안전부
122	9	12	실물 신분증 없이 민간앱 모바일 신분증으로 은행계좌 만든다	행정안전부
123	9	19	정보시스템 등급에 맞춰 투자부터 점검, 복구, 안내까지 통합 관리체계 갖춘다	행정안전부
124	9	23	사회보장 행정데이터 구축 및 개선을 위한 보건복지부·통계청 업무협약 체결	보건복지부

no	월	일	제목	출처(기관)
125	9	23	'교사가 이끄는 교실혁명'을 지원할 교육 정보 기술(에듀테크)이 한자리에 모인다	교육부
126	9	24	디지털 패권 경쟁 시대, 바람직한 온라인 체제 기반(플랫폼) 정책 방향 모색을 위한 토론회 개최	과학기술정보통신부
127	9	25	디지털플랫폼정부 국제협력 전문가 양성으로 우리기업 해외 진출 적극 지원	행정안전부
128	9	25	디지털 행정서비스 장애 발생 시 민간 IT 전문가가 함께 대응한다	행정안전부
129	9	30	국민 일상 편리하게 바꾼 '디지털서비스 개방' 홍보영상 공모전 개최한다	행정안전부
130	10	9	AI로 딥페이크 불법 영상 선별하고, 산업재해 장해등급 예측한다	행정안전부
131	10	10	산업 데이터 플랫폼을 위한 밑그림 착수	산업통상자원부
132	10	11	데이터 경제 시대, 과기정통부-국토부 손잡고 공개제한 데이터 활용 지원 나선다	국토교통부
133	10	16	9만여 건 공공데이터 공개로 국민의 삶 변화시킨 '공공데이터 포털', AI 기술 활용으로 재탄생	행정안전부
134	10	17	인공지능(AI)과 데이터로 산업기술혁신 가속화	산업통상자원부
135	10	24	정부 시스템 클라우드 네이티브(Native)로 더 빠르게 개선하고 안정적으로 제공한다	행정안전부
136	10	25	국가기록물, 디지털 기술을 바탕으로 정부 업무에 똑똑하게 활용한다	행정안전부
137	10	28	디지털 지도로 간편하게 폐가전 배출하고, 인공지능 딥러닝으로 위기의 아이들 구한다	행정안전부
138	10	28	디지털 트윈국토 표준화한다…건물·교통 등 데이터 연계한 국가표준 제정	국토교통부
139	10	29	교원양성대학의 디지털 교육 역량 강화한다	교육부
140	10	31	환경데이터로 환경정책 혁신… 2024년 환경 데이터 분석·활용 성과공유대회 개최	환경부
141	11	1	디지털플랫폼정부 전문가 양성해 디지털정부 해외진출 돕는다	행정안전부
142	11	6	범정부 디지털 행정서비스 안정성 도약을 위해 정부기관 간 소통·협력의 장 마련	행정안전부
143	11	8	대학생 창의력과 공공데이터가 만나 사회 현안을 해결한다	행정안전부
144	11	12	광주에서 정부혁신 성과와 디지털플랫폼정부의 내일을 만나다	행정안전부

no	월	일	제목	출처(기관)
145	11	12	재난안전 연구개발로 디지털 복제(디지털 트윈) 기반 지하공동구 재난관리 온라인 체제 기반(플랫폼) 구현	과학기술정보통신부
146	11	12	재난안전 연구개발로 디지털 트윈 기반 지하공동구 재난관리 플랫폼 구현	국토교통부
147	11	13	민·관협력을 통한 디지털정부 혁신, IT기업과 함께 논의한다	행정안전부
148	11	13	'디지털행정서비스 국민신뢰 제고 대책' 이행상황 현장에서 점검한다	행정안전부
149	11	19	지역 문제를 신기술로 해결! '데이터 기반 지역활성화 사업' 성과공유회 개최	행정안전부
150	11	22	정보기술대기업과 디지털 신기술이 한자리에, 디지털 혁신의 미래를 만나다!	과학기술정보통신부
151	11	26	과기정통부·디플정위, 디지털 기반 사회현안 해결 사업 과제 공모 시행(부처·지자체·공공기관 대상)	과학기술정보통신부
152	11	26	보건의료데이터와 인공지능이 열어가는 디지털 헬스케어 미래	보건복지부
153	11	27	고품질 공공데이터 인증으로 신뢰할 수 있는 공공데이터 활용 기반 구축	행정안전부
154	12	3	데이터 개방 확대로 에너지 인공지능(AI) 활용성 증대	산업통상자원부
155	12	10	「전자정부법」 개정안 12월 10일 국회 본회의 의결	행정안전부
156	12	10	뉴스데이터 활용한 혁신적 아이디어가 현실로	문화체육관광부
157	12	16	비정형데이터 가명처리, 결합 데이터 제공 등 보건의료 데이터 활용 지원 강화	보건복지부
158	12	17	따뜻한 인공지능(AI)·디지털, 소상공인의 성장을 지원합니다	과학기술정보통신부
159	12	17	미국 신(新) 행정부 디지털·인공지능(AI) 정책 전망과 대응 방안 논의	산업통상자원부
160	12	18	상호운용성 보장 범위 확대 위한 보건의료데이터 표준 개정	보건복지부
161	12	19	100만 명 바이오 빅데이터 구축 본격 착수	보건복지부

| 부록 • 2024 지역정보화백서 표·그림 목차 |

표·그림 목차

1 표 목차

제1편 지역정보화 정책 동향

제1장 지역정보화 일반 현황

표 번호	제목	쪽
표 1-1-1	시·도별 정보화 조직 및 인력 현황	026
표 1-1-2	시·도 정보화 전담 조직 현황	027
표 1-1-3	각 시·도별 소속 시·군·구 정보화 조직 현황	030
표 1-1-4	지방자치단체별 빅데이터 담당 부서	031
표 1-1-5	지방자치단체별 스마트도시 담당 부서	038
표 1-1-6	지방자치단체별 블록체인 담당 부서	044
표 1-1-7	지능정보화 투자 규모, 지방자치단체 정보화 사업 수 및 예산	045
표 1-1-8	시·도별 정보화 사업 투자 규모	045
표 1-1-9	사업형태별 지방자치단체 지능정보화 사업 현황	046
표 1-1-10	사업유형별 지방자치단체 지능정보화 사업 현황	046
표 1-1-11	2024년 국가 정책 관련 예산 규모	047
표 1-1-12	2024년 실행계획 – 지능정보사회 종합계획 과제 반영도	047
표 1-1-13	지능정보사회 종합계획 추진 전략별 규모	047
표 1-1-14	2024년 실행계획 – 120대 국정과제 반영도	048
표 1-1-15	2024년 실행계획 – 120대 국정과제 반영 현황	048
표 1-1-16	2024년 인공지능 관련 사업 투자 규모	051
표 1-1-17	2024년 클라우드 관련 사업 투자 규모	051
표 1-1-18	2024년 데이터 관련 사업 투자 규모	051
표 1-1-19	2024년 정보보호/보안 예산	051

제2장 지역정보화 정책 현황

표 번호	제목	쪽
표 1-2-1	지역정보화 관련 법제도 현황	055
표 1-2-2	지역정보화 개념의 변화	075
표 1-2-3	지자체 정보화 사업 규모	078
표 1-2-4	시·도별 정보화 예산 내역	079
표 1-2-5	광역지방자치단체 정보화 전략 개요	080
표 1-2-6	제41회 지역정보화 우수사례	090

제2편 중앙부처 지역정보화 추진 현황

제1장 세정·주소정보화

표 번호	제목	쪽
표 2-1-1	지방세정보시스템 구성	097
표 2-1-2	연도별 지방세정보화 투입 예산	100
표 2-1-3	위택스 전자 송달 현황	101
표 2-1-4	지방세 전자신고·전자납부 현황	101
표 2-1-5	위택스 지방세입 납부 현황	102
표 2-1-6	전국 상세주소 부여 현황	110

표 2-1-7	국가기초구역 현황	110
표 2-1-8	국가지점번호 현황	111
표 2-1-9	사물주소 부여 현황	112

제 2 장 보건복지정보화

표 2-2-1	의료기관이 심사평가원에 제출하는 출생정보 레이아웃	127

제3장 교육정보화

표 2-3-1	디지털 기반 교육 혁신 방안 추진 로드맵	132
표 2-3-2	시·도교육청별 스마트기기 현황 (2023. 12. 기준)	134
표 2-3-3	학교 무선 AP 설치 현황 (2023. 12. 기준)	136
표 2-3-4	AI 디지털교과서 개발 교과목 및 적용 일정(안)	139
표 2-3-5	라임의 주요 서비스	144
표 2-3-6	열린배움터 주요 서비스	146
표 2-3-7	교원 역량 강화를 위한 맞춤 연수체제	149
표 2-3-8	디지털 새싹 프로그램 유형	151
표 2-3-9	나이스의 대국민 서비스	153
표 2-3-10	나이스플러스 주요 서비스	154
표 2-3-11	유아 나이스 학부모 서비스 메뉴	157

제4장 문화정보화

표 2-4-1	문화체육관광부 정보화 예산	161
표 2-4-2	문화 분야별 디지털 추진 예산	161
표 2-4-3	디지털 기술별 추진 예산	162
표 2-4-4	한국어 말뭉치 50종 목록	167
표 2-4-5	한국언어문화 말뭉치 19종 목록	167
표 2-4-6	문화·여가 관측소 74개 세부 지표	172

제6장 환경정보화

표 2-6-1	환경영향평가 정보지원시스템의 사용자 등급, 대상, 해당 기준	197

제7장 기상정보화

표 2-7-1	기상정보화 추진 목표 및 전략	210
표 2-7-2	기상청 슈퍼컴퓨터(1~5호기 주요 사양)	212

제3편 국내 지역정보화 추진 현황

제2장 부산광역시

표 3-2-1	스마트 교통플랫폼 구축 예산	234

제3장 대구광역시

표 3-3-1	2016~2021년 정보시스템 초기 구축 및 유지보수 비용 비교	237
표 3-3-2	연도별 사업비(재해복구 포함) 및 탑재 업무	237
표 3-3-3	연도별 구·군 및 공사·공단 입주 현황	237
표 3-3-4	D-클라우드 사업 예산 및 구축 내용	242

제4장 인천광역시

표 3-4-1	기존 보안관제와 SOAR 기반 보안관제의 비교	247
표 3-4-2	인천1호선 연도별 누적 이용객 수 매년 증가	248

제5장 광주광역시

표 3-5-1	디지털 신기술 이용 환경 조성 사업 예산	253
표 3-5-2	데이터 기반 의사결정 사전진단제	255
표 3-5-3	유형별 침해사고 신고 현황	258

제6장 대전광역시

표 3-6-1	2023년도 119 신고 전화 통계	263
표 3-6-2	병의원·약국 데이터 연계	264
표 3-6-3	카카오톡 기반 병의원, 약국 정보 조회 시스템 이용 현황	265
표 3-6-4	병의원, 약국 정보 조회시스템 활용 사례	265

제7장 울산광역시

| 표 3-7-1 | '공간분석 기획·제안·협업제'를 통한 분석 지원 내역 | 275 |

제8장 세종특별자치시

표 3-8-1	자율주행 방범 순찰 로봇(스팟)을 활용한 방범서비스 사업 예산	285
표 3-8-2	2024 핵테온 세종 사이버보안경진대회 사업 예산	288
표 3-8-3	세종시 인근 도시 교통수단 분담률	289
표 3-8-4	세종시 통합 교통 플랫폼 '이응패스' 사업 예산	290

제9장 경기도

| 표 3-9-1 | 비전 및 추진 전략 | 293 |
| 표 3-9-2 | 광역버스 노선별 혼잡률 분석 RPA 도입 효과 구체화 | 296 |

제10장 강원특별자치도

| 표 3-10-1 | 강원특별자치도 강원형 전자상거래 거점센터 현황 | 304 |

제12장 충청남도

| 표 3-12-1 | 2023년 충청남도 정보화 사업 추진 성과 | 324 |
| 표 3-12-2 | 2025년 충청남도 정보화 사업 추진 방안 | 329 |

제13장 전북특별자치도

| 표 3-13-1 | 전북 데이터산업 핵심 역량 현황 | 333 |

제14장 전라남도

| 표 3-14-1 | 도정 업무 AI 적용안 | 341 |

제16장 경상남도

| 표 3-16-1 | 경남바로서비스 사업 예산 | 360 |

제17장 제주특별자치도

표 3-17-1	제주농업 디지털전환 기반 구축 예산 및 세부 항목	366
표 3-17-2	서비스 구축 결과	368
표 3-17-3	제주 빅데이터 플랫폼 데이터 및 시각화 서비스 사업 예산	369
표 3-17-4	SaaS 기반 공공용 협업툴 도입 예산	371

2. 그림 목차

제2편 중앙부처 지역정보화 추진 현황

제1장 세정·주소정보화

그림 2-1-1	지방세정보시스템 구성	098
그림 2-1-2	지방세정보시스템 추진 경과	099
그림 2-1-3	주소정보의 생성·취합·유통·활용 흐름도	107
그림 2-1-4	주소정보화 주요 추진 경과	108
그림 2-1-5	주소정보관리시스템 서비스 구조도	109
그림 2-1-6	주소정보 활용 민간 실무협의회 운영	112
그림 2-1-7	한국-몽골 현대화 사업 추진 지원	113
그림 2-1-8	디지털 주소정보 플랫폼 단계별 추진 계획	114
그림 2-1-9	디지털 주소정보 플랫폼 구축 핵심 과제	115
그림 2-1-10	지도 기반 업무처리 중심 시스템 재설계	116
그림 2-1-11	입체적 주소정보 관리기능 개발	117
그림 2-1-12	주소정보 누리집 UI/UX 개편	117
그림 2-1-13	현장행정지원시스템(스마트KAIS) 개편	118
그림 2-1-14	디지털 주소정보 플랫폼 구축 목표 모델	119

제2장 보건복지정보화

그림 2-2-1	출생통보제 흐름	123
그림 2-2-2	2024년 위기임신 및 보호출산 지원 사업 안내	125
그림 2-2-3	출생통보·보호출산 제도 및 출생정보 연계프로그램	126

제3장 교육정보화

그림 2-3-1	교육행정데이터통합관리시스템 예시	134
그림 2-3-2	AI 디지털교과서 서비스 흐름도	137
그림 2-3-3	AI 디지털교과서 학생 대시보드 화면 예시	138
그림 2-3-4	수업의 숲 흐름도	141
그림 2-3-5	EBS 화상 튜터링' 전 과정	142
그림 2-3-6	상담 채널 라임 운영 흐름도	143
그림 2-3-7	함께 학교 메뉴 구조도	145
그림 2-3-8	열린배움터 학생 이용 흐름도	147
그림 2-3-9	공교육에서의 에듀테크 프레임	152
그림 2-3-10	지방교육재정 공시 절차 흐름도	155
그림 2-3-11	초·중등교육공시 추진체계	155
그림 2-3-12	K-에듀파인 시스템 흐름도	158

제4장 문화정보화

그림 2-4-1	문화 디지털 혁신 협의회 개최 모습	163
그림 2-4-2	외신 빅데이터 분석 플랫폼 구축 관련 보고 화면	168
그림 2-4-3	2024년 지역별 관광소비 데이터 분석 화면 및 한국관광 데이터랩	170

그림 2-4-4	한국관광 데이터랩 구축 전후 관광산업 공공 데이터 인프라 비교	170
그림 2-4-5	한복을 입고 숭례문 앞을 달리고 있는 여인 이미지 생성 결과	173
그림 2-4-6	기모노를 입고 히메지성 앞을 달리는 여인 이미지 생성 결과	174
그림 2-4-7	플라멩코 옷을 입고 에펠탑 앞을 달리는 여인	174

제5장 국토정보화

그림 2-5-1	K-MaaS 슈퍼무브 앱 이용화면	178
그림 2-5-2	디지털 트윈 국토 개념	179
그림 2-5-3	디지털 트윈 국토 데이터 모델 표준을 이용한 데이터 교환 시나리오	180
그림 2-5-4	국토위성 영상지도 기대효과: 접근성 향상으로 이용자 편의 제고	180
그림 2-5-5	아파트 단지 건설 진행 현황 파악이 가능한 국토위성 영상지도	181
그림 2-5-6	공간융합 빅데이터 플랫폼 활용 사례	182
그림 2-5-7	아파트 단지 건설 진행 현황 파악이 가능한 국토위성 영상지도	183
그림 2-5-8	스마트도시 데이터 허브 개념도	184
그림 2-5-9	충남 천안의 도시공간별 세부 사업 구상(거점형 스마트도시)	185

제6장 환경정보화

그림 2-6-1	국토환경성평가지도 시스템 주요 기능 및 체계	191
그림 2-6-2	환경공간정보서비스 환경주제도의 목적 및 기능	194
그림 2-6-3	환경영향평가 정보지원시스템 메인화면	196
그림 2-6-4	하천범람지도 온라인 서비스	199
그림 2-6-5	드론을 활용한 횡성군 야생동물 조사 자료	202

제7장 기상정보화

그림 2-7-1	TOP 500이 발표한 슈퍼컴퓨터 1~3위	211
그림 2-7-2	날씨누리 개편 이전과 이후	213
그림 2-7-3	한반도 관측자료 예시(2024년 5월 1일~31일)	214
그림 2-7-4	전 지구 기후예측모델 결과 예시(2024년 6월 10일~16일)	214
그림 2-7-5	너울 예측정보 제공 지점(좌) 및 너울 예측정보 표출화면(우)	215
그림 2-7-6	과거 지진 사례에 대한 개선 전후 비교	217
그림 2-7-7	2024년 날씨 빅데이터 콘테스트 시상식	218
그림 2-7-8	국립기상박물관 소장품 도록 표지 및 수록 내용	219
그림 2-7-9	국립기상박물관 기획전 '손끝에 구름'	219
그림 2-7-10	기후산업국제박람회 주요 사진	220

제3편 국내 지역정보화 추진 현황

제1장 서울특별시

그림 3-1-1	스마트도시 및 정보화 기본계획 비전 체계도	224
그림 3-1-2	스마트라이프위크 3개년 로드맵	225
그림 3-1-3	제로트로스트 기반 서울시 원격근무 시스템	227
그림 3-1-4	공공데이터 AI 챗봇('자치구별 도서관 개수 비교 분석해줘' 답변 예시)	229
그림 3-1-5	주제 분석시각화-9개 주제(일자리, 같이 고민할까요? 분석 사례)	229

그림 3-1-6	3차원 시각화 -19개 지표(2개 차트 동시 보기 사례)	229		그림 3-5-2	광주 새빛콜 차량 운행 현황 분석	257
				그림 3-5-3	랜섬웨어 AI 학습모델 EDR 데이터 가공(라벨링) 과정	258
				그림 3-5-4	랜섬웨어 AI 학습모델 학습데이터 생성 과정	259

제2장 부산광역시

그림 3-2-1	부산 스마트 교통플랫폼 구축 배경	232
그림 3-2-2	부산 스마트 교통플랫폼 구축(안)	233
그림 3-2-3	실시간 신호정보 개방서비스 구축(안)	234

제3장 대구광역시

그림 3-3-1	D-클라우드 시스템 구축 주요 추진 과정	238
그림 3-3-2	D-클라우드 무중단시스템 구축계획	239
그림 3-3-3	D-클라우드 정보자원 분산 환경 구축	240
그림 3-3-4	재해복구센터 최소·주요 서비스 제공	240

제4장 인천광역시

그림 3-4-1	인천광역시 지능정보화 비전 및 실행 과제	244
그림 3-4-2	시스템 목표 구성도	246
그림 3-4-3	SOAR 이벤트 처리 흐름도	246
그림 3-4-4	자동 대응(차단)체계 구축	248
그림 3-4-5	피난안내시스템 개념도	249
그림 3-4-6	피난안내시스템 구성 및 운영	250

제5장 광주광역시

그림 3-5-1	디지털 실험실-온라인 체험 공간	253

제6장 대전광역시

그림 3-6-1	기존 병의원, 약국 정보 안내 방법의 접근성 불편	263
그림 3-6-2	카카오톡 기반 병의원·약국 정보 조회시스템 추진 과정	264
그림 3-6-3	접근성 향상을 위한 카카오챗봇 및 모바일웹 기반 정보제공	266

제7장 울산광역시

그림 3-7-1	AI와 공간정보 융합 검색서비스 구축 사업 추진 배경	269
그림 3-7-2	생성형 AI 활용을 위한 데이터 구축	270
그림 3-7-3	디지털 트윈 기반 데이터 구축 절차	270
그림 3-7-4	공간정보 및 행정정보 기반 학습 데이터 제작	271
그림 3-7-5	공간정보 기반 디지털 트윈 서비스 플랫폼	272
그림 3-7-6	클라우드(SaaS) 기반의 디지털 트윈 생성형 AI 서비스 구성도	273
그림 3-7-7	K-Geo 플랫폼 활용한 공간정보 분석·활용 매뉴얼 제작	275
그림 3-7-8	맵갤러리 서비스	276
그림 3-7-9	'왔어울산' 플랫폼 구축	278
그림 3-7-10	디지털 관광상품 온라인 플랫폼	278
그림 3-7-11	통합 교통 연계 플랫폼	279

| 그림 3-7-12 | 반려고래 게임 | 280 |

제8장 세종특별자치시

그림 3-8-1	순찰 중인 로봇(스팟)	283
그림 3-8-2	로봇(스팟) 하우스	284
그림 3-8-3	순찰 중인 로봇(스팟) 인공지능 기술	284
그림 3-8-4	순찰 중인 로봇(스팟) 자율주행 기술	285
그림 3-8-5	2024 핵테온 세종 사이버보안경진대회	287
그림 3-8-6	2024 국제 사이버보안 연합콘퍼런스	287
그림 3-8-7	ICT 기업전시회 및 청년인재 채용 매칭데이	288
그림 3-8-8	이용패스 이용 안내	290
그림 3-8-9	구비서류 제로화 선도 도시 조성 발표	291

제9장 경기도

그림 3-9-1	비전 및 추진 전략	292
그림 3-9-2	성능검증 단계별 추진 현황	295
그림 3-9-3	광역버스 노선별 혼잡률 분석 프로세스	297
그림 3-9-4	광역버스 노선별 혼잡률 분석 자동화 업무 절차	297
그림 3-9-5	RPA를 활용한 광역버스 업무시간 감축 결과	298

제10장 강원특별자치도

그림 3-10-1	강원특별자치도 정보화 비전 및 전략	302
그림 3-10-2	강원특별자치도 통합 서비스 플랫폼 공공 마이데이터 유통 체계	303
그림 3-10-3	강원특별자치도 온라인 쇼핑몰 '강원더몰' 추진 현황	304
그림 3-10-4	데이터 활용 의료·건강 생태계 조성 사업 구성도	305
그림 3-10-5	디지털 트윈 융합 의료혁신 선도 사업 구성도	306
그림 3-10-6	단계별 기업지원 로드맵	307
그림 3-10-7	핵심 인재 양성 프로그램	307
그림 3-10-8	전산망 침투훈련 및 출자·출연 기관 정보보안 감사	308
그림 3-10-9	강원지역 정보보호 최고책임자(CISO) 협의회 포럼	310
그림 3-10-10	강원테크노파크, 개인정보의 안전한 활용을 위한 가명정보 기술 세미나	310
그림 3-10-11	TVWS를 이용한 휴대폰 무선중계시스템 설치 사진	311
그림 3-10-12	강원특별자치도 AI 산불감지체계	312
그림 3-10-13	스마트 도시안전서비스 운영 현황	313
그림 3-10-14	AI실종자추적시스템 운영 시나리오 및 검색 화면	313

제11장 충청북도

그림 3-11-1	전파플레이그라운드-충북 시설	316
그림 3-11-2	전파플레이그라운드-충북 주요 사업	316
그림 3-11-3	전파플레이그라운드-충북 개소식	317
그림 3-11-4	주요 보유장비	317
그림 3-11-5	충북 아키비움 누리집	319

그림 3-11-6	청남대 관광객을 위한 다종 서비스 로봇 실증-추진 목표 및 추진전략	320
그림 3-11-7	단계별 도입 실증 로봇	321

제12장 충청남도

그림 3-12-1	사업 가이드라인	325
그림 3-12-2	문화재(보호구역) 및 역사문화환경 보존 지역	326
그림 3-12-3	시뮬레이션 및 가시화	327
그림 3-12-4	토지이용행위 가능 여부 처리	328

제13장 전북특별자치도

그림 3-13-1	업무자동화(RPA) 시스템	331
그림 3-13-2	가명정보 활용 지원센터 구축 공모(왼쪽), 전북도-LX 업무협약(오른쪽)	334
그림 3-13-3	가명정보 지원·활용·협력체제 구축 및 확산	335
그림 3-13-4	전북 가명정보 활용 지원센터 협력 네트워크	336

제14장 전라남도

그림 3-14-1	'OK 전남 관광' ChatGPT 이용화면	340
그림 3-14-2	전라남도 시군별 버스노선 분석 현황	343
그림 3-14-3	노인 보호구역 / 마을주민 보호구간 추천 구역	344
그림 3-14-4	신규 노인 보호구역 로드맵	345
그림 3-14-5	나주시 악취통합관제센터	347

제15장 경상북도

그림 3-15-1	네트워크 경북(넷북) 개요	349
그림 3-15-2	경상북도 소통 플랫폼 주요 내용	350
그림 3-15-3	시스템 목표 구성도	351
그림 3-15-4	소통 플랫폼 웹 및 모바일 화면	352
그림 3-15-5	소통 플랫폼 AI 서비스 도입	355

제16장 경상남도

그림 3-16-1	인공지능(AI) 기반 신고접수시스템 운영 모습	358
그림 3-16-2	서비스 개념도	359
그림 3-16-3	경남바로서비스 접속화면	360

제17장 제주특별자치도

그림 3-17-1	2024년 정보화 정책 목표와 전략	363
그림 3-17-2	제주농업 데이터허브 구축 체계	365
그림 3-17-3	데이터 서비스 구현 체계	365
그림 3-17-4	제주 빅데이터 플랫폼	367
그림 3-17-5	빅데이터 플랫폼 시스템 구성	368
그림 3-17-6	협업툴의 주요 기능	370
그림 3-17-7	기존 메신저와 신규 메신저 비교	371

| 부록 · 2024 지역정보화백서 참여 집필진 |

2024 지역정보화백서 참여 집필진

목차	집필진	소속
여는 글		
한국지역정보개발원 신임 원장 "박덕수 원장"에게 묻다	박덕수 원장	한국지역정보개발원
제1편 지역정보화 정책 동향		
제1장 지역정보화 일반 현황		
제1절 지역정보화 조직·인력	한국지역정보개발원	
제2절 지역정보화 사업·예산	한국지역정보개발원	
제2장 지역정보화 정책 현황		
제1절 지역정보화 법·제도	김법연	고려대학교 정보보호대학원
제2절 지역정보화 정책	윤상필	고려대학교 정보보호대학원
제2편 중앙부처 지역정보화 추진현황		
제1장 세정·주소정보화		
제1절 세정정보화	한재복	한국지역정보개발원
제2절 주소정보화	안형준	한국지역정보개발원
제2장 보건복지정보화	배유진	한국사회보장정보원
제3장 교육정보화	김영애	前한국교육학술정보원
제4장 문화정보화	김범환	한국문화정보원
제5장 국토교통정보화	조대연	국토교통과학기술진흥원
제6장 환경정보화	허태욱	경상국립대학교
제7장 기상정보화	장욱	한국기상산업기술원
제3편 국내 지역정보화 추진현황		
제1장 서울특별시	박세미	서울특별시
제2장 부산광역시	오명석	부산광역시
제3장 대구광역시	전창훈	대구광역시

제4장 인천광역시	윤지은	인천광역시
제5장 광주광역시	조해진	광주광역시
제6장 대전광역시	유민상	대전광역시
제7장 울산광역시	배성호	울산광역시
제8장 세종특별자치시	정성훈	세종특별자치시
제9장 경기도	김영석	경기도
제10장 강원특별자치도	백종성	강원특별자치도
제11장 충청북도	오근주	충청북도
제12장 충청남도	박인문	충청남도
제13장 전북특별자치도	국중덕	전북특별자치도
제14장 전라남도	박현섭	전라남도
제15장 경상북도	박윤경	경상북도
제16장 경상남도	안성용	경상남도
제17장 제주특별자치도	오성일	제주특별자치도

지역정보화백서 2024

초판 인쇄 2025년 08월 18일
초판 발행 2025년 08월 25일

저   자 한국지역정보개발원
발행인 김갑용

발행처 진한엠앤비
주소 서울시 서대문구 독립문로 14길 66 205호(냉천동 260)
전화 02) 364 - 8491(대) / 팩스 02) 319 - 3537
홈페이지주소 http://www.jinhanbook.co.kr
등록번호 제25100-2016-000019호 (등록일자 : 1993년 05월 25일)
ⓒ2025 jinhan M&B INC, Printed in Korea

ISBN 979-11-290-6119-5 (93350)   [정가 40,000원]

☞ 이 책에 담긴 내용의 무단 전재 및 복제 행위를 금합니다.
☞ 잘못 만들어진 책자는 구입처에서 교환해 드립니다.
☞ 본 도서는 [공공데이터 제공 및 이용 활성화에 관한 법률]을 근거로 출판되었습니다.